高等职业院校电子商务职业细分化创新型规划教材

ECETC | 电子商务从业人员培训考试认证项目指定教材

电子商务基础与应用教程

杨泳波◎主编　何明勇　赵莉◎副主编　张枝军◎主审

人民邮电出版社

北京

图书在版编目（CIP）数据

电子商务基础与应用教程 / 杨泳波主编. -- 北京 : 人民邮电出版社, 2017.8(2020.8重印)
高等职业院校电子商务职业细分化创新型规划教材
ISBN 978-7-115-46227-5

Ⅰ. ①电… Ⅱ. ①杨… Ⅲ. ①电子商务－高等职业教育－教材 Ⅳ. ①F713.36

中国版本图书馆CIP数据核字(2017)第181423号

内容提要

随着互联网思维不断渗透到各行各业，电子商务作为一个朝阳产业正蓬勃发展。本书将讲解互联网与各个常见领域融合后形成的新兴电子商务行业的基础知识，以及相应的实践操作。本书主要内容包括电子商务基础知识、网络购物、网络旅游、网络娱乐、网络中介、网络教育和网络理财等。最后还结合时下流行趋势讲解了跨境电子商务和移动电子商务。

本书采用基础知识加操作体验的形式对知识点进行讲解，使读者在学习的过程中不但能理解相应的电子商务行业知识，还能通过操作深入了解和理解这个行业，同时通过横向比较可以对比同一个行业中不同平台的优劣。

本书既可作为非电子商务专业学生学习电子商务的教材，也可作为对电子商务感兴趣、希望从事电子商务行业人员的参考用书。

◆ 主　　编　杨泳波
副 主 编　何明勇　赵　莉
主　　审　张枝军
责任编辑　朱海昀
责任印制　焦志炜

◆ 人民邮电出版社出版发行　　北京市丰台区成寿寺路 11 号
邮编　100164　　电子邮件　315@ptpress.com.cn
网址　http://www.ptpress.com.cn
北京鑫正大印刷有限公司印刷

◆ 开本：787×1092　1/16
印张：16　　　　2017 年 8 月第 1 版
字数：386 千字　　　　2020 年 8 月北京第 7 次印刷

定价：45.00 元

读者服务热线：(010)81055256　印装质量热线：(010)81055316
反盗版热线：(010)81055315
广告经营许可证：京东市监广登字 20170147 号

前言 FOREWORD

随着互联网技术的发展与电子商务应用的普及，网络购物已逐渐成为人们日常生活的一部分，互联网思维也不断渗透到各行各业。同时，电子商务行业也逐渐细分，衍生出了如电子商务技术开发、电子商务运营与管理、网络编辑、网络营销、跨境电商及移动电商等，电子商务的应用也逐渐改变了生产、流通及消费等各个领域。在“大众创业，万众创新”的号召下，掀起了大众创业与草根创业的浪潮，逐渐形成了新的商业文明。

本书旨在向非电子商务专业人员介绍电子商务的基本知识与基本技能。通过网络购物、网络旅游、网络中介服务、网络理财与网络创业等模块的介绍与体验，提升非电子商务专业人员的电子商务应用意识与水平，通过网络创业模块的介绍，向非电子商务专业人员普及网络创业的意识与方法。

本书特色

在对众多学校目前的教学方式、教学内容等方面进行长达一年的调研基础上，我们有针对性地设计并编写了本书。本书的特色如下。

- **受众人群广、可操作性强**：本书主要针对非电子商务专业人员，没有太多的电子商务理论知识，内容浅显易懂，并且具有可实践操作的特性。读者可以通过对本书内容的学习全面认识电子商务，并结合自身的专业实现网络创业。
- **内容结合现实，更新有张力**：本书内容着力突显时代感与现代性，融入了最新的电子商务发展状况，同时又不因此而影响到知识的系统性和逻辑性，既有完整的电子商务知识体系，又十分注重电子商务实践动手能力的培养。
- **知识结构清晰，利于学便于教**：本书通过导读引入每一章的知识，让读者在了解本章的基本内容和学习目的后，开始依次学习理论知识，以及相应的操作体验，最后辅以本章小结和课后练习，让学习过程形成闭环。为了便于老师教、学生学，在讲解过程中，尽可能多地辅以案例、知识链接。而思维导图式的本章小结，让整个知识点更加清晰。

本书内容

本书共八章五个部分。各部分具体内容分别如下。

- **第一部分（第一章）**：主要讲解电子商务以及在电子商务流程中涉及的基础知识，包含电子商务的含义及作用、网上支付与交易安全、电子商务物流和电子商务法律法规等。

- **第二部分（第二章）**：主要讲解网络购物的基础知识及操作体验。网络购物作为电子商务的主体，通过体验性操作，让读者了解电子商务的操作特点，提升读者的学习兴趣。
- **第三部分（第三章～第五章）**：主要讲解电子商务在社会各个领域中的使用，包含旅游、娱乐、中介、教育和理财等。理论知识加操作体验的模式，让读者不仅能了解相关行业知识，更能通过实践深入地接触这些领域。
- **第四部分（第六章）**：主要以在淘宝中开设网店、装修网店及文案制作、运营与推广店铺为例讲解网络创业的方法。本章在淘宝最新的开店规则下进行操作，可让读者最快上手，开始自己的电子商务之路。
- **第五部分（第七章～第八章）**：主要讲解跨境电子商务和移动电子商务，这两个新型电子商务是当前及未来的电子商务发展趋势。本章详细讲解了相关内容，并进行了操作实践。

鸣谢

本书主编为杨泳波，副主编为何明勇、赵莉，全书由张枝军主审，并提供配套的教学课件与相关教学资源。在编写过程中，得到多位专家与教师的支持与帮助，在此表示衷心感谢。由于时间仓促，书中难免有不足之处，欢迎各位读者批评指正。

编者

2017 年 6 月

目录 CONTENTS

01

第一章　电子商务基础知识 1

1.1　电子商务概述 2

1.1.1　电子商务的含义及构成 2

1.1.2　电子商务的发展历程 3

1.1.3　电子商务的发展趋势 5

1.1.4　电子商务的交易模式 6

1.1.5　电子商务支持技术 9

1.1.6　电子商务平台介绍 19

1.2　网上支付与交易安全 23

1.2.1　网上支付概述 23

1.2.2　网上支付方式 25

1.2.3　网上交易安全 27

1.2.4　网上支付新规 30

1.3　电子商务物流 32

1.3.1　电子商务物流概述 32

1.3.2　电子商务物流作业流程 33

1.4　电子商务法律法规 37

1.4.1　电子商务法概述 37

1.4.2　常见电子商务法律问题 38

本章小结 41

课后练习 42

CONTENTS

02 第二章　网络购物 43

2.1　网络购物概述 44

2.1.1　网络购物发展与现状 44

2.1.2　网络购物流程 45

2.1.3　网络购物平台介绍 46

2.2　网络购物体验 47

2.2.1　商品搜索体验 47

2.2.2　商品成交体验 53

本章小结 60

课后练习 60

03 第三章　网络旅游与娱乐服务 61

3.1　网络旅游服务 62

3.1.1　网络旅游概述 62

3.1.2　网上预订行程体验 66

3.1.3　网上订机票和值机体验 70

3.1.4　网上订房体验 73

3.1.5　网上订火车票体验 77

3.1.6　网上订餐体验 79

3.1.7　网上查阅旅游资讯体验 80

3.2　网络娱乐服务 83

3.2.1　网络娱乐概述 83

3.2.2　网上听歌与下载体验 85

3.2.3　网络视频体验 86

3.2.4 网络游戏体验 87

本章小结 89

课后练习 90

04 第四章 网络中介与教育服务 91

4.1 网络中介服务 92

4.1.1 网络中介服务概述 92

4.1.2 网络求职与招聘体验 95

4.1.3 网络房屋租赁体验 100

4.1.4 网络二手房买卖体验 102

4.1.5 网络二手车买卖体验 104

4.1.6 网络技术、项目交易体验 106

4.1.7 网络企业服务交易体验 108

4.2 网络教育服务 111

4.2.1 网络教育服务概述 111

4.2.2 网易云课堂体验 114

4.2.3 学而思网校体验 116

本章小结 119

课后练习 120

05 第五章 网络理财服务 121

5.1 网络理财概述 122

5.1.1 我国网络理财的发展及现状 122

CONTENTS

5.1.2 网络理财产品分类 124
5.1.3 网络理财的发展趋势 126
5.1.4 网络理财的风险与防范 127

5.2 网络理财体验 129
5.2.1 网上银行体验 129
5.2.2 余额宝理财体验 136
5.2.3 理财平台的产品体验 138
5.2.4 网上借贷体验 143

本章小结 146

课后练习 146

06

第六章 网络创业 147

6.1 网上开店 148
6.1.1 网上开店流程 148
6.1.2 申请并设置淘宝店铺 150
6.1.3 商品发布 154

6.2 网店装修及文案制作 157
6.2.1 网店装修 158
6.2.2 文案的策划与写作 165

6.3 网店运营与推广 168
6.3.1 网店推广的方式介绍 169
6.3.2 常见店内促销活动 171
6.3.3 淘宝直通车推广 172

6.4 客服管理 176

6.4.1 客户服务的沟通原则 176
6.4.2 售前服务 178
6.4.3 售中服务 179
6.4.4 售后服务 180
本章小结 181
课后练习 182

07 第七章 跨境电子商务 183

7.1 跨境电子商务基础 184
7.1.1 什么是跨境电子商务 184
7.1.2 跨境电子商务与传统外贸电子商务的区别 184
7.1.3 跨境电子商务的发展历程简析 185
7.1.4 跨境电子商务的交易规模与出口分布 186
7.1.5 跨境电子商务发展特点与趋势 189
7.1.6 跨境电子商务商业模式 194
7.1.7 跨境电子商务平台介绍 196
7.2 跨境电子商务交易流程 200
7.2.1 跨境电子商务操作流程 200
7.2.2 跨境电子商务平台卖家注册体验 201
7.2.3 跨境电子商务交易磋商的途径 203
7.2.4 跨境电子商务的合同订立 204
7.2.5 跨境物流 205
7.2.6 跨境支付 206
本章小结 208
课后练习 208

CONTENTS

08 第八章 移动电子商务 209

8.1 移动电子商务基础 210

8.1.1 移动电子商务的概念 210

8.1.2 移动电子商务的特点 210

8.1.3 移动电子商务的发展现状与趋势 212

8.1.4 移动电子商务的分类及应用 215

8.1.5 地理位置服务（LBS）概述 217

8.2 手机购物 App 219

8.2.1 热门移动购物 App 平台简介 219

8.2.2 手机淘宝体验 221

8.2.3 手机订餐体验 223

8.3 微商 225

8.3.1 微商概述 226

8.3.2 微商的现状与发展趋势 226

8.3.3 热门微商平台 228

8.3.4 微商成功的几大法则 229

8.3.5 微商常用营销推广途径 230

8.3.6 微信公众平台运营体验 234

本章小结 245

课后练习 246

01 第一章 电子商务基础知识

1999 年 6 月，杭州，在一幢小楼的一个小房间里，一位老师和一群人来来去去，似乎在说着什么，没有人在意……却不料正是这群人成就了中国未来 20 年电子商务的繁荣发展，这位老师就是马云。时间回到 2017 年，虽然我们不能说阿里巴巴、淘宝、天猫……代表电子商务，但它们却是这个电子商务时代不可缺少的符号。

本章将讲解电子商务的基础知识，包含电子商务的定义及作用、电子商务支持技术、网上支付与交易安全、电子商务物流、电子商务法律法规等。让每个用户对电子商务能有一个浅显的认识，为后面的学习打下基础。

知识目标

- 掌握电子商务的概述
- 掌握网上支付与交易安全
- 掌握电子商务物流的基础知识
- 掌握电子商务法律法规

技能目标

- 学会使用浏览器搜索及查看网页信息
- 学会使用即时交流工具及电子邮件

素养目标

- 理清电子商务中各环节的作用及重要程度
- 对电子商务的利弊有比较清醒的认识

1.1 电子商务概述

如果说在二十年前，电子商务还是一个新名词，那二十年后的今天，电子商务已渗入人们生活、工作的方方面面。不管你身处繁华的大都市，还是偏僻的乡村，电子商务都如影随行。电子商务是这个时代的典型特征，也是这个时代发展的巨大动力。

1.1.1 电子商务的含义及构成

计算机和网络的出现让21世纪成为一个以网络通信为核心的信息化时代。随着贸易自由化、经济全球化的不断推进，传统的商务活动已逐渐演变为如今的电子商务。下面将具体介绍电子商务的含义以及它的构成。

1. 什么是电子商务

要理解电子商务，首先需认识什么是商务。商务是指一切与买卖商品服务相关的商业事务。商务活动是指企业为实现生产经营目标而从事的各类有关资源、知识、信息交易等活动的总称。

从商务（也称“传统商务”）引向“电子商务”，其含义不难理解。但从电子商务产生之初，很多专家、学者、企业界人士根据自己所处的地位和对电子商务参与的角度和程度的不同，给出了电子商务许多不同的定义，但其关键依然是依靠着电子设备和网络技术进行的商业模式。总体说来，电子商务的含义有广义与狭义之分。

- **广义“电子商务”：**（Electronic Business）是指通过电子手段进行的商业事务活动。通过使用互联网等电子工具，使公司内部、供应商、客户和合作伙伴之间，利用电子业务共享信息，实现企业间业务流程的电子化，配合企业内部的电子化生产管理系统，提高企业的生产、库存、流通和资金等各个环节的效率。
- **狭义“电子商务”：**（Electronic Commerce，EC）是指通过使用互联网等电子工具（包括电报、电话、广播、电视、传真、计算机、计算机网络、移动通信等）在全球范围内进行的商务贸易活动。狭义上的电子商务是以商务活动为主体，以计算机网络为基础，以电子化方式为手段，在法律许可范围内所进行的商务活动交易过程，包括企业网络营销、网络广告、网上谈判、网上采购、网上支付等，其意义集中于电子交易，强调企业与外部的交易与合作。人们一般理解的电子商务是指狭义上的电子商务。

2. 电子商务的构成

电子商务将商务活动中必不可少的信息流、资金流、物流融为一体，使整个商务活动实现电子化、信息化。一个活动是不是电子商务，可从电子商务的3个必要组成部分来进行判断。

- **参与对象：**具有商务行为能力的对象就是电子商务的参与对象，如供应商、销售商和消费群体等。如果政府职能部门是消费者或者在商务活动中有实质性的参与，也同样属于电子商务的参与对象。另外，在线支付系统在电子商务活动中扮演重要角色，其主要成员就是网上银行、第三方支付服务提供商等。
- **技术手段：**电子商务利用计算机技术、远程通信技术和信息技术，将商务活动电子化、数字化和网络化。因此，电子商务的技术手段主要从以下3个方面理解：一是计算机技术，它的强大数据处理能力使得各种商务活动自动实现且快速准确完成。二是远程通信技术，它将世界各地的计算机连在一起，使整个电子商务的实现有了可能。三是信息技术，包括信息表示技术和信息处理技术，在电子商务活动中进行信息的收集、筛选、存储、传播和更新等。

- **商务活动**：既包括企业或商家内部的管理和控制，也包括合作伙伴的选择、合作伙伴之间关系的处理和客户关系管理等。随着电子商务的发展，网上购物、电子货币交换、供应链管理、电子交易市场、网络营销、在线事务处理、电子数据交换（EDI）、存货管理和自动数据收集系统等服务都属于电子商务活动。

知识链接

可以通俗地理解电子商务由网络、电子商务用户、认证中心、配送中心、网上银行、商务活动管理机构等组成。各构成部分的作用如下。

- **网络**：它是整个电子商务活动的基础，一般是指互联网（即 Internet），除此之外，企业内部的局域网等也在电子商务活动中发挥着重要作用。
- **电子商务用户**：它是参与电子商务活动的主体，如企业用户、个人用户等。
- **物流配送中心**：在电子商务活动中进行商品的组织运送、跟踪查询等。
- **网上银行**：在电子商务活动中进行货币交换，实现传统银行中的所有功能。
- **电子商务活动管理机构**：用于规范和管理整个电子商务活动的过程，如工商局、税务局、海关等部门都属于此类机构。
- **认证中心**：用于发放和管理电子证书，使在网上交易的过程中各方通过电子证书能够互相辨认。

1.1.2 电子商务的发展历程

我国电子商务的发展在一定程度上包含着网上购物的发展，但电子商务起步早于网上购物，内容广于网上购物。总体来说，我国电子商务的发展过程大致可分为 4 个阶段。

1. 第一阶段：电子商务雏形期

这一阶段（1990—1997 年）是以政府为主导的电子商务基础建设和应用阶段。从 20 世纪 90 年代开始，国务院牵头组织成立中国 EDIFACT 委员会，并参加亚洲 EDIFACT 理事会，以加快改革开放的步伐，加速对外贸易，并寻求与国际标准接轨。1993 年年底，我国正式启动了国民经济信息化的起步工程——“三金工程”，即“金桥工程”“金关工程”“金卡工程”。其中“金桥工程”指建立一个覆盖全国的国家共用经济信息网；“金关工程”指对国家外贸企业的信息系统进行联网，推广电子数据交换技术，实行无纸贸易的外贸信息管理工程；“金卡工程”指推广使用“信息卡”和“现金卡”的货币电子化工程。

在这一阶段，我国的计算机技术和互联网建设还处于起步阶段，个人互联网用户很少，大多是政府部门、科研部门通过专线连接到互联网。虽然这一阶段的电子商务硬件条件还很缺乏，但国家政策的出台及推行为电子商务的发展提供了契机和条件。

2．第二阶段：电子商务发展期

这一阶段（1998—2001 年）进入以互联网企业为主导的电子商务应用阶段，在这一阶段，中国上网用户增长速度快，远远超过了全球的平均水平。因为前期我国的政策铺垫以及网络用户的提升，同时受美国互联网电子商务应用的影响，我国出现了很多专业的互联网公司。例如，新浪、搜狐、网易、阿里巴巴等互联网公司都在 1998 年开始起步。从此以后，网络服务商们开始大举进入电子商务领域。但好景不长，受全球经济总体形势的影响，2001 年世界 IT 业遭遇了严重挫折，网络经济也不例外，大量市场条件不成熟、资金不雄厚的电子商务类公司逐渐消亡。

在这一阶段，我国的电子商务经历了"快速发展→盲目扩张→受创"的过程。根据 CNNIC 的调查，截止到 2001 年 12 月 31 日，我国网民达到 3 370 万人，网络用户的上升为电子商务的发展提供了最基本的条件。虽然受整个经济形势的影响，电子商务公司受到重创，不少公司倒闭，但是这些"血的教训"让后期电子商务市场发展更加理性。

3．第三阶段：电子商务加速期

这一阶段（2002—2009 年）全球电子商务"由阴转阳"，显示出旺盛的生命力，交易额持续增长。在我国，从 2002 年开始，B2C 市场发展迅速，企业自建与第三方平台大量涌现，2008 年中国电子商务 B2C 市场交易额达到 1 776 亿元，同比增长 51.4%。2009 年，中国电子商务市场继续保持了稳定增长的势头，同时随着中央经济会议的召开及一系列文件的出台，电子商务对国家整体经济发展与调整的支撑作用日益明显。

在这一阶段，中国电子商务显示出健康、蓬勃、积极的一面。同时，各大服务商纷纷涉足不同的交易模式，进一步打破了 B2B、B2C 和 C2C 之间的界限，同时政府对电子商务发展更加重视。

4．第四阶段：电子商务成熟期

这一阶段（2009 年至今）我国电子商务行业发展迅猛，产业规模迅速扩大，电子商务信息、交易和技术等服务企业不断涌现。2010 年我国电子商务市场交易额达 4.5 万亿元，同比增长 22%；2011 年我国电子商务市场交易总额再创新高，达到 5.88 万亿元，其中中小企业电子商务交易额达到 3.21 万亿元；2012 年我国电子商务市场交易规模达 7.85 万亿元，同比增长 30.83%，其中网络零售交易规模达 1.32 万亿元；2013 年我国电子商务交易额突破 10 万亿元，同比增长 26.8%，其中网络零售额超过 1.85 万亿元，同比增长 41.2%；2014 年我国电子商务交易额（包括 B2B 和网络零售）达到了 13 万亿元，同比增长 25%。

在这一阶段，国家相关机构均出台与电子商务相关的、不同方面的政策与相关精神。主要有以下 5 个方面。

- **可信交易方面**：国家工商总局会同有关部门，推进电子商务交易主体、客体和交易过程中基础信息的规范管理和服务；质检总局也在着力研究建立电子商务交易产品基础信息的规范化管理制度，建立基于统一产品编码体系的质量公开制度；商务部着力推进信用监测体系的建设。
- **移动支付方面**：中国人民银行正在针对当前移动支付快速发展的需求，研究制定移动支付发展的具体政策，引导商业银行、各类支付机构实施移动支付的金融行业标准。
- **网络电子发票方面**：国家税务总局进一步推进网络电子发票试点，完善电子发票的管理制度和标准规范；财政部研究完善电子快捷档案的管理制度等一系列的规章制度。

- **商贸流通方面：**商务部联同有关部门进一步完善交易、物流配送、网络拍卖领域的电子商务应用的政策、管理制度和标准规范。
- **物流配送方面：**国家邮政局正在重点研究建立重点地区快递准时通报机制，健全电子商务配送系列保障措施，同时创新电子商务快递服务机制。

案例解读

阿里巴巴的发展历程

在我国，阿里巴巴是最早一批涉足电子商务的企业，到如今已成为我国乃至世界的大型企业，其发展也可以看作是中国一代电子商务的缩影。

1999年6月，马云与另外17人在杭州创办了阿里巴巴网站，阿里巴巴集团正式成立。经过两年多的努力，至2001年12月，阿里巴巴在线注册用户数超过100万。2003年5月，购物网站淘宝网正式创立，次年淘宝网发布了让买家与卖家进行即时文字、语音及视频沟通的通信软件“阿里旺旺”，该软件的出现让用户对网上购物的“戒备”逐渐放下。此时，阿里巴巴完成了初步的电子商务模型，为后期的不断发展打下基础。

2004年12月，支付平台支付宝推出，为淘宝用户网上购物的资金安全提供了保障，同时也为阿里巴巴提供了一股强大的现金流，为其各方面发展与投资奠定了基础。2005年10月，阿里巴巴集团接管中国雅虎，2007年阿里巴巴网络有限公司在中国香港联交所主板挂牌上市，并成立网络广告平台“阿里妈妈”。次年，淘宝网推出专注于服务第三方品牌及零售商的淘宝商城。然后，成立阿里云计算，并且收购中国领先的互联网基础服务供应商中国万网。此时阿里巴巴从狭义的电子商务平台开始向更多的电子商务型活动拓展。

2010年淘宝网推出团购网站聚划算，并且推出手机淘宝客户端。2011年阿里巴巴集团宣布将淘宝网分拆为三家公司一淘网、淘宝网、淘宝商城。次年，阿里巴巴集团宣布将调整公司组织架构，从原有的子公司制调整为事业群制，把现有子公司的业务调整为淘宝、一淘、天猫、聚划算、阿里国际业务、阿里小企业业务和阿里云七个事业群……截至2012年年底，阿里巴巴旗下的电商市场份额在B2B、B2C、C2C均位居榜首。

每一年、每一个时期，阿里巴巴都会根据现有的公司格局、市场发展、外部因素进行综合调整，成为现在拥有多个业务类型，跨多个领域的综合电子商务平台。不断地发展、调整才是如今信息化社会中信息化企业的最终生存之路，也是阿里巴巴能够不断发展壮大的最终原因。

1.1.3 电子商务的发展趋势

随着电子商务的不断发展，十年前流行的PC端网上购物已成为常态，电子商务完成了最原始的用户积累及市场铺垫。在如今及未来一段时间内，电子商务的发展将抛弃原有的规模化，转而往精细化、专业化、社区化等方向发展。

- **移动电子商务的持续发展：**智能手机的普及，让移动电子商务成为各大电商的“战场”。目前各大电商几乎都有自己的平台App，如何更好地服务移动购物用户，让通过移动设备购物的用户有更好的购物体验，是所有电商正在努力做的事情。
- **O2O线上线下一体化深入：**电子商务O2O模式是电子商务深入发展的一个结果，各大电商开始打造本地生活圈，发展线上网店、网下实体商铺的模式，向生活服务类及农产品类扩张，让用户有更好的购物体验，让电子商务深入用户生活的每个角落。

- **多区域全面渗透：** 如果说前期的电子商务重点在于扩张一、二线大型城市，完成主流消费人群的建立。那后期的电子商务除了维护这一重要群体之类，还需引领开发三、四线城市以及农村市场。
- **跨境电子商务：** 在人民币不断升值，以及人们对生活品质要求越来越高的大环境下，跨境商务有了越来越大的市场。在国内电子商务竞争如此激烈的情况下，跨境电子商务成为很多大型平台电商，以及垂直电商（如京东海外购、蜜芽宝贝）的新"战场"。
- **大数据分析：** 大数据分析是电子商务市场能够更加精确地获得用户群，找到商品卖点的根本。通过对用户的购物习惯、喜好、价格等因素的分析得到精准的数据，从而更好地服务用户，绑定用户为自己的长期客户。例如，华为生产的华为荣耀 3C 手机，正是通过对京东用户购买手机的数据进行分析，得到用户对手机性能、大小、价格等偏好，从而定制手机，也因此这一款手机畅销时间达 1 年多，销售数量达数百万台，远远超出了常规手机 50 万台的销售数量。

1.1.4 电子商务的交易模式

随着电子商务的发展，为了更好地规范这一门类，将电子商务分为了不同的类型。如按交易商品的内容不同，可分为实体产品电子商务和虚拟产品电子商务；按服务对象的区域不同，可分为内贸电子商务和外贸电子商务；按用户使用的终端不同，可分为传统电子商务和移动电子商务。除此之外，还有一种广泛使用的、按参与交易对象不同进行的分类，主要以下 7 种。

1. B2B 交易模式

B2B（Business to Business）即企业与企业之间的电子商务。企业与企业之间通过互联网进行产品、服务及信息的交换，包括企业与供应商之间的采购，企业与产品批发商、零售商之间的供货，企业与仓储、物流公司的业务协调等。目前，世界上 80% 的电子商务交易额是在企业之间完成的。图 1-1 所示为 B2B 型电子商务的模型图。

B2B 包括非特定企业间的电子商务和特定企业间的电子商务。

- **非特定企业间的电子商务：** 非特定企业间的电子商务是在开放的网络平台中为每笔交易寻找最佳合作伙伴。虽然非特定企业间的电子商务占 B2B 交易模式的大多数，但由于加入该网络平台的用户是需要这些商品的企业，很多是限于某一固定行业的企业，所以久而久之，也可以在网络平台上形成比较固定的供求关系。
- **特定企业间的电子商务：** 特定企业间的电子商务是在过去一直有交易关系或者今后一定要继续进行交易的企业间发生的商务交易。企业可以使用网络向特定的供应商订货、接收发票和付款。B2B 在这方面已经有了多年运作经验，特别是通过专用网络或增值网络运行的电子数据交换（EDI）。

例如，阿里巴巴（www.1688.com）、环球资讯（http://www.huanqiu518.com）、中国化工（http://china.chemnet.com）等都是专门提供 B2B 电子商务服务的网络公司。在这些网络平台中，各个企业客户都可以找到合适的合作对象，进行采购、销售、接受合同和付款等活动。

2. B2C 交易模式

B2C（Business to Customer）即企业与消费者之间的电子商务。B2C 类电子商务主要应用于商品的零售业。包括面向普通消费者的网上商品销售（网上购物）和网上电子银行业务（存款业务、取款业务和货币兑换业务等）。目前，在网上遍布各种类型的商业中心，从日常生活用品、衣物、食品到大型家电一应俱全。B2C 是我国最早产生的电子商务模式，也是发展非常迅速的一个领域。图 1-2 所示为 B2C 型电子商务的模型图。

例如，天猫商城（www.tmall.com）、京东商城（www.jd.com）、当当网（www.dangdang.com）、一号店（www.yhd.com）、亚马逊（www.Amazon.cn）、苏宁易购（www.suning.com）、国美在线（www.gome.com.cn）等都是当前知名的 B2C 电子商务网站。

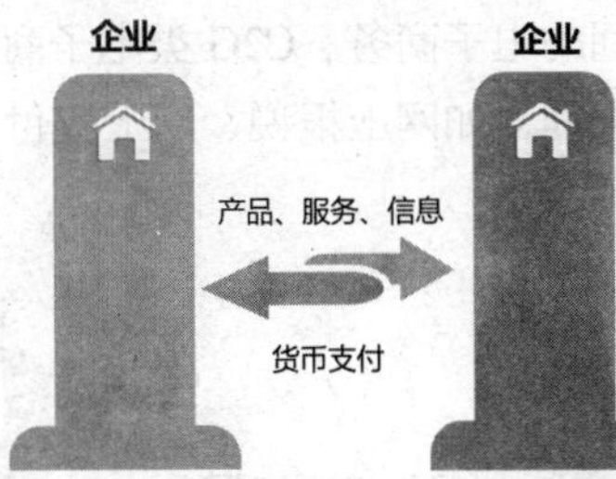

图 1-1　B2B 型电子商务的模型图

图 1-2　B2C 型电子商务的模型图

3. C2C 交易模式

C2C（Consumer to Consumer）即消费者与消费者之间的电子商务。C2C 类电子商务简单地说就是通过一个电子商务平台，由消费者提供服务或产品给其他消费者。同时，为便于买卖双方交易，电子商务平台提供交易所需的一系列配套服务，如建立信用评价制度、建立付款方式等。在电子商务的运营模式中，C2C 模式有参与性强、灵活方便等特点。图 1-3 所示为 C2C 型电子商务的模型图。

例如，淘宝网（www.taobao.com）、拍拍网（www.paipai.com）等都是当前知名的 C2C 电子商务网站。

4. C2B 交易模式

C2B（Customer to Business）即消费者与企业之间的电子商务。C2B 交易模式目的是采取消费者主动的方式，通过聚合用户形成一个强大的采购集团，以此改变 B2C 模式中消费者的弱势地位，使之享受到以大批发商的价格买单件商品的利益。这一模式改变了原有生产者（企业和机构）和消费者之间的关系。图 1-4 所示为 C2B 型电子商务的模型图。

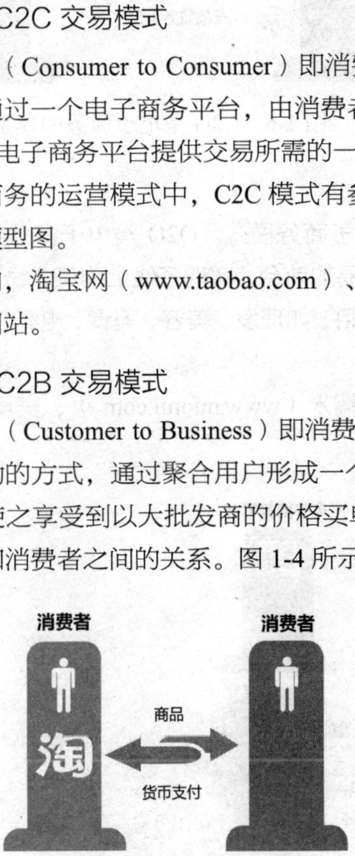

图 1-3　C2C 型电子商务的模型图

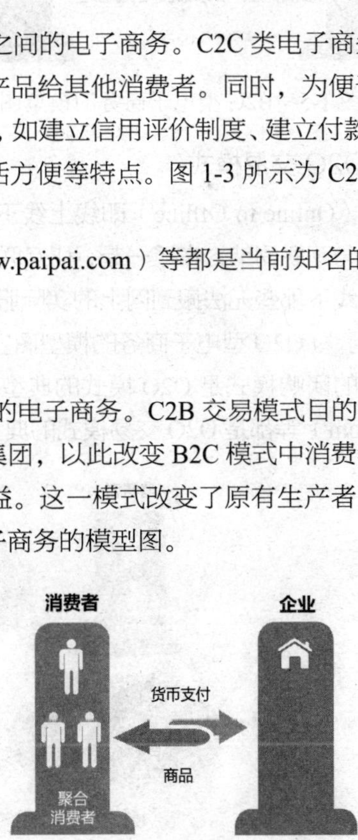

图 1-4　C2B 型电子商务的模型图

5. B2G 交易模式

B2G（Business to Government）即企业与政府之间的电子商务。B2G 类电子商务覆盖企业与政府组织间的各项事务，如采购、税收、商检、管理条例发布等。在 B2G 交易模式中，政府一方面作为消费者，通过互联网发布自己的采购清单，公开、透明、高效、廉洁地完成所需物品的采购；另一方面，政府对企业宏观调控、指导规范、监督管理的职能通过网络电子商务方式更能充分发挥出来。也就是说在 B2G 电子商务活动中，政府扮演双重角色：第一角色为电子商务的使用者，购买活动属于商业行为；第二角色为电子商务的宏观管理者，对电子商务起着扶持和规范的作用。图 1-5 所示为 B2G 型电子商务的模型图。

6. C2G 交易模式

C2G（Consumer to Government）即消费者与政府之间的电子商务。C2G 类电子商务主要体现在政府为了提高办事效率，将部分业务进行网络在线办理，如网上报税、网上支付社会福利保险费用等。图 1-6 所示为 C2G 型电子商务的模型图。

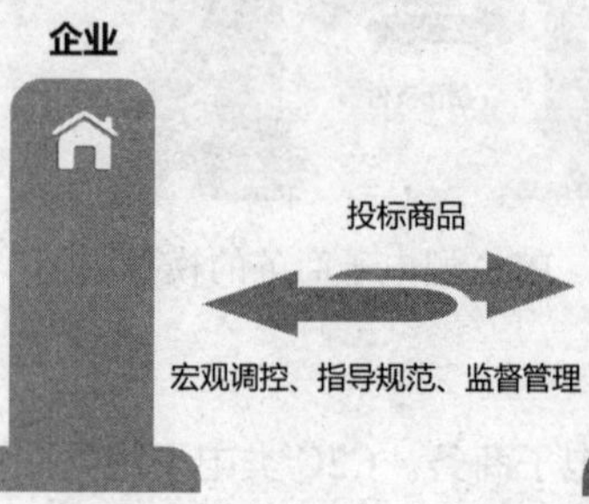

图 1-5　B2G 型电子商务的模型图

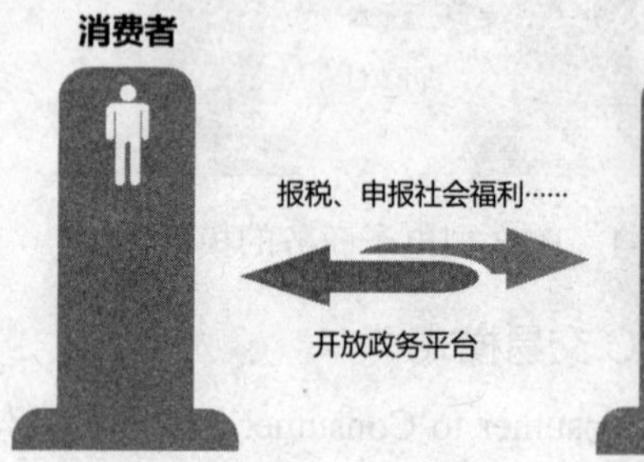

图 1-6　C2G 型电子商务的模型图

7. O2O 交易模式

O2O（Online to Offline）即线上线下共同交易的电子商务模式。O2O 类电子商务将线下的商务机会与互联网结合在了一起，让互联网成为线下交易的前台，实现了线上购买、线下服务。主要针对线下那些无法搬到网上的实际服务和体验性项目，如理发、美容、美食、电影、旅游等。图 1-7 所示为 O2O 型电子商务的模型图。

现在的团购模式是 O2O 模式的典型应用，如百度糯米（www.nuomi.com）、美团（www.meituan.com）等都是 O2O 交易模式的典型代表。

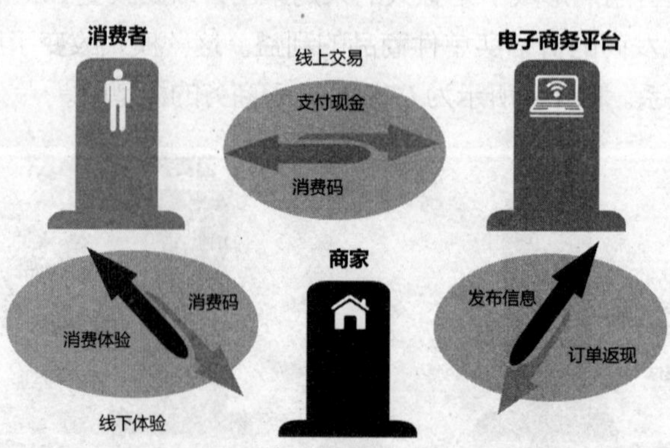

图 1-7　O2O 型电子商务的模型图

1.1.5 电子商务支持技术

电子商务是依靠计算机和互联网进行的商务活动，所以其活动场所离不开计算机和互联网，这是电子商务的基础。

1. 计算机与互联网基础知识

计算机和互联网是进行电子商务活动的基础。下面介绍计算机与互联网中与电子商务相关的基础知识与术语，以帮助读者更好地学习和应用。

（1）计算机硬件组成及性能

计算机是进行电子商务活动的基本工具，没有它很多事情将无法开展。虽然说现在移动电子商务也占据很大的份额，但是计算机在电子商务中的作用是无法替代的。计算机分为台式计算机和笔记本计算机，如果经常用计算机进行电子商务活动，最好使用台式计算机。台式计算机从外部结构看，由显示器、机箱、鼠标、键盘组成；笔记本电脑是将这些物品集成在了一起，但其核心仍由这些内容组成。图 1-8 所示为台式计算机和笔记本电脑的外观组成。

图 1-8　台式计算机和笔记本电脑的外观组成

其实计算机发挥其功效最主要的部分是主机内的物件，拆开主机，可以看到其内部结构，主要由主板、CPU、硬盘、内存、网卡、电源等部分组成，如图 1-9 所示。

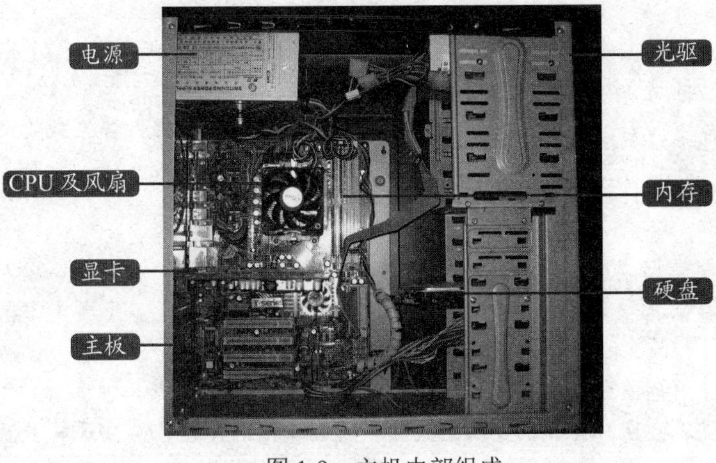

图 1-9　主机内部组成

作为用于电子商务的计算机，由于经常使用，所以在选择计算机组件时，可考虑尺寸稍大一些的显示器；由于需要经常上网，所以可考虑使用独立的网卡，以保证上网的性能；上网的过程中经常需要缓存图片，所以CPU和内存的性能也应适当好一些。对其他硬件不作过多要求，但是如果用户在电子商务中需要处理商品图片，显卡的性能还需要稍好一些。

案例解读

计算机的发展

作为电子商务的基础工具——计算机，从产生至今已经历了多个发展阶段。正是计算机的发展成就了如今繁荣的电子商务市场。

第一台计算机

1946年第一台计算机是美国军方专门为了计算弹道和射击特性表面而定制的，名为ENIAC，这台计算机使用了1 500个继电器，18 800个电子管，占地170m^2，质量重达30多吨，耗电150kW。以今天的标准看，这台计算机的功能还不如一只掌上可编程计算器，但它使科学家们从复杂的计算中解脱出来，标志着人类进入了一个崭新的信息革命时代。

第一代计算机

电子管计算机（1946—1957年）。采用电子管元件作为基本器件，程序从人工手编的机器指令程序，过渡到符号语言。第一代电子计算机是计算工具革命性发展的开始，它所采用的二进位制与程序存贮等基本技术思想，奠定了现代电子计算机的技术基础。以冯•诺依曼为代表。

第二代计算机

晶体管计算机（1957—1964年）。20世纪50年代中期，由晶体管代替电子管作为计算机的基础器件，用磁芯或磁鼓作存储器，在整体性能上，比第一代计算机有了很大的提高。同时Fortran、Cobol、Algo160等计算机高级语言也相应出现。晶体管不仅能实现电子管的功能，还具有尺寸小、质量轻、寿命长、效率高、发热少、功耗低等优点。使用晶体管后，电子线路的结构大大改观，制造高速电子计算机就更容易实现了。

第三代计算机

中小规模集成电路计算机（1964—1971年）。20世纪60年代中期，随着半导体工艺的发展，人们成功制造了集成电路。中小规模集成电路成为计算机的主要部件，主存储器也渐渐过渡到半导体存储器，使计算机的体积更小，大大降低了计算机计算时的功耗，提高了计算机的可靠性。在软件方面，有了标准化的程序设计语言和人机会话式的Basic语言。

第四代计算机

大规模和超大规模集成电路计算机（1971—2015年）。随着大规模集成电路的产生及发展，计算机的体积进一步缩小，性能进一步提高。集成更高的大容量半导体存储器作为内存储器，发展了并行技术和多机系统，软件系统工程化、理论化，程序设计自动化。微型计算机在社会上的应用范围进一步扩大，计算机几乎涉及社会生产的各个领域。这一阶段也是互联网的产生及发展时期，计算机技术的成熟以及互联网的发展，催生了电子商务产业。

（2）上网方式

有了计算机之后还需要将计算机连入互联网，才能真正发挥电子商务的作用。现在那些专门进行电子商务的企业，其计算机连入互联网的方式一般都采用宽带上网，部分要求较高的用户可以选择专线上网。宽带上网一般采用 ADSL 和 FTTX+LAN 两种，ADSL 宽带上网是一种非对称数字接入方式，其上传和下载速度不相同，一般上传速度可达到 640Kbit/s~1Mbit/s，下载速度相对较快，可达到 10Mbit/s 左右；FTTX+LAN 宽带上网是利用光纤 + 局域网的接入方式，用户通过局域网可以最大 100Mbit/s 的速度接入互联网，但是 FTTX+LAN 的接入方式需要 5 类线缆综合布线，所以不是每个地方都符合以这种方式连入互联网的。

作为互联网的使用者，用户将计算机连入互联网只需选择一个互联接入服务商，如电信、移动等，给接入服务商打电话咨询，对方即派工作人员进行连入的操作。

知识链接

如果通过无线路由器将计算机连入互联网，用户就可以通过设置无线路由器，将手机、平板电脑等移动设备连入互联网，这种方式也是我们常说的 Wi-Fi 接入。

（3）IP 地址

连入互联网的每一台设备都有一个唯一的地址，就像现实生活中的门牌号一样，在互联网中这个唯一的地址叫 IP 地址。IP 地址是一种在网络上的给主机编址的方式，也称为网络协议地址，它由 32 位的二进制数组成，为了方便表示和记忆，一般 IP 地址用 4 段 0~255 的十进制数表示，并且段与段之间用句点隔开，例如 159.226.1.5。

每个 IP 地址包括两个标识码（ID），即网络 ID 和主机 ID。同一个网络内的所有主机都使用相同的网络 ID，但是主机 ID 不同，从而保证了每台计算机拥有唯一的 IP 地址。

（4）浏览器

为了查看互联网上的文字、图片、视频等信息，必须依靠专门的工具，即浏览器。Windows 操作系统自带了 Internet Explorer 浏览器，除此之外，常见的浏览器还有 QQ 浏览器、Firefox、百度浏览器、搜狗浏览器、360 浏览器、UC 浏览器、傲游浏览器、世界之窗浏览器等。

在电子商务领域，不管是作为买家还是卖家，都必须依靠浏览器。不同的浏览器功能都是类似的，界面也有一定相似之处，通过“开始”菜单启动浏览器对应的程序，即可打开浏览器。图 1-10 所示为 Internet Explorer 浏览器（简称为 IE 浏览器）。

图 1-10　Internet Explorer 浏览器

在浏览器中用户一般常用两个区域，即地址栏和内容显示区，其中地址栏用于输入需打开的网页地址，以及通过单击链接后，在地址栏中显示该网页对应的网址。地址栏中的网址用户根据需要还可进行复制，然后在其他地方进行粘贴。如可将网址复制粘贴到 QQ、阿里旺旺、微信等通信软件中，然后发送给其他人。内容显示区则是显示网页内容的地方，是浏览器中面积最大的地方，显示了网页中的所有内容，便于用户查看和使用。

（5）网站、网页和网址

网站、网页和网址三者可以分别比作房子、房间、地点。网站本身没有任何实质的内容，主要用于存放网页；网页中则放置需要表达的文字、图片、视频等内容；网址用于表示网页的存放地址。网站首先需要申请域名，域名的作用与 IP 地址相同，都是为了使放置在网络中的资源有唯一的地址。

域名采用分级组成（至少两级），中间由点分隔开。如：taobao.com，就是一个域名。其中“taobao”表示“单位名”，由单位自行选择申请得到；最右边的域名称为顶级域名。域名分为机构性域名和地理性域名。其中机构性域名一般有 .com（用于商业机构，它是最常见的顶级域名）；.net（用于网络组织，例如互联网服务商和维修商）；.org（用于各种组织包括非营利组织）；.gov（用于政府机关开设的公共平台）。地理性域名按国家和地区划分，如 .cn（表示中国）、.us（表示美国）等。

2. 网络信息搜索

“搜索”是互联网最大的贡献之一，互联网中存在的网页量大，信息繁多，如何在这些繁杂的信息中找到自己需要的内容？这就必须求助“搜索”功能。在进行电子商务的过程中，搜索是经常使用的操作。总体来说，搜索的方式有两种，一是使用搜索引擎，二是进入专门的电子商务平台，在该平台中进行搜索操作。

（1）通过搜索引擎搜索

搜索引擎是将互联网中存在的网页信息进行过滤、筛选，找到用户需要的内容。我们常用的搜索引擎有百度、搜狗等。要使用搜索引擎找到自己需要的内容，就要依靠一个关键性的内容，即“关键字”。提取有效的关键字是快速找到目标信息的关键。下面在百度搜索引擎中搜索“淘宝开店”的相关内容，然后再搜索商品“电风扇”的图片。

通过搜索引擎搜索

① 启动 IE 浏览器，在地址栏中输入“www.baidu.com”，按“Enter”键打开百度搜索引擎，如图 1-11 所示。

② 在中间的文本框中输入搜索的关键字“淘宝开店”，按“Enter”键或单击右侧的 百度一下 按钮，在打开的网页中列出与此相关的网页链接，如图 1-12 所示。

图 1-11　百度搜索引擎

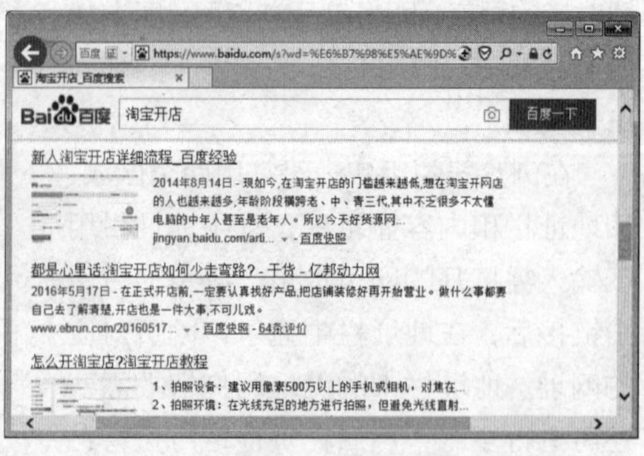

图 1-12　搜索到的网页链接

③ 选择一个认为还不错的网页链接，单击即可在打开的网页中显示具体信息，如图 1-13 所示。

④ 在搜索引擎中搜索信息时，关键字内容不能太“宽泛”，不然很难找到自己想要的内容。这时可以多关键字联合搜索，再次限定搜索范围。如返回百度搜索引擎，在关键字“淘宝开店”后输入“图片美化”，即表示寻找与淘宝开店相关的图片美化内容，如图 1-14 所示。

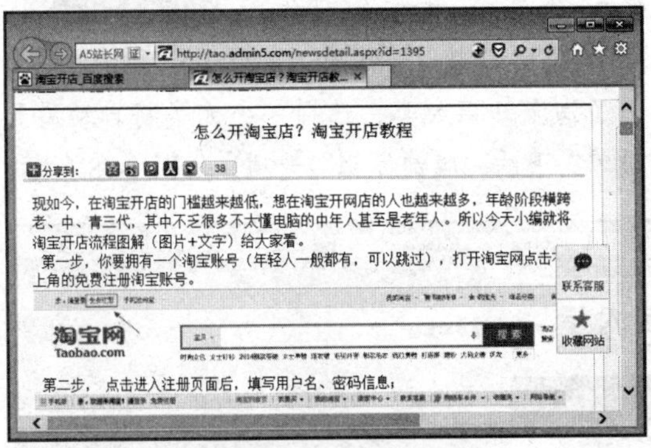

图 1-13　网页信息

图 1-14　多关键字联合搜索

⑤ 此时返回的网页链接就更加精准一些，在搜索引擎下方可单击数字超链接，以翻页查看其他页的搜索结果。一般说来，搜索引擎中排名靠前的内容是相对较新而且被更多人查看的，但也不排除某些网页与百度合作进行的广告行为，所以用户在搜索查看时，一般很少只通过一个网页就找到自己需要的内容，而是需要通过多个网页联合查看。

⑥ 一般搜索引擎都可以多内容搜索，除了网页类的内容，还有图片、音乐、视频、地图等。返回搜索引擎所在的网页，输入“电风扇”，单击下方的“图片”超链接，如图 1-15 所示。

⑦ 打开的网页将显示所有的电风扇图片，如图 1-16 所示。选择一张图片，可以将该图片以原始大小进行显示。

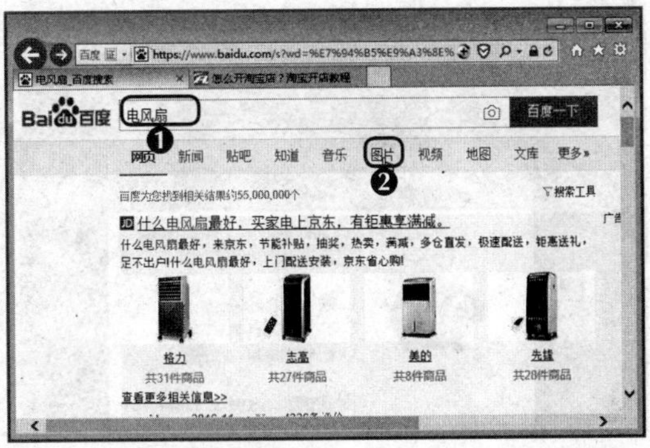

图 1-15　搜索图片

图 1-16　显示图片搜索结果

操作指导

搜索到有用的内容可以保存下来，如果是文字内容，可以使用复制粘贴的方法复制到记事本或 Word 文档中。如果是图片等内容，可以以文件的形式保存下来，其方法是在图片上单击鼠标右键，在弹出的快捷菜单中选择“图片另存为”命令，然后设置保存位置和名称即可。

（2）站内信息搜索

站内信息搜索

如果需要在某个网站寻找信息，而网站本来的内容又较多，不便于查找，此时可利用网站的搜索功能。下面将进入淘宝大学，先通过网站自带的分类搜索功能查找商品的知识，然后通过关键字搜索功能搜索店铺装修的知识。

① 启动 IE 浏览器，在地址栏中输入“www.taobao.com”，按“Enter”键打开淘宝网，在网页上方选择“卖家中心”菜单下的“卖家培训中心”选项，如图 1-17 所示。

② 打开淘宝大学网页，在左侧“热门分类”下列出了淘宝知识大类，选择一个大类将自动展开其下的所有内容。例如，选择“日常运营 / 新品破零”下的“店铺促销”选项，如图 1-18 所示。

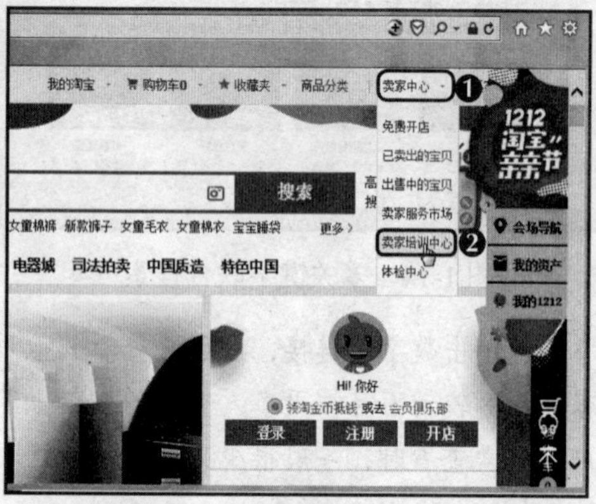

图 1-17　进入淘宝大学

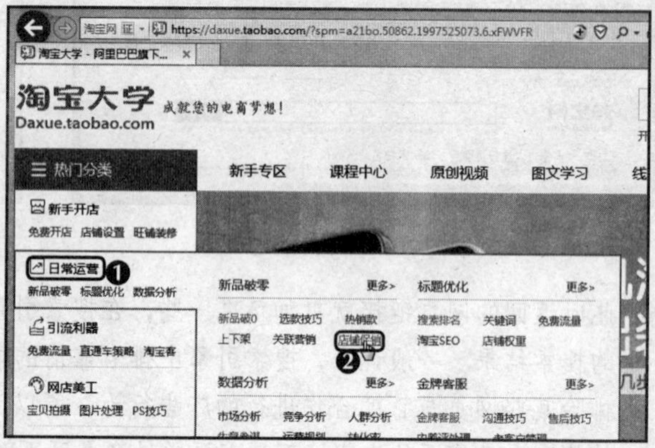

图 1-18　选择分类搜索功能

③ 打开该分类的课程列表，选择一个感兴趣的课程，如图 1-19 所示。

④ 在打开的网页中显示了该课程的基本情况，单击免费参加课程按钮，然后在提示框中输入个人的手机号码，稍后在打开的网页中即可看到学习的课程视频，如图 1-20 所示。

图 1-19　选择学习课程

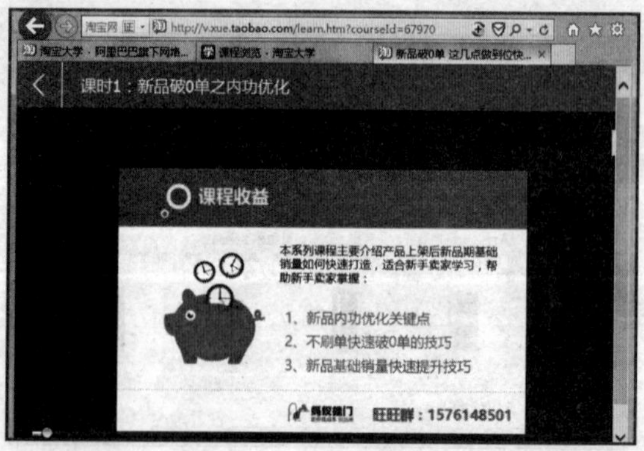

图 1-20　观看学习课程

操作指导

一般在电子商务网站中执行操作，都要求用户先注册为该网站的用户，然后再登录账户进行操作。淘宝也不例外，如要查看课程的内容也要求用户登录。淘宝大学中的课程很多，除了上文介绍的视频课程以外还有图文课程，作为新手卖家，首先学习掌握这些内容是非常必要的。

⑤ 返回淘宝大学首页，在上方的文本框中输入需要搜索的关键字，如输入“图片”即可了解与图片处理相关的知识，单击 搜索 按钮，如图 1-21 所示。

⑥ 打开搜索列表，此时可单击这些链接进行学习和查看，如图 1-22 所示。

图 1-21　输入搜索关键字

图 1-22　搜索列表

知识链接

对于用户而言，搜索最关键的内容是“关键字”，选择的关键字不同，搜索到的内容会有很大的差异，而且可能不是自己需要的内容。所以在搜索前需要考虑一下自己要查找的内容的中心思想，在中心思想里提取关键性的内容。例如，需要在社保网站中查询个人的社保信息，输入“社保”几乎很难找到对应的网站，这时可考虑再缩小关键字，加上一些限定关键字，如输入“重庆 社保 查询”再次搜索时，就可以比较方便地找到目标网页。在搜索时，如果搜索一次没有找到自己需要的内容，可以考虑变换关键字。

3. 即时交流工具

电子商务产生的所有交易都通过网络完成的，而交易的双方可能互相并不认识。为了让对方更好地了解商品，达成交易，可以通过一些工具在网上进行交流，如腾讯 QQ、阿里旺旺都是常用的即时交流工具。其中腾讯 QQ 在日常的工作和生活中使用较多，阿里旺旺更多是在淘宝、天猫等阿里巴巴旗下平台进行电子商务、贸易时使用。虽然其用途有所差异，但使用方法都类似。

下载软件、注册用户是使用即时交流工具的第一步，这两个软件都可以在百度搜索引擎中搜索后下载。

（1）腾讯 QQ

腾讯 QQ 由于“出道”较早，所以拥有较大的人群基数，在日常的工作和电子商务活动中，人们经常都会使用 QQ 与他人进行网上交流。下面以使用 QQ 添加一个网络用户，然后与 QQ 中的好友进行交流，包含文字、图片交流，最后与对方进行收发文件操作为例进行说明。

腾讯 QQ

① 启动 QQ 软件，输入用户名和密码，单击 安全登录 按钮，如图 1-23 所示。

② 打开 QQ 工作界面，其中显示了自己添加的所有 QQ 好友，找到需要交流的对象并在其头像上双击，打开与其对应的交流窗口，如图 1-24 所示。

图 1-23　输入用户信息

图 1-24　QQ 工作界面

操作指导

在进行电子商务活动时，很多时候是在网站上看到一个联系的 QQ 号码或者对方给出一个 QQ 号码，此时必须先将这个 QQ 号码添加为好友，其方法是在 QQ 界面下方单击 查找 按钮，打开 QQ 好友添加窗口，输入对方的 QQ 号码后进行查找，然后将查找到的对象添加为好友。但是添加好友是双方面的，只有对方同意后，你的 QQ 界面上才能出现添加的好友，然后才能与其交流。

③ 在窗口下方输入需要与对方交流的文字，单击 发送(S) 按钮，该信息自动显示在窗口上方，同时上方显示对方的信息，如图 1-25 所示。

④ 在进行文字交流的过程中，如果需要向对方表达某些不容易描述的地方，可以使用截图功能。打开需要展示的文件，然后在 QQ 聊天窗口中单击 按钮，再拖动鼠标截取需要向对方展示的部分，如图 1-26 所示。截取的图片将自动显示在聊天窗口中。

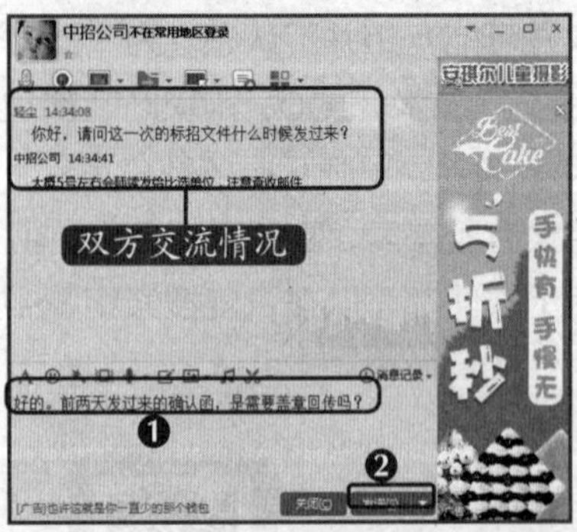

图 1-25　文字交流

图 1-26　截图

⑤ QQ 支持文件传送功能，如果需要向对方发送文件而正好对方又在线，使用该功能非常便捷。找到需要发送的文件，将其拖动到 QQ 聊天窗口中，QQ 聊天窗口右侧自动打开“传送文件”窗格，如图 1-27 所示。此时对方的窗口中将出现文件接收的提示，按提示设置即可将文件保存到电脑中。

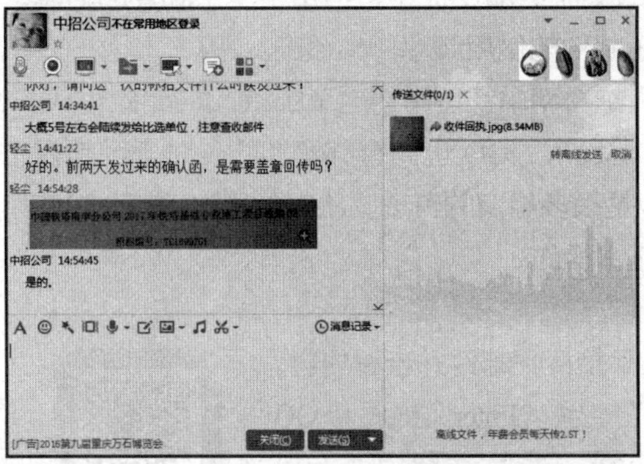

图 1-27　发送文件

操作指导

在使用 QQ 进行电子商务活动时，为了保障自己的权益，对于已经通过 QQ 确认的事项，可以通过 QQ 的聊天记录查证。单击聊天窗口右侧的 消息记录 按钮，可在展开的窗格中显示与对方的所有交流内容。这些交流内容只要不卸载 QQ 或重新安装系统，一般不会自动删除。

（2）阿里旺旺

阿里旺旺作为阿里巴巴旗下的一款专用交流工具，其目的主要有两个：一是帮助交易双方更好地达成交易，二是如果交易出现问题，其交流内容可作为维权的凭证。

阿里旺旺的使用方法与 QQ 有一定相似之处，安装好阿里旺旺后，用账户进行登录（如淘宝账户），将打开阿里旺旺的界面，如图 1-28 所示。如果作为买家，在淘宝或天猫商城中需要与卖家交流时，可以单击其店铺中的 和我联系 按钮，将自动弹出阿里旺旺的聊天窗口，如图 1-29 所示，然后像在 QQ 中一样与对方进行交流。

图 1-28　阿里旺旺界面

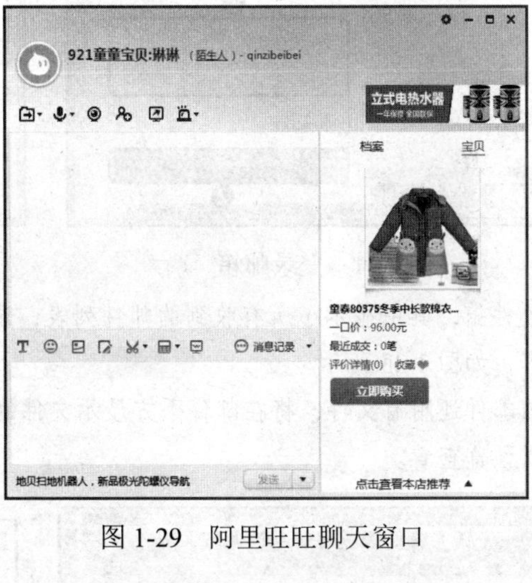

图 1-29　阿里旺旺聊天窗口

阿里旺旺作为一款专用的电子商务交流工具，与QQ相比聊天窗口中多了一个“小工具”图标，其中包含与交易相关的两款适用小工具，一个是计算器、另一个是记事本，如图 1-30 所示。选择它们将启动对应的程序，方便用户使用。

图 1-30　小工具

4. 电子邮件

虽然因为QQ等即时通信软件的兴起，人们的交流更加便捷了，但由于电子邮件的信息、文件存储时间长，方便用户随时提取等原因，电子邮件的使用频率仍然很高。

要使用电子邮件必须先有一个电子邮箱，各大综合网站都可申请电子邮箱，如新浪（www.sina.com）、网易（www.163.com）等，随着QQ的发展，QQ也拥有邮箱功能。对于经常在工作时使用QQ的用户来说，QQ邮箱非常便捷，也是很多用户的首选。不管是哪类邮箱，其使用方法类似。下面将使用QQ邮箱进行电子邮件的基本操作。

（1）接收邮件

如果他人向自己的邮箱中发送了邮件，可进入邮箱接收邮件并查看内容。

接收邮件

① 启动IE浏览器，在地址栏中输入“mail.qq.com”，按“Enter”键打开QQ邮箱登录界面，输入邮箱的用户名和密码后单击 登 录 按钮，如图1-31所示。如果用户已登录QQ，在QQ工作界面上方单击图标，可直接进入自己的QQ邮箱，免去登录过程。

② 打开邮箱主页，其中显示了邮箱的基本情况，未读邮件数量、收件箱的邮件数量等，在左侧的列表框中选择“收件箱”选项，如图1-32所示。

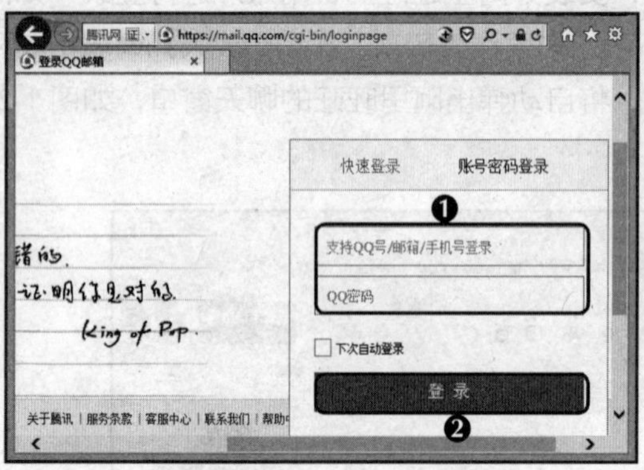

图1-31 登录邮箱

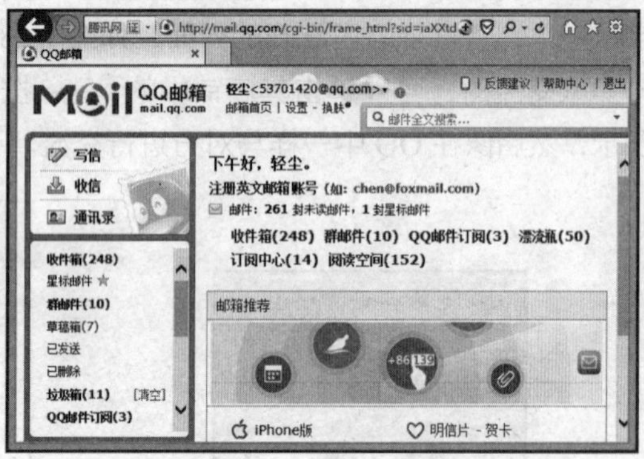

图1-32 邮箱主页

③ 打开收件箱，其中显示了所有收到的邮件列表，选择一个邮件，在打开的窗口中将显示该邮件的内容，如图1-33所示。

④ 如果该邮件还附有文件，将在邮件下方显示文件的情况，如图1-34所示。此时可根据提示选择下载或预览查看。

图1-33 查看收件内容

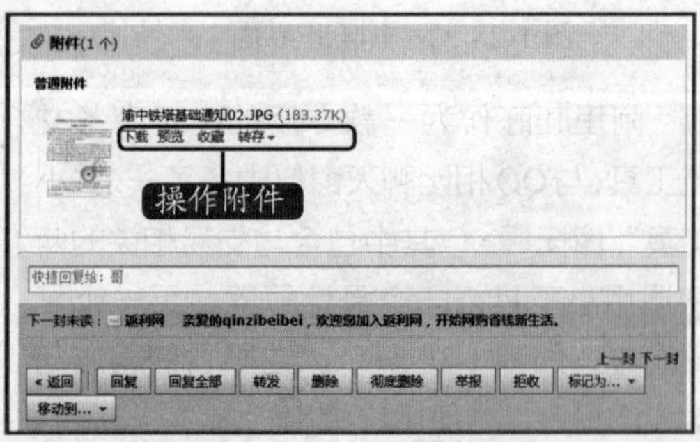

图1-34 下载或预览附件

（2）发送邮件

向他人发送邮件一般分为两种情况，一是自己有事向他人发送邮件；二是他人给自己发送邮件后回复邮件。如果是新写邮件，在邮箱主页中选择“写信”，即可打开写邮件的界面，如图 1-35 所示；如果是回复邮件，在查看邮件的界面中单击回复按钮，也可打开写邮件的界面，只是该界面中已填写了对方的邮箱地址，用户不用再次填写。

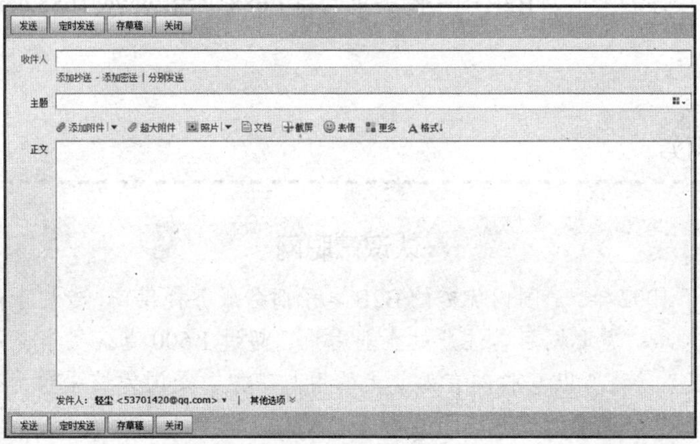

图 1-35　写邮件界面

写邮件时收件人、邮件主题是必须填写的部分。收件人即对方的电子邮箱地址，电子邮箱地址的结构是：用户名 @ 邮件服务器，如 chenxx@163.com。根据需要，用户可同时填写多个收件人，只需在收件人电子邮箱地址之间用逗号（英文逗号）隔开即可。邮件主题即该封邮件的标题。写邮件界面下方最大的空白区域即为写邮件内容的区域，邮件写完后单击发送按钮，将电子邮件发送至对方邮箱。

如果用户希望有文件随同电子邮件一起发送给对方，可在写邮件界面中单击添加附件或超大附件超链接，然后选择计算机中保存的文件即可。

1.1.6　电子商务平台介绍

电子商务平台是在互联网上进行商务活动的虚拟网络空间，它通过协调、整合信息流、物质流、资金流等保障商务活动的顺利运营。电子商务平台根据运营深度和广度的不同可分为水平型电子商务平台、垂直型电子商务平台和公司型电子商务平台 3 种。

1. 水平型电子商务平台

水平型电子商务平台的运营商通常是独立于产品或服务的提供者和需求者，它通过网络平台，按照特定的交易与服务规范，为买卖双方提供服务。当前主流的水平型电子商务平台，根据其运营模式的不同又可分为水平型 B2B 电子商务平台、水平型 B2C 电子商务平台和水平型 C2C 电子商务平台。

（1）水平型 B2B 电子商务平台

在传统的销售批发环节中，企业间的交易往往要耗费大量的资源和时间，无论是销售、分销还是采购都要占用产品成本。通过网络批发平台（即 B2B）的交易方式，买卖双方都能够在网上完成整个业务流程，从建立最初印象，到货比三家，再到讨价还价、签单和交货，最后到客户服务，企业之间的交易减少了许多事务性的工作流程和管理费用，降低了企业经营成本。

水平型 B2B 电子商务平台为企业之间的战略合作提供基础。与传统的商务活动相比，水平型 B2B 电子商务平台能够降低企业的采购成本、库存成本，能够节省产品周转时间，扩大市场机会。同时由于水平型 B2B 电子商务平台不牵涉商品和服务本身，重点在于平台的建立和服务，所以这类网站往往有十分强大的技术研究团队，竞争力相较企业网站更强。

现在综合实力较强的水平型 B2B 电子商务平台有 1 688 平台（www.1688.com）、慧聪网（www.hc360.com）。

案例解读

认识慧聪网

慧聪网成立于 1992 年，是国内优秀的 B2B 电子商务服务提供商，专注于电子商务、金融、地产及防伪 4 大领域。慧聪网目前注册的企业用户已超过 1 500 万，买家资源达到 1 120 万，覆盖行业超过 70 个。之所以慧聪网有如此大的用户基数，是因为该平台为企业和消费者提供了多样的服务。总体说来大概有以下 4 种。

- **买卖通**：慧聪买卖通会员不仅可以通过自己的商务中心查询符合自己需要的采购信息，还可以通过专门在线洽谈会、IM 等即时通信工具获得第一手采购信息。同时企业用户可以通过买卖通建立网络商铺，进行产品展示、企业推广、在线洽谈等。
- **慧付宝**：慧付宝是支持买卖双方在线完成交易的支付服务工具，主要提供货款代收代付服务，其作用与阿里巴巴的支付宝类似。慧付宝服务支持 11 家银行的个人网银付款，16 家银行的企业网银付款；支持 25 家银行的个人或企业银行卡提现。
- **慧聪发发**：慧聪发发是慧聪网发布的一款网上贸易即时沟通软件，该软件还有手机绑定功能，将手机与慧联网联系起来，让用户随时随地掌握商机。
- **专属服务**：慧聪网针对不同行业客户的差异化需求，为企业网上做生意、结交商业伙伴提供个性化的专属服务，包括行业的精准求购信息、网络和纸媒推广的全面覆盖等。除此之外，行业客户还有很多“优先”特权，如优先获得买家求购信息及优先参加买家线上、线下的采购会；收录入当年行业大全名录，参加国内重大的业内展会及活动；优先获得行业内知名专家、顾问的咨询服务等。

（2）水平型 B2C 电子商务平台

水平型 B2C 电子商务平台建立了企业卖家与个体消费者的沟通与联系渠道，大幅度降低了交易成本。更有一些专属的互联网品牌，从诞生之初，就形成了“前店后厂”的模式，抛去了中间的各级代理，在减少销售环节的同时降低成本。从客户关系及体验来看，自助式的购物体验使得消费过程更轻松。

判断一个电子商务网站是不是水平型 B2C 电子商务平台，其方法很简单，首先看这个网站是不是售卖多种类型的商品，如果是，则表示属于“水平平台”；其次看网站有没有多个商家入驻，如果是，则表示“B”成立；最后看消费者是不是个人消费者，如果是，则表示“C”成立。现在综合实力较强的水平型 B2C 电子商务平台有天猫商城（www.tmall.com）、京东商城（www.

jd.com）、1 号店（www.yhd.com）、当当（www.dangdang.com）、唯品会（www.vip.com）。

案例解读

互联网品牌“三只松鼠”一夜崛起

2012 年的“双十一”，上线仅 4 个多月的三只松鼠旗舰店当日成交额 766 万元，一举夺得零食坚果特产类目第一名，成为中国食品电商的奇迹，也奠定了三只松鼠在互联网食品品牌的领头羊地位。2013 年还是“双十一”，三只松鼠旗舰店单日销售额达 3 562 万元，连续两年蝉联食品电商行业冠军。在 2014 年“双十一”销售达 1.2 亿元；2015 年销售额 2.66 亿元，全年销售额破 25 亿人民币；2016 年仅 28 分钟 40 秒销售额就破亿元，全天销售额达 5.08 亿元。三只松鼠每年都在刷新自己的销售业绩，5 年全网食品销售第一，从一个名不见经传的“小卒”摇身一变为互联网食品的品牌大咖。

三只松鼠主要是以互联网技术为依托，利用 B2C 平台实行线上销售，开创了一个快速、新鲜的新型食品零售模式。这种商业模式缩短了商家与客户的距离，确保让客户享受到新鲜，完美的食品。先后获得 IDG 的 150 万美元 A 轮天使投资和今日资本的 600 万美元 B 轮投资。2015 年，三只松鼠获得峰瑞资本（FREES FUND）3 亿元投资。

三只松鼠公司于 2012 年 2 月成立，由 5 名创始人员组建，目前公司全国雇员超过 2000 余人，平均年龄 24 岁，是全国最年轻的电商团队。创始人兼 CEO 章燎原先生，10 年草根创业；10 年传统行业营销、管理从业经历；4 年互联网品牌营销、管理经验。在电商界人称“松鼠老爹－章三疯”。作为一个新型的互联网品牌，能够 5 年销售食品类排名第一绝非偶然，互联网企业与传统企业有着不一样的管理理念和运营方式。

三只松鼠的企业价值观

1. 忠于信仰。 基于这样一个信仰，要实现为顾客寻找优质、新鲜、健康的森林食品，我们必须明白，顾客第一的重要性，因为没有失去顾客而能活下来的企业；公司利益的重要性，时刻维护公司利益才能确保发展动力；员工利益的重要性，基于以上两点我们创造员工幸福指数。

2. 勇于改变。 我们正处于一个急剧变化的互联网时代，我们正在经历一场中国食品行业时代的改变；而我们作为互联网食品行业的开拓者，我们需要勇气，需要创新，需要拥抱改变。改变世界，从改变自己开始。

3. 不懈坚持。 我们始终相信只有选择放弃，才是真正的失败，而选择坚持，意味着就有成功的可能。压力是成功最大的助推力，面对压力，唯有不懈，唯有坚持。成功，往往只是因为多挺了一会儿！

4. 分享协作。 我们正处于一个开放的、快速的、变化的互联网时代，一个人的力量微弱。而分享每个人有限的知识，汇集一起就是一股强大的知识力，协同每个人有限的力量，汇集一起就是一股强大的凝聚力！

5. 好好学习 天天向上。 我们相信一个团队，要想走的更远，必须具备以下两点：第一，持续的学习，才能使自己在未来拥有更强的能力；第二，高尚的品德，是我们塑造团队高凝聚力唯一、必要的要求。

（3）水平型 C2C 电子商务平台

C2C 电子商务平台对于所有人都是免费开放的，所以用户既可以是买家也可以是卖家。C2C 电子商务平台上把传统的大商场、特色小店、地摊和跳蚤市场通通融合在了一起，商品信息多且品质参差不齐。既有全新的也有二手的，既有正品也有仿冒品，既有大工厂统一生产的也有小作坊个人制作的。

由于 C2C 电子商务平台中参加交易的买卖双方往往是个人，他们购买的物品往往都是单件或者是少量的，因此本小利薄，批次多是目前绝大部分 C2C 平台上的卖家所面临的现实。在我国，水平型 C2C 电子商务平台可以说是淘宝网一枝独秀，曾经拍拍网还占有部分市场。京东商城收购拍拍网后称该模式监管难度较大，无法杜绝假冒伪劣商品，从 2016 年 4 月 1 日起停止提供拍拍网的电子商务平台服务。现在进入拍拍网（www.paipai.com），将显示停止运营的公告，单击网页的任意地方可以直达京东商城。

2. 垂直型电子商务平台

垂直型电子商务平台是集中全部力量打造的专业性信息平台，与水平型电子商务平台相比，其旗下商品都是同一类型的产品，如化妆品、数码产品等。垂直型电子商务平台能够提供更符合特定人群的消费产品，满足某一领域用户的特定习惯，因此能够更容易取得用户信任。

垂直型电子商务平台所有货源统一由供应商供给，从源头堵住了零售商卖次品假货的渠道；产品质量问题由供应商承担，保障了消费者利益；物流体系与传统渠道物流相结合，使产品在物流中的损耗降到最低。

垂直型电子商务平台于采购商而言，解决一站式采购，商品价格透明，品质有保障，物流费用更低，效率更高；对于消费者而言，为消费者提供供应商直供产品，品质有保障，省掉渠道商及仓储，降低物流费用。

垂直型电子商务平台多为某一行业的专用电子商务平台，现在比较优秀的该类平台有化工网（china.chemnet.com）、中国网上轻纺城（www.qfc.cn）等。

3. 公司型电子商务平台

公司型电子商务平台是企业为自身产品创建的、为消费者提供网上交易洽谈的平台。这类平台拥有完全独立的电子商务平台，不受第三方平台的约束和限制，具有数据处理能力强、网络运行效率高等优势，但是其网络平台的安全管理能力和技术支持相对缺乏。

公司型电子商务平台不仅为企业自身的产品销售提供了场地，还有利于企业形象的塑造。同时对于用户而言，有了了解产品生产商的渠道，对于掌握产品的质量、了解产品背后的故事都有帮助。随着互联网的发展和深入，大多数公司都有自己的网站，但这些网站更多的是信息展示功能，只有一些较大型的公司才有自己的可进行购物与商务洽场的平台，如海尔商城（www.ehaier.com）、戴尔（DELL）、电子商务平台（www.dell.com.cn）、小米商城（www.mi.com）等。

案例解读

“小米”成功的背后

在诺基亚、摩托罗拉等传统手机大亨淡出人们视线的同时，另一些手机品牌如雨后春笋般冒出来，小米就是其中的佼佼者。小米公司正式成立于2010年4月，是一家专注于高端智能手机、互联网电视以及智能家居生态链建设的创新型科技企业。

小米的成功依靠的不仅仅是小米商城这一销售平台，平台提供的只是一个工具。如果说小米的成功依靠的是产品性价比，这可能也只是一方面，更多的是，我们可以认为小米是一个互联网品牌产品，它是互联网环境下催生的目前中国销量第一的手机品牌。

在互联网时代，作为一个成功的互联网品牌，需要做的不仅仅是产品本身，还包括推广，用人性化的推广来获得用户，让产品深入每个用户心里。“相信美好的事情即将发生！”是小米创办以来公司奉行的一句话，这句话不仅激励着小米，也拉近了小米和用户之间的距离。同时由于互联网的特殊性，小米开设自己的社区，形成强有力的粉丝团，小米这也是成功的关键。小米独特的饥饿式营销在其销售和推广过程中起到了强有力的作用，并且在一段时间中，还曾引发了其他产品的跟风效应。

“让每个人都能享受科技的乐趣”是小米公司的愿景。小米公司应用了互联网开发产品的模式，用极客精神做产品，用互联网模式去掉中间环节，致力于让全球每个人，都能享用来自中国的优质科技产品。小米公司自创办以来，保持了令世界惊讶的增长速度，小米公司在2012年全年售出手机719万台，2013年售出手机1 870万台，2014年售出手机6 112万台，2015年售出手机7 100万台。

1.2 网上支付与交易安全

网上支付的产生与发展伴随着电子商务的发展，它随电子商务的发展应运而生。在电子商务环境下，传统的支付方式已无法满足网上交易对资金结算的要求，所以产生了网上支付，根据用户需求的不同，可选择的网上支付方式也不同。网上支付给用户在带来便利性的同时，也带来了资金交易安全的威胁。

1.2.1 网上支付概述

网上支付属于电子支付的一种，电子支付是用户通过电子终端发出支付指令，实现货币支付与资金转移的行为。电子支付除了网上支付，还包含电话支付、手机支付、自动柜员机支付（ATM）、数字电视支付、POS机刷卡支付等多种方式。网上支付又称为网络在线支付，它通过计算机、互联网实现买卖双方的资金清算、查询统计、资金转移等。

1. 网上支付的特点

网上支付与传统支付的最终目的是一样的，即进行资金清算、查询等业务。但它与传统支付相比又存在很大的特殊性，总体来说网上支付有以下特点。

- **基于互联网环境**：传统支付是在封闭的环境下进行的，一般用户的参与性较少，大多是通过银行工作人员代办。网上支付是通过计算机和互联网进行的在线支付，操作人一般为用户本人。
- **快捷高效**：网上支付相对于传统支付而言，无需到银行即可办理相关业务，在线转账、资金查询等都可通过网上银行办理，缩短了用户工作周期，提高了资金的周转速度。

- **成本低**：网上支付相对于传统支付，除了时间成本更低之外，资金成本也更低。一般通过传统方式进行跨行、跨地区支付均需支付一定的手续费，而网上支付根据用户的信用的不同以及各个银行的标准的不同，一般手续费很低，有的还为零。
- **提高资金管理水平**：通过网上支付方式，用户可建立自己的消费记录，进行账单分析、预测市场趋势，使企业可高效率地进行资金清算和分析，提高资金的管理水平。

2. 网上支付系统的构成

网上支付的形式多样，但基本的网上支付系统主要是由 Internet、客户、商家、客户开户行、商家开户行、支付网关、银行网络、CA 认证中心组成，如图 1-36 所示。

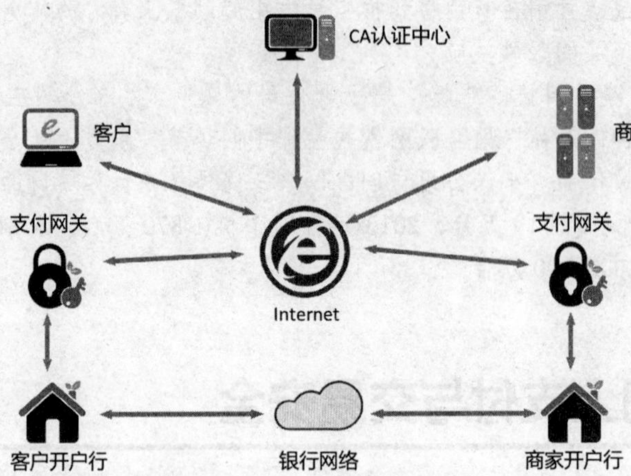

图 1-36　网上支付系统构成

各构成部分的作用如下。

- **Internet**：Internet 是电子商务交易信息传送的载体，它是网上交易存在的基础，如果没有 Internet，网上交易也就不存在了。
- **客户**：客户是指在电子商务交易中购买产品或者服务的单位或者个人，作为交易中的买方。客户使用支付工具发起网上支付，作为网上支付的起点。
- **商家**：商家是指向客户提供商品或服务的单位或者个人，作为交易中的卖方。商家根据客户发出的支付指令向金融体系请求资金入账。
- **客户开户行**：客户开户行是指为客户提供资金账户、网络支付工具的银行，保证客户可以进行资金支付。
- **商家开户行**：商家开户行是指为商家提供资金账户的银行。商家将客户的支付指令提交给对应的商家开户行后，由该行进行支付授权请求以及跨行清算等工作。
- **支付网关**：支付网关是 Internet 和银行网络之间的接口，支付信息必须通过支付网关才能进入银行支付系统，进而完成支付的授权和获取。
- **银行网络**：银行网络，也称作金融专用网，是银行内部及行间进行通信的网络，并具有较高的安全性和稳定性。
- **CA 认证中心**：CA 认证中心是可以信赖的第三方机构，承担网上电子交易认证服务，能签发数字证书，并能确认用户身份，从而保证网上支付的安全。

1.2.2 网上支付方式

根据用户的不同需要，有多种不同的网上支付方式。目前，国际通行网上支付方式有银行卡、电子现金、电子支票、网上银行、第三方支付等。

1. 银行卡

银行卡支付是电子商务发展过程中使用频率比较高的一种支付方式，在 B2C、C2C 和小额的 B2B 电子商务活动中，银行卡使用很广泛。目前银行卡网上支付主要通过账号直接传输方式、专用协议方式、专用账号方式、银行账户分离方式、快捷支付方式、SET 协议方式等。作为一般的普通商务用户，快捷支付方式是一种快捷实用的银行支付方式。

快捷支付方式是由支付宝率先推出的一种支付方式，非常快捷方便。快捷支付是指用户在购买商品时，只需提供银行卡的卡号、用户名、手机号码，无需开通网上银行。系统根据输入的这些信息与银行卡开户行的系统进行比对，验证手机号码是否正确。如手机号码正确，支付宝将发送手机动态口令到手机上，用户在计算机中输入正确的手机动态口令即可完成支付。

2. 网上银行

网上银行支付，即将银行卡开通网上银行功能，然后用户进入对应的网上银行个人账户，在该账户中进行查询、转账、对账等业务。

网上银行通过互联网的提交渠道接受客户办理业务的申请，打破了传统商业银行结构和运行模式，所以通过网上银行可以在任何时间、任何地点，以任何方式进行业务办理，突破了时间、空间的限制。

知识链接

20 世纪 90 年代，随着互联网的发展和普及，银行的经营方式也呈现了网络化的趋势。1995 年 10 月 18 日，在美国诞生了第一家网上银行——美国安全第一网上银行（Security First Network Bank）。随后全球绝大部分有影响的商业银行陆续建立了自己的网上银行。

中国银行于 1996 年建立了自己的网站，成为了我国第一家网上银行。在此之后，招商银行、工商银行、建设银行等各大银行纷纷推出了网上银行业务。

由于网上银行的便捷性、经济性等优势，传统银行的大部分业务被网上银行所取代。艾瑞咨询统计数据显示，2013 年中国商业银行电子银行交易笔数高达 1245.4 亿笔，电子银行替代率达到 79.0%。

随着移动互联网的爆发发展，未来商业银行将形成以网银支付为基础，移动支付为主力，电话支付、自助终端、微信银行等多种电子渠道为辅助的电子银行业务结构。

网上银行的服务主要包括公共信息服务、个人网上银行、企业网上银行等。

- **公共信息服务**：网上银行公共信息服务为用户提供信息查询、最新银行动态、业务种类等服务。具体包括：信息发布、银行业务范围、银行网点查询、存贷款利率查询、外汇牌价利率查询、国债行情查询、各类申请资料、投资理财介绍、客户服务等。
- **个人网上银行**：个人网上银行是网上银行一项基本的业务，也是用户使用最频繁的业务。一般个人网上银行业务可以进行账户信息查询、转账汇款、代理缴费、个人投资理财、信用卡相关业务、保险投保、个人贷款等。将在第 5 章详细讲解个人网上银行的使用方法。

- **企业网上银行：**网上银行针对企业的相关业务专门推出满足企业需求的企业网银。与个人网上银行相比，企业网上银行因其需求不同，开设的服务与个人网上银行有所不同。一般企业网上银行业务包括：账户管理、网上汇款转账、网上外汇汇款业务、信用证业务、网上融资、供应链金融业务等。

3. 第三方支付

“第三方支付”就是买卖双方在交易过程中的资金“中间平台”，这些平台与各大银行进行签约，具备一定实力和信誉保障。随着电子商务的发展，各个水平商务平台的兴起，第三方支付现已成为我国电子商务活动中的主流支付方式。

（1）支付宝

支付宝（www.alipay.com）是阿里巴巴旗下的第三方支付平台，也是目前国内最大的第三方支付平台。2003 年 10 月淘宝网首次推出支付宝服务，2004 年 12 月支付宝率先推出了“担保交易”的模式，后又推出“全额赔付”支付，提出“你敢用，我敢赔”承诺，使得网上支付的安全得到了最大的保障。支付宝最大的特点在于“客户收货满意后，商家才能拿到钱”，从而保证了交易过程的安全和可靠。图 1-37 所示为支付宝的担保交易模式。

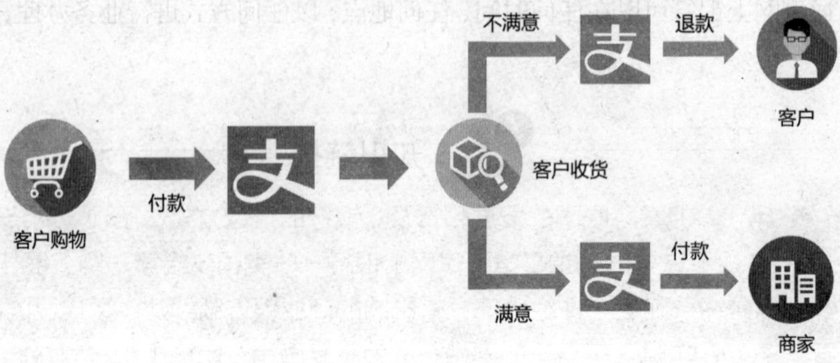

图 1-37　支付宝的担保交易模式

从 2010 年到 2013 年，我国的第三方支付方式的交易额从 1.01 万亿元迅速增长到 5.37 万亿元，这里面支付宝就贡献了约 50% 的份额。2014 年，支付宝交易达 3.87 亿元，其中移动支付领域支付宝在第三方支付市场中占 76% 的份额。

之所以支付宝有如此的成绩，除了它“出道早”之外，与支付宝“可以办到的事情多”分不开。支付宝主要提供支付及理财服务，包括网购担保交易、网络支付、转账、信用卡还款、手机充值、水电气缴费、个人理财等多个领域。据不完全统计，截至 2016 年 6 月，支付宝平台的实名用户数已经超过 4 亿。支付宝与超过 200 家金融机构合作，覆盖了绝大部分的线上消费场景，同时大力拓展各种线下业务，包括出租车、公共交通、超市、便利店、餐饮等。在境外超过 30 个国家和地区，近 2 000 个签约商户已经支持支付宝收款，覆盖 14 种主流货币支付。在跨境购物退税方面，2013 年支付宝开始支持韩国购物退税，2014 年支付宝更将退税服务扩展到了欧洲。在金融理财领域，支付宝还推出了余额宝、招财宝、股票等理财产品，目前支付宝理财用户数超过 2 亿。

知识链接

支付宝作为阿里巴巴推出的支付工具，对客户是服务，对阿里巴巴本身是赢利工具。支付宝除了为自己旗下电子商务进行支付服务外，还涉足多个电子商务的平台，所有使用支付宝的商家都需支付使用支付宝的手续费，其费率为收到款项的 0.7%~1.2% 不等。同时，客户在购物时付款至商家真正收到货款，这之间有一定的时间差，由于流量大、用户多，积少成多，故而形成一个连续不断的、拥有大量资金注入的资金池。这个资金池可作为资本运作和投资，其收益将不可估量。

（2）财付通

财付通是腾讯公司于 2005 年 9 月推出的在线支付平台，其市场份额仅次于支付宝，排在第二位。财付通依靠腾讯拥有的 8 亿多 QQ 活跃用户，同时借助微信支付、QQ 钱包两种新支付入口的快速发展，其市场占比进一步扩大。现在财付通拥有的个人用户数已超过 2 亿，覆盖的企业包括腾讯游戏、网上购物、保险 、物流、旅游等。

1.2.3 网上交易安全

电子商务主要依靠互联网进行商务活动，由于计算机安全、网络安全等问题的存在，造就了电子商务的安全隐患。

1. 网上交易面临的安全威胁

在进行电子商务活动中，面临的安全威胁主要有以下 4 种。

- **信息泄露**：主要包括交易双方进行交易的内容被第三方窃取；交易一方提供给另一方使用的文件被第三方非法使用。
- **信息篡改**：信息在通过网络传输的过程中，可能被他人篡改。主要有篡改授权，使信息为某个未经授权的人所取得； 删除部分消息；修改消息中的部分信息等。
- **信息假冒**：当攻击者掌握网络信息数据规律或解密商务信息以后，假冒合法用户或发送假冒信息来欺骗其他用户。
- **信息破坏**：网络软硬件出现问题时可能导致信息在传递过程中丢失，最重要的还是一些恶意的程序攻击所导致的电子商务信息的破坏。

2. 网上交易安全策略

保证网上交易安全是一项复杂的工程，它包含进行网上交易的方方面面，总体来说包含计算机网络安全和商务交易安全两部分。为了保证电子商务的安全，有许多专用的安全性技术，如信息加密技术、数字签名技术、数字证书、CA 认证中心、电子支付协议；另外还有一些通用的网络安全措施，如防火墙技术 、病毒防范技术等。

- **信息加密技术**：信息加密技术是电子商务采取的常用安全保密手段。加密技术利用加密算法把重要的数据变为乱码进行加密传送，到达目的地后再用算法将信息进行解密，从而还原信息。利用加密技术可以保证商务交易的机密性、完整性、真实性和不可抵赖性。所谓加密技术包括信息的加密和解密两个过程，如图 1-38 所示。

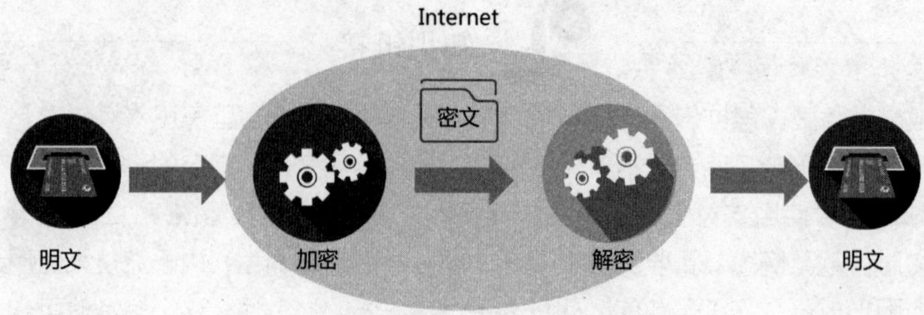

图 1-38　信息的加密与解密

- **数字签名技术**：数字签名技术是目前电子商务中应用最普遍、技术最成熟的一种电子签名方法。它能确保商务交易过程中的完整性、真实性和不可抵赖性。数字签名就是附加在数据单元上的一些数据，或是对数据单元所作的密码变换，这种数据和变换允许接收者来确认数据单元来源和数据单元的完整性，并保护数据，防止被人伪造。
- **CA 认证中心**：CA（Certification Authority）是专门提供数字证书服务的第三方机构。CA 认证中心的目的是加强数字证书和密钥的管理，加强电子商务交易各方的信任度，控制交易风险，提高交易的安全性。如 CFCA 中国金融认证中心就是一个 CA 认证机构。
- **数字证书**：数字证书是一个经 CA 认证中心认证的包含证书申请者的数字签名、个人信息及其公开密钥的文件。在网上进行电子商务活动时，交易双方需要使用数字证书表明自己的身份并进行交易操作。数字证书好比个人或单位在 Internet 的身份证。
- **电子支付协议**：在电子商务安全交易过程中，很多人关心资金的安全，所以电子支付安全在其中占据着重要的地位。目前，已经出现了很多用户保证资金安全的电子支付协议，其中最常用的有安全电子交易协议（SET）和安全套接层协议（SSL）。
- **防火墙技术**：防火墙是一个由软件和硬件设备组合而成、在内部网和外部网之间构建的无形保护屏障。防火墙具有很好的保护作用，入侵者必须首先穿越防火墙的安全防线，才能接触目标计算机。而且根据需要，用户可以为防火墙设置不同的安全级别，安全级别越高，他人入侵的可能性就越小，但同时用户的某些功能也可能会受到限制。
- **病毒防范技术**：病毒是计算机网络发展到一定程度的产物，病毒是人为编制的程序，可以达到窃取信息、远程控制他人计算机的目的，这为电子商务的安全带来了极大隐患。

保证电子商务安全的措施众多，但作为一般用户，其实只需要掌握几点即可保证安全性。一、根据不同的电子商务平台，安装要求的安全插件、证书；二、安装防火墙软件或安全防护软件，如 360 安全卫士，有需求的用户还可购买硬件级的防火墙，以加强保护。三、计算机安装合适的病毒防范软件并定期进行病毒的查杀操作，不接受来历不明的文件，不打开不熟悉的网站等。

案例解读

2016 十大网络安全事件

1. “3·15”晚会曝光公共 Wi-Fi 漏洞

消费者权益保护日当天，央视“3·15”晚会曝光公共 Wi-Fi 有安全漏洞，不法分子可提取登录用户手机中包括手机号码、家庭住址、身份证号甚至银行卡号等个人隐私信息。一旦个人隐私信息被盗取，将会被不法分子利用，进行个人钱财转移或盗取操作，造成巨大的人身和财产损失。

2. 中国首夺黑客大赛“世界杯”冠军

Pwn2Own2016 黑客大赛上，代表中国出征的腾讯安全联合战队夺得世界冠军头衔，成为这一顶级赛事史上第一个“世界破解大师”。

3. 20 万儿童信息泄露被打包出售

不法分子非法入侵免疫规划系统网络，获取 20 万儿童信息并在网上公开售卖。可怕的是，这些儿童信息还能够精确到家庭住址的门牌号！一旦此信息被人贩子掌握，被“看上”的儿童将会有被拐卖的风险。

4. 一名准大学生遭电信诈骗后死亡

一名山东临沂的准大一新生，被一通诈骗电话骗走家人辛苦一年攒下的 9 900 元学费，两天后绝望离世，该事件再度引发人们对电信诈骗的关注。随后又爆出大金额诈骗案件也都是由个人信息被不法分子通过不同手段盗取后造成的。当信息安全已经严重威胁到人身和财产的安全，我们又能做些什么?

5. 2.7 亿 Gmail、雅虎和 Hotmail 账号遭泄露

俄国黑客盗取了 2.723 亿邮箱信息，其后将大批量的邮箱信息随意地以 1 美元的低廉价格放在俄国黑市上售卖。

6. MySpace 出现史上最大规模数据泄露

黑客利用过去一个未被报告的数据漏洞，拿到了 3.6 亿 MySpace 用户的电子邮件地址以及密码。这对用户带来了巨大风险。因为账户包含的个人数据，会在其他的网络攻击中被利用。

7. 凯悦连锁酒店超过 50% 遭恶意软件入侵

凯悦集团旗下的 627 家连锁酒店中有 318 家酒店遭到恶意软件入侵窃取信息。全球有 54 个国家的凯悦酒店遭到安全入侵，其中中国有 22 家酒店受害。

8. Jeep 1.5 万名车主信息遭泄露

网络威胁情报检测平台爆料发现有 1.5 万名 Jeep 车主信息遭到泄露，包括买家姓名、住址、联系电话、购买车型等。对于用户购买时所填的资料，商家是否也该重视对其的管理与保护?

9. 商家苹果开放来电识别接口

苹果发布全新的 IOS10 操作系统，该系统开放了来电识别接口。这样，手机识别“垃圾来电”也就成为可能。

10. 商家腾讯联合知道创宇布局推出最新安全矩阵

腾讯联合知道创宇进行安全研究、产业合作以及打击黑产等多个方面。此外，腾讯安全联合实验室、腾讯“麒麟”伪基站实时检测系统、腾讯“守护者计划”首次对外亮相。腾讯安全联合实验室于 2016 年 7 月成立，旗下涵盖多个实验室，专注安全技术研究及安全攻防体系搭建，安全防范和保障范围覆盖了连接、系统、应用、信息、设备、云 6 大领域。

1.2.4 网上支付新规

网上支付新规

2015 年 12 月 28 日中国人民银行发布了《非银行支付机构网络支付业务管理办法》公告（以下简称“新规”），该公告规范非银行支付机构网络支付业务，防范支付风险，自 2016 年 7 月 1 日起正式施行。该公告一经发布，引起了很大的反响。有人指出该新规会限制整个网络购物市场的发展。

总体说来，新规在提高安全交易门槛，特别是在大额度的消费方面做足了功夫。下面将主要针对这两条内容进行解读。

1. 提高安全交易门槛

在新规发布之前，用户进行网上支付，无论是通过支付宝，还是微信，或是其他的支付手段，只需要输入六位密码即可。也就是说，目前支付机构采取的是不足两种要素进行验证的交易。新规针对不同级别的交易金额作出不同级别的安全防范，保障网上支付的安全性。其中第二十四条就很好地对交易的不同金额级别作出了规定和限制。

第二十四条 支付机构应根据交易验证方式的安全级别，按照下列要求对个人客户使用支付账户余额付款的交易进行限额管理：

（一）支付机构采用包括数字证书或电子签名在内的两类（含）以上有效要素进行验证的交易，单日累计限额由支付机构与客户通过协议自主约定；

（二）支付机构采用不包括数字证书、电子签名在内的两类（含）以上有效要素进行验证的交易，单个客户所有支付账户单日累计金额应不超过 5 000 元（不包括支付账户向客户本人同名银行账户转账）；

（三）支付机构采用不足两类有效要素进行验证的交易，单个客户所有支付账户单日累计金额应不超过 1 000 元（不包括支付账户向客户本人同名银行账户转账），且支付机构应当承诺无条件全额承担此类交易的风险损失赔付责任。

这条新规的核心是提高安全交易的门槛。要求支付机构如采取传统的一种要素的支付手段，单个客户所有支付账户单日累计金额应不超过 1 000 元，基本把采取单一支付手段的安全模式限制在小额支付范围之内。

如果采取的是密码 + 手机验证码的安全模式，支付账户单日累计金额上限就可以上升至 5 000 元。

通过第二十四条，要求以后稍微大额的支付，都必须通过包括数字证书或者电子签名在内的两类（含）以上要素进行验证。也就是说，如果通过手机进行支付，可能需要安装手机数字证书或者电子签名插件。现在一般支付机构多采用手机验证码的形式来完成此项操作。

2. 未限制支付额度

对于支付安全度提高了，支付变得麻烦了，虽然只第二十四条提到了 5 000 元的额度，但仔细阅读其他条例后发现，其实新规并没有限制支付的额度。

第十一条 支付机构应根据客户身份对同一客户在本机构开立的所有支付账户进行关联管理，并按照下列要求对个人支付账户进行分类管理：

（一）对于以非面对面方式通过至少 1 个合法安全的外部渠道进行身份基本信息验证，且为首次在本机构开立支付账户的个人客户，支付机构可以为其开立 Ⅰ 类支付账户，账户余额仅可用于消费和转账，余额付款交易自账户开立起累计不超过 1 000 元（包括支付账户向客户本人同名银行账户转账）；

（二）对于支付机构自主或委托合作机构以面对面方式核实身份的个人客户，或以非面对面方式通过至少 3 个合法安全的外部渠道进行身份基本信息多重交叉验证的个人客户，支付机构可以为其开立Ⅱ类支付账户，账户余额仅可用于消费和转账，其所有支付账户的余额付款交易年累计不超过 10 万元（不包括支付账户向客户本人同名银行账户转账）；

（三）对于支付机构自主或委托合作机构以面对面方式核实身份的个人客户，或以非面对面方式通过至少 5 个合法安全的外部渠道进行身份基本信息多重交叉验证的个人客户，支付机构可以为其开立Ⅲ类支付账户，账户余额可以用于消费、转账以及购买投资理财等金融类产品，其所有支付账户的余额付款交易年累计不超过 20 万元（不包括支付账户向客户本人同名银行账户转账）。

这一条可直观地解读为：个人客户仅拥有消费类支付账户的，其所有支付账户的余额付款交易年累计应不超过 10 万元。超出限额的付款交易应通过客户的银行账户办理。同时，用户的单日消费额度不限制。

那么年度累计是否依然受到限制呢？并不是如此，限制的是支付账户的余额付款交易。“余额付款交易”的具体内容可通过第七条规定看到。

第七条 支付机构应当与客户签订服务协议，约定双方责任、权利和义务，至少明确业务规则（包括但不限于业务功能和流程、身份识别和交易验证方式、资金结算方式等），收费项目和标准，查询、差错争议及投诉等服务流程和规则，业务风险和非法活动防范及处置措施，客户损失责任划分和赔付规则等内容。

支付机构为客户开立支付账户的，还应在服务协议中以显著方式告知客户，并采取有效方式确认客户充分知晓并清晰理解下列内容：“支付账户所记录的资金余额不同于客户本人的银行存款，不受《存款保险条例》保护，其实质为客户委托支付机构保管的、所有权归属于客户的预付价值。该预付价值对应的货币资金虽然属于客户，但不以客户本人名义存放在银行，而是以支付机构名义存放在银行，并且由支付机构向银行发起资金调拨指令。”

该条规定，可这样理解：支付账户的余额是指客户向支付机构购买的预付价值。这部分钱是以支付机构的名义存在商业银行的，与客户自己以自身名义存在银行卡里的资金有显著区别。以支付宝为例，支付宝默认的付款方式就分为 3 种：一是账户余额付款；二是余额宝付款；三是银行储蓄卡付款。第七条所限制的，仅为第一种付款方式，对从货币基金账户或者银行账户付款的额度并没有限制。

知识链接

综上所述，通过仔细研读，可知新规的目的并非限制用户消费，而是通过一些要求强制网络电子商务平台完善自身的支付功能，使用户可以更加安全、放心地购物。从新规发布到如今新规的运行来看，用户体验性并没有下降多少，用户购物仅多了少量的操作，所以从某种意义上说新规的推行是成功、有效的。

1.3 电子商务物流

电子商务的任何一笔完整交易都包含信息流、商流、资金流和物流。物流作为电子商务不可缺少的重要一环，主要用于物质实体（商品或服务）的流动过程，如商品的储存、保管、运输、配送、信息管理等活动。

1.3.1 电子商务物流概述

电子商务物流是指在进行电子商务活动时，物流配送企业通过计算机、互联网以及相关的物流系统，按用户的要求进行商品的分类、编配、整理、分工、配货等工作，然后将商品交给指定用户。物流是电子商务的重要环节，在电子商务发展之初，曾因物流跟不上，电子商务所具有的优势难以得到有效的发挥。

电子商务的用户，可根据自身的条件选择不同的物流方式。总体说来，目前物流有两种，一是企业自营物流，二是第三方物流。

1. 企业自营物流

企业自营物流是指进行电子商务的公司或企业，拥有全资或控股的物流公司，负责完成本企业的物流配送业务。企业自营物流，其主要经济来源不在于物流，而是有能力自身承担物流业务并且从中获利。 随着电子商务的发展，物流显得越发重要，一些大型的电子商务平台为了使用户有更好的购物体验，保证产品的物流配送时间以及保证配送品质，纷纷建立自己的物流系统，如当当、京东、唯品会、海尔等都是自营物流。

但是自营物流并不适合小型的电子商务公司，这是自营物流模式的条件所决定的。企业自营物流有如下弊端。

- **投资成本大**：需要自建物流系统，包括物流固定设施的建设，物流场地的选择等，随之而来会有一系列开销。
- **分散企业主业**：需要很大一部分员工来做物流操作，把资金投入到物流操作中，不利于企业专注于主业。
- **不利于企业灵活作战**：企业有一整套自己的物流设施及物流技术，有可能造成资源闲置而又不能满足需求。

2. 第三方物流

第三方物流又称外协物流或合同物流，是发货人与收货人之外的第三方从事物流服务的企业。第三方物流是相对于自营物流而言的，其前身一般是运输业、仓储业等从事物流及相关活动的企业。现在第三方物流公司一般有两类，一是以邮政、铁路、航空为主体的国有企业发展而来的公司，二是由民营小型速递公司、仓储公司发展而来的企业。

作为第三方物流，它拥有自己的特点，下面分别进行介绍。

- **提供合同导向的一系列服务**：第三方物流有别于传统的外协公司，外协分司只限于一项或一系列分散的物流功能，如运输公司提供运输服务、仓储公司提供仓储服务。第三方物流则根据合同条款的要求，提供多功能、全方位的物流服务。

- **建立在现代电子信息技术基础上**：第三方物流采用现代化信息技术管理，提高了仓库管理、装卸运输、采购、订货、配送发运、订单处理的自动化水平，使订货、包装、保管、运输、流通加工实现一体化；同时由于计算机软件技术的飞速发展，使混杂在其他业务中的物流活动的成本能被精确计算出来，还能有效管理物流渠道中的商流，这就使企业有可能把原来在内部完成的作业交由物流公司运作。
- **企业之间是联盟关系**：依靠现代电子信息技术的支撑，第三方物流的企业之间共享信息，达到比单独从事物流活动所能取得的更好效果。从物流服务提供者的收费原则来看，平行的第三方物流企业之间共担风险、共享收益。因此，企业之间是物流联盟关系。

1.3.2 电子商务物流作业流程

要完成一项电子商务活动，需要 4 个角色：供应商、物流中心、快递公司和客户。电子商务物流作业流程如图 1-39 所示，其中实线表示货物实体流动，虚线表示物流信息流动。

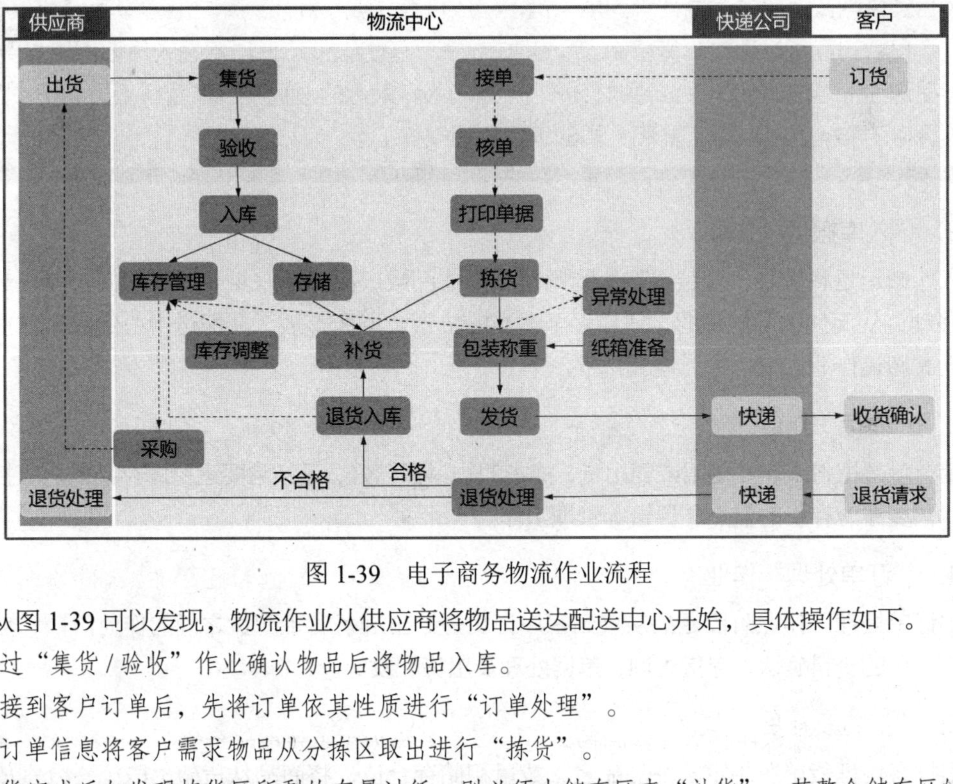

图 1-39 电子商务物流作业流程

从图 1-39 可以发现，物流作业从供应商将物品送达配送中心开始，具体操作如下。

① 经过“集货 / 验收”作业确认物品后将物品入库。

② 当接到客户订单后，先将订单依其性质进行“订单处理”。

③ 按订单信息将客户需求物品从分拣区取出进行“拣货”。

④ 拣货完成后如发现拣货区所剩的存量过低，则必须由储存区来“补货”；若整个储存区的存量也低于标准，便应向上游供应商采购进货。

⑤ 分拣出的物品经整理包装称重后准备“出货”。

⑥ 等出货作业完成后，快递安排车辆上门取货，并将其“配送”到客户。

1. “集货 / 验收”作业

“集货 / 验收”作业简单来说就是收集货物，然后验收入库，但在实际操作中，这是一项比较繁杂的工作，总体说来包含以下部分。

- 从供应商接收货物，从货车上将货物卸下，并核对该货物的数量及状态（数量检查、品质检查、开箱等），然后将其记录到计算机中。
- 开出采购单后，在采购人员进货入库跟踪催促的同时，仓库管理员依据采购单上的预定入库日期，做好入库作业排程、入库站台排程。
- 在商品入库时，做入库资料查核、入库品检，查核入库货品是否与采购单内容一致。有不符时即做适当的修正或处理，并将入库资料登录建档。
- 入库管理员依据指定的方式指定卸货及栈板堆叠。对于由客户处退回的商品，退货品的入库也需经过退货品检、分类处理而后登录入库。

知识链接

一般商品入库放堆叠栈板之后有两种作业方式。一种方式为商品入库上架，储放于储架上，等候有出库需求时再出货。该种方式商品入库上架，由计算机或管理人员依照仓库区域规划管理原则或商品生命周期等因素来指定储放位置，或于商品入库之后登录其储放位置，以便于日后的存货管理或出货查询。另一种方式即为直接出库，此时管理人员依照出货要求，将货品送往指定的出货码头或暂时存放地点。在入库搬运的过程中，由管理人员选用搬运工具，调派工作人员，并做工具和人员的工作日程安排。

2. “入库搬运”作业

入库搬运是将散装、包装或整体的原料、半成品或成品，在水平或垂直方向加以提起、放下或移动，从而使物品能适时、适量移至适当的位置或场所存放。在配送中心的每个作业环节都包含着搬运作业。

3. “储存”作业

储存就是把将来需要使用或要出货、拣货的物料保管好，且经常要进行库存品的核查控制。同时，需要注意存货的盘点、保管等管理工作。

4. “订单处理”作业

“订单处理”作业阶段是指从接到客户订货开始至准备着手配货之间的作业阶段，包括有关客户订单的资料确认、存货查询、单据处理及出货配发等。

5. “拣货及补货”作业

根据客户订货单所规定的商品品名、数量和储存仓位，将商品从货架上取出，分别放在指定货位，完成用户配货要求并在计算机中进行相应的信息操作。由客户订单资料的统计即可知道货品真正的需求量。当库存数足以供应出货需求量时，即可依据需求数进行出库拣货及各项拣货指示，做拣货区域的规划布置、工具选用及人员调派；当库存数不足时，应补充拣货架上商品，使拣货作业得以流畅进行。

6. “发货”作业

将拣取分类的物品做好发货检查，装入合适的容器并做好标示，根据快递公司的不同将物品运至指定的发货准备区，最后装车配送。

7. “快递”作业

“快递”作业是指通过快递公司将客户订购的物品，从物流中心配送至顾客，并签字确认交付的活动。

8. “采购”作业

接受客户网上提交的订单后，企业要保证仓库有足够的货品，如果发现缺货则仓库需要立即向供应商采购商品。采购作业的内容包含商品数量统计、供货厂商查询，而后依据所制定的数量提出采购单。采购单发出之后进行入库进货的跟踪运作等。

9. “库存管理”作业

“库存管理”作业主要包含两个方面，一是仓库区的管理，二是库存数量的控制。

- **仓库区的管理：**包括货品在仓库区域内摆放方式、区域大小、区域的分布等。货品进出仓库的控制遵循先进先出或后进先出原则。进出货方式的制定包括货品所用的搬运工具、搬运方式、仓储区储位的调整及变动。
- **库存数量的控制：**依照一般货品出库数量、入库数量时间等来制定采购数量及采购时点，并做采购时点预警系统。制定库存盘点的方法是，在一定期间印制盘点清册，并依据盘点清册内容清查库存数，修正库存账册并制作盘亏报表。

10. “核单”作业

为了更好地满足客户的个性化需求，或在客户提交订单后发现错误需要修改订单时，开展电子商务的企业一般允许客户通过备注进行订单内容的补充或修订，因此需要核单员根据订单备注修改订单，以满足客户需求。

知识链接

前面讲解的物流公司运作流程是大型物流公司的工作方式，作为一般的 B2C 或 C2C 电商，其物流操作相对比较简单，即委托一家快递公司作为本公司的物流服务商，按月收取物流费用。该方式既省事又经济，同时还利于电商公司清楚掌握自己每月的物流费用。

案例解读

中国十大快递公司

1. 顺丰速运

行业内公认的服务好、态度好、监督机制好的快递公司，该公司不以加盟形式存在，由总部统一管理，所以各地的服务水准都保持基本统一。缺点是一些稍微偏远的地方还没有网点，另外其费用比其他公司稍高。

2. 邮政 EMS

中国邮政速递物流股份有限公司于 2010 年 6 月成立，在国内许多省设立全资子公司，并拥有邮政货运航空公司、中邮物流有限责任公司等子公司。其优点是网点多，几乎通达全国（包括乡村）；运营规范，实力强大。缺点是费用偏高，整体服务素质有待提高。自2012年9月起，邮政EMS部分城市电商件调整为8元起，收费调低。

3. 圆通快递

圆通快递成立于2000年5月28日，服务覆盖全国120多个城市，并开通了中东和东南亚专线服务。现已成为集速递、物流、电子商务为一体的大型民营企业。2010年年底，成立上海圆通蛟龙投资发展(集团)有限公司，公司在网络覆盖、运营能力、业务总量、公众满意度及服务质量等方面均走在行业前列。

4. 中通快递

中通快递创建于2002年5月8日，是一家集快递、物流、电商、印务于一体的大型集团公司，现已开通国际快递、到付、门到门和限时等服务。公司拥有员工10万多人，服务网点5 000多个，分拨中心59个，运输、派送车辆18 000多辆。公司的服务项目有国内快递、国际快递、物流配送与仓储等。

5. 韵达快递

韵达快递最大的优点是便宜，不仅江浙沪便宜，而且发往全国价格也低。其实韵达的包裹量与圆通申通没什么差距，在很多地方韵达的量甚至更多。因为便宜且全国基本覆盖，所以有很多人选用，因为有些韵达终端配送时间长或者态度差，因此排名第五。

6. 百世快递

"汇通快运"成立于2003年，是一家在国内率先运用信息化手段探索快递行业转型升级之路的大型民营快递公司。2010年11月，杭州百世网络技术有限公司成功收购"汇通快运"，随后更名为"百世汇通"，成为百世网络旗下的知名快递品牌。2016年，"百世汇通"更名，正式以新名称"百世快递"面世。百世快递发展迅猛，总体来说价格相比韵达稍高，但相比圆通、申通略低。缺点是网点略少，但发展快。

7. 申通快递

上海申通物流公司拥有247个独立城市营业所，179个营业厅，1 220个操作点，是一家以经营快递为主的国内合资（民营）企业。基本覆盖全国地市级以上城市和发达地区地市县级以上城市，尤其是在江浙沪地区，基本实现了派送无盲区。2014年2月申通开始内测海淘转运业务。

8. 宅急送

宅急送快递公司成立于1994年，算是老牌快递公司了。创建于1994年1月18日，经过二十几年的快速发展，宅急送已有员工逾2万人，车辆2 000多台。全国共有30个分公司，7个航空基地，247个独立城市营业所，40个市内营业所，179个营业厅，1 220个操作点，705个外网，共计网络机构2 440个，网络已覆盖全国地级以上城市。

9. 天天快递

天天快递初创于1994年，总部现设在杭州，经过二十年的发展，天天快递服务客户30多万家，客户群体遍及电子商务、纺织服装、医药化工、高科技IT产业、货代企业、进出口贸易、制造业等多个领域。但是与其他快递公司相比，区域发展不均衡，很多地区没有开展快递业务。

10. E 邮宝

E 邮宝是中国邮政储蓄银行电子商务快递公司与支付宝打造的一款国内经济型速递业务，专为中国个人电子商务所设计，采用全程陆运模式。其价格较普通 EMS 有大幅度下降，大致为 EMS 的一半，但其享有的中转环境和服务与 EMS 几乎完全相同。E 邮宝的发货地目前已开通九大省市，送达区域覆盖全国。缺点是速度较慢。

1.4 电子商务法律法规

电子商务作为一种全新的、发展迅猛的贸易方式，在给传统商业贸易带来巨大冲击的同时，也给传统法律规范带来了重大挑战和研究课题。已有的法律法规已不再适合以计算机和互联网为交易环境的电子商务，新的、适合于电子商务的法律法规需求迫在眉睫。

1.4.1 电子商务法概述

电子商务法是政府颁布、用于调整企业和个人以数据电文为交易手段，通过信息网络所产生的，因交易形式所引起的各种商事交易关系，以及与这种商事交易关系密切相关的社会关系、政府管理关系的法律规范的总称。

1. 已出台的电子商务政策措施

随着电子商务的迅猛发展，网络欺诈、虚假促销、个人信息被泄露等问题时有发生，电子商务引发的合同问题、知识产权问题、网络支付问题变得越来越突出。为了解决电子商务活动过程中的各种法律法规问题，我国的相关部门出台了一系列相应的政策、措施。

- 2000 年 12 月中国全国人大常委会审议通过了《关于维护互联网安全的决定》，该决定针对我国目前出现的利用互联犯罪的实际情况，从维护国家安全、保障网络安全、保护公民合法权益等几个方面，明确规定通过互联网构成犯罪的行为。这虽然不是一部专门的法律，但对于后期电子商务的健康发展提供了法律上的保障。
- 2004 年 8 月《电子签名法》通过，该法规范了电子签名行为，确立电子签名的法律效力，维护有关各方的合法权益。自此电子签名与传统手写签名和盖章具有同等的法律效力。《电子签名法》被认为是中国首部真正电子商务法意义上的立法。
- 2009 年 2 月中华人民共和国工业和信息化部公布《电子认证服务管理办法》，该办法分总则，电子认证服务机构，电子认证服务，电子认证服务的暂停、终止，电子签名认证证书，监督管理，罚则，附则 8 章 43 条。
- 2012 年 12 月，《关于加强网络信息保护的决定》通过，该《决定》将“个人信息保护”从零散规定首次提升到单独的“法律”规范层面，是中国公民个人信息保护法律体系的重大突破。
- 为适应电子商务的发展，中国现行的《合同法》针对电子商务专门规定了数个条文，这对中国电子商务未来的发展将发挥深远影响。
- 2014 年 11 月国务院办公厅出台了关于加快电子商务发展的若干意见。国家发改委、国务院信息办发布了电子商务发展“十一五”规划。工信部发布了电子商务“十二五”发展规划。商务部先后发布了关于网上交易的指导意见、关于“十二五”电子商务发展指导意见等。国家工商总局发布了《网络商品交易及有关服务行为管理暂行办法》。

2. 电子商务法的立法进程

为适应电子商务的发展，让电子商务有法可依，一部真正关于电子商务的法规变得犹为重要，所以国家决定制订并颁布《电子商务法》。

- 2013 年 12 月 7 日，全国人大常委会在人民大会堂上召开了《电子商务法》第一次起草组的会议，正式启动了《电子商务法》的立法进程。
- 2013 年 12 月 27 日，全国人大财经委在人民大会堂召开电子商务法起草组成立暨第一次全体会议，正式启动电子商务法立法工作，划定中国电子商务立法的“时间表”。
- 2014 年 11 月 25 日，中国全国人大常委会在全国人大会议中心召开电子商务法起草组第二次全体会议，进行专题调研和课题研究并完成研究报告，形成立法大纲。将就电子商务重大问题和立法大纲进行研讨。起草组明确提出，《电子商务法》要以促进发展、规范秩序、维护权益为立法的指导思想。
- 2015 年 1 月—2016 年 6 月法律草案的起草得到开展并完成。
- 2016 年 3 月 10 日，两会期间，电子商务立法已列入十二届全国人大常委会五年立法规划，目前法律草案稿已经形成，将尽早提请审议。
- 2016 年 12 月 19 日，十二届全国人大常委会第二十五次会议初次审议了全国人大财经委提请的《中华人民共和国电子商务法（草案）》。

知识链接

电子商务立法前期准备工作进行了 14 项课题调研，主要包括：电子商务监管体制、电子商务市场准入与退出、数据电文和电子合同问题、电子商务领域支付、在线知识产权保护、电子商务税收、电子商务纠纷解决机制、消费者权益保护、电子交易信息安全保障、跨境电子商务、电子商务产品质量监管、快递与电子商务协调发展、电子商务可信交易环境等。此外，国家工商总局、国家发改委、人民银行等部委还就电子商务领域中的电子支付、知识产权、消费者权益保护、税收、信息安全等具体问题进行了商讨。

1.4.2 常见电子商务法律问题

在电子商务发展的过程中出现了多起相关的纠纷及案件。下面将介绍电子商务涉及的常见法律问题。

1. 电子合同的法律问题

电子合同是双方或多方当事人之间通过电子信息网络以电子的形式达成的设立、变更、终止财产性民事权利义务关系的协议。电子合同在电子商务中已被广泛运用，在推动社会经济发展的同时，也给合同法律制度带来了严峻考验。

传统的合同多以书面形式订立，可以通过签名和印章来识别，电子商务中的合同采取了新的形式，具有新的特点。《合同法》虽然承认电子合同的法律效力，但对于电子合同、企业电子账本及其他各类电子文档的格式、操作规范等没有明确规定。电子合同目前应着重解决以下4个问题：书面形式问题、电子签名、电子合同收到与合同成立地点、证据问题。

2. 知识产权保护的法律问题

电子商务基于自身的特点，使网络环境下的知识产权保护问题呈现出与传统知识产权不一样的特点，和传统的知识产权保护相比，电子商务中的知识产权保护问题更加复杂化。如网上发表的音乐、文章、视频和其他产品的著作权和商标权是否需要支付使用费？他人将受保护的知识产权作品在网上散布该怎么办？

在互联网环境下任何人都可以把作者的作品上传到网上并很快传遍全球，而作者却可能对此毫不知情。现有的著作权制度力不从心，这使电子商务的发展受到一定的影响。

3. 电子商务不正当竞争的法律问题

传统行业中不正当竞争，搬到电子商务中来，由于电子商务的某些特殊性，使不正当竞争越演越烈。

- **混淆**：指生产者或经营者为争夺竞争优势，在自己的商品或者营业标志上不正当地使用他人的标志，使自己的商品或营业与他人经营的商品或营业相混淆，谋取不正当利益。主要表现为：将他人注册商标、商号登记为网站名称；网站的Logo标识与他人商标、商号、标识等相同或相似；域名与域名之间相似；模仿、抄袭其他经营者的网页。
- **虚假宣传**：相对于传统商业模式下虚假宣传而言，电子商务中的虚假宣传由于网络的独特性，其形式和手段更加多样。如可以采取论坛、电子邮件等新的形式进行虚假宣传，影响更加广泛。
- **侵犯商业秘密**：电子商务中侵犯商业秘密的形式主要表现为：电子商务企业员工利用自身的优势，非法获取企业的商业秘密信息；“黑客”非法入侵其他经营者计算机信息系统窃取数据等。
- **商业诋毁**：电子商务中的商业诋毁主要为：运用网络广告诋毁其他经营者的商誉；在论坛上进行商业诋毁；网络匿名诽谤。由于使用网络，信息传播的范围广、速度快，而且主体具有虚拟性和隐蔽性的特点，电子商务中的商业诋毁造成的后果较传统商业模式更为严重，损失更为巨大。
- **网店刷信誉**：“刷信誉”俗称“刷单”，“刷信誉”一般有两种方式，一是商家找所谓的消费者进行“刷单”。卖家买快递单号，其收件人和寄件人与实际的买家、卖家不一致；二是快递公司发空包，但快递公司并未完成配送，而帮助商家完成平台上的物流信息。卖家通过刷信誉这种虚假交易提高自身信用等级，消费者很容易陷入卖家的消费陷阱，这种弄虚作假的行为也涉嫌消费欺诈。

4. 网络消费者权益保护的法律问题

随着电子商务的快速发展，人们利用网络进行的消费越来越多，网络购物在带给人们便捷服务的同时，也增加了消费者遭受损害的概率，极大地侵害了消费者的合法权益。

目前，在网络广告、即时交易过程、网络隐私等中，消费者权益受到侵害的现象最为严重。

主要表现在：网络消费者的知情权受到损害、网络消费者的保障安全权受到损害、网络消费者隐私权受到损害、消费者的退换货及依法求偿权难以实现等方面。

5. 电子商务税收的法律问题

由于电子商务对于办公场所的不限制，交易有虚拟性成份等特殊原因，使税收管辖权面临挑战。同时，电子商务方式对传统的纳税主体、客体、纳税环节等税收概念、理论产生巨大冲击。因此，涉及电子商务的税收法律必须进行相应的修改，以满足实际需要。

案例解读

某公司网络购物合同纠纷案

1. 基本案情

2014年4月8日，某公司在其官方网站上发布的广告显示：10 400mAh移动电源，特价49元。当日，王某在该网站上订购了以下两款移动电源：金属移动电源10 400mAh银色69元，移动电源5 200mAh银色39元。王某提交订单后，于当日通过支付宝向该公司付款108元。同月12日，王某收到上述两款移动电源及配套的数据线。同月17日，王某发现使用5 200mAh移动电源的原配数据线不能给手机充满电，故与该公司的客服联系，要求调换数据线。公司同意调换并已收到该数据线。此后，王某以公司对其实施价格欺诈为由向北京市海淀区人民法院起诉，请求撤销网络购物合同，王某退还两套涉案移动电源，并要求公司：（1）赔偿王某500元；（2）退还王某购货价款108元；（3）支付王某快递费15元；（4）赔偿王某交通费、打印费、复印费100元。

2. 裁判结果

一审法院认为，涉案网络购物合同有效，某公司的行为不构成欺诈，王某的诉讼请求证据不足，故判决驳回其诉讼请求。王某不服，向北京市第一中级人民法院提起上诉，称某公司提前一周打出原价69元电源卖49元的广告，欺骗消费者排队抢购，销售当天广告还在，但商品却卖69元，某公司为网购设定了定时抢购，抢购时间不到20分钟，其行为已构成价格欺诈。二审法院认为，涉案网购合同有效，消费者拥有公平交易权和商品知情权。由于某公司网络抢购此种销售方式的特殊性，该广告与商品的抢购界面直接链接且消费者需在短时间内表现购买意愿。王某由于认同某公司广告价格49元，故在当日作出抢购的意思表示，其真实意思表示的价格应为49元，但从网站订单详情可以看出，王某于2014年4月8日14时30分下单，订单中10 400mAh移动电源的价格却为69元而非49元。某公司现认可其商城活动界面显示错误，存在广告价格与实际结算价格不一致之情形，但其解释为计算机后台系统出现错误。由于某公司事后就其后台出现错误问题并未在网络上向消费者作出声明，且其无证据证明当天其计算机后台出现故障，故二审法院认定某公司存在欺诈消费者的嫌疑，王某关于10 400mAh移动电源存在欺诈请求撤销合同的要求合理，对另一电源双方当事人均同意解除合同，二审法院准许。据此，该院依法判决王某退还某公司上述两个移动电源，某公司保底赔偿王某500元，退还王某货款108元，驳回王某其他诉讼请求。

本章小结

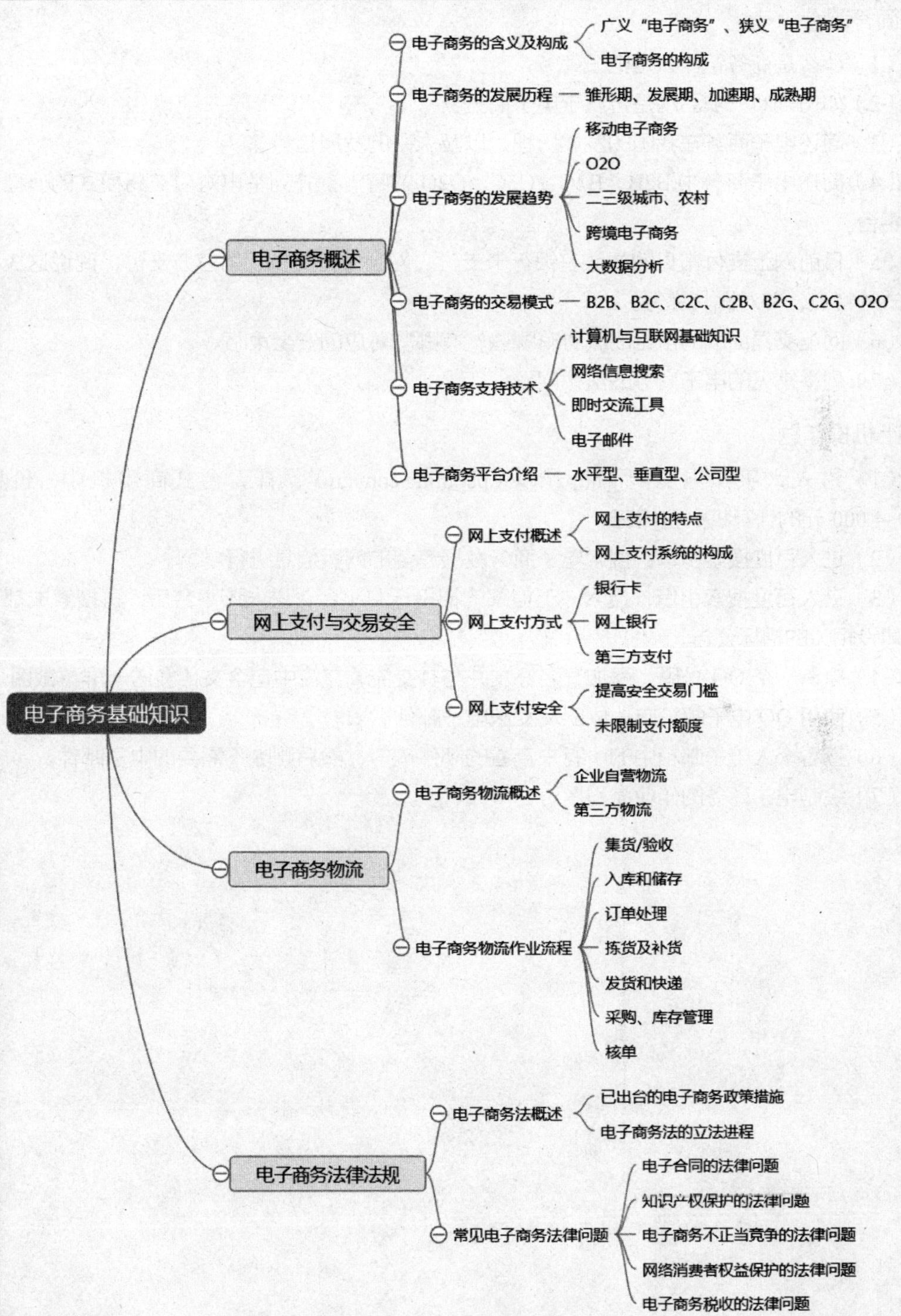
电子商务基础知识
电子商务概述
电子商务的含义及构成
广义“电子商务”、狭义“电子商务”
电子商务的构成
电子商务的发展历程
雏形期、发展期、加速期、成熟期
电子商务的发展趋势
移动电子商务
O2O
二三级城市、农村
跨境电子商务
大数据分析
电子商务的交易模式
B2B、B2C、C2C、C2B、B2G、C2G、O2O
电子商务支持技术
计算机与互联网基础知识
网络信息搜索
即时交流工具
电子邮件
电子商务平台介绍
水平型、垂直型、公司型
网上支付与交易安全
网上支付概述
网上支付的特点
网上支付系统的构成
网上支付方式
银行卡
网上银行
第三方支付
网上支付安全
提高安全交易门槛
未限制支付额度
电子商务物流
电子商务物流概述
企业自营物流
第三方物流
电子商务物流作业流程
集货/验收
入库和储存
订单处理
拣货及补货
发货和快递
采购、库存管理
核单
电子商务法律法规
电子商务法概述
已出台的电子商务政策措施
电子商务法的立法进程
常见电子商务法律问题
电子合同的法律问题
知识产权保护的法律问题
电子商务不正当竞争的法律问题
网络消费者权益保护的法律问题
电子商务税收的法律问题

课后练习

一、简答题

（1）什么是商务？什么是电子商务？

（2）如何判断一项活动是否属于电子商务？

（3）简述电子商务在我国的发展历程，以及未来的发展趋势。

（4）简述电子商务中 B2B、B2C、C2C、O2O 的特点，并列举出对应交易模式的典型电子商务平台。

（5）目前网上支付常见的方法有银行卡支付、网上银行支付、第三方支付，说说这 3 种支付方式的特点，并对比其优劣。

（6）网上交易面临的常见的威胁有哪些？有哪些对应的安全策略。

（7）列举常见的电子商务的法律问题。

二、上机操作题

（1）进入太平洋电脑网（http://www.pconline.com.cn），查看台式商用机中，价格在 3 000~4 000 元的计算机配置情况。

（2）进入百度搜索引擎，搜索电子商务发展趋势的网页信息进行学习。

（3）进入百度搜索引擎，搜索“工信部的招投标”平台，进入该平台后，再搜索成都市与基础建设相关的招标公告。

（4）申请一个 QQ 号码，添加一名好友并与其交流，交流中包含文件发送与屏幕截图。

（5）使用 QQ 电子邮箱向一位朋友发送电子邮件。

（6）查看个人电子邮箱中的所有未查看的邮件内容，然后删除不需要的电子邮件。

（7）绘制电子商务的作业流程图。

02 第二章 网络购物

网络购物狂欢节“双十一”仅一天的时间，天猫在 2012 年销售额为 191 亿元，2013 年为 350 亿元，2014 年为 571 亿元，2015 年为 912 亿元，2016 年为 1 207 亿元，每一年这个数据都在不停地刷新历史。而这仅仅是作为一个购物平台一天的销售额，那一个购物平台一年呢？中国的数十个平台呢？网络购物正以前所未有的速度改变着人们的生活。

本章将讲解电子商务中非常重要的一环——网络购物，从网络购物的发展开始，到如何在各个购物平台搜索商品、下达订单、完成支付等。让每个用户不仅了解其基础知识，更能学会操作方法。

知识目标

- 掌握网络购物经历的阶段
- 掌握网络购物体验的相关知识

技能目标

- 学会以不同的方式搜索网络商品
- 完成网络支付，实现网络购物

素养目标

- 具备多购物平台购物比价的意识
- 理解网络购物在电子商务领域的重要性

2.1 网络购物概述

网络购物也称网上购物，它是目前电子商务中最广泛的一种应用。网上购物通过互联网搜索商品信息，再通过电子订购单发出购物请求，商家通过邮政或快递公司发出货物并送货上门。在中国，网络购物虽然兴起的时间不长，但短短数年之间发展迅猛。

2.1.1 网络购物发展与现状

随着互联网的飞速发展和计算机的普及应用，一些传统的营销手段已经很难应对现今的市场。网络购物的出现正好为传统企业提供了一个很好的机会与平台。

网络购物从出现到如今，虽然时间不长，几经沉浮，经历了 4 个不同的发展阶段。

1. 第一阶段：网络购物的出现

我国的网络购物起步较晚，1996 年发生了第一笔网络购物交易，买家是加拿大驻中国大使。1998 年，我国在对别国的借鉴中迈出了电子商务的第一步，出现了当当、卓越等一批具有代表性的B2C 网站。1999 年底，国内诞生了300 多家从事 B2C 的网络公司，但由于互联网普及度不高，物流跟不上，以及支付等难题，让网络购物进入了一个比较漫长的“冬眠时期”。

2. 第二阶段：网络购物的复苏

2003 年的“非典”事件意外地为网络购物带来了“新纪元”。人们开始尝试这种足不出户的购物方式，并体会到了这种方式带来的便捷。在家中单击鼠标就可以买到东西，让越来越多的人开始接受网络购物。这个阶段，淘宝网快速崛起，并成功超越易趣 。

3. 第三阶段：网络购物的高速发展

2005 年的商业银行创新和第三方网上支付方式的发展，结束了让网民忧心的资金安全问题，基本终止了货到付款的时代，让网络购物的发展变得越来越明朗。2006 年，一个包含多仓储中心、异地批量运输、本地快速单件投递在内的物流体系开始趋于成熟，并在网络购物的发展中起到重要作用。这个阶段已出现营业收入上亿的淘宝大卖家，部分企业开始关注海外市场。从 2007 年开始，中国网络购物市场迎来一段高速扩张的繁荣期，但也面临着产品质量、网络欺诈、售后不佳等信用危机。同时面对这种高速增长，新时期的网络购物市场竞争更加激烈。

4. 第四阶段：网络购物的成熟与多元发展

在经历了爆炸式增长后，从购物平台本身，到企业，再到政府，都进行了相关的建设与发展，促进了网络购物的规范化，使整体网络购物市场变得更加理性与成熟。

- **企业加强信息化建设：**企业是电子商务的重要消费群体和服务群体，企业间的交易额仍然占据电子商务的大部分市场比率。越来越多的企业明白电子商务的巨大潜力，同时加大信息化建设的硬件、软件及人力方面的投资。
- **在线支付形式多样：**在线支付是实现电子商务在线交易的重要工具，也是保证电子商务交易通畅的重要环节。从阿里巴巴推出支付宝到如今 ，各大公司各显神通，已发展出微信支付、百度钱包等，支持信用卡支付、一网通，还出现了蚂蚁花呗、京东白条等一系列先消费后付款的支付形式。

- **形成网购消费习惯**：2011年12月底，中国网民数量达到4.57亿，手机网民数量达3.03亿。网络购物用户年增长48.6%，互联网普及率攀升至34.3%。
- **互动功能满足网民需求**：其他网民对产品的评价是影响网民购买网络商品的主要因素之一。只有消费者与消费者进行沟通时，消费警惕性才会降到最低，甚至还可以转化为主动消费。SNS（社交网络服务）的“互动性”“即时性”和“便捷性”让网民可以共享信息，更多地消除网络购物的虚拟性，从而促进网络购物的成功率。
- **网络安全得到政府重视**：网络安全影响着消费者个人信息安全、在线交易安全和网站运营安全，直接影响了电子商务的稳定和消费者对电子商务的信任。从网络购物发展之初到如今，政府曾经出台过不同的相关办法、条例。2014年3月15日《网络交易管理办法》施行。该办法更大程度地保护消费者的权益。同时工信部也表示：信息安全是国家重要战略。将互联网信息安全上升到了国家战略高度，可见政府对于网络购物及其安全的重视程度。

当网络购物已由新鲜事变为寻常事，成为人们日常生活的一部分时，从更大的层面上讲，究竟网络购物能带来多大的销售额？其发展趋势如何呢？21世纪初，艾瑞咨询公司对我国进行了2011年至2018年网购规模的调查和预测报告，如图2-1所示。但实际上，从2011年到2016年，电子商务的规模已超出了当初的预测，成为如今的一种主流购物形式。

由于网络购物涉及多个平台，其销售数据难以完全正确估计，我们以小见大，仅以“天猫”在“双十一”狂欢节一天为例，看看其在5年的销售额变化。如图2-2所示。

图2-1 2011—2018年网购规模的调查和预测

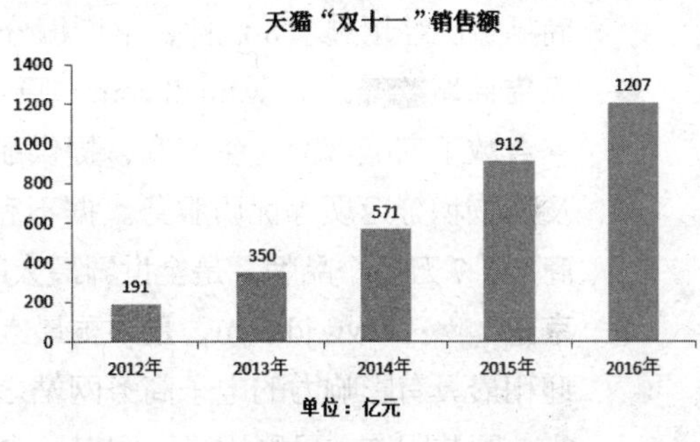

图2-2 “天猫”在“双十一”一天的销售额

知识链接

从2008年开始，中国网络购物用户的数量一直呈高位增长。2008—2010年增长率均达到50%左右，2011年网购用户年增长率下滑至20.8%，年新增用户绝对数明显下降，为3 344万人，与2010年相比减少1 907万。在网民网络购物使用深度增加的同时，网络购物的用户增速已有所放缓。

2.1.2 网络购物流程

网络购物与传统购物方式最大的不同在于交易平台的不同，包括挑选商品、主体身份、支付方式、验货等。虽然在网上可以选择的购物平台众多，但总体说来，其购物流程类似，如图 2-3 所示。

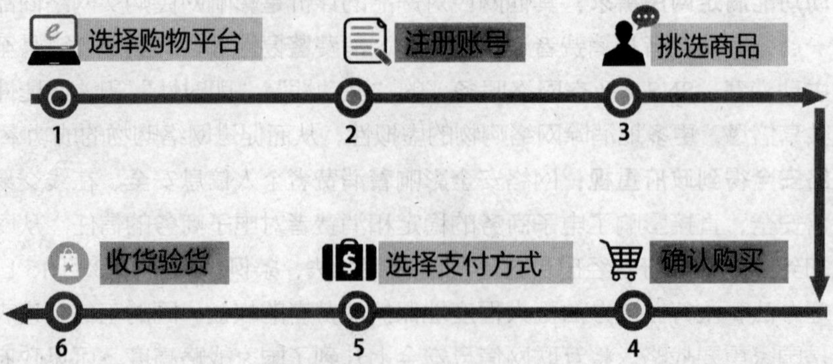

图 2-3 购物流程

2.1.3 网络购物平台介绍

网络购物的第一步就是选择购物平台，如今用户可选择的网络平台众多，竞争呈白热化。大量民营、外资企业加入行业竞争，现已形成了以万商著称的天猫，以科技服务著称的亚马逊，以小家电著称的京东，以出版物销售著称的当当等。下面依次介绍主流的购物平台。

- **淘宝网**：www.taobao.com，阿里巴巴旗下的 C2C 购物平台，国内领先的个人交易网上平台，拥有 5 亿的注册用户，每天有超过 6 000 万的固定访客，同时每天的在线商品数已经超过了 8 亿件，平均每分钟售出 4.8 万件商品。
- **天猫商城**：www.tmall.com，原名淘宝商城，是阿里巴巴打造的 B2C 购物平台。整合数千家品牌商、生产商，提供品质保证的商品，7 天无理由退货的售后服务，以及购物积分返现等优质服务。据不完全统计，天猫已经拥有 4 亿多名买家，5 万多家商户，7 万多个品牌，是全世界最大的网上购物平台之一。
- **京东**：www.jd.com，是中国最大的综合网络零售商，电子商务领域最受消费者欢迎和最具有影响力的电子商务网站之一，主要销售家电、数码通信、计算机、家居百货、服装服饰、母婴用品、图书、食品、在线旅游等十二大类、数万个品牌的优质商品。同时京东建立华北、华东、华南、西南、华中、东北六大物流中心，在全国超过 360 座城市建立核心城市配送站。
- **苏宁易购**：www.suning.com，苏宁云商旗下领先的 B2C 网上购物平台，已覆盖传统家电、3C 电器、日用百货等品类的多种商品。由于其实体店的优势，苏宁易购强化虚拟网络与实体店面的同步发展，不断提升网络市场份额。
- **唯品会**：www.vip.com，专注特卖的 B2C 网购平台，唯品会与知名国内外品牌代理商及厂家合作，向网络用户提供低价质优、受欢迎的品牌正品，包括时装、配饰、鞋、美容化妆品、箱包、家纺、皮具、香水、3C、母婴等多种类型，开创了“名牌折扣 + 限时抢购 + 正品保障”的创新电商模式。
- **国美在线**：www.gome.com.cn，国美电器官方网上商城，国内知名的 B2C 跨品类综合性网络购物网，它拥有国美电器集团每年千亿规模的低价采购能力、多年的实体店领跑行业的品牌影响力，以及全国最大的大家电物流配送体系，销售的商品除了大家熟悉的家电，还包括服装、汽车、金融等多个领域的各种商品及服务类别。

- **当当**：www.dangdang.com，中国最大的中文图书网上商城之一，网上图书零售市场的引领者，以销售图书、音像制品为主，兼营小家电、母婴用品、服装等多种商品。现已成为一个综合的网上购物平台。
- **亚马逊**：www.amazon.cn，全球商品品种最多的网上零售商，销售图书音像、数码家电、母婴百货、钟表首饰、服饰箱包、鞋靴、运动户外等32大类上千万种产品，是全球最大的电子商务公司之一。依托于亚马逊“全球性企业”的优势，在亚马逊中采购境外商品也成为了更多网络用户的首选。

2.2 网络购物体验

了解网络购物的基础知识固然重要，但对于用户来说，最实用、最有效的还是在购物网站进行购物体验。下面将讲解网络购物中非常关键的几步，即搜索找到需要的商品，然后确认商品下电子订单，进行网上支付。

2.2.1 商品搜索体验

网络购物中最主要的一步就是找到需要的商品。这个“需要”不仅涉及具体商品，还涉及商品价格是否合理，售后服务是否有保障，店铺的信誉等。网络搜索商品有多种方法，多个平台。总体来说常用的方法包括3种，一是选择一个购物平台直接进行商品的搜索；二是在比价网中搜索多平台商品，再进行横向比较；三是在返利平台中搜索商品购买后实现返利。

1. 通过购物平台直接搜索商品

不同的网络平台，其搜索商品的方法类似。下面首先在淘宝网中搜索微波炉，然后缩小搜索范围，选择微波炉的品牌等信息，再查看选择商品的基本信息。接着进入京东购物平台，搜索同一款商品在京东的售卖情况。

通过购物平台直接搜索商品

① 打开淘宝网，其网址为“www.taobao.com”，按“Enter”键，打开淘宝网，在上方的搜索框中输入关键字“微波炉”，然后单击 搜索 按钮，如图2-4所示。

② 在打开的网页中将显示出查找到的各种价位、各种品牌的微波炉信息，如图2-5所示。

图2-4 输入搜索关键字

图2-5 显示搜索信息

③ 在搜索的内容上方有一行按钮 综合 销量 上市时间 价格从高到低 价格从低到高 ¥ - ¥ ，单击这些按钮可按对应的方式对搜索的商品信息进行排列，比如单击 销量 按钮，可将搜索到的商品以销售量由高到低进行排列，如图 2-6 所示。

④ 由于搜索到的商品内容较多，如果用户已经确定了商品的品牌或型号，可以缩小搜索范围，在上方根据提示选择不同的搜索选项。

⑤ 选择“格兰仕”品牌以“电脑式”的条件进行筛选，在下方将只显示符合条件的这些商品，单击一款感觉还不错的商品图片或文字，如图 2-7 所示。

图 2-6　以销量进行排序

图 2-7　缩小搜索范围

⑥ 在打开的网页中汇集了所有售卖该款产品的商家信息，此时仍然可以选择以销量、人气或价格等因素排序，默认以“综合”条件由高到低进行排列，选择一款商品，如图 2-8 所示。

⑦ 打开商品详细信息网页，其中显示商品的参数、功能、是否有优惠、外观等各种内容，通过这些，用户可了解商品的一般情况，如图 2-9 所示。

图 2-8　选择查看的商品

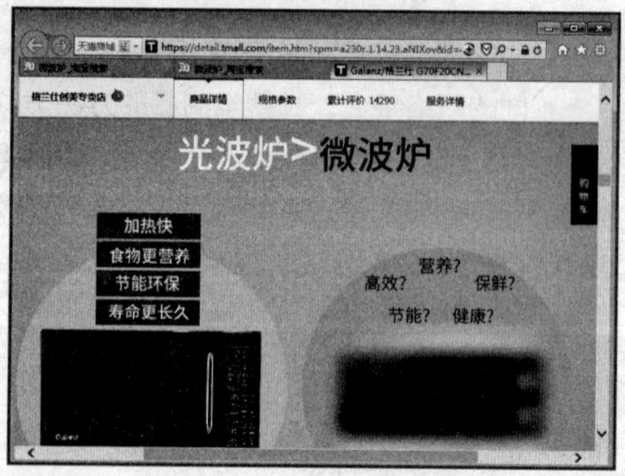

图 2-9　显示商品详细信息

操作指导

在第（3）步中如果直接选择一款商品，将直接打开该商品对应的详细信息网页（即第 7 步）。缩小搜索范围后，还需要再次选择商品，选择店铺，用户可以根据需要选择自己需要的搜索方式。

⑧ 在商品详细信息网页上方的位置，单击“累计评价”选项卡，可查看在该店铺已购买该款产品的用户评价情况。通过对方的评价，可以相对客观地了解该商品的具体情况，为自己最终决定是否购买该件商品提供依据，如图 2-10 所示。

⑨ 在淘宝中了解了该款产品的基本情况后，还可以进入京东进行查看，在 IE 浏览器的地址栏中输入“www.jd.com”，打开京东的首页。

⑩ 在淘宝的网页中复制商品的识别码（如格兰仕微波炉的款号是“G70F20CN1L-DG(B1)”，其识别码即为“G70F20CN1L-DG(B1)”），切换到京东首页，粘贴该商品的识别码，单击右侧的 按钮，如图 2-11 所示。

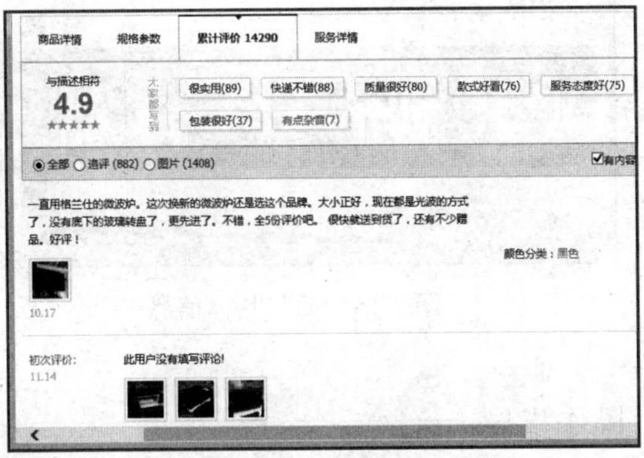

图 2-10 查看商品评价

图 2-11 在京东中输入商品编号

知识链接

用户确定选择一款商品后，除了商品的价格、功能、用户评价之外，还可考虑店铺的等级或信誉。天猫商城的店铺虽然没有等级显示，但可以显示该店铺的基本情况，如与同行业的比较情况，开店时间等，如图 2-12 所示。其方法是进入该店铺，将鼠标移到该店的名称处。淘宝的所有店铺均有信誉等级以及描述、服务 、物流的评分情况，如图 2-13 所示。其信誉等级依次是金冠、皇冠、钻石、心，每个等级又由 5 个级别组成，如以皇冠为例，其中包含 1 个皇冠、2 个皇冠、3 个皇冠、4 个皇冠、5 个皇冠，5 个皇冠后升为 1 个金冠。

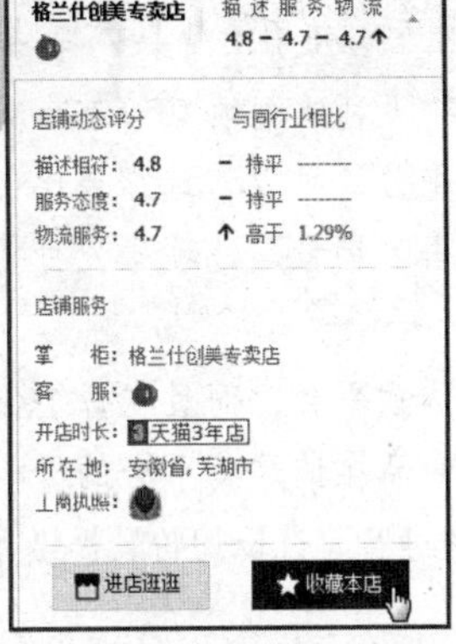

图 2-12 天猫店铺基本信息

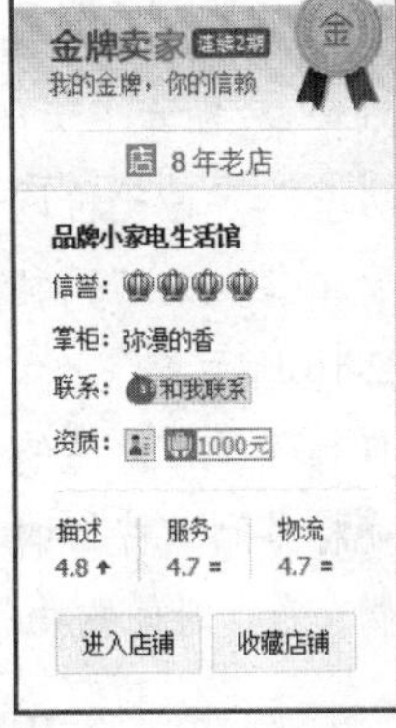

图 2-13 淘宝店铺基本信息

⑪ 在打开的网页中将显示京东所有在售的该商品的商家列表，选择某个商家的商品，如图 2-14 所示。

⑫ 在打开的网页中将显示该商品的具体信息。和淘宝网一样，用户不仅可以查看该商品的参数、外观、功能等信息，还可以单击选项卡，查看商品的评论，如图 2-15 所示。

图 2-14　显示在售商品的商家列表

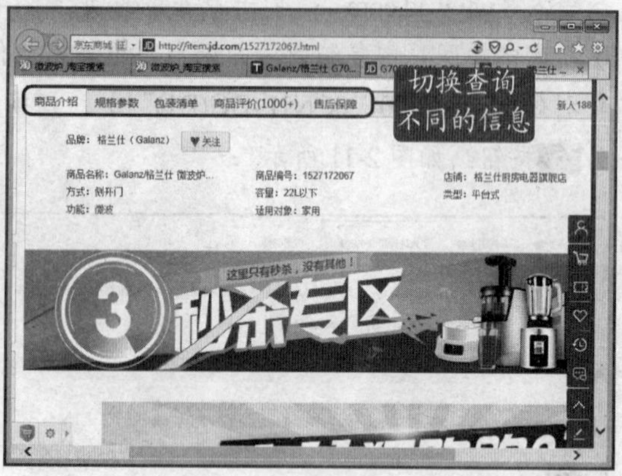

图 2-15　商品具体信息

操作指导

在京东商城中，用户可以像在淘宝中一样先模糊输入商品的关键字，再依次缩小范围搜索，最终找到自己需要的商品。同时，在不同的平台，还提供了不同的分类信息，依次向下可查看不同的功能等。比如要在淘宝中查找童鞋，在首页中选择 童装玩具 / 孕产 / 用品 >，然后在展开的列表中找到并选择“童鞋”。

2. 通过比价网多平台搜索商品

通过比价网多平台搜索商品

在选择商品时，除了在各个购物平台中逐个查看之外，还可以通过比价网站，将多个网络平台的同一产品进行横向比较，以帮助用户快速确定需要购买的商品。下面在“慢慢买”比价网中查看飞利浦剃须刀的情况。

① 打开“慢慢买”比价网的首页，其网址为“http://www.manmanbuy.com”，按“Enter”键，打开慢慢买比价网。由于很多用户首次上网，并不清楚具体要购买的剃须刀型号，所以可以先模糊搜索，即在上方的搜索框中输入关键字“飞利浦剃须刀”，然后单击 搜索 按钮。

② 打开网页的上方显示了该比价网进行价格比较的购物平台，可以勾选需要比价的平台，然后下方显示这些平台中售卖的“飞利浦剃须刀”信息。单击“销量”选项卡，可按销量多少进行排序显示，如图 2-16 所示。

③ 每个商品下不仅标注了该商品的价格，还有其售卖的购物平台，而且在每个价格旁有一个走势按钮，将鼠标光标移到该按钮的位置，可显示出这款商品在该购物平台的价格走势，为用户是否在该平台购物，哪个时间购物，或者是否可与该商家进行“讨价还价”提供了依据，如图 2-17 所示。

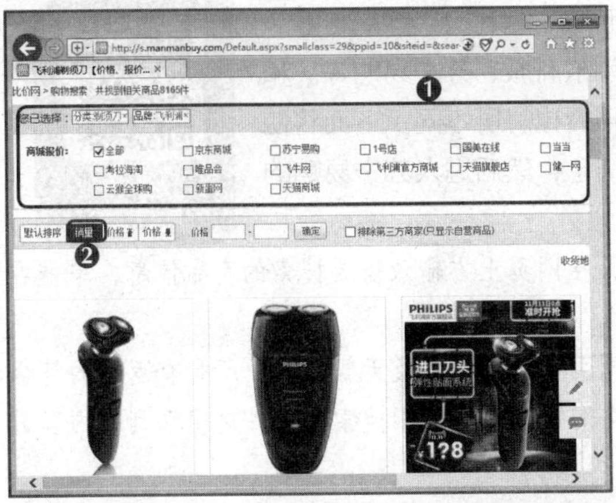

图 2-16　选择比价平台及商品显示条件

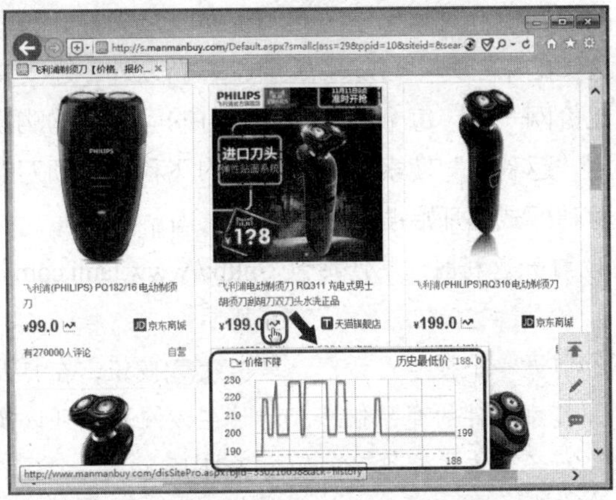

图 2-17　查看价格走势

④ 通过模糊查询了解到飞利浦剃须刀的多种型号、价格等因素后，可以再缩小搜索范围，以更快找到自己需要的商品，复制需要的剃须刀型号，在网页上方的搜索框中粘贴该型号，单击 搜索 按钮，在网页下方将只显示这一款剃须刀的所有平台价格，如图 2-18 所示。

⑤ 看好一款价格和平台还不错商品后，单击图片或标题，进入该商品对应的购物平台，并打开商品详情网页，通过该网页可以了解商品的具体情况，如图 2-19 所示。

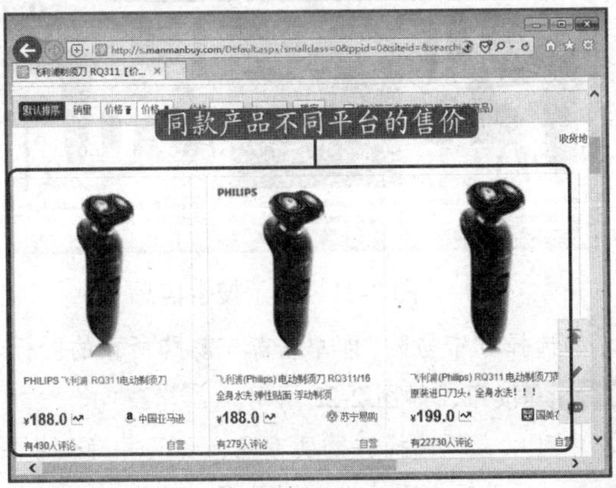

图 2-18　缩小搜索范围

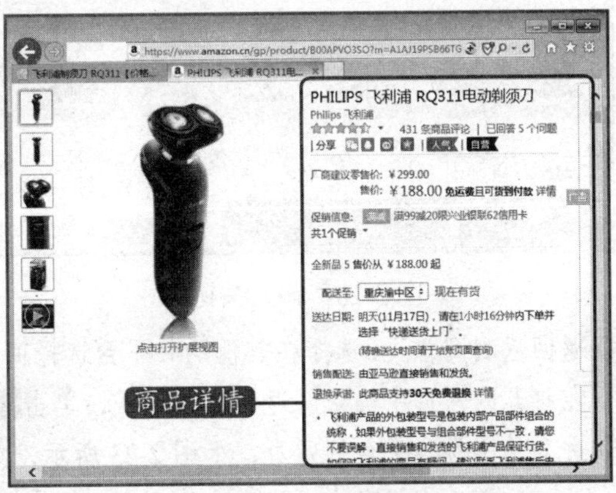

图 2-19　查看商品详情

知识链接

比价网提供了多个购物平台的价格情况，不同的比价网可对比的购物平台可能并不完全相同，除了“慢慢买”之外，还有一些其他的比价网。这里只是介绍一种方法，但同样适用于其他比价网，如“什么值得买”比价网等，其网址为 http://www.smzdm.com。

3. 通过返利网搜索商品并获返利

返利顾名思义就是购买商品后，返还商品的部分金额给他人。返利网即是以该方式定义的网站，它是商家为了推广某些产品，或为了推广店铺而开展的活动。现在可以进行返利的平台较多，阿里巴巴旗下有“一淘网”，其他较知名的还是“返利网”“淘粉吧”等。只是“一淘网”

的返利仅针对阿里巴巴的淘宝网以及天猫商城，而像“返利网”“淘粉吧”之类的第三方平台除了淘宝、天猫之外，还支持京东商城、苏宁易购等。和比价网一样，每个返利平台针对的可返利的购物平台也有所不同。下面将使用“返利网”搜索所有有返利的飞利浦剃须刀的信息，然后进入苏宁易购的返利模式并开始搜索商品。

通过返利网搜索商品并获返利

① 打开返利网，其网址为“http://www.fanli.com”，在网页上方输入需要搜索的商品信息，单击右侧的 [搜索] 按钮，如图 2-20 所示。

② 打开一个提示对话框，单击 [确定] 按钮，在打开网页中显示淘宝及天猫商城中所有有返利的符合搜索条件的商品信息，同时在该网页中可以像在淘宝网一样缩小搜索范围，对搜索到的内容进行不同方式的排序，如图 2-21 所示。

③ 选择一个感兴趣的商品，对应的购物平台中该商品的详细信息网页将打开，以供用户查看和选择。

图 2-20　输入关键字

图 2-21　显示搜索信息

④ 返回返利网首页，选择在其他购物平台选择商品，如选择苏宁易购，即单击苏宁易购所在的图标。在打开的网页中确认以返利模式购买，单击 [返利模式购买] 按钮，如图 2-22 所示。

⑤ 进入苏宁易购平台的网页，如图 2-23 所示，在其中可以自行选择并购买商品，购买并确认收货后，该商品的返利将以集分宝的形式返到支付宝中，以供用户再次购物时使用。

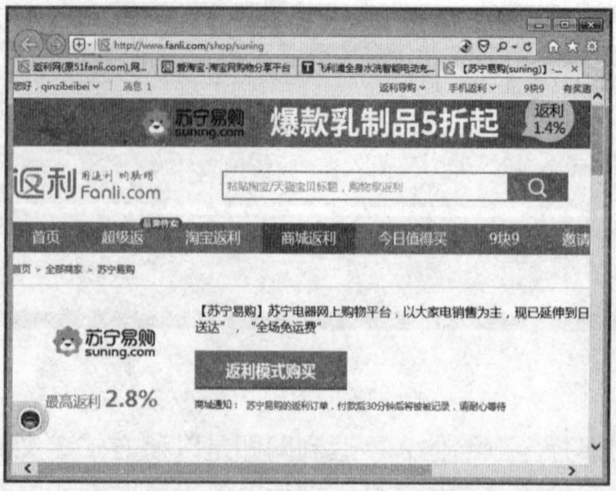

图 2-22　确认以返利模式购买

图 2-23　进入苏宁购物平台

操作指导

返利网中一般都提供了部分淘宝、天猫商城、京东等购物平台提供的超高返的品牌及商品，购买这些商品时可达到较高的返还比例。在返利网首页有“超高返”选项卡，进入其中即可查看这些返利商品信息，如图 2-24 所示。另外，返利网的另外一种经常使用的方法是：在淘宝或天猫平台中搜索到需要的商品信息后，复制该商品的标题，再在返利网中粘贴，查找到该商品再进行购买，以获得返利。

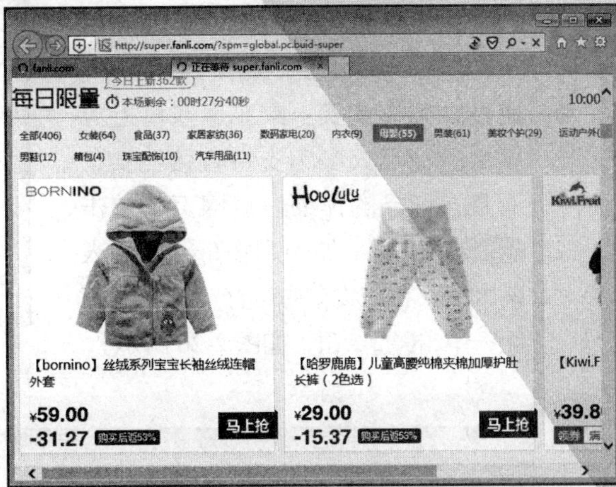

图 2-24　查看超高返商品信息

案例解读

了解返利网

返利网 (www.fanli.com) 成立于2006年，是中国领先的电商导购媒体，目前拥有1.3亿用户，其合作伙伴几乎涵盖了所有知名电商，包括天猫、淘宝、京东、苏宁易购、苹果中国官方商城、一号店、亚马逊、聚美优品等 400 多家电商网站，以及 20 000 多个知名品牌店铺。

用户单击返利的链接去对应的商家网站下单购物，商家会因为用户的订单而支付给返利网一笔营销费用，返利网把这笔费用的一部分以返利的形式返还给用户，这就是返利的来源，也是返利网的盈利之本。

淘粉吧的模式与返利网完全相同，两个网站各具优势。相比而言，返利网中的入驻商家更多，用户可选择的范围也更广，但是返利收入很多需待收货一段时间后（30 天、60 天不等）才能返到自己的账户。淘粉吧基本都是在用户收货后马上就可以得到返利，并再次用于消费。

2.2.2　商品成交体验

搜索到需要的商品后，需要确认购买，填写收货人信息并进行网上支付后，该电子订单才成立。接下来网店的工作人员根据电子订单安排出库、装箱、发货等流程，最后通过物流送到用户手中。下面将完成这一系列的流程，体验如何成交商品。

1. 确认购买

不同的购物平台，要网购成功，都必须先确认购买该商品，只是有些平台可直接购买，有些则需要将商品加入购物车，然后通过购物车购买。

- **直接购买**：淘宝网和天猫商城等一些购物平台的商品，可以支持单件直接购买，即用户在商品的详细信息网页上方单击 立即购买 按钮，如图 2-25 所示。
- **通过购物车购买**：京东、亚马逊等平台的商品大多不支持直接购买，而是在商品的详细信息网页中单击 加入购物车 按钮，加入购物车，再进入购物车，在购物车中选择需购买的商品，单击 去结算 按钮，如图 2-26 所示。

图 2-25　直接购买

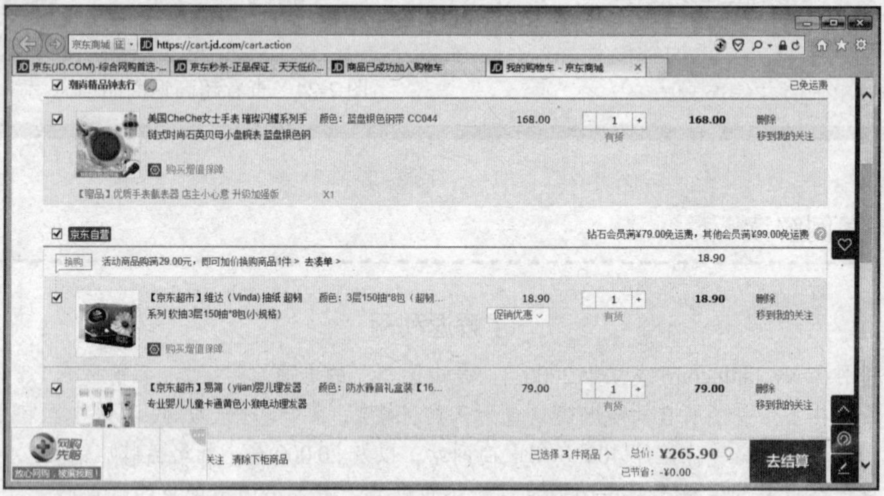

图 2-26 购物车购买

操作指导

在淘宝网和天猫商城等一些购物平台，也可将商品加入购物车，再在购物车里选择需要最终确定购买的商品。购物车相当于暂存了用户希望购买的商品，有对比商品、删除商品、增减商品的作用。同时购物车的存在，还会刺激用户的购物欲望，这对于商家来说也是非常有利的。

2. 提交订单

确认购买商品后将进入提交订单页面。在该页面中用户一般需要确认收货人信息、购买的商品信息、是否需要给卖家留言、运费价格、是否使用优惠券，以及商品的最终价格。修改确认之后，单击 提交订单 按钮。图 2-27 所示为在淘宝购物平台提交订单的页面，其他购物平台的内容与此类似。

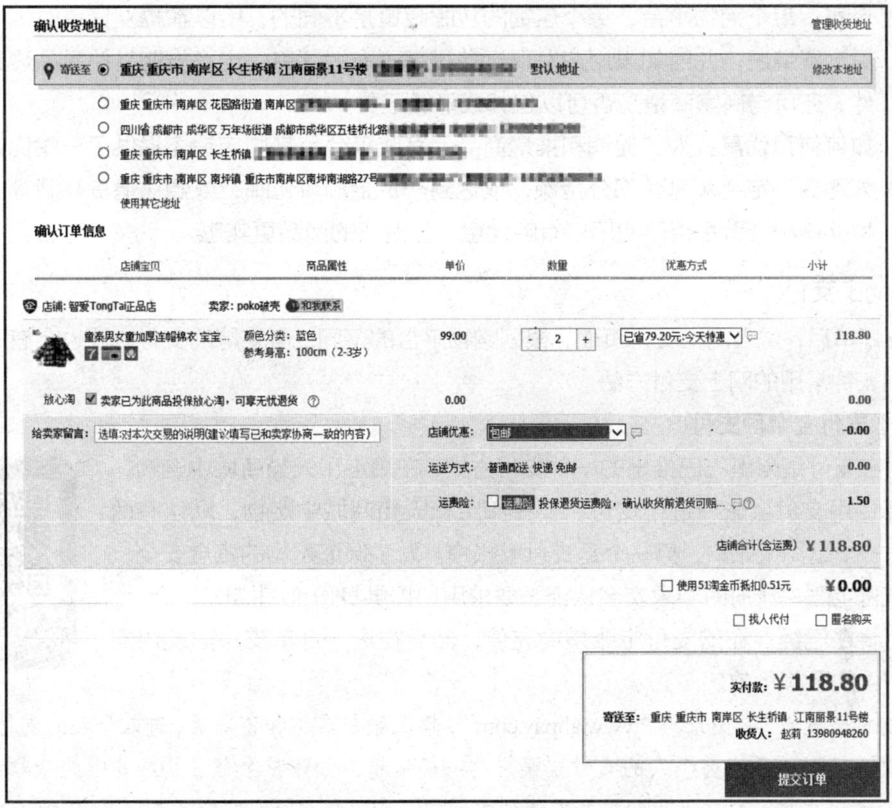

图 2-27　提交订单页面

下面将讲解提交订单页面中需要注意以及可以操作的各个重要部分。

- **选择并管理收货地址**：每次购物设置收货信息后，再次购物时一般无需再次设置和输入，只需要选择以前曾经设置的收货地址。但是每个平台一般对保存的收货地址数量都有限制，用户根据需要也可以修改和管理收货地址。以淘宝购物平台为例，单击“管理收货地址”超链接，在打开的网页中可以新增收货地址、删除已经存在的地址、设置默认地址等（每次确认购买时，自动选择该地址），如图 2-28 所示。

图 2-28　管理收货地址

- **确认订单信息**：再次确认用户购买的商品信息，如发现数量有误，可以进行修改；如发现型号或其他信息有误，可以放弃订单，重新进入商品详细信息页面进行选择。

- **运费**：每个购物平台、每个店铺的包邮政策是不同的，所以在提交订单时，还需要查看运费情况。此时如果用户发现运费过高可取消订单，也可加购其他商品达到包邮条件，还可与商家商量是否可以包邮或降低运费。
- **如何使用优惠**：为了促销和推广商品，某些平台、某些店铺还提供了一些优惠信息，如达到一定金额可减部分金额，或达到一定金额可包邮，或赠送退货补贴等。用户可根据情况查看是否已使用应有的优惠，让购买的商品更实惠。

3. 网上支付

提交订单后，进入网上支付页面，根据购物平台的不同，可支持的支付方式也会有所差异。下面介绍 4 种常用的网上支付方法。

（1）支付宝余额支付

支付宝支付是阿里巴巴推出的一种支付方式，在淘宝和天猫商城中购物，可以选择使用支付宝账户进行支付。要在淘宝和天猫商城中购物，默认有两个账户，一个是淘宝账户，另一个是支付宝账户。为了保证购物的资金安全，在进行支付宝账户注册时要求实名认证，要求用户提供身份证扫描件。

支付宝余额支付

下面将在已经存在的支付宝账户中充值，然后在进行订单支付时使用支付宝账户中的余额付款。

① 打开支付宝网页，其网址为“www.alipay.com”，输入账户名称和密码后，进入个人的支付宝网页，在该页面可以看到当前个人的支付宝账户的一般信息，如账户余额、蚂蚁花呗的余额、支付宝理财产品的收益等。这里我们需要充值到支付宝，所以单击充值按钮，如图 2-29 所示。

② 打开充值网页，选择充值的目的地为“充值到余额”，下方提供了 3 种可充值的方式，一是储蓄卡（通过输入卡号和密码完成充值）；二是话费卡（通过全国神州行卡、联通一卡充、全国电信卡的话费充值卡充值到支付宝中）；三是充值码（在有“支付宝支付网点”标志的营业网点或者“拉卡拉”营业网点购买充值码进行充值）。这里选择经常使用的一种方式，即储蓄卡，如以前曾使用过银行卡，将显示该银行卡，如未使用或需用其他银行卡，可单击“选择其他”超链接，如图 2-30 所示。

图 2-29 进入支付宝个人网页

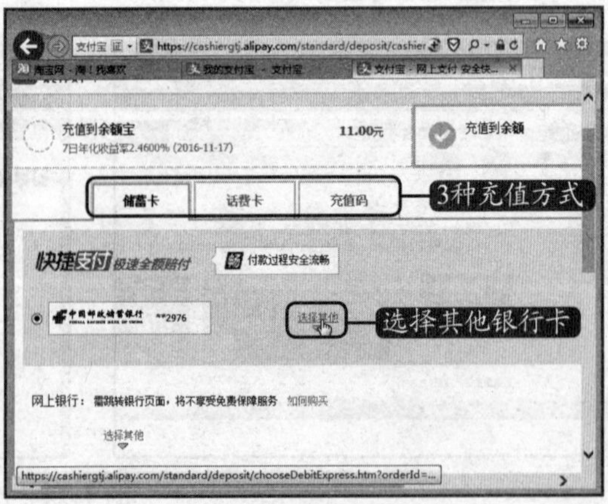

图 2-30 选择充值方式

③ 打开选择银行网页，选择一个自己已开办银行卡的银行（必须保证开办银行卡的姓名与支付宝的实名认证姓名一致），然后输入银行卡卡号（注：信用卡不能进行充值）、密码、充值金额、手机验证码等，单击“同意协议并充值”按钮，如图 2-31 所示，完成支付宝余额充值。

④ 当支付宝中有余额时，购物时就可以使用其余额进行支付。在确认购买商品并提交订单后，进入“收银台”网页，选择使用账户余额支付，输入支付密码后，单击“确认付款”完成支付，如图 2-32 所示。

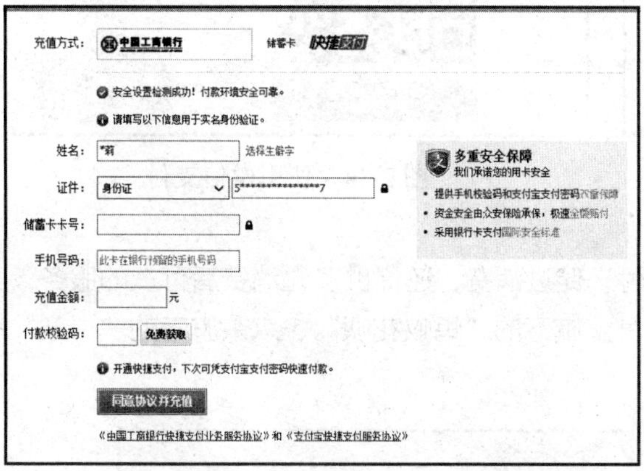

图 2-31　使用银行卡充值

图 2-32　使用支付宝余额支付

操作指导

在除淘宝、天猫商城之外的其他电子商务平台，如果需要支付宝支付，只需输入支付宝的账户名以及支付宝的支付密码即可。用户应注意支付宝登录密码和支付宝支付密码是两种不同的密码，在使用过程中可能会混淆。

（2）银行卡快捷支付

银行卡支付是大多数购物平台几乎都支持的一种支付方式。为了保证用户的资金安全，在淘宝、天猫之类的 C2C 和 B2C 购物平台中，虽然看似使用银行卡直接支付，但支付的资金仍然进入阿里巴巴支付宝中，未进入卖家的账户。

购买商品时使用银行卡快捷支付的方法与为支付宝充值的方法类似，在购物结算网页，单击“确认付款”按钮，再根据提示信息依次输入银行卡号、密码以及手机验证码等，完成支付宝与手机的绑定，再输入支付密码即可完成支付。如果已经用银行卡快捷支付方式购买过商品，再次支付时，只需选择该银行卡，再输入支付宝支付密码即可完成支付，不用再输入银行卡的卡号和密码。图 2-33 所示为使用银行卡快捷支付。

（3）微信支付

微信支付是腾讯公司开发的支付业务，它支持提供公众号支付、App 支付、扫码支付、刷卡支付等多种支付方式。作为 PC 端电子购物，用户最常用的即是扫码支付，即用户选择微信支付后，系统将自动生成一个即时二维码，打开手机的微信，扫一扫这个二维码，然后在手机中输入微信密码即可完成支付，如图 2-34 所示。

图 2-33　使用银行卡快捷支付

图 2-34　使用微信支付

（4）"白条"支付

很多购物平台为方便用户购物及网上支付，促进消费，还提供了先消费后付款的服务，类似于现实购物中的"打白条""欠账"。支付宝旗下的"蚂蚁花呗"、京东旗下的"白条"都属于这类付款服务，如图 2-35 所示。

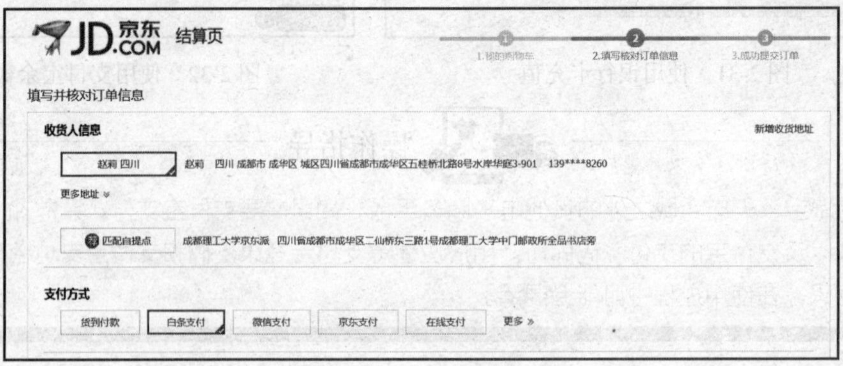

图 2-35　"白条"支付

这类付款方式最简单，用户只需选择"蚂蚁花呗"或"京东白条"，然后输入支付密码即可。在使用时用户需注意两点，一是根据用户在该购物平台的消费水平不同，可"借款"的额度也不同，某些新注册用户可能还不能享受"白条"支付的功能。二是"白条"支付的借款是有时间限制的，一般在 30 日内还款将不收手续费，超过 30 日将按规定收取手续费。

4．商品成交的其他事项

在网上购物时，为了给用户更好的购物体验，各个网络平台都各显身手，除了基本的商品搜索、支付等必备功能外，还提供了一些很实用的辅助功能，它们都是最终促进商品成交的坚实基础。对于一般用户而言，以下 3 个辅助功能是使用频率相当高的。

● **查看物流**：如果已购买商品，通过查看物流可以了解商品的运输情况，了解物流进度，对于商品的最终到货时间做到心中有数。现在所有的购物平台都提供了物流服务，以淘宝为例，成交一笔订单后，进入我的账户，在"已买到的宝贝"页面中列出了用户所有购买的商品列表，将鼠标光标移动到商品的"查看物流"超链接上，将在提示框中显示该商品的物流信息，如图 2-36 所示。单击"查看物流"超链接，可在打开的网页中完整地显示该商品的物流情况。

图 2-36 查看商品物流信息

- **与客服交流**：不管是购物前、购物中还是购物后，遇到问题都可以与客服进行交流，以获得帮助。所有的购物平台或店铺都有客服，一般问题可通过店铺的客服进行咨询，在店铺客服无法解决问题的情况下还可申请购物平台的客服介入。与客服的交流一般都是通过网络完成，在店铺、商品页都可以看到与客服交流的链接或图标，如淘宝、天猫商城的客服图标为 和我联系 ，苏宁易购的客服图标为 联系客服 ，单击这些客服图标后，在打开的窗口中可以输入文字与其交谈。图 2-37 所示为在淘宝中与客服交流。

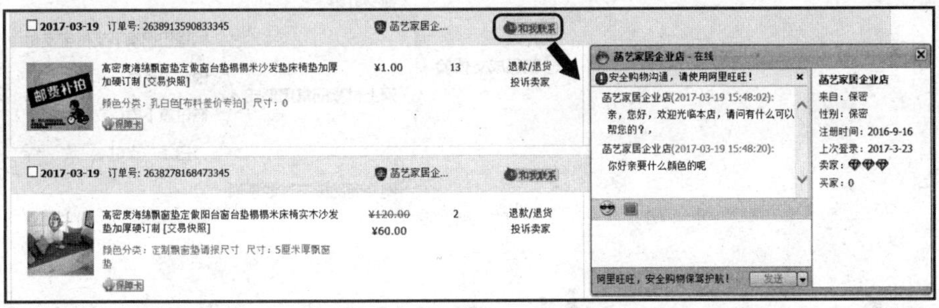

图 2-37 在淘宝中与客服交流

- **退换货**：购买商品后，如对商品不满意，都是可以进行退货或换货的。在已购买的商品列表中找到需退换货的商品，单击“退款 / 退货”超链接，在打开的网页中设置退货的内容并提交申请，如图 2-38 所示。待对方同意后，按操作提示输入相应内容即可。作为退换货用户，最好在执行操作前与客服沟通，以避免出现退换货不成功的情况。

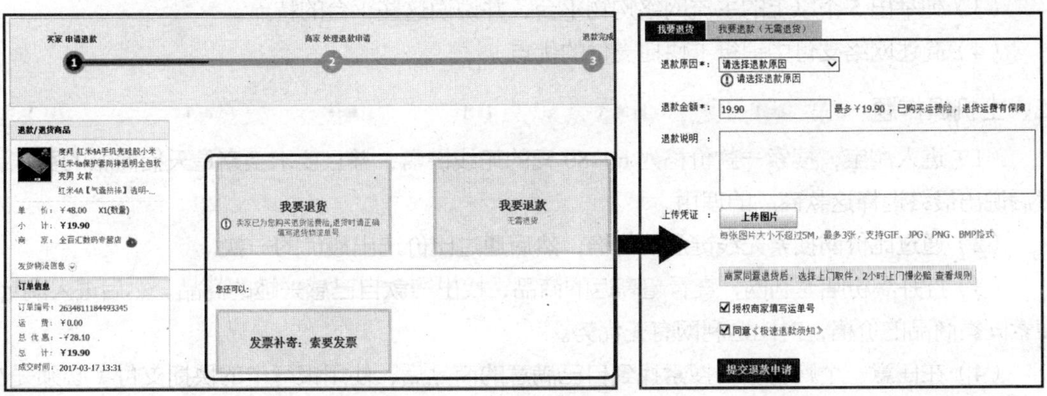

图 2-38 提出退货申请

本章小结

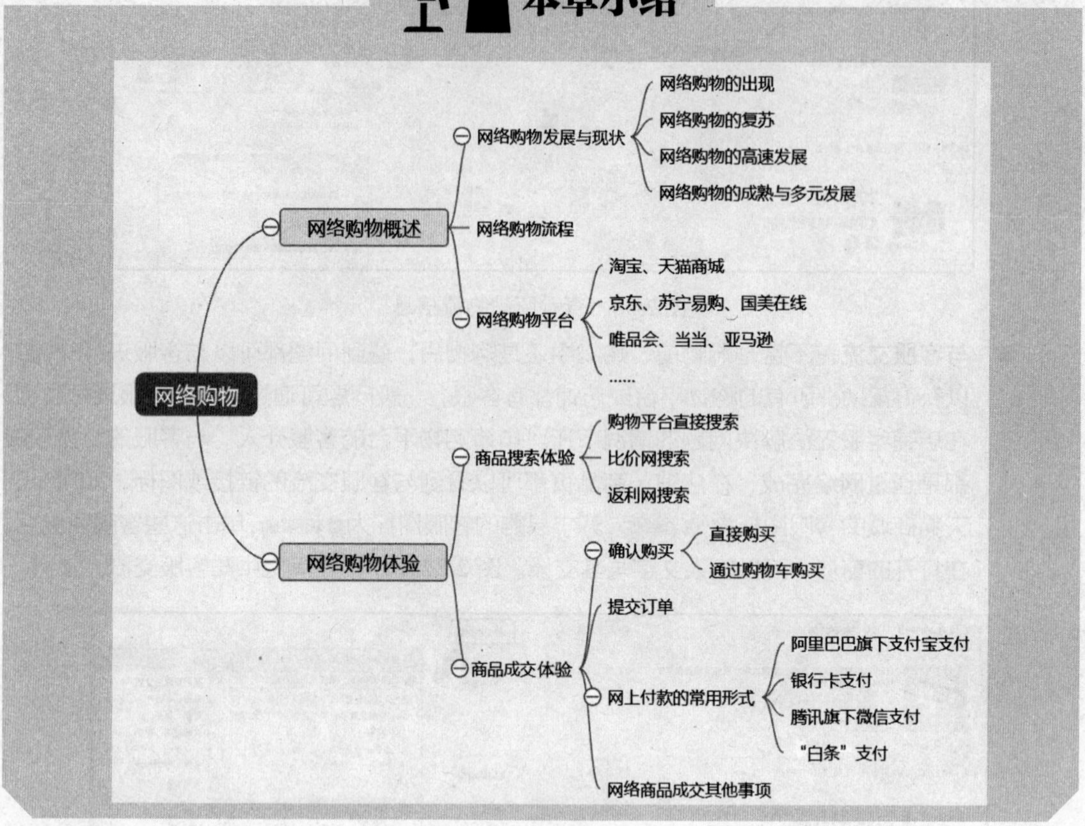

课后练习

一、简答题

（1）简述网络购物在我国发展经历的几个阶段，以及每个阶段发生的典型事件。

（2）要实现网络购物，大概要经历哪几个步骤？

（3）列举出 5 个以上的主流网络购物平台，并说说这些平台的特点。

（4）简述网络支付中银行卡快捷支付的优点。

二、上机操作题

（1）进入淘宝，搜索一款价格为 60~80 元的无线键盘，并且要求卖家是天猫商城的卖家，然后说出最终选择这款商品的理由。

（2）通过比价网搜索无线键盘的价格，然后通过比价选出最优的一款。

（3）打开淘粉吧返利网，查看超高返的商品，找出一款自己感兴趣的商品。然后进入淘宝，搜索同类商品的价格，对比返利网有无优势。

（4）在任意一个购物平台搜索找到自己满意的商品后，使用银行卡的快捷支付（必须先在该购物平台注册用户）进行支付操作。

03 第三章 网络旅游与娱乐服务

随着互联网和电子商务的深入，以及人们对生活品质的要求越来越高，网络旅游和娱乐服务如火如荼地发展起来了。以前在线下进行的旅游和娱乐服务如今在线上几乎都可以找到其踪迹。

本章将讲解网络旅游与网络娱乐相关的内容，首先从网络旅游、网络音乐、网络视频、网络游戏的基础知识入手，在了解其相关性质、发展及盈利模式之后，开始着手体验网上旅游与娱乐的方法。让用户在实际操作中体会电子商务带来的便捷性，同时对该领域的电子商务模式有基本的了解。

知识目标

- 掌握网络旅游服务
- 了解网络娱乐服务
- 掌握网络音乐和视频的发展及盈利模式
- 掌握网络游戏的分类及盈利模式

技能目标

- 学会网上预订旅游相关产品的方法
- 学会网上听音乐与看视频的方法

素养目标

- 对比各旅游平台，对其优劣势有清醒的认识
- 理清网络娱乐的发展趋向，了解其盈利方式

3.1 网络旅游服务

电子商务将信息流、资金流进行有效管理，从而提高工作效率并降低成本。旅游由于其特殊性，需要大量的介绍及预订工作，因而将电子商务植入旅游是比较适合的，旅游也是电子商务较早开辟的一块领域，它通过先进的网络技术手段改进旅游业的业务工作流程。

3.1.1 网络旅游概述

网络旅游属于电子商务的一个发展分支，从产生至今经过多年的发展，不论其理论基础还是技术操作，以及网络旅游平台的建设都更加成熟，并呈多元化发展。

1. 网络旅游服务的定义和发展

网络旅游也称在线旅游，它依托互联网，以满足旅游消费者信息查询、产品预订及服务评价为核心目的。涉及了航空公司、酒店、景区、租车公司、海内外旅游局等旅游服务供应商，以及搜索引擎、OTA（网络旅游社）、电信运营商、旅游资讯及社区网站等网络旅游平台，从而实现了在互联网上完成旅游过程中的种种咨询、预订等服务。

在欧美发达国家，网络旅游服务已经成为整个电子商务领域最大、最突出的部分。资料显示：全球旅游电子商务连续 5 年以 35% 以上的速度增长，一度占到全球电子商务总额的 20% 以上。与国外相比，我国旅游行业的电子商务起步稍晚，从开始发展到今天，中国的网络旅游服务大致经历了以下几个阶段。

- **第一阶段（19 世纪 90 年代—20 世纪初）**：网络旅游消费的培育期。1996 年出现第一家专业的旅游网站，随后建立的网站都主要依赖机票预订 + 酒店预订的"佣金模式"，即网站与供应商（酒店、航空公司等）合作，通过网络为顾客提供信息，顾客通过网站平台预订酒店或机票。这个阶段以携程和艺龙为代表。
- **第二阶段（2003—2006 年）**：网络旅游市场的成长期。芒果、同程等网站进入在线代理市场，引入多元成熟的线下产品。不同代理商报价差异比较大，提供在线比价服务的垂直搜索网站应运而生，如去哪儿网。
- **第三阶段（2006—2010 年）**：网络旅游的细分化和社交化时期。随着社会经济的发展，人们对于旅游、度假的需求越来越多，同时也越来越个性化。此时出现了两类网站，一是像驴妈妈、途牛等结合旅游景点和旅行线路设计，提供在线预订细分服务的网站。另一类是分享攻略的蚂蜂窝网，旅游点评的到到网等。这一阶段网络旅游开始成熟，需求从预订延展到交流，旅行网站社交化。
- **第四阶段（2010—2012 年）**：网络旅游市场打断所有垄断，出现多竞争局面。由于网络旅游的庞大市场需求量，在其他电子商务领域发展得较好的企业，依托自己现有的用户群体，也纷纷转战网络旅游，如腾讯、淘宝、京东等。
- **第五阶段（2013 年至今）**：网络旅游市场往移动化、碎片化方向发展。移动端市场成为网络旅游市场的重要争夺对象，移动 App 创业公司纷纷涌现，用户对旅游的市场需求得到进一步细分。

由于网络旅游服务从本质上说，是对传统旅游市场销售渠道的补充，网络旅游和传统旅游除了在信息查阅及预订方式上有所区别外，没有任何其他的区别。网络旅游的特点只是通过网络方便了大家，所以说它只是一种服务手段，而非目的。

知识链接

在网络旅游的预订用户中，有过手机预订经历的用户占 20.3%。安装了网络旅游预订 App 的人绝大多数都在使用该 App。中国产业调研网发布的《2015 年中国网络旅游市场调查分析与发展前景研究报告》显示，手机在人们旅行过程中的作用贯穿全程，其中包括旅行前目的地等行程信息查询、旅游过程中信息导航（LBS 等功能）、旅游过程中分享见闻等智能手机可以实现的功能。通过统计数据得知：网络旅游的在线预订用户占比为 60.6%，多于线下用户。

移动智能终端的发展和应用拓展了网络旅游的预订渠道，而朋友间的分享、交流作用极大地刺激了旅游需求和旅游消费。未来随着智能手机的普及及其易操作性，以及旅游预订 App 的不断完善，线下用户和潜在旅游用户转换为网上预订用户的可能性将大大增加。

2. 网络旅游的特点

网络旅游以互联网为媒介，与传统旅游产业有很大差异，拥有其独特性，具体如下。

- **整合性：** 旅游产品是多个机构综合运行构成的复杂体验服务，但在网上并不能完成旅游本身的体验，而只能依托互联网将旅游过程中可能涉及的多项服务进行了解和预订。所以网络旅游把旅游环节中的各级别的供应商、景点、交通运输企业、饭店、保险公司及与旅游相关的众多行业整合在一起，组合后的产品以在线的形式吸引顾客。
- **交互性：** 旅游者在购买旅游产品之前，信息的有限性导致无法亲自了解全部与旅行相关的内容，只能通过学习别人的经历或在文字介绍中寻求了解。随着信息技术的发展，网络旅游提供了大量的旅游信息和旅游产品介绍，包含网上自行编写的，景点及各个机构提供的，以及已经旅游过的网友的实时评论等。其强大的交互性使用户在开始旅游前已经对目的地有了很多了解，并且在某种意义上，这种形式也培养了大批潜在的旅游用户群。
- **快捷性：** 网络旅游依托自身的技术优势，实现了传统旅游企业无法完成的 24 小时随时在线服务的功能，同时可以利用网络进行推广，利用电子媒介传递信息，进行实时订单确认与支付等，快捷便利。使游客在旅游之前，就可将旅游过程中涉及的一系列咨询及预订操作完成，保证旅行无忧。

3. 网络旅游网站的分类

随着网络旅游业的高速发展，各种类型的旅游平台、网站应运而生，满足旅客及潜在旅客多方面的需求。即使在国内，提供旅游服务的网站都有数千家，但总体说来，大概都属于几个大的类型级别。下面介绍几类主要的旅游网站，以及代表网站。

一是以提供酒店、机票、度假等预订服务为主的综合性网络旅游网站。国外有 Expedia 和 Orbitz，国内较知名的有携程、艺龙、同程和淘宝（阿里旅行）等。

二是以提供酒店、餐饮、景点等点评和推介为主的网站。国外有 TripAdvisor 和收购了

nextstop 的 Facebook，国内则以到到网、点评网等为代表。蚂蜂窝和穷游网则是相对完善的以旅游为核心业务的游客原创型在线旅游网站。

三是以提供旅游搜索为主的搜索引擎。国外有微软的 bing.com、Google.com、国内有携程，去哪儿（百度为第一大股东）等。

四是提供旅游独家产品，在线定制旅游产品等，该类属细分的旅游网站，如途牛网等。其优点是定位鲜明，在旅游越来越个性化的今天及未来都有较好的发展势头。

知识链接

与网络旅游网站对应的是手机移动端 App 应用。由于智能手机的普及，现在一般较大型的旅游网站都有其对应的 App，如“携程”“去哪儿”等。与网络旅游网站一样，移动端 App 同时也可分为以上几个类型。同时由于手机的特殊性，它还可实现一个计算机无法实现的功能，即定位、导航。现在可供定位、导航的 App 也较多，如百度地图、腾讯地图、高德地图等。

4. 我国网络旅游业发展的问题

虽然人们大多都看好网络旅游，普通用户在旅游前都会依托互联网进行一番旅游资讯的查询、预订等，但网络旅游的发展也存在一定的问题 。总体说来有以下 3 个方面。

- **中介服务类网站对旅游服务资源整合能力有限**：旅游业中的第三方服务机构对于推动行业发展起到了重要的组织与协调作用。但目前来看，很多这类企业通过电子商务手段对旅游过程中各项业务的整合能力有限，有些网站的工作重点在于网络营销。
- **旅游服务项目单一，个性化旅游需求无法满足**：目前旅游业电子商务服务相对粗放，没有涉及细致入微的环节，很多都是景点介绍、酒店预订等相似的服务，网上预订率偏低，消费者还是在了解旅游资讯后直接联系旅行社，跳过电子商务环节。
- **旅游企业信息化进程改革深度不够**：电子商务就是利用计算机网络技术、数据库技术控制和管理经营过程中的所有信息，实现企业内部和外部的信息共享及有效利用。所以要实现旅游企业的电子商务化，必须有一定数量的对计算机、互联网技术深入了解的人，而这需要较大的人力和财力投入。

为了真正实现旅游业的电子商务化，将电子商务化深入旅游行业的每一个角度，就必须针对这些存在的问题找到相应的解决措施和方案。旅游产业作为政府主导型产业，首先需要政府的组织与政策支持，如完善电子商务的软硬件环境与法律环境，加快我国的网络化建设进程等。除此之外，旅游的行业人士也应积极行动起来，优化自身的电子商务环境。总体说来，可通过以下 3 个方面进行探索和发展。

- **旅游中介服务网站提升自身资源整合能力**：扩大服务范围，加强与旅游相关的各种协调服务，涉及的有 IT 业、金融业以及交通服务部门，所以旅游网站服务也应拓展到这些环节。
- **挖掘特色，开展个性化服务**：个性化营销已经成为互联网经济中必不可少的营销策略，个性化旅游产品受到越来越多人的青睐，旅游服务企业需要深入消费者，了解消费者的需求，有针对性地促销，为消费者提供更多、更满意的选择方案。

- **提高员工综合素质，培养电子商务复合型人才**：电子商务综合网站的建设、运营及管理等多方面的知识，要求工作人员不但掌握网络技术、具备商务能力，还要熟知旅游专业知识。

5. 网络旅游网站介绍

作为已经发展了数十年的网络旅游，其网站数以千计，但在每一种类型的旅游网站中，只有少量的几个行业翘楚。下面简单介绍各种类型中发展较好的网站。

- **携程**：其网址为 http://www.ctrip.com，创立于 1999 年，总部设在中国上海，拥有超过 2.5 亿的会员，是中国发展最早的、最有影响的综合性网络旅游网站之一。携程成功整合了互联网产业与传统旅行业，向会员提供集无线应用、酒店预订、机票预订、旅游度假、商旅管理及旅游资讯在内的全方位旅行服务。为更好地服务大众，携程拥有 1.2 万个座席，呼叫中心员工超过 10 000 名。携程在全球 200 个国家和地区与近 80 万家酒店建立了长期稳定的合作关系，其机票预订网络已覆盖国际国内绝大多数航线。作为发展最早、发展最快的综合性旅游网站，携程有很多其他网站不具有的优势与荣誉：2003 年 12 月在美国纳斯达克成功上市；2014 年，投资途风旅行网，将触角延伸至北美洲；2015 年 5 月携程战略投资艺龙旅行网；2015 年 6 月携程被《Travel Weekly China 旅讯》评为 2015 年度“中国最佳在线旅游网站”。2015 年 10 月携程宣布与百度达成股权置换交易，百度将持有的去哪儿股份的绝大多数出售给携程，并置换成携程的股份。交易完成后，携程拥有约 45% 的去哪儿总投票权。
- **去哪儿**：去哪儿网网址为 https://www.qunar.com，是中国领先的网络旅游平台，其网站上线于 2005 年 5 月，公司总部位于北京。虽然去哪儿的上线时间相对较晚，但是其发展却相当迅速。去哪儿网声称：致力于建立一个为整个旅游业价值链服务的生态系统，并通过科技来改变人们的旅行方式。对旅游服务供应商而言，去哪儿网通过移动客户端及在线平台为其提供技术基础设施；对旅行者而言，去哪儿网通过网站及移动客户端的全平台覆盖，随时随地为其提供国内外机票、酒店、度假、旅游团购及旅行信息的深度搜索，帮助旅行者找到性价比较高的产品、较优质的信息和便捷的预订方式，合理安排旅行。根据 2014 年 9 月艾瑞监测数据，去哪儿网以 4 474 万人的月度独立访问量名列前茅。截至 2015 年 3 月 31 日，去哪儿网可实时搜索约 9 000 家旅游代理商网站，搜索范围覆盖全球超过 28 万条国内及国际航线、约 103 万家酒店、85 万余条度假线路、近万个旅游景点，并且每日提供超过 20 万种旅游团购产品。
- **途牛**：其网址为 http://www.tuniu.com，途牛旅游网创立于 2006 年 10 月，为消费者提供由北京、上海、广州、深圳等 180 个城市出发的旅游产品预订服务，产品全面，价格透明，用户既可选择在线预订，也可选择 400 电话预订，同时提供丰富的后续服务和保障。途牛网主要提供跟团游、自助游等传统旅游服务项目，同时还提供旅游定制服务，针对个性化需求定制个性化的旅游产品。目前，途牛旅游网提供 100 万余种旅游产品供消费者选择，已成功服务累计超过 1 500 万人次出游。同时基于途牛旅游网全球中文景点目录以及中文旅游社区，游客可以更好地了解目的地信息，妥善制定好出游计划，并方便地预订旅程中的服务项目。

- **乐途**：其网址为 http://www.lotour.com，乐途旅游网“一个启发旅游灵感的网站”，致力于为新中产人群解决去哪玩的问题，从其定位就可以发现乐途与携程、去哪儿和途牛的不同。它根植于旅游爱好者和消费者，以丰富的在线资讯提供旅游信息服务。经多年发展和积累，现已具有覆盖 198 个国家、901 个海外地区、34 个国内行政区、392 个国内城市的资讯系统，已打造完成超过 50 000 个目的地的国内最大的出游指南体系。
- **艺龙**：其网址为 http://www.elong.com，作为发展较早的网络旅游类网站，在多年的发展中艺龙也找到自己的独特优势，其涵盖的业务有酒店、机票、用车、目的地资讯等，其中酒店预订是艺龙的一个强项。根据用户的需要可细分为国际酒店、国内酒店、短租公寓等。艺龙网提供强大的地图搜索、酒店 360° 全景展示、国内外热点目的地指南和用户真实点评等在线服务功能，使用户在获取广泛信息的基础上做出旅行决定，开始轻松愉快的旅程。
- **蚂蜂窝**：其网址为 http://www.mafengwo.cn，成立于 2006 年，是目前我国领先的自由行服务平台，它以“自由行”为核心，提供全球 60 000 个旅游目的地的旅游攻略、旅游问答、旅游点评等资讯，以及酒店、交通、当地游等自由行产品及服务。蚂蜂窝的景点、餐饮、酒店等点评信息均来自数千万用户的真实分享，每年帮助过亿的旅行者制定自由行方案。蚂蜂窝由于其独特性，其用户主要通过口碑获得，截至 2015 年 9 月 30 日，已积累 1 亿用户。依靠庞大的用户提供的一手信息，蚂蜂窝已先后制作推出了各类目的地旅游攻略书，内容涵盖当地吃住行游购娱等各方面丰富详实的旅游信息，给无数自助游爱好者提供了方便快捷的旅行指南，受到了用户的普遍欢迎。

知识链接

网络旅游的网站众多，其侧重点与功能均略有不同。如果希望在网上从事旅游方面的电子商务业务，可以多研究同类网站、企业的优缺点，自身的优劣势，从而找到突破口。如果希望通过网络享受电子商务在旅游方面带来的便捷性，可以综合使用以上的网站给自己一个完美假期。简单说来，携程是综合性的旅游网站，可以完成行程预订、酒店、机票等多种操作，而且各家旅行社、酒店等在线比价，用户可寻找到最适合自己的“商品”。去哪儿、艺龙、途牛也拥有类似的功能，只是每个网站包含的商家均有所不同，用户可多方面比较后再做决定 。蚂蜂窝则偏重于“自由行”，也有酒店预订功能，且拥有大量用户的真实入住体验，可帮助用户选择。

3.1.2 网上预订行程体验

作为早期的网络旅游，旅游公司推出的很多都是行程的预订服务。即用户通过计算机和互联网，在各个旅游网站对比找到自己需要的旅行路线和行程，然后预订下单完成预订操作。下面将分别在携程网和途牛网中查看去三亚的行程及价格，然后找到中意的“商品”体验预订下单操作。通过对比，读者可体会不同网站的设计风格，用户体验的优劣势等。

网上预订行程体验

① 打开携程网，其网址为“http://www.ctrip.com”，通过单击上方的导航栏切换到“旅游”主页。此时携程网通过定位系统自动将旅游的出发地定在当前计算机所在的城市，在“旅游”主页中间显示了热门的旅游景点，在其上方的导航条或左侧分类导航条中，用户可以按不同主题寻找旅游的目的地。如果用户的旅游目的地很精确，可以直接在搜索文本框中输入目的地，如图 3-1 所示。也就是说，用户可以通过多种方式找到自己的旅游目的地。

② 打开目的地网页，其中列出了与选择的目的地相关的所有商品信息，为了便于用户精准地找到商品信息，在搜索文本框左侧有一个下拉列表框，里面列出与目的地相关的所有商品信息分类，方便用户再次缩小搜索范围，如图 3-2 所示。

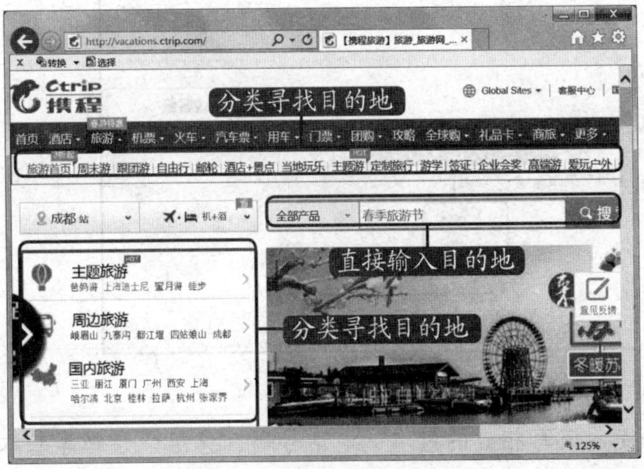

图 3-1　选择旅游目的地

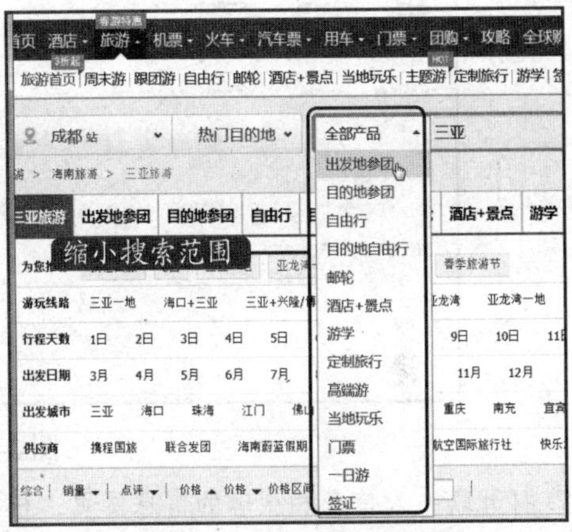

图 3-2　选择商品信息类型

③ 在打开的网页中显示了所有与出发地参团的旅游商品信息，包含旅游时间、已出游人数、已出游人员的评价以及价格等，如图 3-3 所示。通过这个网页可查看到商品的基本信息，也是很多用户决定是否进入其商品详细介绍页的关键，所以该页的商品名称设置、亮点推荐、价格都是用户考虑的重点因素。

④ 单击进入一个商品的详细介绍页，里面详细介绍了该旅游线路的行程、不同日期的跟团价格，以及旅游行程中的景点介绍、酒店介绍等。由于多媒体可以给予用户更好的用户体验，所以详细介绍页中，一般都以图片介绍为主、文字为辅，甚至还可以使用视频介绍，给用户身临其境的感受和体验。

⑤ 选择一个出行日期和出行人数，以及是否购买保险等信息（默认已根据出行人数选择了保险，用户可根据情况选择不购买或者少购买），单击 立即预订 按钮，如图 3-4 所示。

图 3-3　旅游商品信息列表

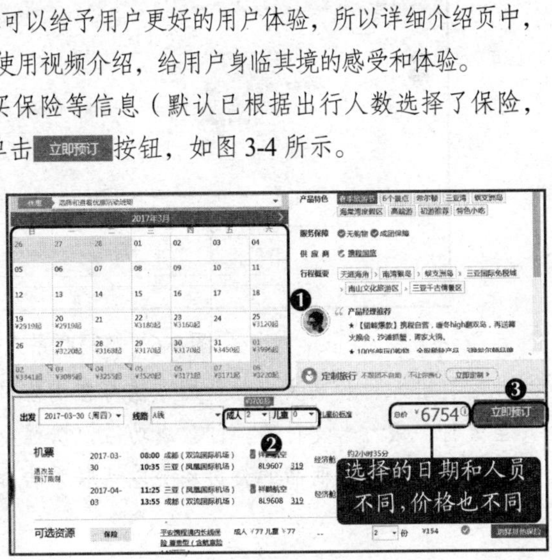

图 3-4　选择出行人员及信息

⑥ 打开行程信息确定网页，里面显示了该行程的基本信息、人数，附加服务、优惠金额等，如图 3-5 所示。确认无误后，单击 下一步 按钮。该网页内容与上一步的网页内容类似，但是为保证交易顺利进行，同时让用户再次明了自己的行程信息，再次确认的工作是不可省略的。

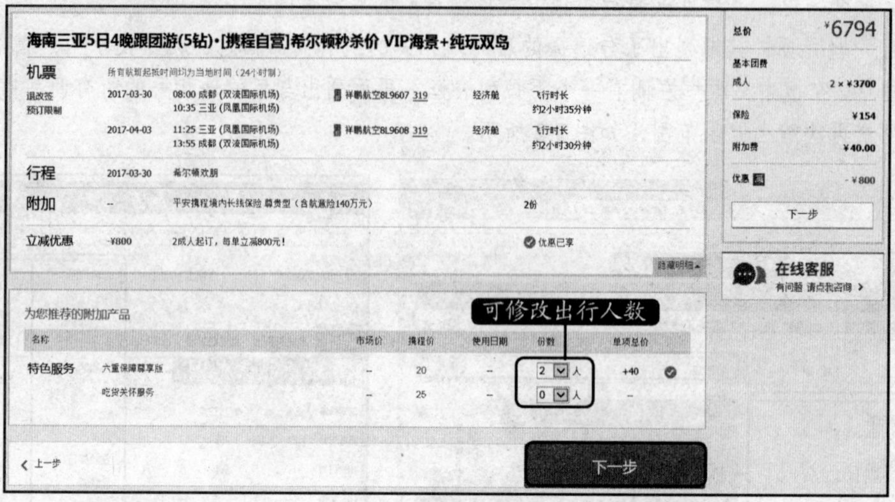

图 3-5　确认订单信息

⑦ 打开联系人信息和旅客的信息网页，根据提示填写相应的姓名、电话号码、身份证号码等基本信息后，单击 同意以下条款，提交订单 按钮，如图 3-6 所示。注意带 的选项为必填选项，这是完成行程预订的关键内容。如果有该类选项未填，则提交订单不成功。

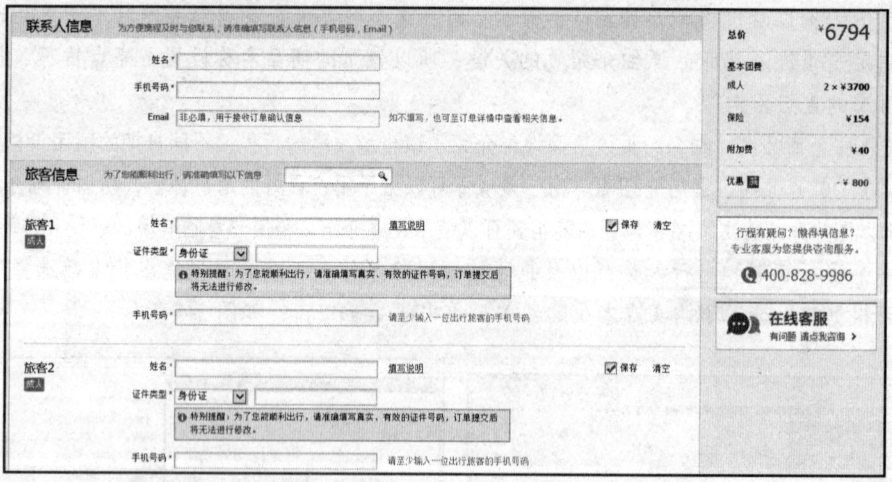

图 3-6　填写联系人信息和旅客的信息

⑧ 此后将进入付款网页，付款的方法与在淘宝网中购物一样，可以选择多种支付方式，如支付宝支付、银行卡支付等。付款成功后，携程会以短信的形式向联系人及出行人发送相关的信息。出售该旅游商品的公司还会电话联系告知用户相关的出行细则，比如乘车地点、注意事项等。

操作指导

为了保证用户的权益，保证行程订单可以方便查询，一般网站都会要求用户在预订前先执行会员的登录操作，用户也最好先注册和登录。如果用户忽略了该步骤，也可以完成订单，即到时可通过手机号码等关键信息进行查询，但这样可能造成不必要的麻烦，而且对于登录的会员，每次订单操作携程会有积分和优惠赠送。

⑨ 下面在途牛中进行行程线路预订。打开途牛网，其网址为“http://www.tuniu.com”，其首页即为旅游目的地的分类，如图 3-7 所示。从这一点可以看出途牛是以旅游行程、目的地为主营业务，同样选择目的地为三亚，并在上方的搜索文本框旁选择“跟团游”。

⑩ 在打开网页中显示了所有跟团游的商品列表，其中包含商品的名字、出游人数、满意度、价格等，如图 3-8 所示。该网页的设计和包含的内容与携程的商品列表网页类似。

图 3-7　选择旅游目的地

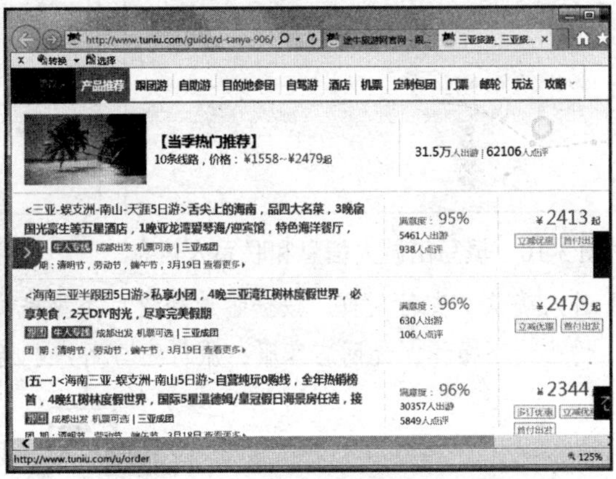

图 3-8　商品列表

⑪ 选择一个旅游商品，单击进入其详细介绍网页。同携程类似，在该网页中介绍了行程的具体情况，并多以图片为主，给人直观感受。选择出行日期和人数，可看到该日期出行的具体价格，单击 立即预订 按钮，如图 3-9 所示。

图 3-9　行程详细介绍网页

⑫ 在打开的网页确认出行信息，如出行日期、人数等，然后填写联系人信息和出游人信息，如图 3-10 所示。用户在提交订单前一定要注意将整个网页的内容查看清楚，其网页下方还有几项关于旅游的附加信息，如“保险方案”和“优惠方案”等，在此处可以选择购买的险种及份数。同时还可以选择用户可以使用的优惠方案（默认没有选择任何优惠，需要自己手动选择，而携程则自动选择优惠），如图 3-11 所示。确认该页面的信息填写无误后，单击 提交订单 按钮。

图 3-10　填写出游人信息和联系人信息

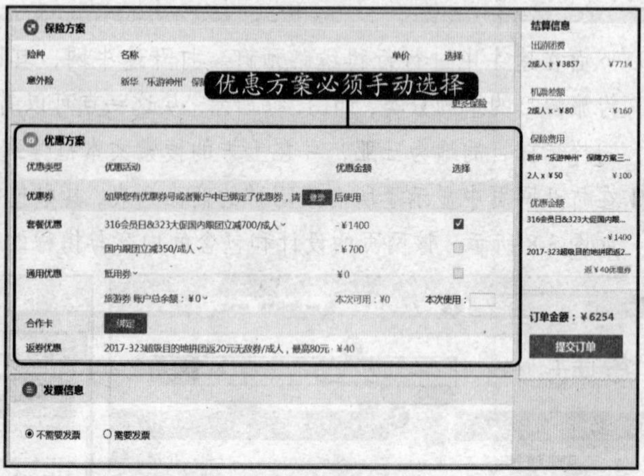

图 3-11　选择保险及优惠方案

⑬ 进入确认及支付网页，按提示选择支付类型完成支付，网上预订行程和线路的过程完成。此后均为线下操作，如网店客服、旅行团与用户电话沟通出游的相关细则等。

操作指导

通过在携程和途牛两个主流的网络旅游综合网站进行线路预订，可以看出其操作方法类似，以单纯的线路预订来看，途牛的操作相对来说更简洁，但是其优惠信息需要手动选择，不熟练的用户容易错过，造成多付费的情况，不利于用户的二次消费。

3.1.3　网上订机票和值机体验

早期的机票代售点在现实生活中所见不多， 网上订机票已成为选择飞机前往的自由行旅客主要的订票方式，同时网上订机票也是出差人员的首选。

1. 网上订机票

可订机票的网站众多，除了一般的旅游综合性网站都提供了订票服务外，各大航空公司的网站上也可以订票。下面以在去哪儿上订机票为例，了解在网上订机票的一般方法。

网上订机票

① 打开去哪儿网，其网址为“http://www.qunar.com”，默认打开的网页就为机票预订网页，根据提示选择预订的机票出发地、目的地、出发时间等基本信息，单击 立即搜索 按钮，如图 3-12 所示。

② 打开搜索结果网页，其中显示了当天在该网站上所有航班的信息及价格，还可根据需要选择以“起飞时间”或“最低票价”进行排序，方便用户快速找到更加适合自己的机票。该网页还有一个特色，即近 7 天最低价机票，通过它用户可快速比价，对于不是急于出行，可自由选择出行时间的用户来说，可拿到性价比相对更高的机票，如图 3-13 所示。

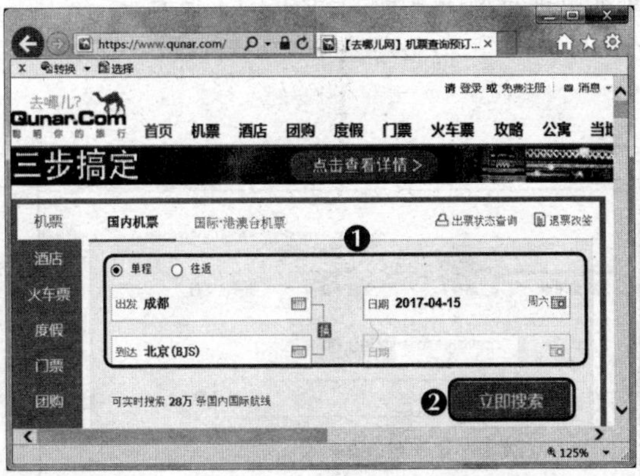

图 3-12 设置出行信息

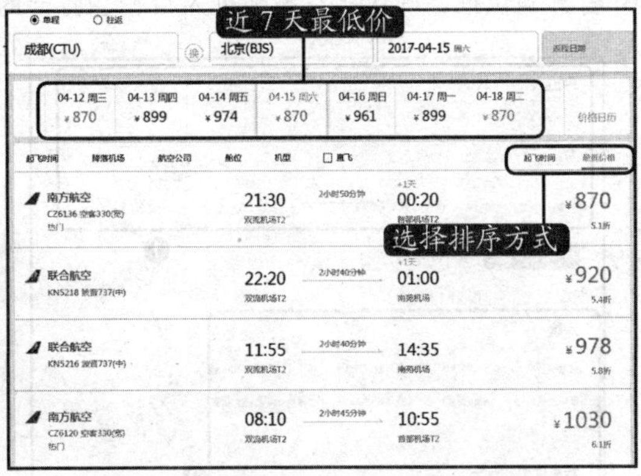

图 3-13 航班列表

③ 在图 3-13 中可发现近 7 天最低价机票栏的右侧，有一个“价格日历”，单击它，可展开查看近两个月的机票价格。通过它，用户可了解机票的价格走势，从而方便比较以购买到更加合适的机票，如图 3-14 所示。在日历上选择一个日期，将在打开的网页中显示该日期的具体航班信息。

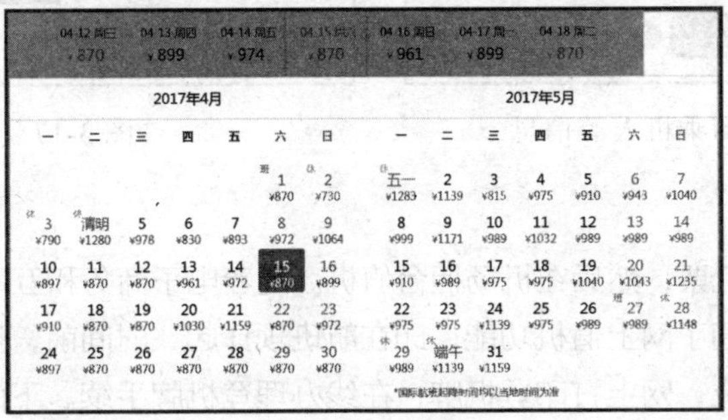

图 3-14 价格日历

④ 选择一个出行时间与价格均比较合适的航班，其下将显示出售该航班的不同舱位，不同套餐，不同出售单位，以及相关的票价，如图 3-15 所示。

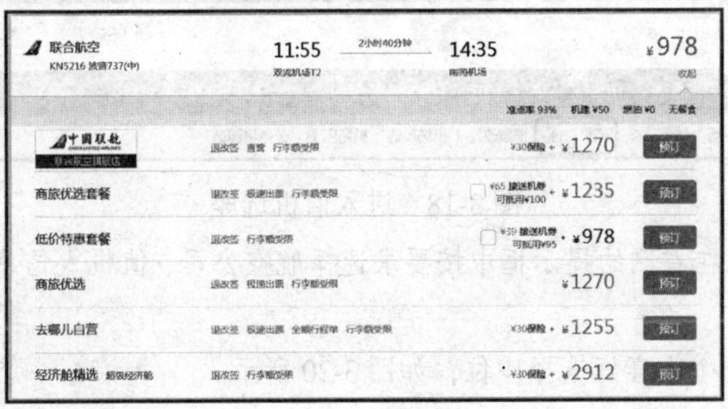

图 3-15 选择舱位类型

⑤ 选择一个合适的选项，在打开的网页中填写乘机人的相关信息，如姓名、身份证号码、保险等。在这里要注意两个方面，一是乘机人信息、联系人信息是很重要的，属于必填选项，单击添加乘机人按钮，可添加多个一同乘机的人员；二是系统默认选择了全部的保险与服务，用户可根据自己的实际需要选择购买，确认无误后，单击提交订单按钮，如图 3-16 所示。

⑥ 打开确认框，确认航空和乘机人后，在打开的网页中进行网上支付，如图 3-17 所示。

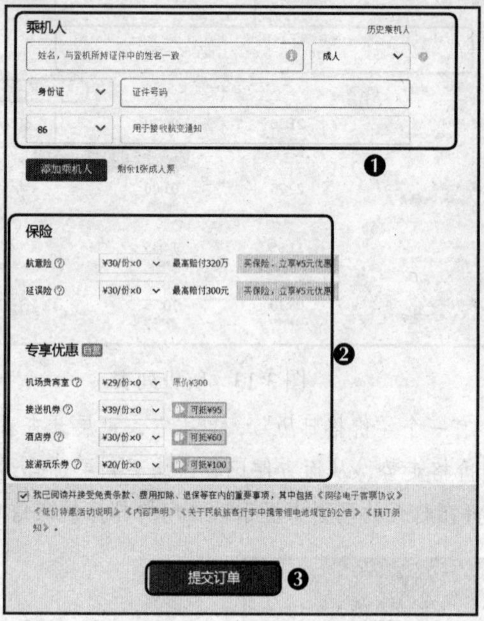

图 3-16　填写乘机人等信息

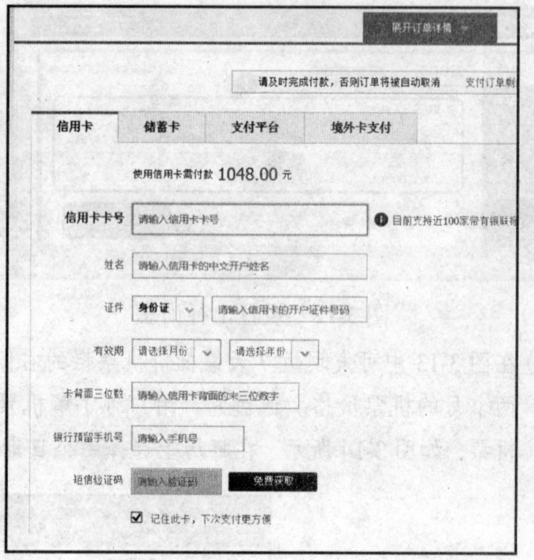

图 3-17　网上支付

2. 网上值机

早期网上只能购买机票，然后在机场柜台值机。随着电子商务和互联网的不断深入，现在已开通了网上值机功能，即在航班预计起飞时间前，自行上网确认航班，选择座位，网上打印登机牌，在线办理登机牌手续。下面在携程网体验值机功能，除此之外，用户也可根据网上购买的机票所属的航空公司，进入相应的航空公司网站进行值机。

网上值机

① 打开携程网，在其首页导航栏中选择“机票”下的“值机选座”选项，如图 3-18 所示。

图 3-18　进入值机选座

② 打开信息填写网页，在右侧的提示框中按要求选择航空公司、值机人信息等，单击查询按钮，如图 3-19 所示。

③ 打开值机网页，根据个人喜好选择座位，如图 3-20 所示。

④ 根据个人需要打印登机牌，如暂时不打印，也需在机场打印登机牌。登机牌是乘坐飞机的一项重要凭证。

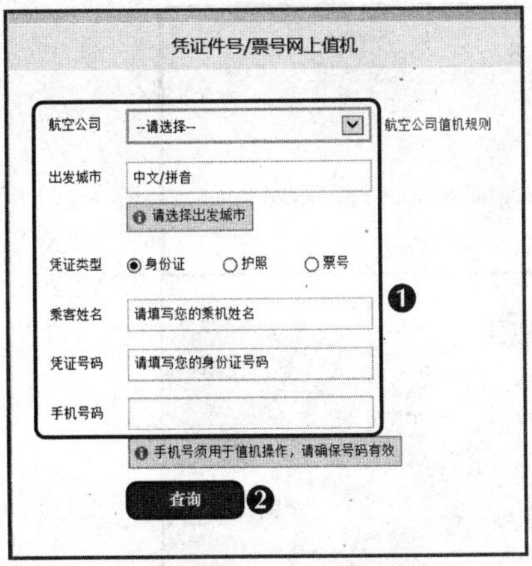

图 3-19　输入值机人信息

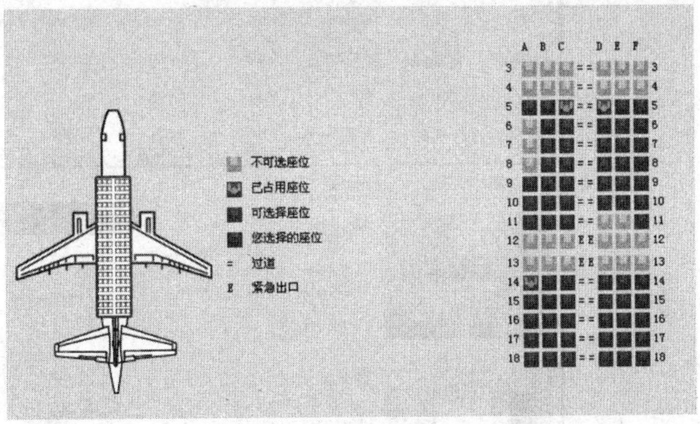

图 3-20　网上选座

操作指导

除了去哪儿，在携程、艺龙、途牛等综合性的网站中均可预订机票。其流程和功能大致相同，只是不同的网站即使相同的航班，其价格可能也有所差异。但用户需注意，目前只有携程网提供了值机的链接，其他的综合旅游网站上暂时没有该功能。而且作为在携程预订机票的用户，其值机过程更加简单，无需填写值机人信息，可根据选择的订单直接进入值机。

3.1.4　网上订房体验

随着网络旅游业的发展，以及旅客们对于住宿越来越多元化的需求。网上订房现也呈多种发展趋势，如针对商务人士的快捷酒店，针对度假旅游的酒店、公寓短租以及具有特色的民俗客栈等。下面先在网络旅游综合网站中的“艺龙”预订酒店，然后在“途家”公寓短租网预订短租公寓。

网上订房体验

① 打开艺龙网，其网址为 http://www.elong.com。首页即为酒店预订，输入目的地、入住和离开时间，再在下方选择酒店的区域位置，如图 3-21 所示。

② 在打开的网页中列出了满足要求的酒店列表，网页上方的列表中可设置希望预订的酒店的具体要求，如位置、房价、星级、品牌、户型等，从而在下方搜索到更适合自己需求的酒店，包含酒店内的图片、简介以及价格等，如图 3-22 所示。同时网页右侧的地图中还适时地显示了当前页酒店的地理位置，方便用户直观了解到酒店的位置，以确保酒店与自己旅行目的地更加接近。

③ 选择一个想了解的酒店，将打开酒店详细介绍网页及各种房型、订价等，如图 3-23 所示。确认一种房型、服务类型，单击其后的 预订 按钮。

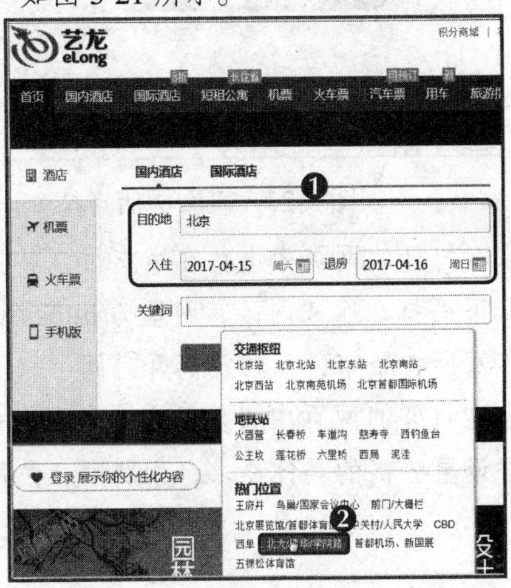

图 3-21　设置酒店的基本要求

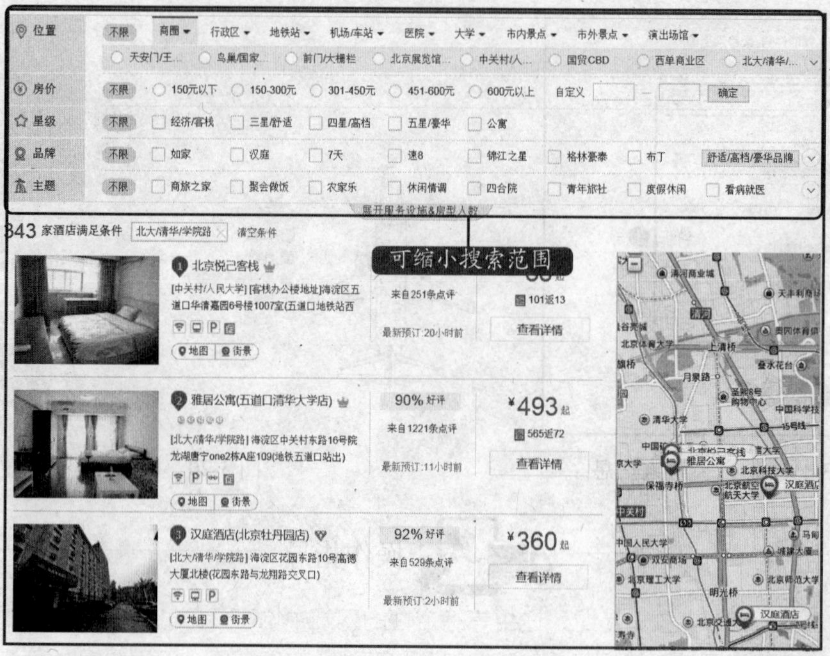

图 3-22 搜索并查看酒店列表

④ 打开预订信息填写网页，根据网页提示填写预订的房间数量、入住人姓名、联系电话等基本信息，单击 支付房费 按钮，如图 3-24 所示。与预订机票相比，预订酒店需要填写的信息相对较少，而身份证及身份证号码是入住酒店时才需要验证的，在预订时无需提前输入。

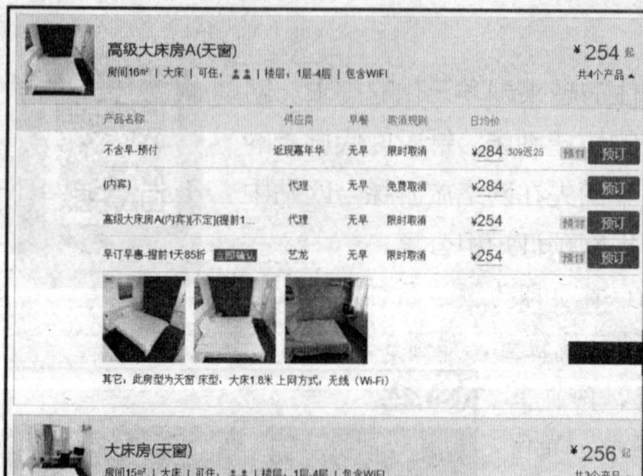

图 3-23 查看酒店详情

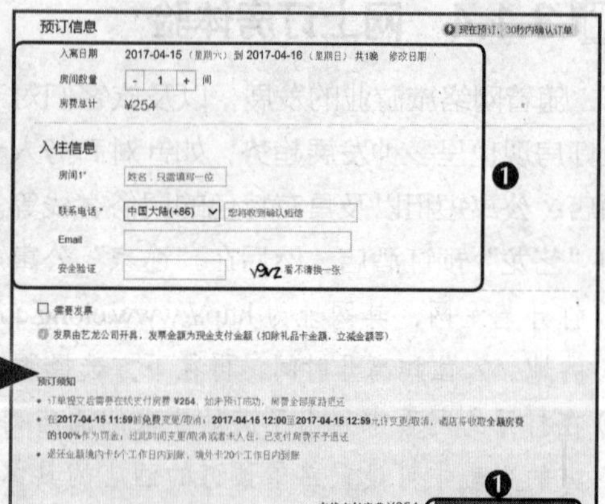

图 3-24 填写预订信息

⑤ 在打开的网页中进行在线支付，其支付的流程和方法都完全相同，这里不再赘述。

⑥ 下面打开途家网，其网址为 https://www.tujia.com。在首页上方的搜索框中填写准备预订的公寓所在城市，入住及离开时间，以及公寓的位置等，如图 3-25 所示。

⑦ 在打开的网页中将显示出符合要求的所有公寓列表，在网页上方，用户根据需求还可进一步设置公寓的具体要求，如别墅、民俗客栈和普通公寓等，如图 3-26 所示。

图 3-25　搜索公寓信息

图 3-26　设置公寓的具体要求

⑧ 在公寓列表中根据基本情况和定价，选择一个相对满意的公寓，单击 查看 按钮，进入公寓的详情查看网页，其中包含房间的介绍、位置以及房间图片等。通过对比确认预订后，在网页中单击 立即预订 按钮。

⑨ 打开登录提示框，按要求进行账户的注册和登录，并填写相应的用户信息，返回预订页面，确认预订后，打开预订信息填写网页。与酒店预订一样，需填写入住时间、人数、姓名、手机号码等关键信息，单击 提交订单 按钮，如图 3-27 所示。

⑩ 打开网上支付网页，按要求选择相应的支付方式完成网上预订。但公寓短租，与酒店的运营方式不同，其拥有者多为房屋业主或专门从事短租的人，在支付前，用户还可通过网页中预留的电话，与公寓拥有者联系后，再下单确认，如图 3-28 所示。

图 3-27　填写入住人信息

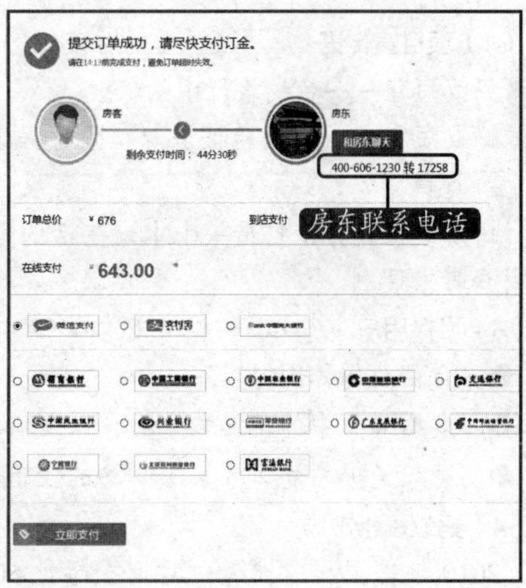

图 3-28　完成支付

操作指导

那些相对早期的网上大型综合旅游网站，在预订前都要求用户注册及登录。现在为了满足不同用户的需求，拥有更好的用户体验，不再要求必须注册和登录。而在途家网中，还是必须登录后才能执行预订操作，用户还应遵循网站的规则。总体来说，酒店预订和短租公寓，其预订方法差别并不大，在艺龙、携程等大型综合旅游网站中，也有短租公寓出租。酒店与短租公寓本身运行方式是完全不同的，对旅客来说，短租公寓的确价格相对较低，但整体说来，其标准和要求与统一管理的酒店相比，可能要差一些。但也可能会更好，要求不太高的，或是整家旅游的客户可以考虑。

案例解读

短租的兴起及模式

短租作为近几年发展起来的以“住”为导向的O2O模式，应用到网络旅游的细分市场，现已有多家网站在运营和涉及相关的业务。像途家、蚂蚁短租、游天下、美租网、爱日租、住我那等网站都属于该细分领域。这类网站的盈利模式基本类似，但其营销方式，以及用户对其的“辨识度”和“公信力”是这些网站能否长期发展的关键。下面讲讲“蚂蚁短租”，以小见大，以了解这一市场的发展及相关情况。

1. 认识蚂蚁短租

蚂蚁短租是赶集网旗下的一个拥有独立域名的特色短租房的网站，成立于2011年8月，总部设在北京。来自中国120个城市的约5 000个真实房东，通过蚂蚁短租提供了超过5万间各类短租房，满足了旅游、度假、差旅、探亲访友、考试求学、寻医问药等各类中短期住宿需求，提供了有别于传统住宿的新选择。2012年4月12日，蚂蚁短租Android系统客户端上线。

2. 蚂蚁短租商业模式

（1）项目宣传语

蚂蚁短租——寻找旅行中的家。

蚂蚁短租——专人验证房源，预付保证留房，蚂蚁担保交易。

（2）愿景

蚂蚁短租致力于打造一个本地生活的平台，为本地中小商家解决闲置资源的问题，同时给用户带来便利。

（3）目标用户

- 自由行的休闲游客。
- 度假类型中的中低端市场，以及有中长期逗留需求的商务客人。
- 意识比较领先、寻求不一样的住宿体验的背包旅行群体。

（4）蚂蚁短租市场

2010年美国和欧洲境内共拥有超过600万家假日租赁房屋，欧美租金年收入在850亿美元以上，平均每个租赁房屋年收入 1.4 万美元。未来中国将有 6 000 多万套空置房可被纳入目标房源列表。同时，拥有若干套房源的“专职房东”及房屋出租托管机构将成为主要客户群目标之一。

（5）核心优势

一是短租，网站面向的人群是有出差、背包旅游、求学、看病、找工作等需求的用户群体。

二是高性价比，高性价比的原因房源是长期闲置的。适合有空房但只想出租一段时间的房东、旅馆、合作酒店等人群。

三是在线预订，蚂蚁租房不是简单的供求信息发布，而是可以在线完成支付交易，直接把房子预订好。

3. 蚂蚁短租运营模式

- **房屋类型：**公寓、高校周边民居或宿舍、海景楼房、花园别墅、林间小屋等。
- **房屋来源：**个人为主，部分为酒店式服务公寓，旅馆，客栈。
- **盈利模式：**目前基本为交易佣金，未来将发展为同时向房东和租客收费，广告费、第三方合作分成以及搜索结果排名的收入。现收费方式为房东收取成交额的 10%。

3.1.5 网上订火车票体验

交通是旅行的一个重要环节，随着我国高铁的不断发展和完善，现在高铁也成了旅游的一个重要交通工具。不管是长线还是相隔距离较短的两个城市之间，都可以考虑火车高铁出行。火车作为国家未民营化的一个重要领域，其订票方式与机票、酒店的预订不一样，一般只能到其官方指定的 12306 网站进行预订。下面在 12306 网站预订成都到拉萨的火车票。

网上订火车票体验

① 打开 12306 官网，其网址为 http://www.12306.cn。首次使用该网站的用户，还必须按网站提示下载安装正常购票的必备插件，在网页左侧列出了与火车票相关的一些业务，用户可根据该导航找到自己需要的内容，如图 3-29 所示。但要想在该网站顺畅地完成相应的业务，都必须先注册用户，单击“网上购票用户注册”选项卡。

② 在打开的网页中按提示完成用户注册操作，如图 3-30 所示。

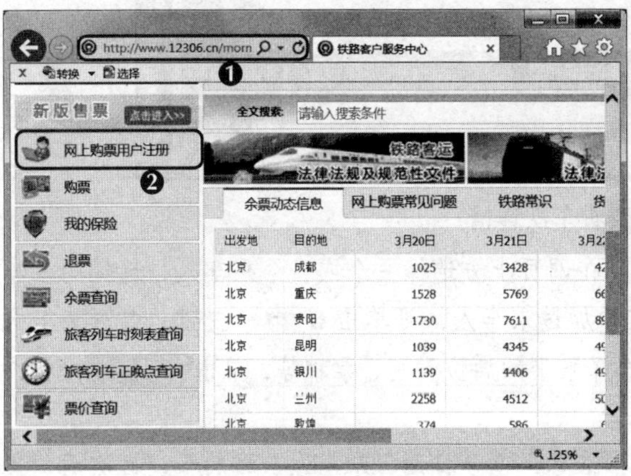

图 3-29 12306 首页

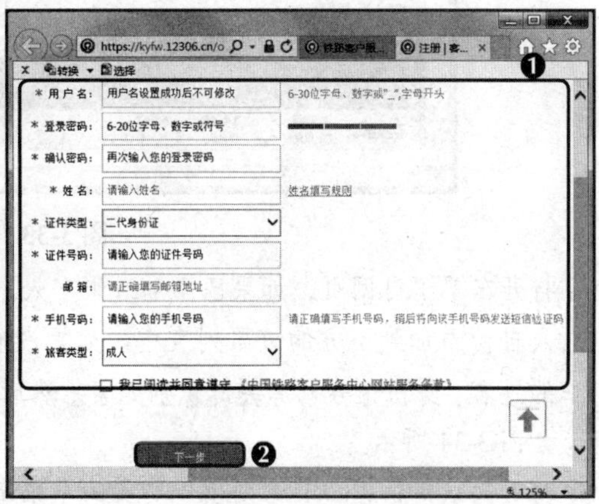

图 3-30 注册用户

③ 已经注册过的用户，二次打开 12306 网页时在左侧列表中单击“购票”选项卡，打开购票主页，

网页上方将提示用户登录，此时单击“登录”超链接，将打开图 3-31 所示的网页，根据提示输入注册的登录名和密码，然后选择图片验证码进行登录。12306 的验证方式不同于其他网站常用的数字、字母验证，而是图片的验证方式，其复杂的验证方式是为了避免传统火车票购票中“倒买”和“倒卖”的情况。

④ 登录成功后，返回网页设置出发地和目的地，以及日期，如图 3-32 所示，单击 查 询 按钮查看该日的车票情况。

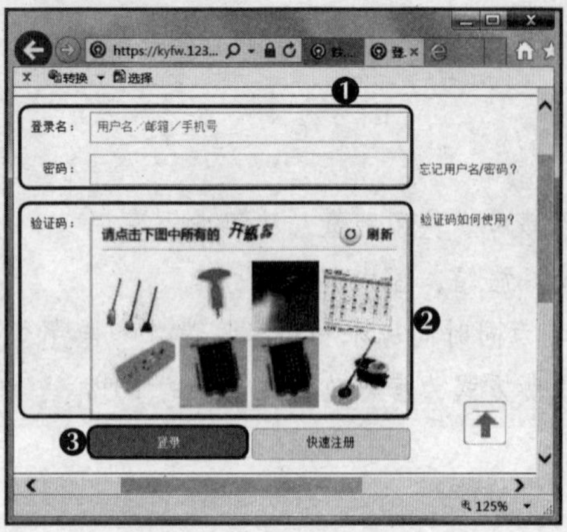

图 3-31　用户登录

图 3-32　车票查询

⑤ 打开车票查询网页，其中列出了该日的所有火车车次、运行时间及售票情况。如果两地之间有多种类型的火车经过，还可以设置车次类型和发车时间等，以便于从众多的车次中找到适合自己的车次。找到适合的车次后，单击其后的 预订 按钮，如图 3-33 所示。

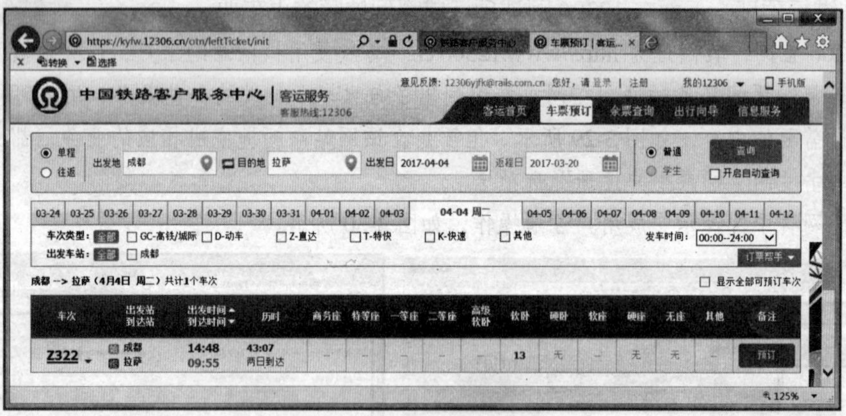

图 3-33　查看车次详情

⑥ 打开车票预订网页，如果已添加过乘车人，可在网页上方选择一个或多个乘车人，选择的乘车人自动添加到下方的订票列表中。如果没有添加过乘车人，可单击 新增乘客 按钮，填写乘车人的姓名、身份证号码等关键识别元素。然后选择乘坐的席位类别、票种等，单击 提交订单 按钮，如图 3-34 所示。

⑦ 打开确认对话框，其中列出了购买的车票基本信息，包含日期、乘车人、席别等，再次确认提交订单。此时该席位网站已锁定，要求用户在 30 分钟以内完成支付操作，单击 网上支付 按钮，将进入网上支付页面进行支付，单击 取消订单 可取消订单。

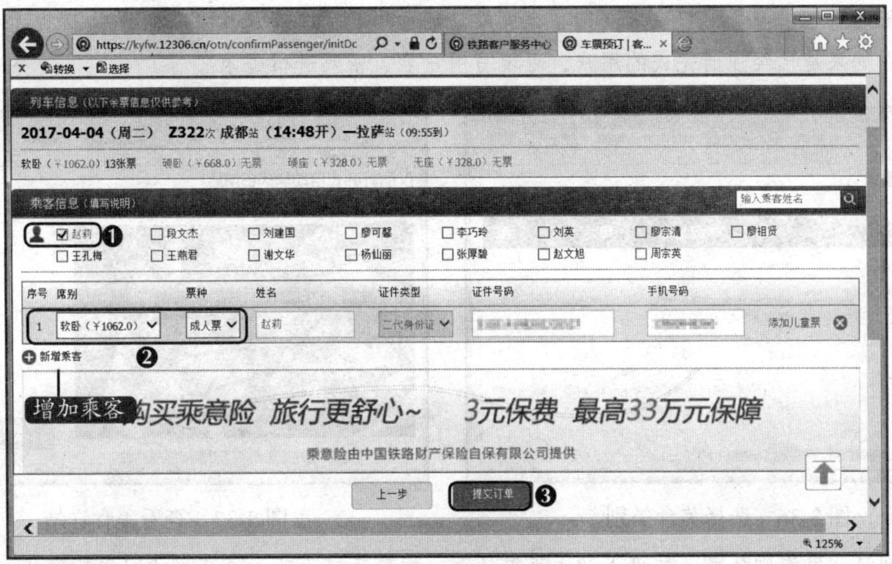

图 3-34 设置乘车人等信息

操作指导

目前 12306 网站上只支持图 3-35 所示的几种支付方式，用户只能选择其中一种进行支付。另外，网上购买火车票除了 12306 之外，基本都为火车票代买机构，不能单独出票。

图 3-35 12306 支持的支付方式

3.1.6 网上订餐体验

网上订餐体验

与旅游密切相关的“吃”也是网络旅游必不可少的一部分，网上订餐已发展为一项成熟的业务。从最开始的网上预订服务（即在网站上介绍餐厅的相关情况和电话，用户通过电话进行预订，其实这还不算真正的网上订餐服务），到后来流行的网上团购模式，再到外卖等，网上订餐发生着一轮又一轮的变化，订餐的主流网站也在进行一轮又一轮的“洗牌”。下面在百度糯米完成网上订餐体验。

① 打开百度糯米网，其网址为 https://www.nuomi.com，在其首页左侧选择美食的类别，如图 3-36 所示。

② 在打开的网页中可对订餐的情况进行详细设置，如所在地、价位、人数等，以方便搜索找到更适合自己的美食。

③ 在网页中列出符合设置条件的所有美食列表，选择一个，打开该美食的详细情况网页，包括美食图片、菜单、餐厅的具体位置等。确认无误后单击 立即抢购 按钮，如图 3-37 所示。

④ 打开注册与登录网页，按要求必须在该网站注册为用户后才能进行订餐服务 。按提示填写注册信息，如果是已经注册完成的用户，可填写用户名、密码进行登录。

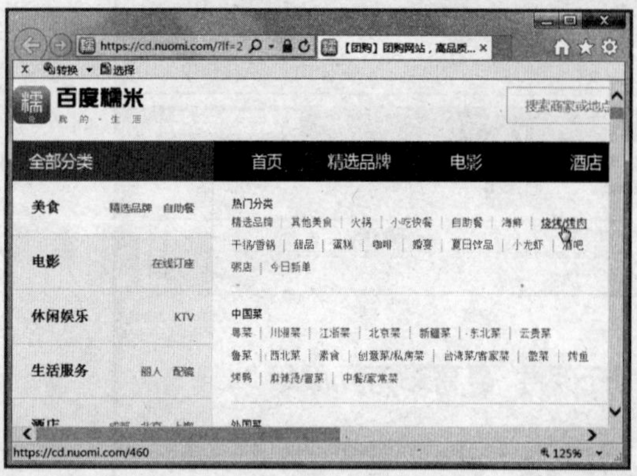

图 3-36　选择美食类别

图 3-37　查看美食详情

⑤ 返回网页，再次确认购买后进入网上支付环节，选择支付方式，完成网上订餐的操作。

操作指导

通过在网上预订机票、酒店、美食这几项在三方综合网站的操作来看，其操作都有类似性，即（1）搜索；（2）细化搜索范围并可多样排序；（3）选择目标；（4）输入预订信息（如人员信息、联系方式等）；（5）在线支付。同类电子商务的入行者，如要创建一个该类型的网站（即使是某一类型的细分类型），都应注意遵守这一相似操作，让更多的用户熟悉网站，方便用户操作，让用户的体验更好。而不是全新创建一个操作流程，以体现自己的独特性。

在电子商务如此深入的今天，寻找的电子商务项目要想出彩，除了其项目本身应独具特色，能打中用户的痛点外，在网络平台上还应注意操作流程最好不独辟蹊径，因为在用户群已适应某种操作的情况下，很难再适应其他的方法，改变流程就可能落下“用户体验不好”的印象。

3.1.7　网上查阅旅游资讯体验

查阅旅游资讯是自由行用户的第一堂功课，旅游资讯包含的内容广泛，与旅游目的地相关的一切“吃、住 、行、娱乐、景点”等信息都包含在该范畴内。早期，用户想查找到这些信息，往往需要在多个网站中综合出自己需要的内容。后来，随着网络旅游领域的细化和深入，专注于旅游资讯的网站应运而生，如早期的蚂蜂窝。蚂蜂窝是以网友交换资讯，分享旅行为目的的网站。下面在蚂蜂窝中查阅旅游资讯体验。

网上查阅旅游资讯体验

① 打开蚂蜂窝网站，其网址为 http://www.mafengwo.cn，在首页上方的导航条中列出了该网站的几类主要业务，如图 3-38 所示。

图 3-38　蚂蜂窝导航条

② 在首页的搜索文本框中输入需要前往的目的地名称，如“拉萨”，将在打开的网页中显示出与目的地相关的所有资讯及业务，如图 3-39 所示。

图 3-39　与目的地相关的资讯和业务

③ 在左上方的“拉萨”栏下方选择不同的类别，用户可查看该地的景点、酒店、当地游 、问答等内容，括号中的数字代表其中的数量。如选择“景点 ”，将进入景点的网页，其中列出了该地的主要景点，并且每个景点名称后，有一个评论数量，它表示已旅游过该景点的网友对景点发表的评论数量，可单击进入查看具体的评论内容，以帮助自己实地旅游，如图 3-40 所示。

④ 如单击“酒店”选项卡，进入“酒店”专题网页，除了可以像在携程、去哪儿网中一样设置入住的基本信息外，其特色在于每个酒店有入住的评论数量和评分，用户可以通过这些信息直观了解到该酒店的用户真实体验。同时，该网站也可以多平台在线比价，用户可以选择根据价格、评论综合进行酒店比较，同时也可在线下单，如图 3-41 所示。

图 3-40　景点介绍及评论

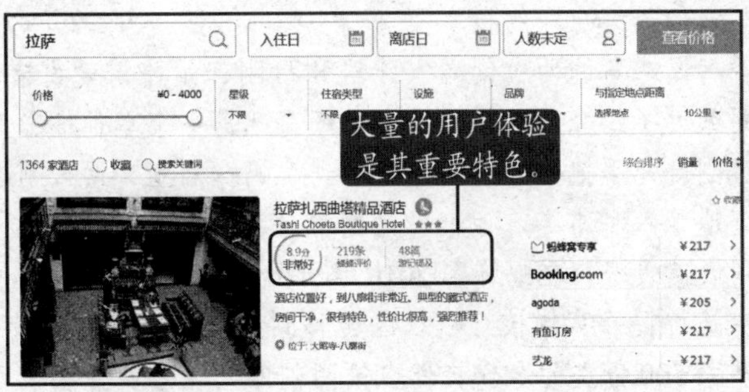

图 3-41　酒店信息

⑤ 蚂蜂窝为大多目的地都制作了旅游攻略，如在“拉萨”网页，在其右侧就显示了关于“拉萨”的攻略，单击按钮，在打开的网页中将显示其攻略的详情网页，用户可根据需要在线浏览攻略。也可以单击右侧的下载按钮，将攻略下载到计算机中仔细对比查看，以制作出适合自己出游 的攻略，如图 3-42 所示。

⑥ 在攻略网页下方，还有与该目的地相隔不远的其他目的地攻略下载链接，用户可根据需要进行查看，以丰富和完善自己的行程。

⑦ 进入蚂蜂窝的“问答”栏目和“游记”栏目，这两个栏目也是自由行游客不可错过的两个经典栏目，其中所有的问答和游记都是由亲身经历的游客编写的，具有相当大的参考性和实用性。

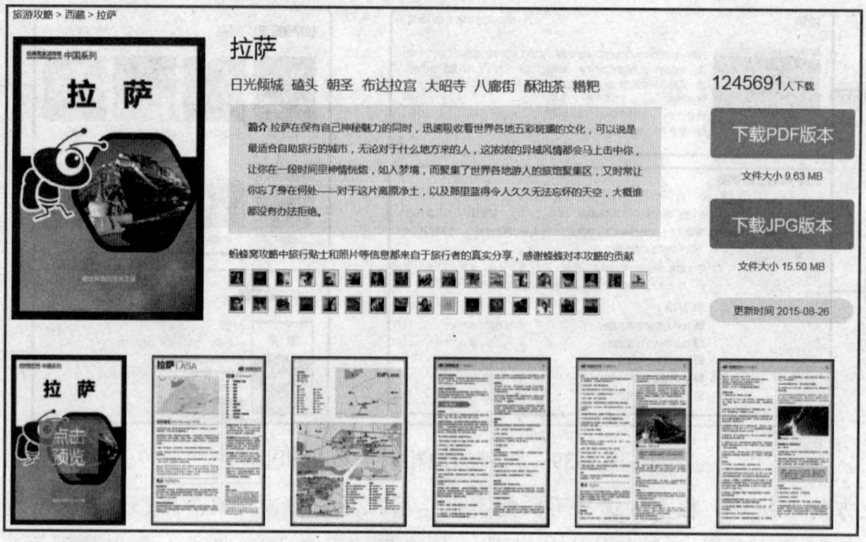

图 3-42 旅游攻略查看和下载

案例解读

蚂蜂窝如何从“一穷二白”的旅游论坛发展为盈利综合平台

真正深入了解电子商务的人都知道：不管多么出色的电子商务行业，其运行之初大都不会被众人所知，其营销及盈利之路都多艰辛，如果没有大量融资，很少有电子商务企业能够“杀出重围”。当然除了“烧钱”，网站本身能够独立运行、能够拥有自己的核心价值更是其能够最终存在的根本。

蚂蜂窝的两位创始人陈罡和吕刚都是旅游爱好者，因旅游这个爱好，他们在 2006 年共同创办了蚂蜂窝。最开始的蚂蜂窝就是一个单纯的分享旅游信息的论坛，从论坛搭建开始，吕刚就几乎把全部时间都投入到了蚂蜂窝上，两人前后在这个网站上投入了几十万元，资金窘迫是一种常态。他们开始想办法找天使投资，在跟投资人交涉数次后，终于在 2009 年拿到天使投资。在蚂蜂窝 2010 年开始公司化运作之时，已积累了 10 万注册用户。公司化第一步是将蚂蜂窝的核心从社区转移到旅游攻略。2011 年，蚂蜂窝获得了来自今日资本的 A 轮融资 500 万美元。今日资本集团创始人兼总裁徐新表示，他看好的是旅游万亿市场的方向，还有陈罡和吕刚对旅游的热爱。由于旅游攻略的工具属性和便于传播，蚂蜂窝在攻略 1.0 阶段对接了人人网、新浪微博等许多社交平台，用户和流量得到了爆发增长。到 2012 年，蚂蜂窝的用户数突破千万，成为中国最大的旅游社区。

同一时期，国内途牛、同程等在线平台也如雨后春笋般崛起。面对激烈的市场竞争，蚂蜂窝也开始面临更高的挑战——攻略数据的结构化及商业化变现。攻略的本质作用是辅助用户制定出行决策，攻略的内容只是表象，数据比攻略更具决策价值。陈罡带着大数据团队埋头苦干 2 年多，把数以亿计的攻略进行“提纯”。从 2012—2014 年，蚂蜂窝大数据结构化的完成，是其从量变到质变的一次飞跃。不仅如此，大数据的应用也为商业化变现增加了筹码。

如今，打开蚂蜂窝网页，选择目的地，例如，选择丽江就能看到40%的游客选择居住在束河古镇，20%的游客选择住在四方街。在四方街某家客栈的照片下，显示468条用户评论，还有提及这家酒店的10篇游记。吕刚说："蚂蜂窝的价值就在于，让用户可以依靠数据和数据相关的攻略内容来选择更符合需求的酒店。当他选择确定之后，我再把这个流量分发给下游的OTA（在线旅行社）。"

这一模式下，蚂蜂窝可以作为流量入口与OTA合作收取佣金，随着订单量的增长，愿意跟蚂蜂窝合作的伙伴也越来越多。

吕刚认为：蚂蜂窝的战略发展从攻略到大数据再到交易端，其实是一种必然。至于盈利，只要"内容—大数据—交易"的闭环做好了，盈利是迟早的事，"毕竟我们在意的是下一个10年、20年，而不是短期盈利目标赚多少钱"。

——节选自《21世纪经济报道》

3.2 网络娱乐服务

网络娱乐服务是一个综合性的说法，因为"娱乐"本身包含的内容就很广泛，伴随互联网的发展，娱乐类的内容也逐步从线下搬到线上。各种以娱乐形式存在的网站也逐步找到自己的立足根本，让整个网络娱乐市场呈现良性的运行状态，但竞争也相当激烈。

3.2.1 网络娱乐概述

网络娱乐是一个综合性的范畴，其分支的每一项都可以算作一个领域，总体上，把那些将线下的娱乐活动搬到线上的都统称为"网络娱乐"。例如，在线听歌、在线看视频、在线游戏和在线娱乐资讯等。

1. 网络音乐的发展

在线试听这种网站模式在中国大概可以追溯到20世纪90年代，1999年九天音乐网成立，Sogua上线，该网站提供多种音频格式歌曲的搜索、试听和下载的服务。2000年前后，P2P下载兴起，由于音乐客户端可任意搜索、下载和分享音乐资源，对于音乐产业来说是极大威胁，所以很快遭到版权方的围剿。2002年，百度MP3上线，很快就占据霸主地位，但同时也开始了版权纠纷。

此后，大量试听网站如雨后春笋般涌现出来，代表有好听和一听等。另外，酷狗和酷我等音乐客户端也开始出现。2005年前后是试听网站发展的高峰期，一个很重要的原因是手机普及。这时，这类网站除了广告，还提供付费彩铃下载，成为当时试听网站的重要盈利模式。

2005年，百度MP3遭到多家唱片公司起诉，并在与步升音乐的官司中败诉。同年，网易在版权方的压力下关闭了MP3搜索业务，版权战愈打愈烈。

2007年，两个重要的音乐网站和一个音乐产品上线。两个网站一个是乐库（其特色是"正版"，宣称与五大唱片公司达成协议），另一个是虾米（其特色是"高品质试听和付费下载"）。音乐产品就是QQ音乐。

2008年，百度开始着手解决版权问题。2010年，国家开始整顿在线试听网站，大量存在版权问题的试听网站纷纷关闭。2011 年，百度宣布与三大唱片（环球、华纳、索尼）达成协议，提供正版音乐的试听和下载，版权战结束。在线试听进入"正版时代"。

随后，进入在线音乐的整合时代。2014 年，酷我音乐和酷狗音乐合并，成立海洋音乐集团；2015 年电商大鳄阿里巴巴组建阿里音乐，由阿里巴巴集团旗下两款音乐应用，即虾米音乐、天天动听合并而成。从而形成了海洋音乐集团、阿里音乐、QQ 音乐的"三足鼎立"状态。

2015 年 7 月 9 日，国家版权局发布了《关于责令网络音乐服务商停止未经授权传播音乐的通知》（被称为"史上最严限令"），要求网络音乐服务商停止未经授权传播的音乐作品，并责令各个音乐服务商在 7 月 31 日前将未经授权的音乐作品全部下线。"最严限令"不但终结了网络音乐的"免费时代"，也让中国的在线音乐行业逐渐向正版化、系统化、多元化的轨道迈进，各大平台在版权上的投入也越来越大。

2．网络视频的发展及盈利模式

网络视频的发展最早可追溯到 1999 年，CDN 技术（依靠中心服务器以及节点服务器的流媒体传输技术）以及 P2P 技术（用户安装网站客服端或者插件以实现资源共享）的产生成为网络视频行业的发展开端。其中迅雷看看、PPLive 使用了 P2P 技术，搜狐视频、土豆等是将两项技术联合使用。

2005 年美国 YouTube 网建立，中国的土豆网、56 网以及优酷网也随之出现。之后 Google 以 16 亿美元收购 YouTube，两年之内我国迅速涌现出 2 000 多家视频网站，国内网络视频行业陷入混乱状态。2007 年年底，国家广电总局与信息产业部颁布实施了《互联网视听节目服务管理规定》，要求从事网络视频服务的企业必须取得《信息网络传播视听节目许可证》，许多小型视频网站纷纷倒闭，视频网站缩水到原来的 1/3 左右。

由于网络视频传播的独特性，在方便的同时，也带来了很多不良影响。2009 年全国开展"反低俗专项整治行动"，该项整治加上影视剧版权问题，使现存的视频网站的数量不到 30 家。进入 2010 年，我国视频网站纷纷上市，寻求资本市场对自己的认可。2012 年，网络视频行业经过收购、合并、淘汰等惨烈竞争，市场份额更加集中，仅余 5 家主流视频网站，即优酷土豆、爱奇艺、搜狐视频、乐视网、腾讯视频。

发展至今，网络视频网站也经历了版权、盈利模式不明确等种种尴尬。网络视频网站的盈利主要来源于 3 个方面，分别如下。

- **广告收入**：广告收入是视频网站开始的一种盈利模式，广告包含"前贴、暂停、后贴"的广告模式和植入广告模式。
- **会员收入**：视频网站的会员，向网站付费，同时在网站拥有相应的特权。如观看的视频无广告，可以收看更高清的视频，可以收看付费影片等。
- **自制视频**：视频包括自制栏目、微栏目和自制剧 3 部分。每一部分都各具特色，拥有了比传统媒体更加自由和轻松的创作环境和创作手段。它有自己独特的创作和营销模式，提升了受众对于品牌的忠诚度。有些自制视频也搬到电视台或其他网络播放，当然这都需要付费的。

3．网络游戏分类及盈利模式

中国的网络游戏行业起步于 20 世纪末，按照游戏内容架构的不同，游戏一般可以分为以下 7 个类别。

- **角色扮演类**：玩家扮演游戏中的一个或数个角色，有完整的故事情节，强调的是剧情的发展。
- **策略类或战略类**：用户运用策略与计算机或其他用户较量，以取得各种形式胜利的游戏。
- **动作类**：用户控制游戏人物，用各种武器消灭敌人以达到过关目的的游戏类型，几乎没有什么故事情节。
- **冒险类**：由用户控制游戏人物进行虚拟冒险的游戏，与角色扮演类不同的是，冒险类的故事情节往往是以完成一个任务或解开某些谜题的形式出现，而且在游戏过程中刻意强调谜题的重要性，使之成为一种专门考验大脑的活动。
- **模拟类游戏**：模拟类游戏是给予用户一个特定的环境，并赋予其一定的权利与角色，让其对该环境予以改造，使该环境得以良性发展。
- **棋牌类休闲类**：制作者将棋类和牌类线下娱乐活动移植到网络上，形成一种基于互联网的竞技活动，使参与者具有更广阔的地域性。
- **运动类**：即在计算机上模拟各类竞技体育运动的游戏。

十多年来，网络历经培育期、起步期、快速发展期和稳定发展期 4 个主要发展阶段。各种网络游戏盈利模式应运而生。目前，国内网络游戏的盈利模式大体可以分为付费模式和免费模式两种，而广告收益和周边产品收益也为网游盈利不少。

其中付费模式是以出售游戏时间为盈利模式的网络游戏，这是较早期的游戏盈利模式，它以游戏特色和品质吸引人，鼓励玩家在线互动，代表作有《魔兽世界》等。而免费模式是指游戏时间免费，而对游戏增值服务进行收费的网络游戏。比如销售装备卡、道具卡、双倍体验卡等。在这种模式下运营的游戏，允许玩家不花钱就能玩游戏，但是，游戏提供的很多增值服务是收费的。现在的大多数网络游戏都属于免费模式，但对于游戏商家而言，所谓的免费模式，其盈利的收入却超过收费模式。

3.2.2 网上听歌与下载体验

网络音乐发展到今天，各网站的运营模式相对明朗，也基本步入正轨。现在大多数的音乐网站都提供在线免费试听服务，部分歌曲下载收费。下面将在现有听音乐的用户流量最大的 QQ 音乐中，收听音乐，然后再进行下载。

网上听歌与下载体验

① 启动并登录 QQ 软件，单击其工作界面下方的图标，根据提示安装 QQ 音乐软件到计算机中。

② 安装完成后，打开 QQ 音乐的工作界面，如图 3-43 所示。在其中通过各种方式找到自己想听的音乐。

- **关键字精确查找音乐**：在 QQ 音乐界面上方的文本框中输入歌曲的名称，按“Enter”键将打开该歌曲的搜索结果。
- **各种分类查找音乐**：QQ 音乐提供了多种音乐的排序方式，用户可在其工作界面中按照个人喜好，选择相应的分类，如按歌曲的性质、排行、热度、歌手所属区、歌曲年代等。图 3-44 所示为以不同方式排行的页面。

③ 找到要听的音乐后，单击表示播放的按钮，其形状一般为或，即可开始播放音乐。

图 3-43　QQ 音乐工作界面

图 3-44　以不同方式对音乐排行

④ 遇到需下载的音乐，将鼠标光标移动到该音乐名称后，将出现几个图标，其中↓图标表示“下载”，单击将弹出下载列表，其中有多个选项，选择“标准品质”选项，如图 3-45 所示。将音乐下载到 QQ 音乐界面的“本地歌曲”栏下。如选择带有◆图标的其他品质，将提示付款充值，即该项为会员特权（网络音乐的盈利方式之一），选择成为会员的时间和支付方式，完成支付操作，如图 3-46 所示。

⑤ 进入“本地歌曲”页面，在下载的音乐上单击鼠标右键，在弹出的快捷菜单中选择需要的命令可将音乐下载到计算机或手机中。还可选择“浏览本地文件”命令，打开本地文件夹，其中显示了下载的音乐文件，如图 3-47 所示。

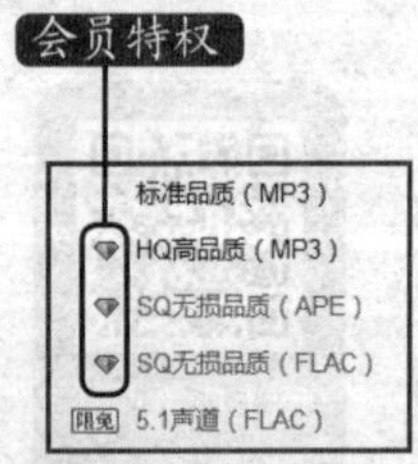

图 3-45　选择下载品质

图 3-46　付费成为会员

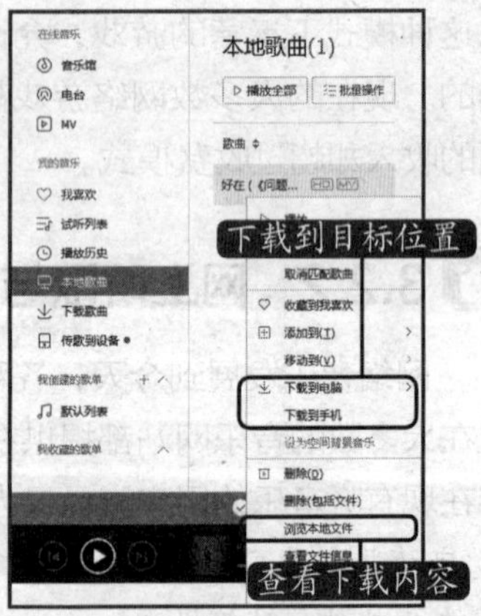

图 3-47　快捷菜单

3.2.3　网络视频体验

经历了前几轮的版权风波，最终不管是网络音乐还是网络视频都形成了较正规的运营模式。在视频网站中，时下主流的视频包括：优酷土豆、爱奇艺、搜狐视频、乐视网、腾讯视频，其主要盈利模式也都类似。于用户体验性来讲，网站的操作也进入了成熟阶段，各大网站的操作方法基本类似。下面在爱奇艺网站中观看其独家视频（独家视频是每个网站保证用户黏度的重

网络视频体验

要手段，是直接或间接的盈利点）。

① 打开爱奇艺网，其网址为 http://www.iqiyi.com。在首页有各种视频的分类，并将当前的热点视频放在主页上方的显示框内，以方便用户快速看到本站的特色。例如，选择显示框中的特色独播剧，如图 3-48 所示。

② 打开该剧剧集的选择页面，如图 3-49 所示。

图 3-48　爱奇艺的分类及热点视频

图 3-49　选择剧集

③ 在网页上方的播放框中将先播放一段广告，待广告完成后，再播放选择的剧集内容（这是免费用户的间接付费方式），如图 3-50 所示。在网页右侧还有一个剧集选择框，以方便用户在观看的时候，可以快速在各个剧集间切换。

图 3-50　观看视频

④ 如在剧集数字的右上方有一个VIP图标，表示该剧集只有本网的会员可以观看（这是视频网站的一项盈利点）。单击上方的开通VIP会员免费看按钮，打开支付页面，选择成为会员的时间及支付方式，完成支付操作。

3.2.4　网络游戏体验

网络游戏是一个快速发展的产业，游戏作为网络娱乐领域的一块“大蛋糕”，众多游戏商纷纷介入，寻求自己的一块领地。各类游戏层出不穷，游戏的盈利模式前面已讲得较多，多为免费模式，通过吸引玩家进入游戏后，再购买道具和充值等来盈利。英雄联盟是QQ游戏推出的一款网络游戏，下面就简单讲解英雄联盟的玩法，以小见大，窥见整个游戏的一般玩法模式。

网络游戏体验

① 安装好英雄联盟游戏客户端，打开该游戏，通过QQ账号登录游戏（登录账号是每款稍大型的网络游戏的基本操作，其用户的个人信息都在其中，包含装备、道具等。玩家私下也可通过买卖装备、账号达到赚取人民币的目的）。

② 选择大区创建角色，因为英雄联盟有多台服务器，选择大区类似于选择服务器。通过人员分流，达到增加服务器而游戏人员无限上涨的目的，同时还能保证游戏的流畅性，如图3-51所示。

图3-51　选择大区

③ 进入游戏，选择召唤师图标。如果是新手，一般游戏都配有新手教程，根据提示开始新手教程，即可快速学会游戏的基本操作。而游戏中通过训练、操作、闯关获取游戏的虚拟货币，然后使用该货币在其商城中购买相关的物品（如在英雄联盟中可以购买英雄），如图3-52所示。而商城中的有些物品则不能通过虚拟货币购买，或是购买时需要的虚拟货币数量较多，为了更快地获得该物品，玩家可以选择人民币购买，这就形成了网络游戏的主要盈利方式。

图3-52　购买物品

④ 在游戏中，玩家可以根据游戏的剧情和设定，完成闯关、任务、打怪、对战、玩家与玩家的交流等多项内容。

知识链接

社会在发展与变革，网络游戏这一个领域也受其影响，其发展呈多元化趋势，大概可以从以下 4 个方面进行解读。

- **客户端网络游戏：**客户端网络游戏即在计算机中下载游戏客户端，然后进行的网络游戏。英雄联盟就属于该类型，它是发展最久、受众最多的网络游戏，已实现从量到质的转变，走精品化路线将成为其一段时间的发展方向。
- **手机游戏：**近几年手机游戏的发展保持高速前进的趋势，相比客户端手机游戏更能整合碎片化时间，但用户要求不断提升，未来重度化、精品化的产品更能获取市场青睐。
- **VR 技术的应用：**VR 从硬件设备支持到游戏开发，相关环节已不断完善。截至 2017 年年底预计全球将拥有超过 7 000 万 VR 设备用户，共计带来 89 亿美元的硬件收益和 61 亿美元的软件收益。
- **电子竞技：**电子竞技涵盖了电竞游戏、电竞赛事、内容制作到电竞直播的完整产业链。其中电竞游戏直播的发展呈现出火箭式的提升，在未来相当长的一段时间内，都将成为一个游戏“周边配套”的火热行业。

本章小结

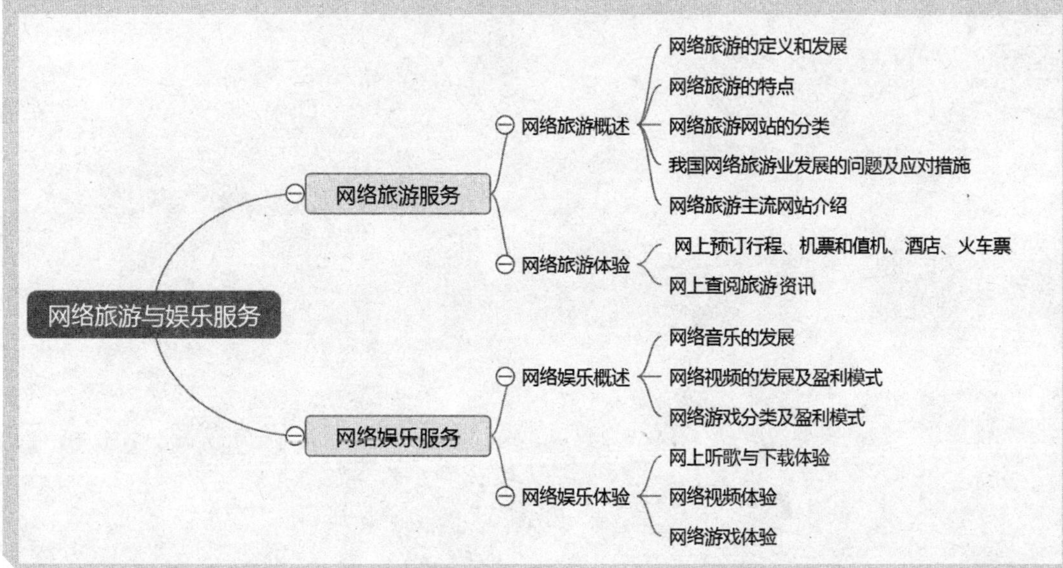

课后练习

一、简答题

（1）简述网络旅游的发展史。

（2）网络旅游发展至今有哪些显著特点？

（3）对比网络旅游和传统旅游，谈谈其优势，以及现在遇到的发展问题。

（4）对比携程、去哪儿、蚂蜂窝这几个常见的网络旅游网站，其优势各在哪儿？

（5）简述网络音乐在发展过程中遇到的问题。

（6）网络视频的主要盈利点在哪儿？

（7）网络游戏大致可以分为哪些类别？不同游戏的盈利模式是否相同？主要有哪些盈利模式？

二、上机操作题

（1）进入携程网，先注册一个账户，然后在其中试试预订机票、酒店的操作（由于其目的是练习，最后一步支付可不进行实际操作），熟悉网络预订的一般方法。

（2）进入途牛网，通过单击上方导航条，查看途牛网的主要功能，然后预订线路行程。对比携程网，看看其预订方法有何不同。

（3）进入蚂蜂窝网，下载杭州、苏州和上海 3 地的旅游攻略，然后在该网站中查看上海的酒店情况，找到一个评价为“非常好”、价格在 250 元以下的酒店。

（4）打开百度 MP3 网页，其网址为：http://music.baidu.com，在其中听“热歌榜”中的所有音乐，然后下载任意一首歌曲到计算机中。

（5）在优酷网中观看综艺视频，其网址为：http://www.youku.com，再到乐视网观看视频，其网址为：http://www.le.com；最后对比查看两个网站的网页及视频内容分类，直观分析出两个网站的异同及各自的优势。

04 第四章 网络中介与教育服务

互联网与传统产业的结合形成了一个全新的“电子商务”领域，随着这一行的不断发展，稍有实力的电子商务型的网站都往“中介平台”型发展。同时，网络教育服务也如火如荼地开展起来，不管是中小学教育，还是高等教育或者职业教育，都能在网络中找到，并已基本形成相应的教育平台巨头。

本章将介绍网络中介平台的使用，以及网络教育服务，它们在整个电子商务领域都属热点内容。首先从网络中介和网络教育的基础知识出发，然后通过在相应平台上的操作，体会将实际业务与互联网结合时，网页平台的设计方式，以及操作的便利性。

知识目标

掌握网络中介服务

了解网络教育服务

技能目标

学会在网络中介平台进行相应的业务操作

学会网上听课、报课的方法

素养目标

理解网络以“平台级”发展的意义

对比网络平台与一般网站的区别及优劣势

4.1 网络中介服务

网络中介服务即某一个网络平台（也可以称为网站）通过互联网这一大环境将有交易需求的双方联系起来，来对交易进行经济或者信誉上的担保，以推动买卖顺利进行。网络发展至今，已将多种线下可以进行中间介绍的业务发展到了网上。

4.1.1 网络中介服务概述

网络中介是互联网技术及电子商务进入发展阶段而出现的产物。网络中介是一个大型范畴，只要是网络平台本身不参与交易，只提供平台、工具，促成交易的都可以统称为网络中介。下面将简单介绍网络中介服务的一些基本知识 。

1. 网络中介的定义

传统的中介服务企业提供中介服务的方式主要是通过广告、走访等线下渠道收集供应方和需求方的信息，向双方推送符合他们基本条件的信息，双方自行沟通决定是否达成合作。服务过程中中介方通过收取一定的中介服务费，实现自身的盈利。

互联网技术的发展也推动了中介服务业的网络化和平台化，即中介服务者通过互联网为供需双方提供服务。网络中介平台是中介机构通过搭建网络平台，为供需双方提供中介服务的虚拟电子场所。

与传统的线下中介服务相比，网络中介服务更有效地利用了网络传播速度快、传播面广等特点，提高了供需两方的交易速度和质量，更大范围地实现了资源的整合和优化配置。

通过网络中介的定义，我们可以发现，日常接触的很多网站都属于中介服务类网站，如前几章已接触的淘宝、天猫、京东、携程、去哪儿等都属于网络中介服务类平台。但如果按其功能范畴划分，它们又属另外的领域 。而且随着电子商务的深入和细化，越来越多的网络平台都不仅仅是一项技术或单项服务的平台，而是多种功能立体交叉的平台。本章将主要介绍招聘、房屋租赁和买卖、二手车买卖等日常生活和工作中常见的中介服务的网络化。

2. 网络中介的作用

中介服务从线下搬到线上，并不仅仅只是“工作地点”的变化，而是一种质的飞跃，它除了具有线下服务的特点外，还有自己独特的功能。

- **提高交易效率：**网络中介平台通过网络为供需双方提供全方位的信息，网络本身具有的快捷性以及搜索功能，使供需双方可以较轻松地从大量信息中快速获取所需的信息。同时还省去很多线下沟通的时间，以及在不同地方辗转的时间。
- **降低交易费用：**通过多年的发展，各平台为了获取更多的用户，收取的中介服务费都相对较低，比传统的线下中介费用低。
- **提高供需匹配的成功率：**供需双方在对接过程中往往会因为信息不对称、专业知识的缺乏以及精力的限制等因素，希望获取专业的第三方咨询、代理等服务，帮助他们做出更优的选择。在这一点上，网络中介平台比传统的中介机构有着更明显的优势，因为作为中介平台，其自身或该平台的第三方机构均可为供求双方提供专业服务，并且用户可进行选择，大大提高了交易成功率。

- **降低交易风险**：网络中介平台以第三方身份参与供需双方的交易过程，不管是供方还是需方都必须同中介平台联系，中介平台处于一种较有利的位置来防止投机行为，如用户身份验证、供需信息审核、担保、后续合同管理跟踪等。而且，大型网络中介平台已有规范的交易流程、交易管理等，以保证供需双方的利益。

知识链接

电子商务发展至今，一直困扰在各位经营者头上的是：如何保证交易安全有效。这也是每个用户最关心的一点。现在大型的网络中介平台，都有相对完善的、保证供需双方利益的工具或流程。以淘宝举例。

- **支付宝是保证双方利益的工具**：支付宝是阿里巴巴提供的一个“账户”，供需双方必须完成整个产品或服务的交换后，才能进行资金的交付。也就是供方将产品或服务提供到需方，需方确认接收产品后，支付宝才将资金发到供方账户中。
- **退换货流程是保证双方利益的流程**：线上交易也支持退换货。可选择退货退全款，也可选择不退货退部分款等多种类型。整个退换货流程是供需双方共同参与完成后，阿里巴巴作为第三方中介机构进行监督，适时介入调解，以最终保证供需双方利益。

3. 网络中介平台的分类

网络中介平台按平台的服务类型不同，分为单项产品服务平台（也称服务的垂直型专业服务平台）和多项产品服务平台（也称服务的综合性服务平台）两种类型。

- **单项产品服务平台**：是围绕某单项产品或服务的供需对接而专门提供的网络中介平台。如化工网（china.chemnet.com）是专业化工网站，为化工企业提供电子商务服务，包含网站建设、竞价排名、信息发布、调研报告等。
- **多项产品服务平台**：是提供多项产品或服务的供需对接服务的网络中介平台。如58同城、赶集网就是典型的多项产品服务平台，其服务内容广泛，基本涵盖了生活和工作中的各个方面，包括招聘求职、房屋租售、二手物品买卖、车辆买卖、票务、团购等。

知识链接

根据网络中介平台在整个中介交易中充当的角色的不同，可以将平台分为以下3类。

- **中介平台提供方**：仅作平台的提供者，为产品或服务的供求双方和第三方专业服务提供方提供沟通平台，如淘宝网就是较典型的第三方电子商务服务平台，为买卖双方提供相关的电子商务服务。
- **中介平台提供方＋产品或服务的需求方（或供应方）**：有些平台是基于传统的企业发展而来，所以它自身也是产品或专业服务的需求者，或者希望通过平台在积累大量的需求之后向下（或向上）扩展业务。
- **中介平台提供方＋第三方专业服务提供方**：为供求双方提供更为全面的服务，在整个交易过程中进行第三方咨询、代理等专业服务。

4. 我国网络中介平台发展的现状

在互联网技术和电子商务技术的综合推动下，我国的网络中介平台也陆续发展起来，出现了阿里巴巴、腾讯、百度等巨头互联网公司，同时也有一些非常有创意性的网站。各网站也逐渐形成了适合自身运作和发展的服务模式和盈利模式，但也存在网站之间的同质化、盈利模式单一的问题。目前我国网络中介平台主要有以下 3 点特征。

- **以信息服务为核心的中介服务平台发展迅速**：互联网时代也是一个信息争夺的时代，包含供、需双方的信息。中介平台信息的全面性、真实性和可用性在很大程度上决定了中介服务成功的可能性。在大众消费品市场，近几年出现了一些非常有创意的信息服务平台，如去哪儿、饿了么和大众点评网等。
- **网络平台建立多服务综合生态产业链**：以一个或多个平台为核心建立多服务的综合产业链成为现在互联网巨头们纷纷发展的模式。如阿里巴巴集团依托淘宝、天猫等电子商务核心业务，扩展了旅游、汽车、音乐等多种项目，多服务项目综合发展建立新的核心竞争模式。
- **网络平台服务内容存在同质化**：一些以创意取胜的网站，创建起来后，由于建站门槛低，很容易被模仿，而模仿再建的网站之间由于服务内容类似，没有形成各自的核心竞争力，很快就面临生存问题。例如团购网站在兴起之时，由于跟风模仿效应，曾出现“百团大战”“千团大战”的局面，各团购网站对优质商户的抢夺竞争激烈，小网站越来越处于弱势地位，被逐步淘汰出局。

5. 网络中介平台盈利模式

我国网络中介平台的盈利模式设计一直都是一个不断被探索的领域，诸如什么地方免费，什么地方收费都有待探索由于我国网民对网络服务的付费意识较低，基本都是享受网络中介的服务，而收费多限于服务的商家、利益获得者或者网络推广等。总体说来，网络中介平台的盈利模式主要有以下 3 种。

（1）会员制盈利模式

大多数网络平台都会要求在该平台享受服务的网民填写相关信息，注册为会员，会员有收费和免费两种。一般情况，免费会员享受的权利有限，收费会员则有更多的优势。根据平台为会员提供的服务的不同，其盈利也会有差异。

一是基于标准化服务的会员盈利模式，即平台向用户提供标准化服务，用户向平台支付固定的费用。这种盈利模式通过为用户提供同质化、标准化的服务，有效地控制了提供服务的成本，使平台盈利。但在互联网行业竞争异常激烈的情况下，提供标准化的服务已无法满足用户的需求。

二是基于客户群服务的会员盈利模式，即平台将用户分为不同的类别，为不同类别的用户提供相应的服务，同时也根据服务内容的丰富性、难易程度等收取对应的服务费用。如一个平台，将会员分为普通会员、白金会员、尊享黑金会员等，每种会员都有不同的权利，也会收取不同的费用。现今这种盈利模式也已被很多网站所采用，它的成败主要取决于平台对目标客户的分析。

三是基于个性化服务的会员盈利模式，即平台从客户的个人需求出发，与客户进行频繁交互，提供个性化的服务。这种盈利模式可以使平台拥有很高的顾客忠诚度和满意度，但提供服务的成本也很高。目前很少有平台可以向全部用户提供完全个性化的服务，只面向部分会员，当然其会员费也会比较高。

（2）利润分成盈利模式

利润分成盈利模式是针对中介机构和第三方专业服务提供方而言的，它是指平台向中介机构和第三方专业服务提供方提供交易场所，待其与用户达成交易之后，按一定的比例向平台缴纳交易佣金。

（3）网络推广盈利模式

很多大型平台，其盈利点还主要来源于平台为企业提供网络推广服务，企业向平台缴纳推广费。根据推广方式的不同，将网络推广盈利模式分为基于展位、基于搜索、基于联盟和基于社交4种网络推广盈利模式。

基于展位的网络推广盈利模式是指将有关产品信息的文字、图片、Flash动画等以横幅、活动窗口等形式放在网站展示给用户，以便用户快速找到该产品，提高产品的成交率。平台根据展示的位置、大小、时间等收取固定的展示费，或根据点击效果向企业收费。

基于搜索的网络推广盈利模式是指用户通过关键词搜索、分类搜索等方式搜索产品时，企业将自己的产品放在结果页的靠前位置，以便用户快速找到该产品，该方式也被称为搜索竞价排名模式。平台通常会根据搜索关键词的热度以及在结果页的位置排名，设置不同的推广费用。通常说来，搜索展示比展位展示有更好的推广效果，它主要针对对相关产品有需求的人，从而能做到精准定位。

基于联盟的网络推广盈利模式是指与其他网络平台建立联盟，共同为用户提供推广服务。用户与平台建立推广协议之后，用户的推广信息也可以被与该平台建立联盟关系的其他平台的用户找到，从而提高推广效果。而平台之间会根据推广效果或推广成功率进行利润分成。

基于社交的网络推广盈利模式是指网络平台建立网络社区，企业根据自己的需要，在社区中与用户进行互动的同时推广自己的产品，平台则收取一定的推广费。目前，网络社交成为了一种成功率更高的推广方式。当用户习惯了展位推广，知道了竞价排名的规则后，则更愿意相信他人的推荐和使用评价，这就为社区推广建立了发展的契机。

4.1.2 网络求职与招聘体验

从互联网产生开始，越来越多的产业都从线下搬到了线上，比如招聘求职，从2003年到现在，越来越多的企业采取网络招聘方式，越来越多的个人通过网络找到合适的职位。网络招聘与求职类的中介平台应运而生，如综合型的招聘网站智联招聘、前程无忧等，分类综合信息平台58同城、赶集网等。每个网站依据其定位及优势的不同，适合的企业及用户也不相同。比较而言，智联招聘更适合IT、计算机类的产业，前程无忧更适合机械加工制造类的产业，而58同城、赶集网则更适合销售、文员等对个人要求不太高的基础职位。

1. 网络求职体验

下面在智联招聘中进行职位搜索，查看各职位的基本要求，然后发送求职简历，建立职位搜索器等基本操作，体验网络就业的便捷性。同时体会与总结智联招聘这一网络平台在求职方面给用户的体验如何，有何优劣势。

网络求职体验

① 打开智联招聘网，其网址为 http://www.zhaopin.com。在其首页上方的导航条中看到本网站的主营业务及重点业务内容，图4-1所示即为企业和个人

设置的、与招聘与求职相关的各类业务。

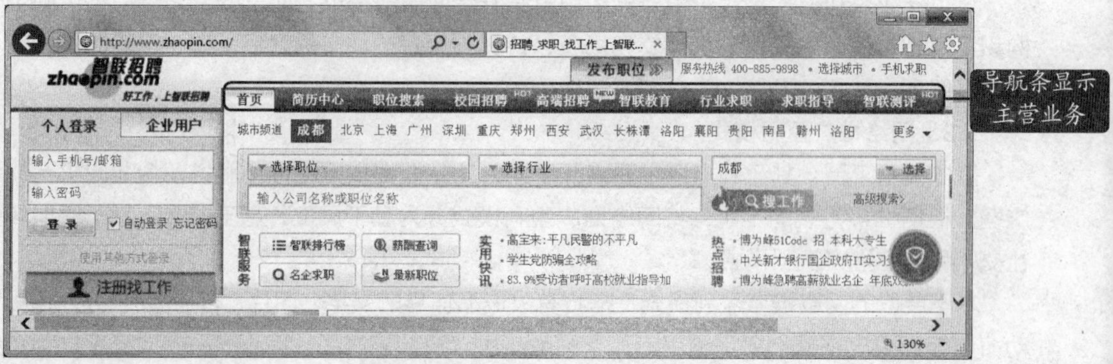

图 4-1　打开智联招聘网

② 作为求职者，一般都有基本的求职意向，所以不必逐个职位地查询，可以通过搜索职位的方式，快速找到该职位的所有招聘信息，然后再进行对比。在智联招聘的首页中有职位搜索功能，可以在“选择职位”下拉列表框中选择具体的职位名称，还可根据情况多选，然后单击按钮，如图 4-2 所示。

③ 选择该职位的所属行业，也可直接单击按钮，即表示任何行业，如图 4-3 所示。

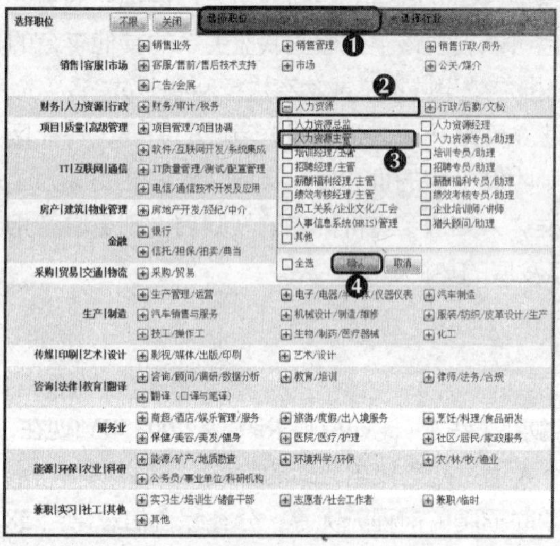

图 4-2　选择职位

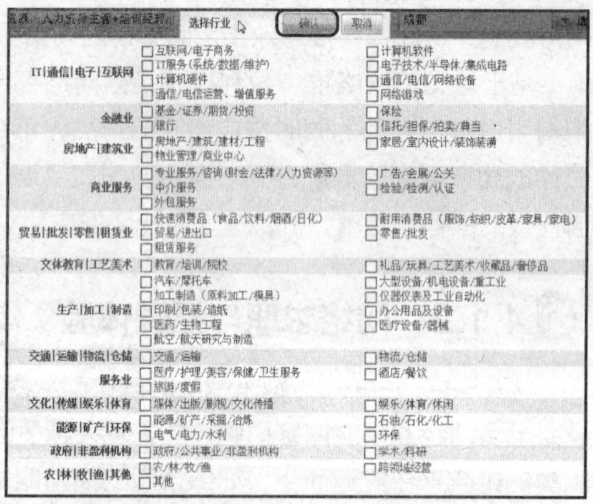

图 4-3　选择行业

④ 选择职位所在的城市后，单击 搜工作 按钮，即可在打开的网页中查看搜索到的该职位的所有招聘信息，如图 4-4 所示。如果用户对职位有更清楚的认识，还可以单击“高级搜索”，在里面设置更详细的参数进行职位搜索。

⑤ 选择一个职位，在打开的网页中可查看该职位的描述，包含工作职责、工作要求，以及公司介绍等，如果对该职位有兴趣，可单击 立即申请 按钮。

⑥ 打开登录提示框，如果已有账户则输入用户名和密码单击 登 录 按钮，如果没有账户则必须先单击 快速注册，申请职位 按钮注册为该网站的用户，如图 4-5 所示。登录用户于网络平台而言，建立自己庞大的人力资源库名单；于个人而言，建立个人信息及简历搜索引擎，方便投送简历，以及简历的二次使用等。

图 4-4　搜索的职位结果

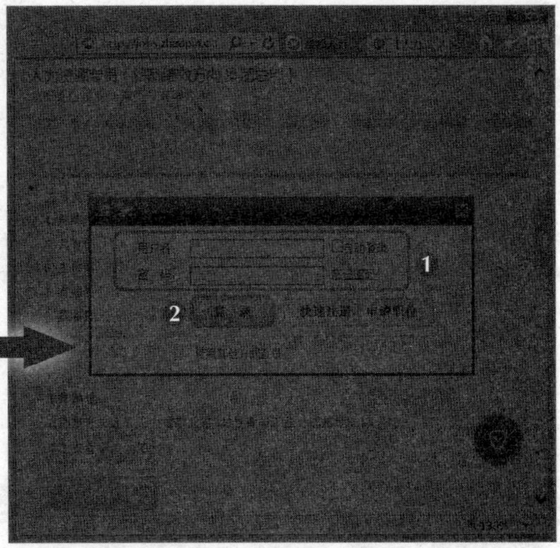

图 4-5　申请职位

⑦ 如首先登录用户，需填写用户信息及简历内容，如图 4-6 所示。

⑧ 再次返回职位申请网页，将打开“职位申请”对话框，确认填写的简历无误后，单击立即申请按钮，如图 4-7 所示。当对方公司已接收到发送的简历，就可等待对方的反馈结果。然后就是线下面试。

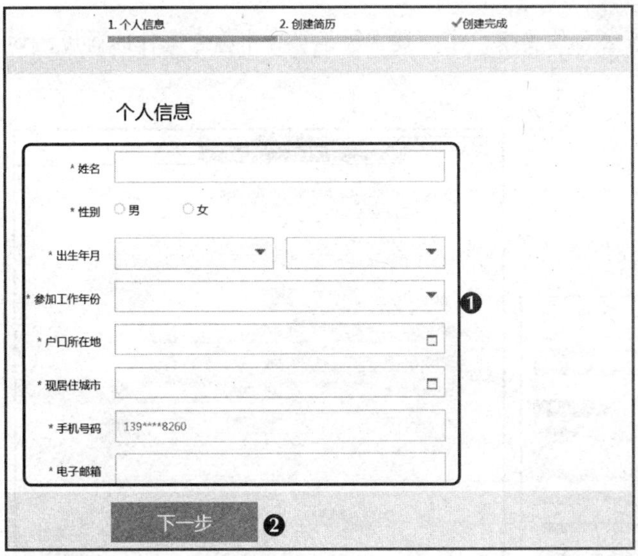

图 4-6　填写个人简历

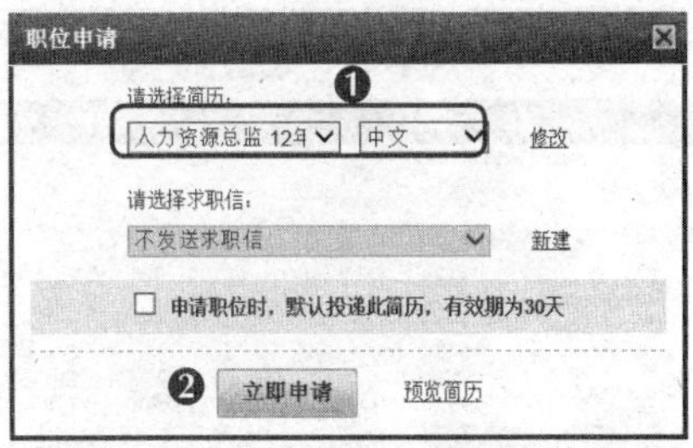

图 4-7　申请职位

2. 网上招聘体验

与求职对应的是招聘，网上招聘是用人单位在网络平台发布公司的职位招聘信息，然后等待他人投送简历，以及通过简历搜索，自己找到合适的人选。下面在智联招聘中体验发布职位的方法以及搜索简历的方法。

网上招聘体验

① 打开智联招聘网，在首页左侧切换到“企业用户”，单击企业账号登录按钮。在打开的网页中根据情况可申请一个企业账户，如果已有账户，直接输入账户名及密码。打开企业账户网页，如图 4-8 所示。

② 在企业用户网页中，按企业招聘的需要分为 3 个部分，一是发布职位，二是查看简历，三是搜索简历。单击发布新职位按钮，将在打开的网页中设置职位的具体要求和情况，以便将其发布在智联招聘平台中，供用户查看和投递简历，如图 4-9 所示。

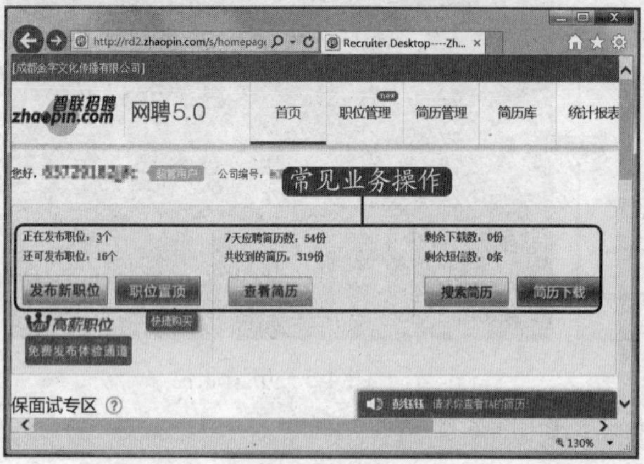

图 4-8　企业用户主页

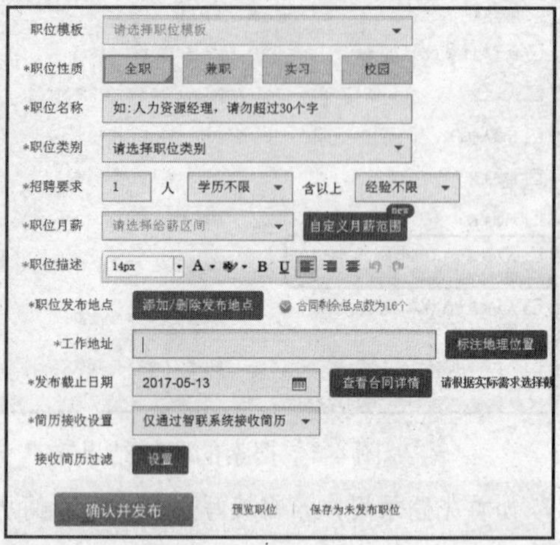

图 4-9　发布职位

③ 单击查看简历按钮，将在打开的网页中看到所有投到公司发布职位下的简历类别和数量，如图 4-10 所示。

④ 单击搜索简历按钮，可在打开的网页中按公司的要求，主动搜索网络平台中符合条件的简历，如图 4-11 所示。

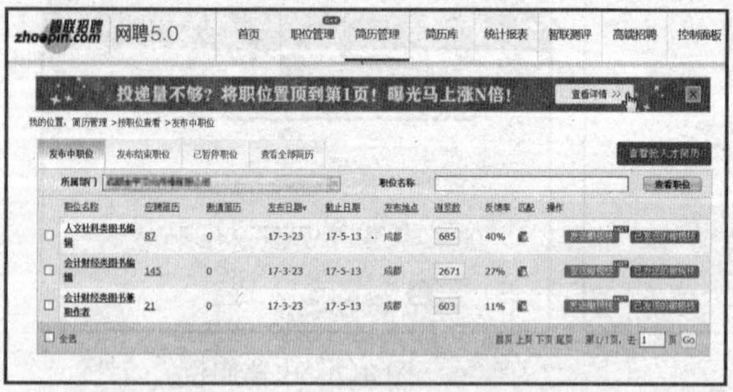

图 4-10　查看简历

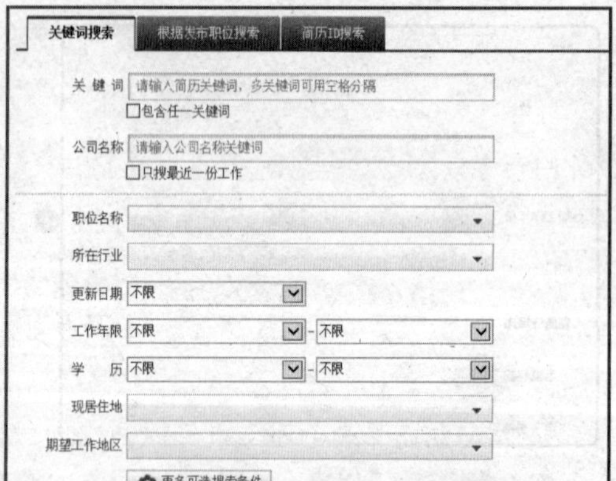

图 4-11　搜索简历

操作指导

作为网络中介平台，为保证招聘方和求职方的利益，核对信息，保证职位真实性的工作必不可少。目前，网络中介平台在企业的认证方法和流程方面都比较成熟，需要在相关的营业执照、税务登记证、法人等资料上传与核实后才能真正完成企业用户的注册与登录。

知识链接

不管是智联招聘还是前程无忧，或者是 58 同城之类的综合服务平台，其招聘和求职的方法类似。从智联招聘和前程无忧这两个专注网络招聘的中介平台来看，其首页的显著位置都是个人用户的登录以及个人用户的职位搜索器。但是平台的盈利，主要靠向企业收取招聘费用，一般都是按时间划分，如一个月、三个月、半年、一年等。其核心盈利用户应该是企业，为什么不将企业的体验设计得更好一些，而将更好的“位置”留给了个人用户？其实这是有原因的，网络中介平台的竞争说到底是人才的竞争，是简历数量的竞争，只有平台拥有更多的人才拥有更多的简历，才会拥有更强的竞争力。企业用户选择平台的关键点也在这里。企业用户只要登录自己的用户，所有的操作都可以在其中进行，用户体验也并不差。而个人用户的目的性较强，到网络平台的真正目的就只有一个——找工作，所以通过首页快速搜索到职位后，就必须注册，而不能迈过平台直接与企业联系。

案例解读

智联招聘的转型及优势

智联招聘是我国领先的职业发展平台，为用户的整个职业生涯提供相关职业及发展机会。包括网络招聘、报纸招聘、校园招聘、猎头服务、招聘外包、企业培训以及人才测评等，并在中国首创了人力资源高端杂志《首席人才官》，是拥有政府颁发的人才服务许可证和劳务派遣许可证的专业服务机构。2014 年 6 月 12 日，智联招聘挂牌上市。上市后，智联招聘积极进行战略转型，以覆盖求职者整个职业生涯为出发点，打造“3 的三次方”产品模型，即为学生、白领、高端（专业人士或管理人士）匹配 3 类产品：测评（我是谁）、网络招聘（我能干什么）、教育培训（我如何进步），并通过线上、线下、无线三个渠道，为职场人的全面发展打造平台。从而实现从“简历仓库”到“人才加工厂”的战略转型，为中国人才市场打造一个闭环生态链。总体说来，智联招聘的优势可总结为以下几点。

* 服务专业：智联招聘成立于 1994 年，致力于发展国内的人力资源服务，率先将国际先进的人力资源服务理念与经验同中国的实际情况相结合，确保专业、迅速、准确地为企业找到合适人才。

* 覆盖面广：通过与搜索引擎、联盟、社交网络等合作，全方位、多渠道锁定各职业发展阶段的求职人群。同时在全国拥有 32 家分公司，南北两大互动营销中心，覆盖 100 多座城市，形成“线上 + 线下 + 无线”联动的招聘平台。

* 信赖度高：以 2015 年每月的日均独立访客数计算，智联招聘旗下的 zhaopin.com 网站是中国备受欢迎的招聘网站。在 2015 年期间，跨国公司、中小型企业和国企等 659 427 个雇主在智联招聘的平台上共计发布约 2 993 万个工作职位。

* 人才数量大：智联招聘拥有 20 余年人才储备历史，拥有强大的白领人才库，截至 2015 年 9 月 30 日，智联招聘拥有 1.048 亿注册用户，平均学历及综合素质在行业内领先，同时在优质人才群体中拥有极高的忠诚度。

4.1.3　网络房屋租赁体验

网络房屋租赁是一项发展很成熟的网络服务，房东或房产经纪人通过网络平台发布房屋出租信息，求租方通过出租信息直接联系信息发布者，高效便捷。下面在 58 同城网站中体验查看租房信息，然后再体验发布房屋信息的方法。

① 打开 58 同城网站，默认自动切换到计算机所在的城市，这是作为服务综合网站基本都有的特点。例如，打开智联招聘网，也将自动切换到所属的城市，避免用户二次选择。

② 网站首页中列出了本网的所有中介服务项目，如图 4-12 所示，种类繁多，包含人们日常生活和工作的方方面面，在左侧的“成都房产”下单击“房屋出租”超链接。

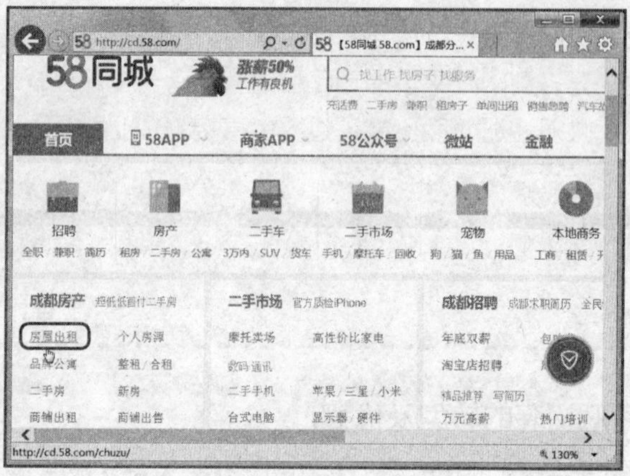

图 4-12　58 同城服务项目

③打开租房网页，其中列出了本网络平台所在城市所有的房屋出租信息。根据用户需求的不同，在上方可再次设置房屋的信息，如所在区域、户型、租金等，以方便用户快速找到合适的房源，如图 4-13 所示。

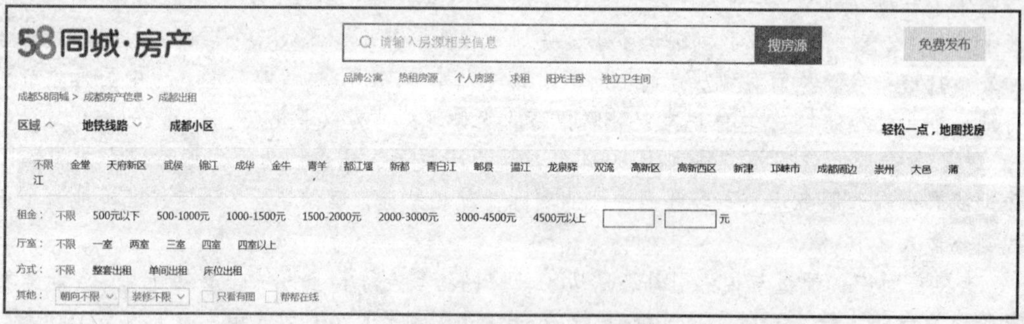

图 4-13　设置房屋信息缩小搜索范围

④ 网页下方将按设置的参数，显示只符合这些参数的房源信息，如图 4-14 所示。其房屋来源于 3 个方面，分别是个人房屋、经纪人和品牌公寓。在网页中分别单击上方不同的选项卡，可在不同的房屋来源之间切换。

⑤ 通过对比查找到需要的房源信息后，单击该房源，将打开具体介绍房子信息的网页，如图 4-14 所示。若是经纪人（即房屋中介公司）和品牌公寓的房源，可直接在房屋详情网页中看到对方的联系方式；若是个人房源，在详情网页中将不能看到对方的联系方式，需要用户通过手机扫

描二维码，即可在手机中下载 58 同城的 App。这是目前 58 同城的商业运作模式和规则，也可以看作是房屋中介公司和品牌公寓作为 58 同城的第三方机构，与 58 同城是合作关系，它们会向 58 同城按规则缴纳一定的费用；而作为个人房源，房东免费发布消息，求租者也是免费获得房源信息，安装 58 同城 App 是网络平台运营商的一种引流方式。图 4-15 和图 4-16 所示为查看个人房源的联系方式时要求安装 App。

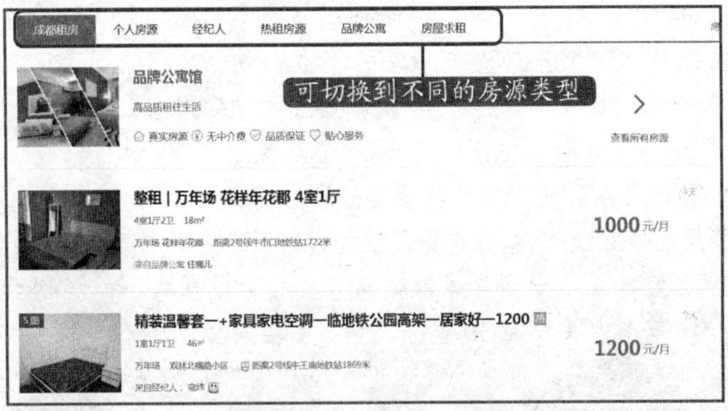

图 4-14　所有房源信息

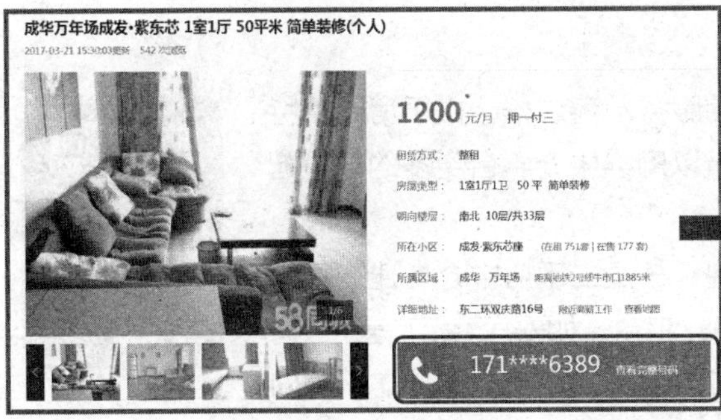

图 4-15　个人房源信息　　　　图 4-16　扫描安装 App

⑥ 如需个人发布出租信息，可在 58 同城首页单击免费发布信息按钮，按要求选择房屋出租，登录在 58 同城的个人账户后，打开房屋信息填写网页，根据实际情况填写房屋的内容，然后单击发布按钮，如图 4-17 所示。

⑦ 进入 58 同城的个人账户，可看到用户已发布的信息，如图 4-18 所示。

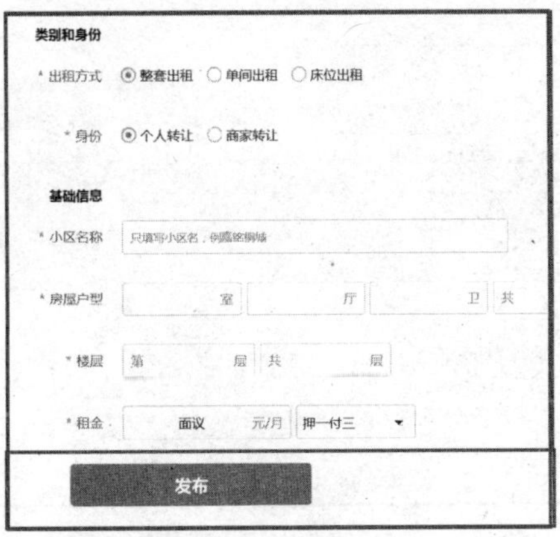

图 4-17　填写出租房屋信息　　　　图 4-18　进入 58 同城个人中心

案例解读

58同城的发展及现状

58同城成立于2005年12月，经过多年的发展，58同城已经发展成为覆盖全领域的生活服务平台。2013年10月31日，58同城正式于纽约交易所挂牌上市，这标志着58同城成功登陆美国资本市场成为一家生活服务领域的上市企业。2014年6月，58同城与腾讯控股公司达成战略投资合作。2015年3月，58同城正式并购安居客。

58同城作为覆盖全领域的生活服务平台，业务覆盖招聘、房产、汽车、金融及本地服务等各个领域。在用户服务层面，它不仅仅是一个信息交互的平台，更是一站式的生活服务平台。在商家服务层面，已逐渐建立了全方位的市场营销解决方案。在本地分类信息和生活服务领域，58同城已经建立了全面与本地商家直接接触的服务网络。截至2016年第三季度数据，58同城在全国范围内共设立30家分公司，并在465个城市建立网络平台。凸显出58同城本地化、覆盖广、更专业的商业优势，进一步获得客户和用户的认可，季度付费会员数122.8万，季度活跃本地商户数量超1 000万。

4.1.4 网络二手房买卖体验

除了房屋租赁，房屋买卖也是网络中介的服务范畴之一，由于房屋的特殊性，具有价值高，不可移动等诸多特点，所以网络中介平台更多的只是起了展示作用，具体的交易都在线下完成。

网络二手房买卖体验

现在二手房交易中介平台主要有两种类型，一是二手房中介自建的网络交易展示平台，如链家网；二是综合的网络中介平台，如安居客、房天下等。

下面将分别在链家网和安居客中查看二手房信息，体验二手房买卖在网络中的流程，以及网络中介在二手房交易中所起的作用。

① 打开链家网，其网址为 http://cd.lianjia.com。根据计算机所在位置自动定位到当前所在的城市，其首页中有“二手房”“新房”和“租房”等选项，这里选择“二手房”选项。

② 打开二手房网页，在上方根据个人需要选择二手房的相关信息，如区域、售价、户型、面积等，如图4-19所示。

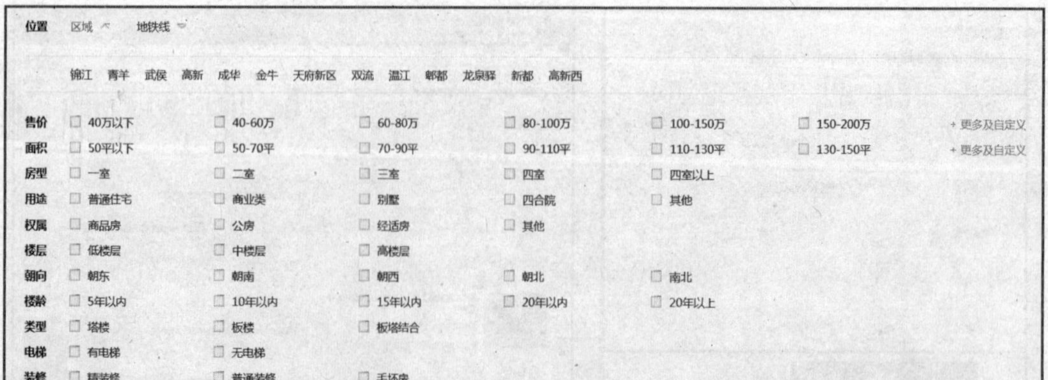

图4-19 选择二手房信息

③ 网页下方根据所选选项将自动显示对应的二手房信息，同时用户还可以对显示的二手房信息按发布时间、房屋总价、房屋单价等进行相应排序，如图4-20所示。

④ 选择一个二手房信息，在打开的网页中查看房屋信息，包含房屋照片、户型、特色等，单击 沟通 按钮可与该房屋的经纪人进行网上沟通（需先注册登录链家网），也可以通过经纪人的电话直接进行电话联系，如图4-21所示。

图4-20　按条件对房源进行排序

图4-21　查看房屋具体信息

⑤ 在二手房详情网页下方有一个计算器，将自动根据当前房源的信息显示出对应的税费和房贷费用，如图4-22所示。

⑥ 对于感觉还不错的房源，可单击网页中的 关注房源 按钮，待有多个房源关注后，可通过右侧的小工具栏，单击♥按钮，将关注的房源进行对比，以方便缩小范围，快速定位。

⑦ 打开安居客网站，其网址为http://www.anjuke.com。同样，在打开网页中将自动定位到所在城市，其首页显示了本网站的主营业务内容，包含买房、卖房、租房等。如在上方的导航条中选择“二手房”，将与链家网一样直接打开对应的二手房网页。其特色是将鼠标光标移到“二手房”处，将出现与二手房交易相关的选项，这里不但可直接查看房源，还可选按地图、按主题找房，如图4-23所示。

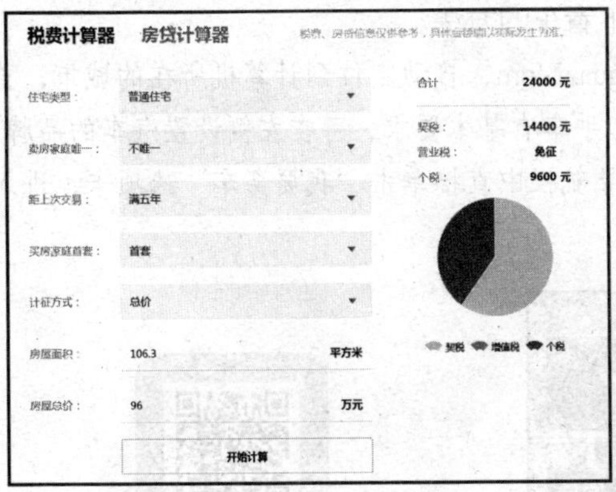

图4-22　计算税费和房贷费用

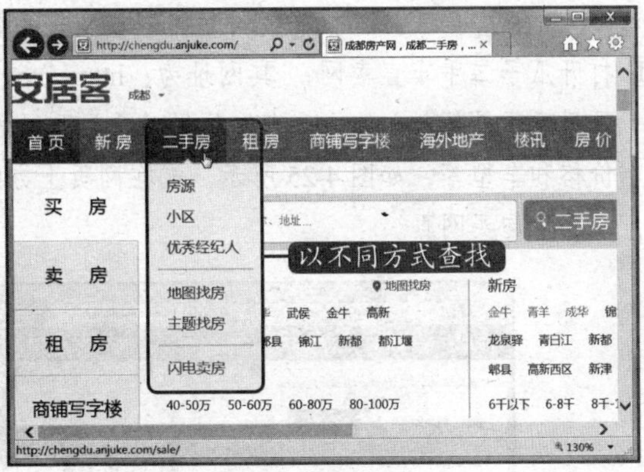

图4-23　按个性需求选择二手房

⑧ 直接进入二手房网页，与链家网一样，可选择二手房所在的区域、房型、售价等。符合条件的二手房信息显示在网页下方，并且可按房屋的面积、价格进行排序。与链家网不同的是，在安居客中，还有“个人房源”这一选项，即用户可只查看以个人名义发布的房屋信息，免去中介公司参与产生的中介费用，如图4-24所示。

图 4-24 设置并显示二手房源信息

⑨ 选择一个二手房源，将打开该房屋的具体信息网页，如房屋的屋内图片、户型图、房屋特点、房东或经纪人的联系电话、房贷计算器等。与链家网相比，整体而言安居客的介绍内容更多，如有二手房所在的位置地图。但它将房屋图片、户型图等集合在一个显示框中，需要用户手动切换，而链家网则是将所有图片直接放置在一个网页中。各有优劣，但其主要功能都类似。

4.1.5 网络二手车买卖体验

二手车买卖是近几年在网络中介中发展起来的一块领域，二手车买卖与二手房买卖一样，网络中介平台提供的仅是展示功能，联系及看车等服务都是通过电话及线下完成。在二手车网络中介平台上，瓜子二手车、优信二手车、人人车形成了三足鼎立的局面，其提供的服务都类似，即二手车的买卖，同时后期提供维修、保养、保险等服务。

下面在瓜子二手车中体验网上看车以及联系线下看车的方法。

① 打开瓜子二手车直卖网，其网址为：https://www.guazi.com，自动定位到计算机所在的城市，首页显示了最新加入的二手车。如果对希望购买的二手车有基本要求，可在左侧设置汽车的品牌、价格和车型等，如图 4-25 所示。或在网页上方的导航栏中直接单击“我要买车”选项卡，进入二手车购买网页。

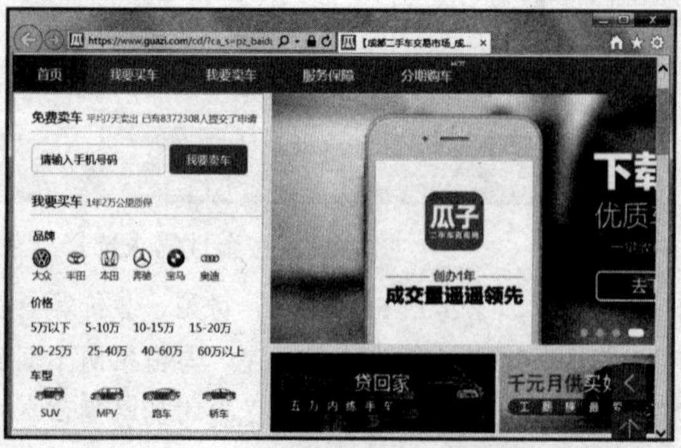

图 4-25 瓜子二手车首页

网络二手车买卖体验

② 与购买二手房相同，进入二手车购买网页后，可根据情况设置二手车的品牌、车系、价格、车龄等更多参数。还可以对搜索的结果按价格、车龄、里程数等关键值进行排序，如图 4-26 所示，选择一款需要的二手车。

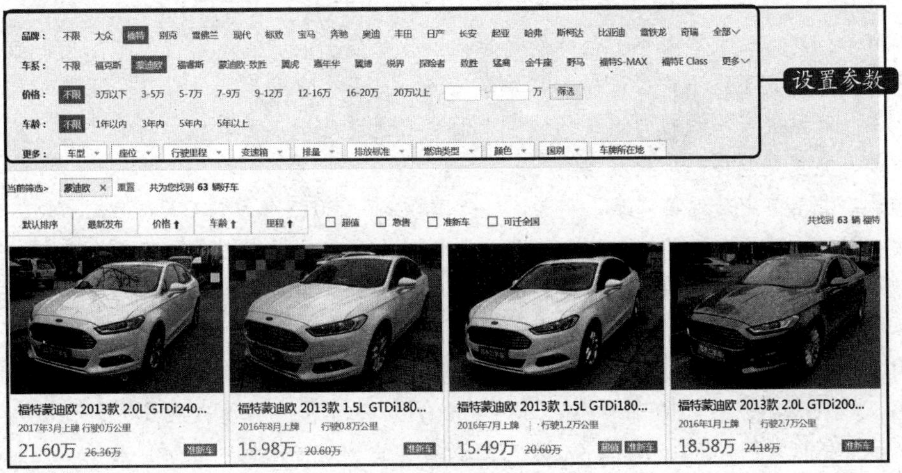

图 4-26　搜索二手车

③ 在打开的网页中详细介绍了这款车的具体情况，其中多以图片为主，让用户有直观的认识。同时还可查看此款车分期付款的首付款及每月的按揭费用，如图 4-27 所示。

图 4-27　二手车详情

④ 单击预约看车按钮，提示输入联系电话，按要求输入联系电话和验证码后，信息提示成功。此后，瓜子二手车工作人员会与用户进行电话联系，以待后续操作。

⑤ 单击砍价按钮，在打开的提示框中可输入个人希望购买的价格，促使瓜子二手车与卖家进行交涉，以该价格购买这辆车，如图 4-28 所示。

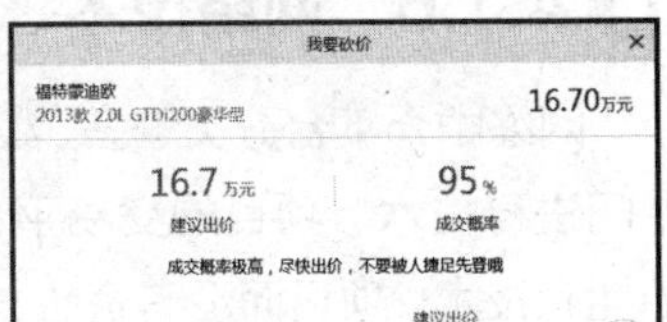

图 4-28　砍价

⑥ 看车之后，如用户满意将签署三方合同，支付定金，待过户完成支付全款后，即完成整个二手车的购买流程。瓜子二手车在整个中介过程中向买家收取 3% 的服务费。

案例解读

以瓜子二手车看整个网络二手车中介平台

近两年，网络二手车中介平台突然崛起，不管是瓜子、优信还是人人车，几乎都采用地毯式轰炸广告让人不得不将目光转向二手车市场，这里究竟发生了什么？利润空间有多大？让这么多互联网大亨纷纷转向这一领域。下面我们通过瓜子二手车直卖网的产生、发展来看看这一领域究竟是怎样一个状况。

瓜子二手车前身是赶集好车，瓜子二手车直卖网于2015年9月27日正式上线，帮助买家直接和卖家面对面交易。通过直卖模式，瓜子二手车去除了中间商环节，将原本由中间商层层加码产生的差价让渡给买卖双方，实现了“卖家多卖，买家多省”的双赢局面。打中了传统二手车行业的痛点——质量无保障。解决了诚信问题，给买家安心的购车体验。

2015年，瓜子二手车累计销售额超过37亿元人民币；在后服务领域，为用户提供了超过2亿元的贷款服务。2016年3月，瓜子二手车直卖网宣布完成A轮2.045亿美元融资，创下了二手车行业的A轮融资纪录。是的！初看瓜子二手车的成绩非常优秀。

透过这些数据，可看出隐忧，瓜子二手车2015年虽然销售额达37亿元人民币，收取3%的服务费，也就是说毛利1亿元左右，但有消息称2015年瓜子二手车花在广告营销上的费用就超过10亿元人民币，而且现在已有5 000多名员工。这些费用都不是1亿元能够涵盖的。诚然，我们知道作为电商产业，其前期投入都会非常大，但融资不能作为长期的企业运转来源。有人说，二手车市场就像新车市场一样，车本身就是一个消费品，卖车重点是后续的维护、保养及保险服务。那么不管是瓜子、优信还是人人车，都应该在资金运作良好的情况，能打开这个“后续服务”的市场。

在二手车中介平台，瓜子提出“259项全车检测、14天可退”，同时优信、人人车也提出了类似的保障。但是二手车毕竟是一个复杂的东西，其检测方法和过程也并不是那么简单，网络中介平台需要的是成交数量，以及带来的种种数据，那又如何保障检测的科学性和全面性呢？这是二手车中介平台遇到的一个两难问题，现实中已遇到多起因网络平台销售的二手车出现问题而产生的投诉。

网络二手车中介平台是未来电子商务发展的大平台，但其在发展过程中遇到的种种问题值得深究，融资烧钱的市场驱动模式不能永久持续，技术创新、精细化运营、良好的用户体验才是个二手车中介平台能够最后胜出的法宝。

4.1.6 网络技术、项目交易体验

网络中介平台分类繁多，线下有的中介平台，线上有，线下没有的中介平台，线上还有。例如，专门进行技术、项目的交易平台就是依靠互联网和电子商务发展而来的一个新型交易类型。它给拥有技术、项目而没有资金，以及拥有资金却没有很好投资项目的人找到了一个广阔的平台。

科易网就是一个专门进行技术、项目的交易平台，下面将在科易网中查看他人提供的技术及项目，体验此类网络中介平台的操作方法与其他网络中介平台的异同。同时可思考这种类型的中介平台应注意哪些问题（包含网络平台自身、卖方和买方几个方面）。

① 打开科易网，其网址为http://www.1633.com。在其首页左侧列出了在本网站可进行交易的技术、项目类型，通过网站上方的导航条也可以看出本站的主营业务，如图4-29所示。

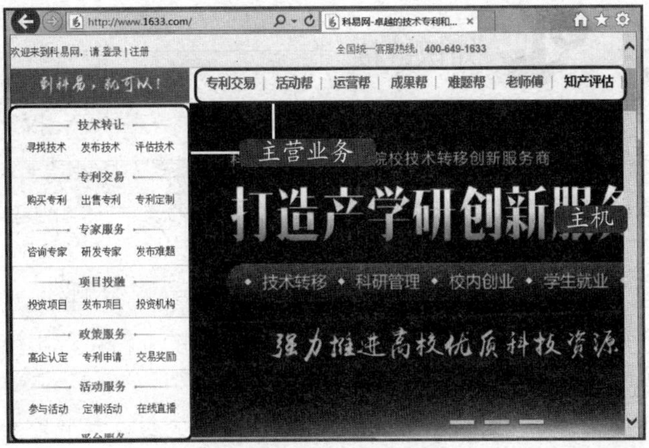

网络技术、项目交易体验

图 4-29 科易网

② 选择任意一项技术或项目类型，可打开该类型下的所有技术或项目类型列表，如选择“技术转让”栏下的“寻找技术”选项，在打开的网页中与其他中介平台一样，可进行技术的筛选设置，以缩小显示范围，加速找到对应的内容，如图 4-30 所示。

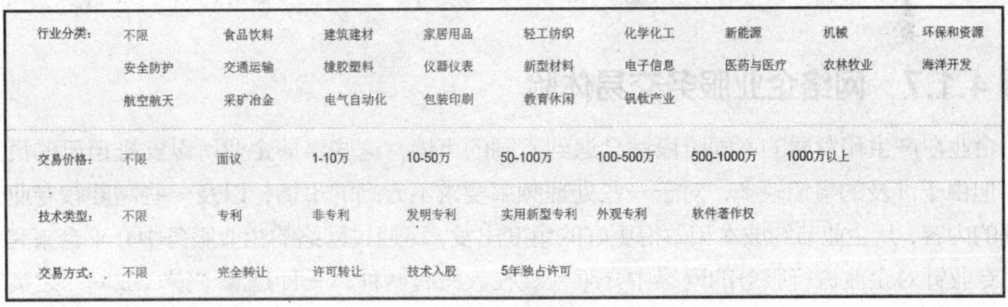

图 4-30 设置搜索选项

③ 选择一项技术，将在打开的网页中显示该技术的基本情况，如图 4-31 所示。单击查看联系方式按钮和查看技术详细文件>>按钮，按提示输入联系方式（某些项目需要支付一定的费用），即可查看对方的联系方式，以及此项技术的具体情况。以帮助自己做出是否需考查和成交的决定。

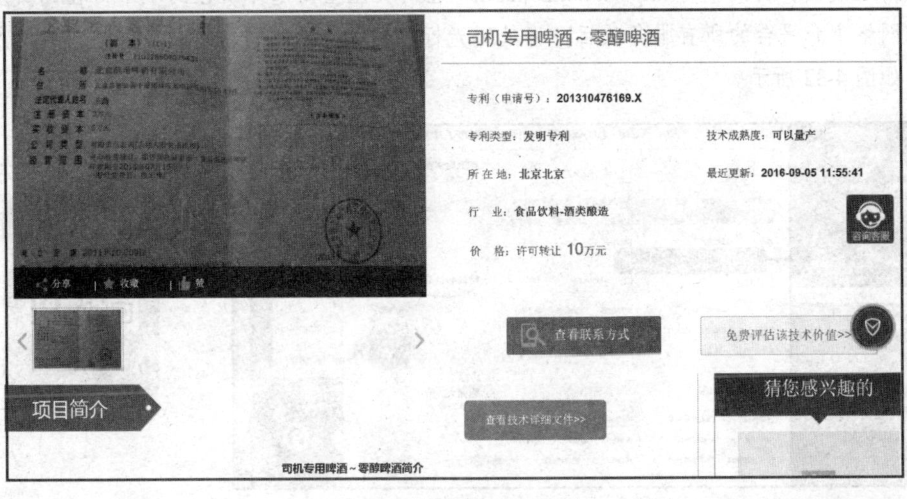

图 4-31 基本情况网页

知识链接

科易网属于网络中介平台，为了保证双方的利益，科易网开发了科易宝这一技术交易服务体系，创造性实现技术交易的电子商务化。简单来说，科易宝类似于支付宝，但由于以技术和项目作为交易对象，交易对象的特殊性，使其与支付宝相比又有不同的功能。主要有以下 4 点。

- 解决技术交易中资金安全支付问题，可实现大额支付、分批次支付、个性化支付等。
- 解决技术商品“物流”问题，通过安全控件，确保在技术资料的交付过程中第三方不能截获、接收方不可抵赖，并实现数据即时存证。
- 通过制定线上技术交易规范、线上管理流程以及实现线下技术服务环节的规范化、可视化、标准化，解决传统技术交易服务规范问题。
- 提供专业服务支持，解决技术交易各类难题，为交易保驾护航。

科易宝作为开放性平台，可广泛服务于全国各地技术市场和各类技术交易主体，从而构建公平、公正、安全、规范的全国性技术交易中心平台。

4.1.7 网络企业服务交易体验

企业在产生和发展的不同阶段都会遇到不同的事情，这些事情企业可以安排自己的员工处理。但由于涉及的事情较多，对于一些处理频率要求不太高的事情，以及一些需要较专业人员处理的内容，从企业节约成本和做得更好的角度出发，可通过网络的企业服务中介平台来完成。

专业针对企业进行服务的网络中介平台现在大概有两种，一种是像“猪八戒网”之类的综合服务平台（由各个服务商入驻向企业用户提供服务，每项服务作为一个商品进行售卖和洽谈），另一种是像“顶呱呱”旗下的“小顶网”之类的企业自建网络平台（也将服务作为商品进行售卖和洽谈，只是其中的“商品”均为本公司的自有服务）。

下面分别在猪八戒网和顶呱呱网中查看其中的企业服务类型，以及商品售卖及洽谈的方法。

① 打开猪八戒网，其网址为 http://www.zbj.com。在网页左上角选择所在的城市，在网页左侧列出了本网络中介平台的所有服务项目，将鼠标光标移到一个项目下，将展开其中包含的所有子项目，如图 4-32 所示。

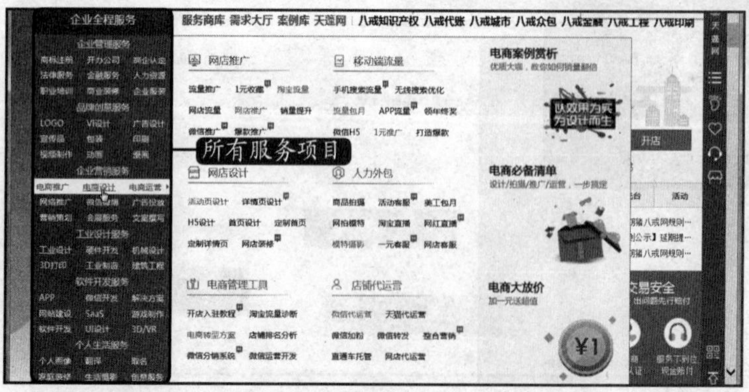

网络企业服务交易体验

图 4-32　猪八戒网站服务项目

② 选择一个服务项目，如“网店推广”下的“微信推广”，在打开的网页中将列出所有与之相关的服务型商品。与其他网店相似，在这个网页中可将成交量、好评率、价格等进行排序，如图 4-33 所示。同时在网页的右侧，用户还可以直接输入个人的联系电话、姓名以及所需要的企业服务，让猪八戒网络平台的客服直接联系用户，通过网络平台的推荐以更快找到提供服务的商家，实现精准定位和个性化定制服务。

图 4-33　搜索企业服务项目

③ 在图 4-33 中选择一个商品，将打开对应的企业服务详情网页，如图 4-34 所示。其中列出了该项服务的内容等信息，单击“立即购买”按钮，在打开网页中填写个人要求、联系电话等基本方式后单击“提交”按钮确认订单并付款。同时用户还可以像在淘宝中购物一样，查看用户评价信息，单击网页右侧的“和我联系”按钮，待输入用户注册信息后，可与对方商家直接交流和沟通企业服务的具体内容。

图 4-34　查看商品详情

④ 打开小顶网，其网址为 http://www.dgg.net。在网页左上角选择所在的城市，在网页左侧列出了本网络平台提供的服务类别，选择一种类别，在弹出对应的子类别中选择“代记账”下的“小规模纳税人代理记账”超链接，如图 4-35 所示。

⑤ 在打开的网页中列出了该项服务的具体内容，单击 选择顾问 按钮，如图 4-36 所示。

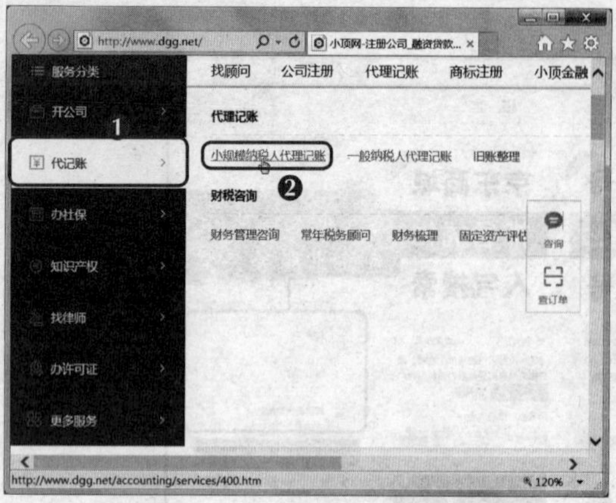

图 4-35 选择服务类别

图 4-36 服务的具体内容

⑥ 在打开的网页中可选择进行该项业务的人员，单击这些人员的名字，可进入其个人主页，里面详细介绍了其擅长领域和成功案例等。确认后，返回网页单击 选TA下单 按钮，如图 4-37 所示。

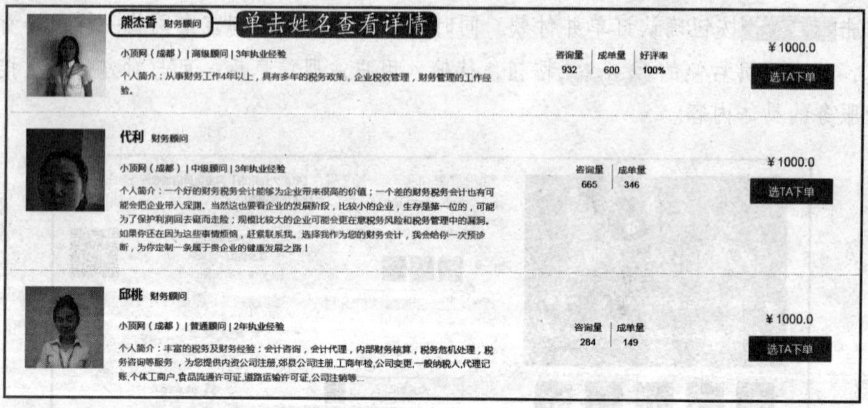

图 4-37 选择人员下单

⑦ 打开购物车网页，其中显示选购的服务项目，单击 去结算 按钮，如图 4-38 所示。

图 4-38 结算

⑧ 打开提示框，输入在小顶网中注册的用户名和密码（如没有，可根据提示进行注册），再打开支付网页，选择支付方式并完成支付。

操作指导

在使用小顶网的过程中，不管用户有没有登录账户，都会适时弹出客服对话框，如图 4-39 所示。用户可将自己的需求与其交谈，或者将在操作中的困惑向其描述，以得到有效的解决方案。在上文中为了体验小顶网的整体交易流程，忽略了交谈的流程，在实际交易过程中，用户千万不要省略这一步操作。由于“企业服务”型商品与传统的“淘宝”型商品不一样，有很多定制的成分，而且即使在线下单，也需要用户与商家线下交流，需要用户向商家提供多种本企业的资料，才能真正完成网上订单的内容。

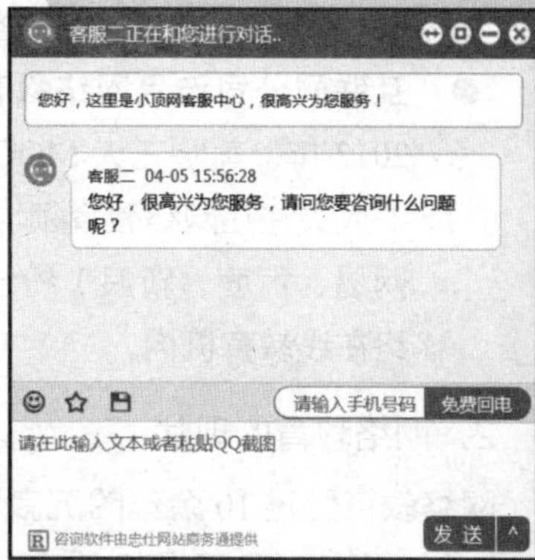

图 4-39　在线交流对话框

不管是猪八戒网还是小顶网，在其网络平台中，除了可在线与客服进行交流外，还提供了服务电话，可随时与商家进行交流。这些都是“企业服务”型商品的特殊性所决定的。

4.2　网络教育服务

网络教育是指通过应用信息科技和互联网技术进行内容传播和快速学习的方法。与传统教育机构的教育方式相比，网络教育具有效率高、方便（打破了时空限制，可碎片化学习）、门槛低、教学资源丰富的特点。

4.2.1　网络教育服务概述

网络教育也称在线教育，顾名思义，就是利用信息技术进行教与学的一项活动。对于网络教育来说，计算机是工具，互联网是支撑，二者缺一不可，计算机和互联网发展的成熟度，直接决定了网络教育发展的程度。

1. 网络教育的发展

中国的网络教育在 20 世纪末起步。从发展历程来看，中国在线教育经历了远程教育平台、培训机构转战在线运营、互联网公司涉足网络教育 3 个阶段。

- **早期远程教育平台**：早期的网络教育发展受限于外部环境，一是家庭计算机的使用以及互联网应用的普及度不高，二是用户没有网络教育的意识，没有养成网络教育的习惯，更谈不上付费接受网络教育。2000 年出现了“三分屏”形式的网络视频课件，标志着在线教育进入多媒体阶段；同时，教育部批准将 68 所高校作为全国现代远程教育试点院校，准许开设网络教育学院，颁发网络教育文凭，其总体规模占据了当时中国在线教育 90% 以上的市场份额。

- **培训机构转战在线运营：**培训机构由线下转到线上，可追溯到 2000 年，新东方网校上线运行，标志着传统培训学校开始角逐在线教育市场。但在相当长一段时间内，由于没有找到合适的盈利模式，网络教育行业一直摸索前进，与网络购物、网络游戏等电子商务产业相比，网络教育的增长相对缓慢。
- **互联网公司涉足网络教育：**2010 年前后，美国可汗学院的运营模式开始影响世界，2012 年，美国三大 MOOC（大规模开放在线课程）平台的大规模融资再一次让更多的人关注在网络教育领域，国内网络教育也迎来新一轮的大发展。互联网巨头（腾讯、网易、百度、新浪）纷纷将目光投向网络教育市场，仅 2013 年一年就新增近千家网络在线教育机构。

2. 网络教育的现状

网络教育经过 10 余年的沉寂和缓慢发展后，终于引来了属于它的春天。在行业规模上，自 2010 年以来，我国在线教育用户保持着 10% 以上速度高速增长。2014 年在线教育用户为 7 796.90 万人，同比增长 16.03%，在线教育市场规模达到 998.00 亿元，同比增长速度为 18.85%。根据艾瑞咨询分析预测，中国的在线教育市场规模将在 2017 年增长到 1 700 亿元。

目前，涉足国内在线教育的企业主要集中在 4 大领域，即学前教育、K12 教育（从幼儿园到十二年级高中阶段）、高等教育以及职业能力培训。其中，份额最大的是高等教育市场，即教育部批准的可以开展网络教育的 68 所高校的网络教育学院的招生市场。这个市场目前每年招生 40 万人左右，每年产生的市场规模在人民币 30 亿元左右。代表性的企业有奥鹏远程教育中心以及弘成教育集团等。随着“利用互联网实施远程高等学历教育的教育网校”的取消，在线学历教育市场可能全面放开，这意味着除了原来批准试点的 68 所高校网络教育学院，还可能吸引更多的民营企业参与其中。

MOOC 的发展为互联网企业介入在线高等教育提供了机会。果壳网和网易公司的云课堂都是随着 MOOC 的发展而产生的网络教育平台。同时，职业培训在线教育是仅次于网络学历教育的又一大市场。其中代表性企业如中华会计网校、英语培训企业沪江网校等。此外，公务员考试培训企业华图教育和英语培训企业新东方，除了线下面授教育外，纷纷在网上开设课堂，分吃网络教育这一块蛋糕。

融资上，在线教育平台受到资本高度热捧。2015 年的前 11 个月，在线教育融资已经接近 18 亿美元，沪江网、优才学院、我赢职场等多家在线教育平台完成了融资。

知识链接

随着智能手机和 4G 网络的普及，在线教育类的 App 也渐渐成为学习的另一个重要平台，在现在及未来将受到更多年轻用户的喜爱。未来几年，在线教育用户规模将有望保持 15% 以上的速度继续增长，到 2021 年预计突破 2 亿人；随着在线教育用户群体的不断扩大，在线教育的市场规模还将有更大的发展，预计到 2021 年可达 2 830 亿元。

3. 网络教育平台模式分类

网络教育发展到今日，其格局、模式等都越来越清晰。网络教育平台，除了可以按教育的对象不同进行分类外，以商业运作的角度，更多是按其资源运作方式或商业模式进行分类，这也更加符合电子商务本身。下面分别进行讲解。

- **B2B2C 模式**：B2B2C 模式是网络平台通过和线下教育机构合作，让老师入驻到平台，向学习者提供课程资源，这也是网络在线教育的主流方式。比较典型的有网易云课堂和 51CTO。
- **B2C 模式**：B2C 模式是企业向个人提供教育培训服务的交易模式，如猿题库、51Talk 等。但由于传播广泛的“互联网免费”思维，网络上有大量的免费同类产品，使得 B2C 项目的盈利变得越来越难。
- **C2C 模式**：C2C 模式就是搭建在线教育平台，跳过传统的线下培训机构，让老师和学生直接在平台进行授课学习及交易。这样的模式灵活，而且在线教育老师的收入基本都会超过在传统线下教育机构老师的收入，最具代表性的就是 YY 教育和沪江网。
- **O2O 模式**：原本已有线下培训的机构开始开展在线教育并进行网络授课业务，或者原本做线上教育的企业开展线下业务，这种线上线下相结合同时发展的模式就是 O2O 模式，例如，e 学大和新东方都是 O2O 模式。
- **B2B 模式**：B2B 模式主要应用在企业与企业之间，比如向企业、政府、学校、团体提供在线教育服务，企业在线内训、客户培训等。现在像百度、网易等大型的门户类网站都投资在线教育。除此之外，也有通过技术起家，帮助他人完成网络教育平台建设和提供在线教育的整体解决方案的 B2B 模式的公司，如云朵课堂等。

4. 网络教育平台盈利模式

网络教育平台发展至今，不管以什么模式存在，不论是正在盈利还是在寻找适合自己的盈利的路上，其最终目的都是：盈利。总体看来，网络教育平台的盈利模式主要有以下 4 种。

- **风投**：国内不管是互联网企业，还是依据互联网进行电子商务的企业，其发展大都经历了风投的过程。无论是单纯的融资，还是借助资本方的力量，抑或以圈钱为目的，风投无处不在。在线教育平台原始资本来源一般是自己筹备、风投投入、自身平台反哺等几种。但随着市场的细分和成熟，仅靠融资难以形成企业可持续发展的要素。发展清晰的盈利模式成为新形势下的重中之中。综观电子商务领域，回望网络教育，其持续发展可从以下方面努力：其一，巩固竞争优势，着力打造“优质教师＋内容＋传播渠道”模式；其二，善用大数据分析，及时了解平台不足并做出改进；其三，注重平台创意与创新式发展。
- **会员费**：会员费即网络在线平台招募会员，为会员提供更多的服务，同时会员也有更多的权利，比如可以看更多的优质课程等。以在线教育平台为例，华图网校即以会员制进行收费和盈利。会员服务的盈利模式是一种未来的趋势，也是在线教育平台比较适合的一种模式。在互联网思维笼罩下的在线教育，要想推行免费模式，又想走收费路径，必须做好平台的流量以及内容。
- **付费课程**：付费课程是在线教育平台最普遍的一种盈利模式，也是目前众多在线教育的盈利模式。

- **佣金费用**：即教师入驻网络教育平台，收取一定的佣金费用，而教师讲课收入基本归于教师，现在流行的 YY 即通过佣金进行盈利的一个平台。在线教育平台要想做佣金费盈利模式，必须具备两个条件：一是有足够的用户数；二是教师质量高。

4.2.2 网易云课堂体验

网易云课堂是典型的 B2B2C 网络教育平台，它是综合性的课程学习平台，通过精选国内外优秀课程，向用户提供“观看视频—课程笔记—答疑解惑—题库练习”的整套闭环体验。拥有课堂质量高，互动性好等优点，是目前 B2B2C 型的代表。下面将在网易云课堂中体验网络教育。

网易云课堂体验

① 打开网易云课堂，其网址为 http://study.163.com。在首页左侧列表中提供了本平台的所有课程类别，其下是本平台的免费课程、热销课程和名师等。单击对应的超链接可进入相应的详细介绍页面，如图 4-40 所示。虽然网易云课堂以付费课程作为一种盈利模式，但是免费课程的存在可为平台及入驻教师建立相当的人气，所以一定数量的免费课程是必须的，也是建立潜在客户的重要途径。

② 如在首页中选择免费课程中的一门课程，将在打开的网页中显示这门课的目录、主要内容等。单击 立即参加 按钮，如图 4-41 所示。

图 4-40 网页云课堂首页

图 4-41 选择免费课程

③ 打开登录提示框，用户根据需要可注册一个用户然后登录，或者使用微信、腾讯 QQ、新浪微博的账号进行授权登录。

④ 再次单击 立即参加 按钮进入课程的内容页。由于该课程由多个课时组成，需要用户再次选择课程，如图 4-42 所示。

⑤ 选择一个课程，将在打开的网页中以视频形式放映课程内容，在放映的过程中用户可根

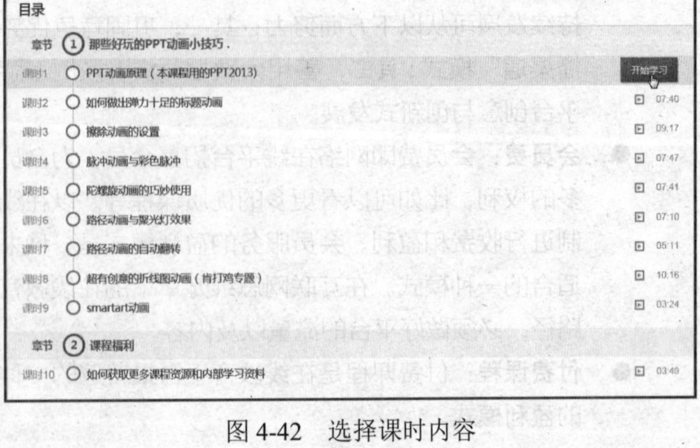

图 4-42 选择课时内容

据情况前进、后退、暂停等，非常方便，也便于用户二次学习。在视频窗口的右侧“综合讨论区”列出了所有已学习该课程的学员的讨论情况，同时还可以切换到“教师答疑区”选项卡，查看学员的提问及教师的回复。根据需要，用户也可在上方的文本框中输写个人心得或提问，如图 4-43 所示。

图 4-43　观看课程内容

⑥ 切换到“目录”选项卡下，可查看本课程的目录，以快速切换到本课程的其他课时进行学习。切换到“笔记”选项卡下，可像普通课程一样，记录学习笔记，以备以后查看。

⑦ 如果选择收费课程，在第（2）步单击 立即参加 按钮后，将打开课程的确认网页，如图 4-44 所示，单击 提交订单 确认购买的课程。

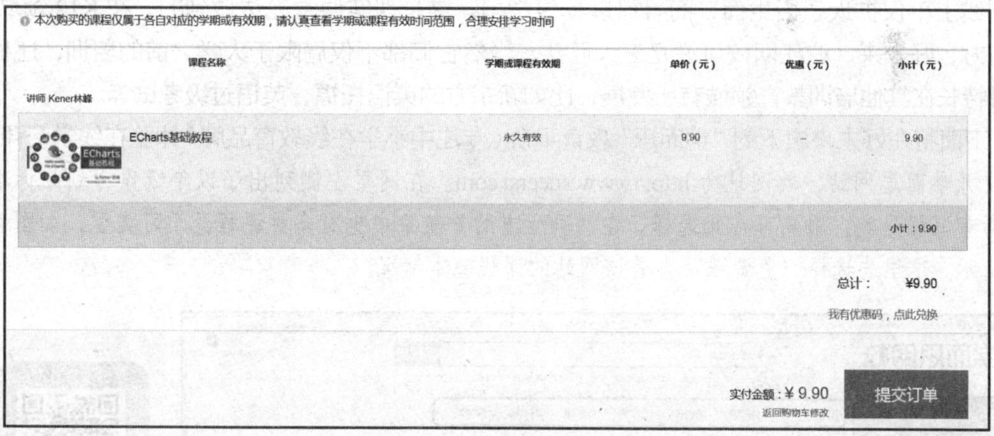

图 4-44　确认购买课程

⑧ 打开支付网页，其中包含支付宝、微信支付、网易支付和银行卡支付，选择一种支付方式后，单击 去支付 按钮完成支付。

⑨ 在网易云课堂中，不管是在购买查看课程时还是购买课程后，在大多数网页中都可以看到网页上方有一个“我的学习”选项卡，单击可进入用户对应的学习平台。在其中可以查看用户已完成的学习，以及正在学习的进度，以方便用户二次学习，如图 4-45 所示。

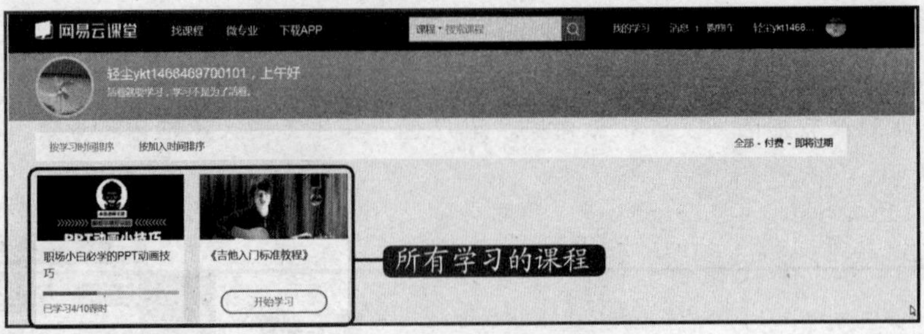

图 4-45　“我的学习”平台

操作指导

随着网易云课堂的发展，为方便用户搜索找到适合自己的课程，在网易云课堂首页的上方提供了图 4-46 所示的课堂内容划分。其中“微专业”以专业为体系，每个专业都有一个大咖带你成长，这些专业与传统的大学专业不一样，定位更精准，所以叫“微专业”；“课程体系”将某一领域的内容进行打包并有序地呈现，给用户提供完整的、有体系的学习方案。“企业版”则主要针对企业用户用于提升公司内部的员工素质。单击不同的选项，可进入对应的学习课程界面。

微专业	课程体系	企业版

图 4-46　课堂内容划分

4.2.3　学而思网校体验

在网络教育这一领域中，K12 教育是一个重要的市场，这一市场在线下有很长的发展历史，转到线上不仅扩大了招生面，而且可以反复学习，这是现实课堂无法做到的。在 K12 领域，新东方、好未来、沪江网校可说是三大巨头，当然它们都不仅局限于大学之前的培训，还根据自身特长在其他培训教育领域有所发展，比如新东方的英语托福、英语过级考试等。

下面将在好未来旗下的“学而思”教育平台（专注中小学在线教育品牌）体验在线学习课程。

① 打开学而思网站，其网址为 http://www.xueersi.com。在网页左侧列出了以年级作为划分标准的所有课程分类，用户可在此选择。在网页上方的导航条中也有多种课程及学习类型，如图 4-47 所示。这里先选择“免费课”查看该网站的课程基本情况。

图 4-47　学而思网站首页

学而思网校体验

② 进入免费课程网页，在上方根据需求选择学习的年级和课程名称，然后在下面列出所有的免费课内容，如图 4-48 所示。这里选择一堂免费课。

③ 在打开的网页中可直观看到以视频形式开展的课堂内容，如图 4-49 所示。

图 4-48　选择免费课程

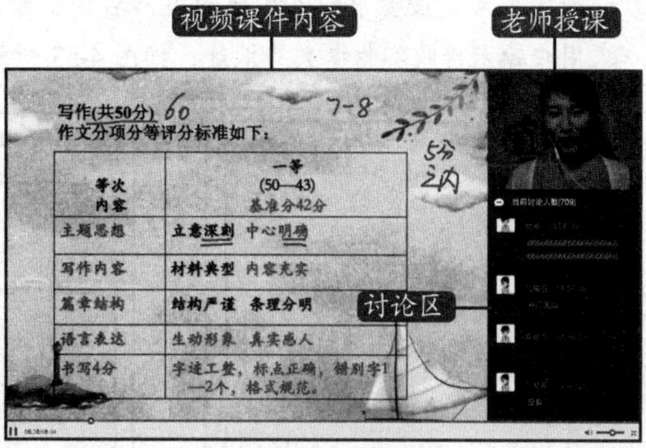

图 4-49　观看免费课程

④ 同理，用户还可以通过单击首页上方导航条的“听讲座”超链接，收看老师的在线讲座情况，有即将播放的还有往期回放，十分有利于用户了解这个平台的基本功能和效果。而且在此阶段进行的所有免费操作，均无需用户登录。

⑤ 如果需要系统学习某一年级的某一个课程，可以单击首页上方导航条的“选课程”超链接，在打开的网页中选择具体课程门类。

⑥ 打开该课程的报名列表，一般分为多个班，由不同的老师主讲，用户在熟悉之后，可选择班级的类型以及老师，如图 4-50 所示。单击 去试听 按钮，可观看老师的试讲情况，以确定是否选择该班级。

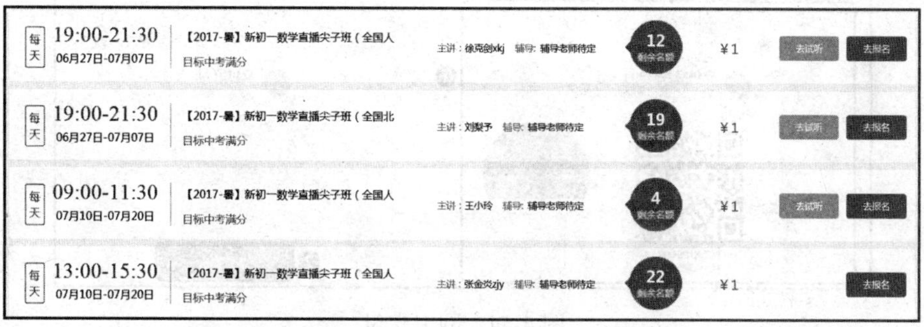

图 4-50　选择报名课程

⑦ 单击 去报名 按钮，打开课程的介绍网页以及价格等，如图 4-51 所示，此时可发现该课程还配备实物课义，非常便于学习。单击 立即报名 按钮。

图 4-51　课程介绍网页

⑧ 打开注册和登录用户界面，单击注册网校账号按钮，根据提示以手机号码作为注册号码，然后输入密码和验证码等，单击同意协议并注册按钮，如图 4-52 所示（用手机号码作为注册号是一种比较简单且唯一的注册方式，便于用户和平台进行数据管理）。

⑨ 注册完成后，按要求输入注册的用户名和密码，返回课程购买网页，再次单击去报名按钮，要求用户输入接收实物课义的地址，如图 4-53 所示。单击提交订单按钮。

图 4-52　注册用户

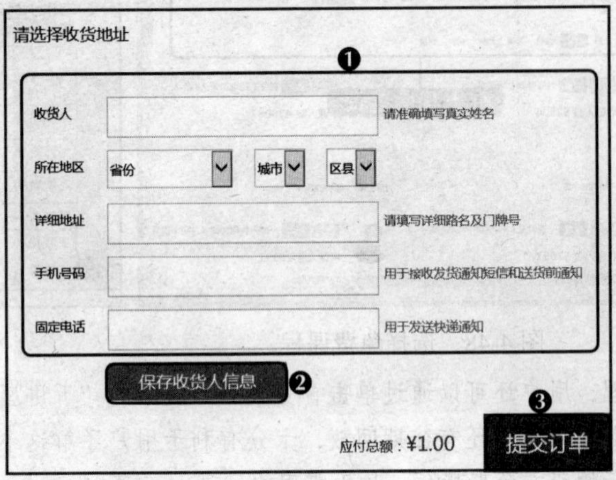

图 4-53　选择收货地址提交订单

⑩ 打开确认订单信息网页，其中显示了所选的课程年级、授课老师、收货地址等。单击提交订单按钮，打开支付网页，在其中可选择主流的支付方式，如微信、支付宝和银行卡支付等，如图 4-54 所示。支付完成即表示报名成功。

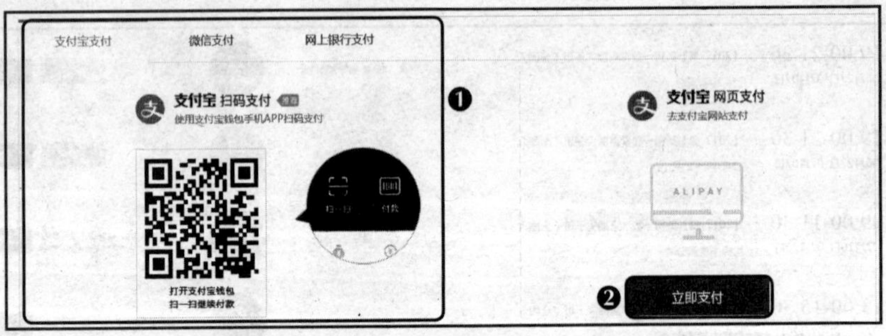

图 4-54　网上支付

⑪ 报名成功后，通过单击学而思网站首页上方的“学习中心”进入个人账户的学习平台，在那里可查看报名的课程、每堂课的内容、开始时间等，如图 4-55 所示。待开课时，其相应的超链接才可使用，此时可收看老师直播、做随堂测试以及个人的学习报告。

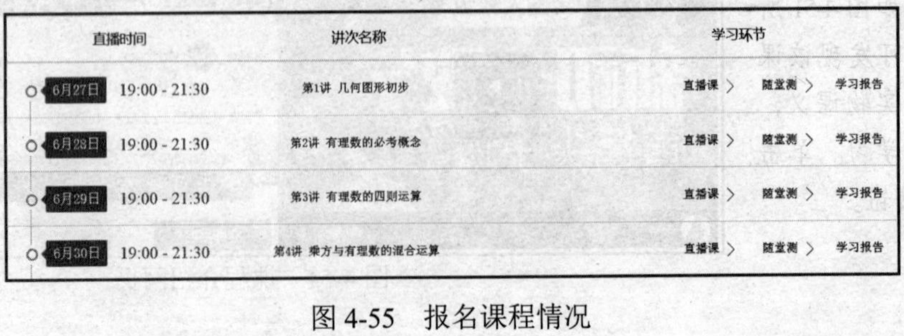

图 4-55　报名课程情况

案例解读

"学而思"平台学习模式

大多数网上教育平台，虽然拥有线下教育不曾拥有的便捷性和学习内容可反复观看的特点，但线下教育特有的老师及时指点、学习反馈等痛点一直无法很好地解决。学而思平台看到了家长的困惑，从而于2016年提出"在线学习更有效"的品牌主张，正式推出"小班直播+个性化辅导"的教学模式，通过实时在线的互动教学、图文并茂的随堂讲义、科学的学业测评以及辅导老师多方位的学习辅导，保障学员的学习效果。2016年7月，"I DO个性化学习体系"正式上线，推出动态学习报告、错题订正等功能，该多端协助系统，在教师、学员和家长之间建立起更有效的沟通平台。

简单来说，在学而思的每个班级都有两位老师，一位是主讲老师，另一位是辅导老师。主讲老师着力点在授课，辅导老师则全程陪伴督导、批改作业，语音反馈和及时答疑等。这样，网上学习的缺陷通过辅导老师及平台功能的共同作用得到弥补，而学生的学习也真正实现了学习、作业、提问、答疑、反馈的闭环效应。

本章小结

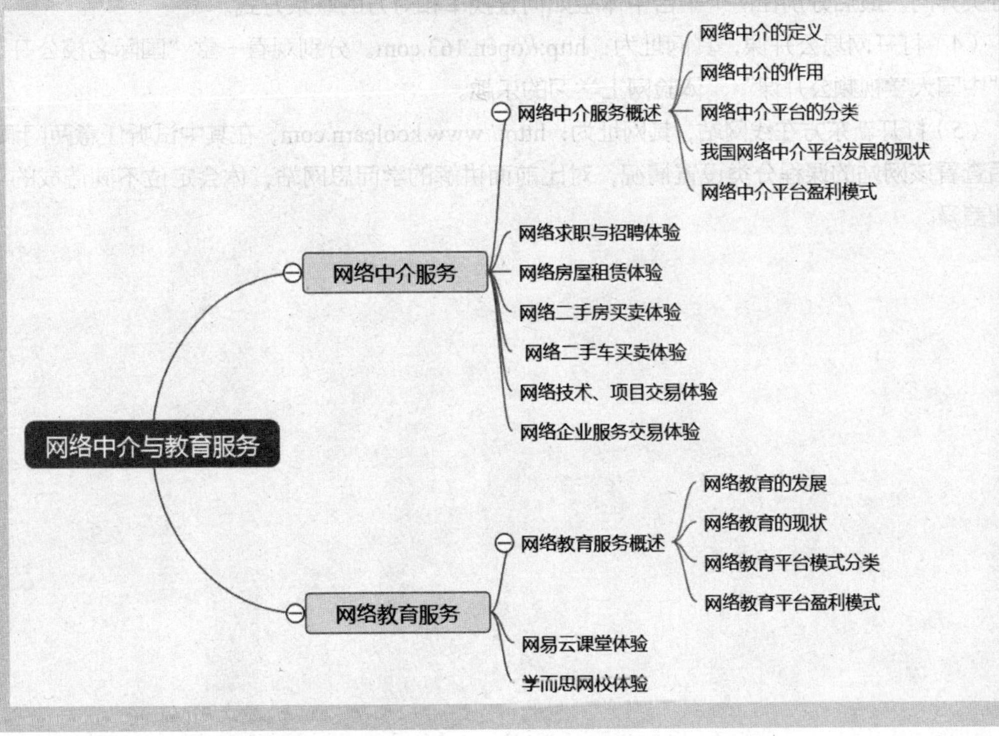

课后练习

一、简答题

（1）简述网络中介平台的定义和作用，并列举出 5 个网络中介平台。

（2）按平台服务类型的不同，网络中介平台可分为哪些类型？再分别阐述这些平台类型的特点和作用。

（3）网络中介平台的盈利模式有哪些？

（4）根据自身的经验，以及当前网络中介平台的发展，说一说网络中介平台未来的发展方向。

（5）简述网络教育发展的几个阶段。

（6）现阶段，比较常见的网络教育平台类型有哪些？重点说明 B2B2C 的运营模式。

（7）网络教育平台的盈利点有哪些？

二、上机操作题

（1）进入前程无忧和 58 同城的招聘专栏，对比查看其中的职位招聘情况，体会其定位的差别。然后在前程无忧中注册建立个人简历。

（2）打开 58 同城的二手房网页，查看其中以个人名义发布的出租信息。然后打开赶集网，发布一则个人房屋求租信息。

（3）分别打开优信二手车网站和人人车网站，查看这两个平台首页的设计异同，以及其中的分类异同。最后分别在两个平台中体验如何查找车和对方的联系方式。

（4）打开网易公开课，其网址为：http://open.163.com。分别观看一堂“国际名校公开课”和“中国大学视频公开课”，体验网上学习的乐趣。

（5）打开新东方在线网站，其网址为：http://www.koolearn.com，在其中试听任意两门课程，然后查看该网站的课程分类设置情况，对比前面讲解的学而思网站，体会定位不同造成的平台设计差异。

05 第五章 网络理财服务

网络理财是电子商务领域发展相对较晚的领域，却又是最有发展“钱”景和风险并存的领域 。网络理财的火速发展来源于余额宝，之后互联网掀起了一股网络金融风暴，各种将支付、理财集于一身的理财工具应运而生；P2P 平台也如火如荼地发展起来。

本章将讲解网络理财的内容，首先从网络理财的发展、现状展开与网络理财相关的基础知识讲解，包含网络理财的分类、网络理财的发展趋势、网络理财的风险与防范等；接着开始体验几种常见网上理财型的操作方法，让用户在实际操作中体会理财线上与线下操作的异同性，以及各个网络平台在安全方面所做的工作。

知识目标

了解网络理财概况

掌握网络理财体验

技能目标

学会网上银行的使用方法

学会余额宝和不同理财平台的使用方法

素养目标

认清网络理财的风险，总结保证安全基本方法

理清各理财工具、平台的优劣势及主要客户群

5.1 网络理财概述

网络理财是依托互联网这个高效的工具，将线下的理财业务搬到线上进行，它作为一种新型的理财方式，与线下理财相比，普遍高于银行活期存款利率并且同样可以随时取现。灵活性强和收益高的特点，使网络理财迅速打开市场，在较短时间内迎来爆发式增长。

5.1.1 我国网络理财的发展及现状

随着人民收入和生活水平的提高，在解决了温饱这一基本需求之后，越来越多的人开始关注如何提高生活品质，如何让手头的“余钱”活起来，以创造更多的价值。理财日益成为热门话题，投资产品从股票、债券、基金，再到 P2P 等互联网理财平台，丰富多样的理财类型和理财产品为理财市场带来广阔前景。

目前，我国理财市场规模巨大。据统计，截至 2015 年年底，我国金融机构和第三方理财总规模为 81.18 万亿元。其中，银行作为传统货币流转的发源地，拥有天然的理财优势，规模 23.5 万亿元，占比 28.95%；基金公司 16.65 万亿元，占比 20.51%；信托 16.3 万亿元，占比 20.08%；其后为保险和券商（即股票），P2P 网络理财为 9 800 亿元，占比 1.21%，如图 5-1 所示。从图中可看出银行、信托和基金是最大的理财机构。

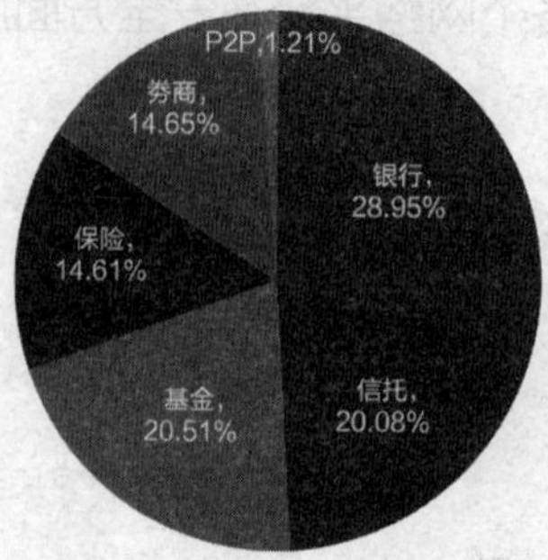

图 5-1　理财市场规模和占比

1. “余额宝”催化网络理财的发展

理财产品最开始是银行提供的一项业务，在线下展开。后来随着互联网的深入，各大银行纷纷开发所属银行的网上银行，网上银行的功能逐渐丰满起来，如一般账户查询、余额查询、理财产品购买等。随着网上银行的便捷度越来越高，越来越多的人采取网上交易，而不去银行网点办理业务。

网络理财产品的发展，关键的一步是从余额宝开始的。2013 年 6 月 13 日，阿里巴巴与天弘基金联手合作推出余额宝，余额宝的“问世”，让网络理财瞬间为众人所知，并迅速风靡。截至 2014 年 12 月 5 日，在一年半的时间里，余额宝累计用户已超过 1.49 亿人，资金规模已经达到 5 000 多亿元。顾客原来购买货币基金的途径是通过基金公司的网点或者银行网点进行，现在，支付宝用户只需要在计算机前通过互联网即可完成。

余额宝作为支付宝的附属功能，在购物支付的前提下，还可以增加像基金产品一样的理财功能。如果用户将资金转入余额宝账户，那么余额宝就直接默认为这笔资金是用来投资增值的，进而获得收益。而且比较方便的是，在获取收益的同时，余额宝账户资金并非被绑定，而是可以随时用于网上购物的支付，还可以转账等，继续拥有支付的功能。仅仅18天的时间，余额宝（实质是天弘基金管理公司的增利宝产品）成为最受全国用户欢迎的货币基金，存量转入资金规模达到57亿元。

为减少网民对余额宝资金安全的担忧，余额宝与平安保险公司签订了账户资金100%的赔偿条约来确保放在余额宝账户内资金的安全性。与此同时，互联网技术、移动互联网技术、大数据云平台技术的迅速发展和普及应用，也在另一个层面推动了余额宝的发展。余额宝的合作方天弘基金增利宝的规模在2013年12月31日达到1 853亿元，占货币基金市场份额约21%；截止到2014年2月，基金规模已突破4 000亿元；2014年10月24日，达到5 349亿元。余额宝的用户数量已达到1.49亿人。这意味着平均每9个中国人中就有1个人正在使用余额宝，余额宝成为目前国内唯一一支规模超过5 000亿的货币基金，而天弘基金也借助支付宝成为国内最大的基金管理公司。

余额宝自2013年6月推出后至2014年4月19日的7日年化收益率均在4%～7%波动，最高达到6.763%。此时，央行规定的活期存款利率只有0.35%，一年定期存款从准利率为3%，两年定期存款基准利率为3.75%。其中的数据差距相信大家一眼即可看出，即使在余额宝的收益最低谷4.49%，也仍比央行规定的两年定期基准利率高。在有利可赚、又有资金安全保障的前提下，余额宝能在短期内引起人们的追捧和购买也就不足为奇了。

伴随余额宝的成功，市场上巨大的理财空间也被逐渐开发出来。从此以后，不管是电商平台，还是银行都想方设法推出与余额宝类似的产品，以占领市场。电商平台方面有苏宁易购推出的零钱宝，京东推出的京东小金库，国美在线推出的美盈宝等。与此同时，各大银行和电商平台均看到了理财的巨大市场空间，在推出低门槛的“宝”型产品外，也不断完善产品门类，推出了其他类型的理财产品，如投资时间相对较长收益相对更高的产品，以及定期理财型产品。

知识链接

网络理财产品与央行银行收益相比，有相对更高的收益率，主要有以下3个原因。

第一，现阶段流动性整体趋紧，市场利率高，为理财产品投资收益提供了基础支持。

第二，初创阶段，各家互联网理财产品提供商压缩成本和利润，以高收益率开拓市场，颇有些“赔本赚吆喝”的意思。

第三，作为创新产品，对互联网理财的监管宽松，资金运作空间大，博取高收益成为可能。

2．政府介入，网络理财市场逐渐回归理性

余额宝的强大震荡效应，在整个互联网货币市场以及整个金额市场都引起了强烈反响。这一全新的经营模式和收益方式，给传统金融业带来了巨大挑战，也引发了经济界学者、政府监管职能部门以及银行、基金等传统金融业界的关注。

2014年2月21日央视证券资讯频道首席新闻评论员发表的《取缔余额宝》一文中将余额宝比喻为趴在银行身上的吸血鬼，是典型的“金融寄生虫”，表示余额宝只是通过拉高全社会的经济成本而从中获利，并主张取缔余额宝，还中国以正常的金融秩序。2015 年 3 月，央行调统司发文指出，利用现有政策是余额宝较高收益的主要来源，建议针对那些接受余额宝等类似货币基金的银行存款进行存款准备金管理。随后，余额宝开始遭遇传统商业银行的低制，如农业银行、工商银行、建设银行三大银行不接受以余额宝为代表的货币基金协议存款。

2014 年 3 月 4 日，央行行长周小川表示“不会取缔余额宝！”，并鼓励科技在金融领域的应用。时过境迁，回头再看余额宝，已过了人们疯狂追捧的时代，其原因有几方面。

- **网络理财产品丰富，可选择性强**：因余额宝而迅速产生的各种理财产品都在分食同一块蛋糕，同时各大基金公司同期推出了多种不同类型的理财产品，也在一定程度上将理财市场进行了分流。
- **网络金融市场和制度的不断完善**：虽然央行没有明确颁布相应的法律法规禁止基金公司发布推出网络理财产品，但从 2015 年下半年开始，《关于促进互联网金融健康发展的指导意见》《网络借贷信息中介机构业务活动管理暂行办法 (征求意见稿)》等相关政策出台，再到中国互联网金融协会成立，这一切都使整个网络金融行业、网络理财领域朝着更加规范化的方向发展。
- **网民回归理性**：不管是余额宝还是网络推出的其他理财产品，人们也已经逐渐知道它其实就是一种基金产品。图 5-2 所示为余额宝的运作模式。它有一定的收益，但收益并不是想象中那样高，收益也不是绝对保险。同时，除去最初时期的高利率，在很长一段时间，余额宝的利率也平衡在 3% ~ 5%。

图 5-2　所示为余额宝的运作模式

5.1.2　网络理财产品分类

网络理财从萌芽之初到现在，已发展成为多种类共存、多公司运作、银行参与的一个局面。总的来说，大致有 5 种理财产品类型。

1．网上银行推出的理财产品

银行信誉的保障是该类产品最大的优势。现在大多数银行都与基金公司合作推出相应的理财产品，也有的银行销售自身银行体系的产品，如平安银行（平安盈）、广发银行（智能金）等。

网上银行的理财产品对于用户来说，不仅有保障，而且方便将传统银行中的资金快速转换为理财产品，不用在多个平台间切换，从某种意义上来说，也保证了资金的安全。

在互联网金融催化下，银行也已经开始不断变革。虽然其线下的利率为央行公布的统一利率，但可以通过其发行的理财产品提高个人的收益率，一些开放式理财产品（即用户可以随时提现），T+0（当天到账）的年化收益率提升至4.5%左右。完全可以与红极一时的“余额宝”媲美。

2．集支付、收益、资金周转于一身的理财产品

最典型的就属“余额宝”，以及同类的零钱宝等。其特点主要有以下3种。

- 投资人可进行消费、支付和转出操作，且无需任何手续费。
- 承诺T+0赎回，实时提现的优点直接满足投资人对产品流动性的需求。据余额宝官方介绍，按余额宝转出至银行卡的金额，单笔小于等于5万元，第二个自然日24点前到账；单笔大于5万元，提交后的一个工作日内24点前到账（具体的条件可能随产品、时间的不同有所不同）。
- 余额宝类产品的本质是货币型基金产品，收益取决于货币市场间资金利率水平，随市场浮动，年化收益不等。

3．与知名互联网公司合作的理财产品

随着理财观念不断深入人心，一些大型的网络公司虽然旗下可能没有金融投资平台，但是也纷纷与其他金融公司强强联合，建立新的理财平台。如腾讯建立了“理财通”平台，该平台是财付通与多家金融机构合作，为用户提供多样化理财服务的平台。百度建立了“百度理财”平台，该平台是百度与光大银行、嘉实基金、广发基金、华夏基金合作而成。

这类平台的理财产品均呈多样化态势，既有开放型理财产品，也有封闭型理财产品，还有保险型理财产品等。

知识链接

不管是以“余额宝”为代表的支付型理财产品，还是那些与知名互联网公司合作的理财产品，它们都是在互联网经济下公司合作的产物。各种产品类型层出不穷，为了吸引新客户，不同的平台各显其能，比如新客户送现金（现金必须转为理财资金，同时对投入的资金有额度要求）、新用户首单享高利率等。

4．P2P平台的理财产品

网络贷款（Peer to Peer，P2P），简单来说，就是有资金并且有理财投资想法的个人，通过中介机构牵线搭桥，使用信用贷款的方式将资金贷给其他有借款需求的人。

近几年P2P平台风生水起，如雨后春笋般纷纷建立起来。如人人贷（优先理财计划）、陆金所（稳盈一安e贷）、仟邦资都（智盈宝）等。并且很多P2P平台与小贷、保险或担保公司合

作以保障投资人的本息安全。另外，投资人也可享借款人提供的实物抵押权，最常见的有汽车、房产等。正规 P2P 产品收益一般为 8% ~ 15%，有抵押产品收益高达 12% 左右。

知识链接

P2P 个人网贷从交易模式上看主要有 3 种模式。

- **线下交易模式**：这类模式下的 P2P 平台仅提供交易的信息，具体的交易手续、交易程序都由 P2P 信贷机构和客户面对面来完成。
- **承诺保障本金和利息的 P2P 平台**：这类模式下，一旦贷款发生违约风险，网络平台承诺先为出资人垫付本金。目前网络上存在的 P2P 平台多为该类平台，因为它从最大程度上保障了出资人的资金安全，从而得到较高的信任度。
- **不承诺保障本金的 P2P 平台**：这类模式下，当贷款发生违约风险，网络平台不垫付本金。

5. 基金公司网络平台的产品

基金公司网络平台的产品即基金公司开发一个网络平台，在该平台上售卖自己公司的产品，它实质上就是传统的基金公司搭上互联网后产生的结果。在基金公司网络平台上的产品与基金公司线下发售的产品实际上是同一款产品，收益率也相同。如汇添富基金的网络平台、南方基金网络平台等。

5.1.3 网络理财的发展趋势

网络理财不再是一个新鲜事物，过了快速发展期，其未来发展将进入一个相对缓慢、平稳的阶段，同时其对平台的“精细化”和“个性化”要求也越来越高。

1. 平台和产品的可靠性要求更高

理财涉及“钱”，所以可靠性是平台和产品存在的第一要素。在网络理财发展的过程中，前面讲解的第四类理财方式“P2P 平台的理财产品”是一种风险相对较高的产品，也是在网络理财中出现“事故”最多的领域 。其他几种方式虽然不能说就不存在风险，但是其大多都是将线下的理财公司搬到线上，只是购买方式发生了变化，经营方式并没有太大区别。而 P2P（个人借贷）虽然由来已久，但是有些平台本身并没有相应的经验，只是看到热点就进入，或者更有甚者某些产品就是以圈钱为目的。对于这类平台，其本金的安全性就值得考究。

2015 年下半年开始，与网络理财相关的风险事件不断，引起政府、监管机构高度重视，不断出台政策进行约束。所以平台的合规性和产品的信息披露是否公开透明，以及是否有完善的风险控制体系，成为投资用户考虑的首要因素。也是未来平台必须重视的方向。

2. 更加重视用户分层和用户黏性

目前按照家庭年收入或净资产状况，可将互联网理财的用户群体大致分为低中高 3 个层次。其中低净值用户具有较高的活跃度、中等净值用户是互联网理财的主力人群，在未来较长一段时间内这两个用户群体都将是网络理财平台的经营重点。高净值用户理财服务虽然盈利空间更高，但与线下机构存在激烈竞争，同时高净值用户理财服务固有的经营模式较重。

不同用户群体其理财的风险偏好和理财需求都存在显著差异，为不同用户群体提供不同的理财产品和决策服务将是未来理财平台的发展趋势。例如，着重为低净值用户提供门槛低、收益低、流动性强的产品及自助式服务；为中等净值用户提供门槛较高、风险较高、期限较长的产品及专门客服式服务等。

在增加用户黏性这一块，由于理财客户的获取成本较高且理财行为的频率较低，所以网络理财平台可选择差异化产品宣传策略（如场景结合、提供游戏化或主题性产品等）和用户激励机制（如积分奖励、会员等级制度等），以提升用户体验；另外还可将理财行为与消费、社交等行为相连接，提升用户活跃度，增强用户黏性。当然，不同的理财平台应根据自身的特点以及用户的需求来考虑如何增加用户的黏性。

3. 多样理财服务满足不同用户的需求

不同的用户群体有不同的理财观念，以整体互联网平台往精细化和个性的发展方向来看，网络理财也应该考虑根据用户的投资方式，针对不同层次群体出台不同的理财方案，满足不同阶层的大众理财需求。

同时，互联网理财行业供给面临萎缩，且大量产品的合规性尚不明确，多样化的产品供给能在一定程度上分散政策风险。另外，新颖的产品形式是各大平台进行差异化竞争的主要手段。

在多种因素的共同推动下，互联网理财平台将在巩固现有产品的同时不断挖掘新产品。在提供丰富产品的基础上，实现产品的清晰展示，帮助用户迅速对资产风险状况进行判断，将是未来对一站式网络理财平台的基本能力要求。没有特色的平台终将被淘汰，只有形成自己特色并以用户为主的企业才能获得长久发展。

4. 智能化发展

随着互联网金融、互联网理财受到越来越多的关注，智能化将在网络理财的发展中扮演越来越重要的角色。

由于未来网络理财朝个性化、精细化方向发展，投资顾问的需求越来越多。网络理财，虽然可以直接通过现在的技术手段降低获得客户的成本、销售成本和售后服务成本等渠道类成本，但是却无法降低服务本身的成本，如投资顾问在线上向客户提供咨询与线下咨询的成本并没有显著差别，因为其主要成本是人力成本、时间成本和知识成本。

真正能够降低这一成本的手段是智能技术，即通过智能算法自动为用户提供服务，从而消除人工服务所带来的高昂成本，至少可以部分消除。这一技术难度较高，不能一蹴而就。平台可借助当前的数据和用户积累，先完善后端的智能化运营，以后端智能化带动前端综合化和简洁化，逐步实现个性化服务。

5.1.4 网络理财的风险与防范

网络理财依靠互联网这一媒介，将理财活动由线下搬到线上。由于在网上理财，会涉及理财平台的运营方、理财平台的开发方，以及互联网本身，涉及的环节越多，产生的风险也越大。

1. 理财平台的风险

理财平台的风险即理财平台本身产生的风险，就平台本身来说大致有以下两种风险。

- **信息安全风险**：互联网理财的信息是有一定安全风险的，尤其是与第三方支付相捆绑的互联网理财产品。信息安全风险主要包括两方面：一是系统性安全风险，即信息数据保密的安全性，直接影响平台的有序运行；二是技术选择风险，由于互联网机构采用的技术解决方案不完善，以及新病毒新攻击手法层出不穷，在互联网复杂的技术背景下，容易引发信息安全风险。
- **操作风险**：操作风险主要表现为理财交易网络环境的安全性。由于理财平台的开发及维护有些是技术外包，外包虽然有助于降低企业运营成本，提高服务专业性，但同时也将一个业务流程分解为更多的服务链条，增加了用户的操作风险。

2. 理财产品的风险

除了理财平台本身的风险之外，用户在选择理财产品时，不同的理财产品也有不同的风险。常见的产品风险包括信用风险和最后贷款人风险。

- **信用风险**：高收益率成为互联网理财产品获取用户的重要途径，也是人们将目光纷纷从线下转到转上的主要因素。高收益也预示着高风险，部分网络理财平台宣传的的高收益率明显有违常理，短期内可以通过补贴的形式实现，但长期不具有可持续性。
- **最后贷款人风险**：网络理财还处于一个不断调整的阶段，政府及相关部门还会根据发展情况制定不同的政策或法规。与银行理财产品相比，网络理财平台的一些产品缺乏央行提供的最后贷款人支持，一旦产品违约，理财用户要自行承担风险。

案例解读

“e租宝”案件始末

e租宝全称为“金易融(北京)网络科技有限公司”，是安徽钰诚集团全资子公司，注册资本金1亿元。自2014年7月上线，e租宝交易规模快速挤入行业前列。截至2015年12月8日，e租宝总成交量745.68亿元，总投资人数90.95万人，待收总额703.97亿元。

2015年12月16日，e租宝涉嫌犯罪，被立案侦查。2016年1月警方公布e租宝非法集资500多亿元。

2016年8月15日，北京市公安局侦查终结移送审查起诉，北京市人民检察院第一分院依法受理。

2016年11月，全国公安机关共冻结涉案资金逾百亿元，查封、扣押涉案现金折合人民币约3亿元、黄金制品约18.7万克以及房产、珠宝、股权、车辆、直升机、办公用品等一批涉案财物。公安机关将依法配合检查机关做好案件后续诉讼工作，继续全力追缴涉案资产，最大限度地挽回投资人损失。

2016年11月24日，e租宝涉案人员在云南省普洱市中级人民法院一审公开开庭审理。

2016年12月16日，北京检方对“e租宝”案提起公诉。

“1元起投，随时赎回，高收益低风险。”这是e租宝广为宣传的口号。许多投资人表示，他们就是听信了“e租宝”保本保息、灵活支取的承诺才上当受骗的。e租宝共推出过6款产品，预期年化收益率在 9% ～ 14.6%，远高于一般银行理财产品的收益率。

“e 租宝”对外宣称，其经营模式是由集团下属的融资租赁公司与项目公司签订协议，然后在“e 租宝”平台上以债权转让的形式发标融资；融到资金后，项目公司向租赁公司支付租金，租赁公司则向投资人支付收益和本金。

在正常情况下，融资租赁公司赚取项目利差，而 e 租宝平台则赚取中介费。然而 e 租宝从一开始就是一场“空手套白狼”的骗局，其所谓的融资租赁项目根本名不副实，而是用钱向项目公司和中间人买资料。其资金流向可解读为：e 租宝虚构融资项目，投资用户将钱转给项目方，e 租宝给项目方好处费，项目方把资金转入 e 租宝要求的账户，达到资金挪用的目的。

实际上，除了一部分吸取的资金用于还本付息外，e 租宝相当一部分资金被用于所在公司高管的挥霍、维持公司的巨额运行成本、投资不良债权以及广告炒作。

3. 网络理财风险的防范

网络理财有着更方便，利率更高的特点。但作为投资人，虽然在意回报率，其前提却是本金的安全性。作为网络理财的投资人，尤其是新手，应该重点考察该平台是否具备第三方资金托管条件，并做到分散投资，以提高资金的安全度。防范理财风险，可从以下几个方面进行考虑。

- **平台具备第三方资金托管条件：**P2P 借贷行业中绝大部分“跑路”的平台都是不具备第三方资金托管机制的，也就是说，这些平台可能是自融资金，也可能是诈骗。所以，一个理财平台是否具备第三方资金托管条件，是判断其是否安全的重要一环，第三方资金托管可以从物理上隔离用户资金与平台资金，并且投资者能够很清晰地了解到自己投资的每一笔钱的去向。
- **分散投资：**坚持“鸡蛋不能放在同一个篮子里”的投资理念，注意分散投资。在投资时不要将自身财产孤注一掷放在一个平台，并且要考查清楚平台项目的期限和提现规则等。
- **坚持“安全第一、收益第二”的原则；**不要被高收益迷惑。很多平台为了迎合客户，打着高收益的幌子进行违法经营。所以在选择平台时，可从平台的投资方、合作方等方面综合考虑后再选择。有银行合作背景，有大型公司合作背景的平台当属优先考虑的平台。其他异军突起的黑马级平台，应多留心，e 租宝就属这类平台。

5.2 网络理财体验

理财项目由线下搬到线上，变化的不仅是操作的方式，还有可购买的理财产品类型。相比而言，网络理财可选择的项目更广，例如支付宝、网络 P2P 借贷都是因为理财搬到网上后产生的。下面讲体验网络理财的常见方式。

5.2.1 网上银行体验

网上银行可谓最早将金融、理财方式由线下转到线上的。银行作为国家金融的实体机构，将一些业务由线下转到线上，最大限度节约了银行与客户的时间，简化了操作。现在网上银行几乎可实现银行柜台的大部分功能，如账户查询、转账、购买理财产品等。

1. 登录网上银行

网上银行使用的第一步就是登录网上银行，为了保证网上银行使用的安全性，一般都会有多重保护，例如在使用网上银行的同时插入银行提供的U盾（硬件），在计算机中安装相应的安全防护插件等。下面将登录工商银行网上银行，在体验登录操作方法的同时，感受这些安保措施的作用。

登录网上银行

① 将银行提供的U盾插入计算机的USB接口中，打开工商银行的网上银行网站，其网址为：http://www.icbc.com.cn，在网页左侧单击 个人网上银行 按钮，如图5-3所示。

② 打开工商银行个人网上银行网页，此时网页底端打开提示框，要求安装安全控件，单击 安装(I) 按钮，打开控件安装对话框，单击 安装(I) 按钮，如图5-4所示。在该网页中如果不安装控件，将不能输入登录密码，以保证账户安全。

③ 在用户名、密码、验证码文本框中依次输入网上银行的相关信息，单击 登 录 按钮。

图5-3　工商银行网页

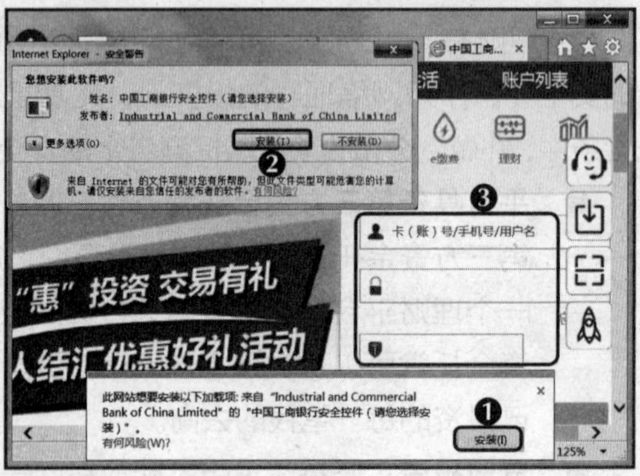

图5-4　安装安全控件

④ 由于是第一次登录网上银行（如果换一台设备仍然需要重新认证，从而保证账户安全），将在打开的网页中提示安全认证，其中包含安全工具认证（即U盾认证）和短信认证两种。一般为了更好地保证安全，将采用硬件保护，即使用安全工具。此时首先将U盾插入计算机的USB接口中，单击 确定 按钮，打开安装提示对话框，单击 确定 按钮。

⑤ 在网页下方将弹出安全工具的提示框，单击 运行(R) 按钮，如图5-5所示。

⑥ 打开工行网银助手安装向导对话框，根据对话框提示，像安装软件一样，将该软件安装到计算机中，如图5-6所示。

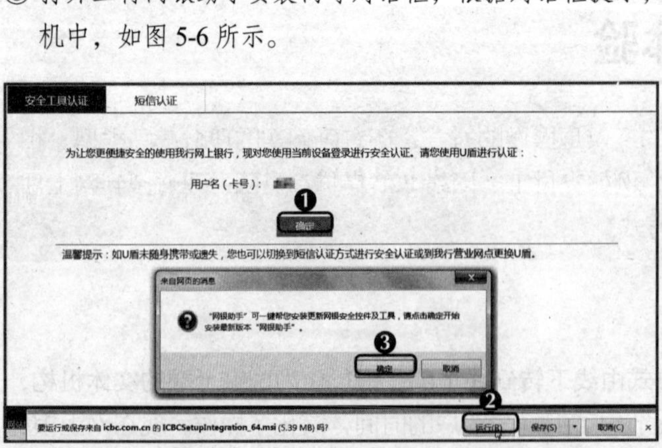

图5-5　进行安全认证

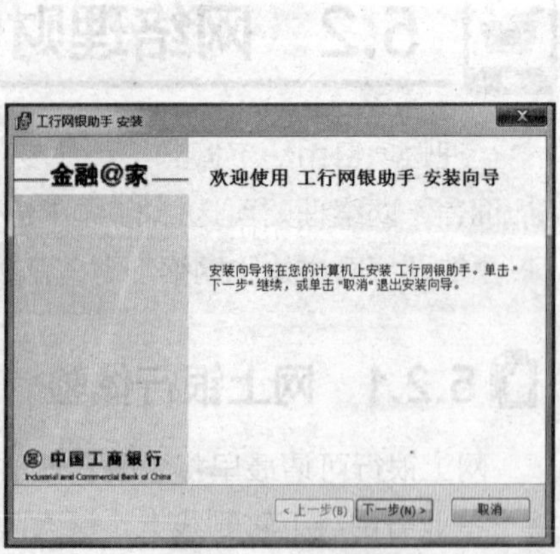

图5-6　安装工行网银助手

⑦ 工行网银助手安装完成后，打开安装类型选择对话框，单击U盾安装的按钮，如图5-7所示。

⑧ 打开“工行网银助手”工作界面，自动检查当前网络的情况并自动安装一系列控件，此时不需要用户手动操作，如图5-8所示。完成U盾的注册使用及所有要求的安全插件的安装。

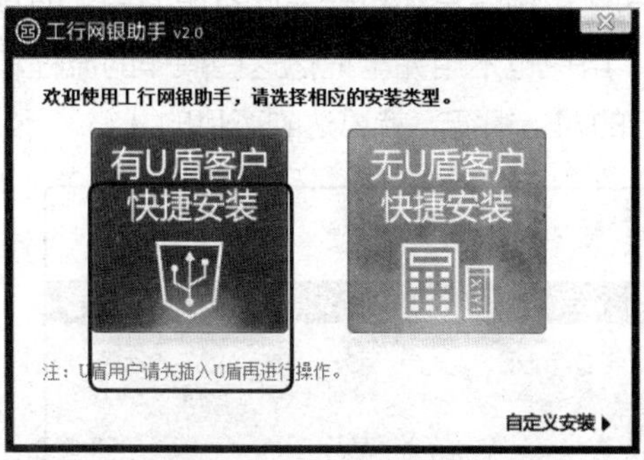

图5-7　选择安装类型

图5-8　自动安装控件

⑨ 再次登录工商银行网上银行，在插入U盾的情况下输入U盾密码，然后打开对话框提示核对签名信息，如图5-9所示。在U盾上提示相应信息，按U盾上的确认键，确认信息无误。

⑩ 打开“认证通过”对话框，单击点击继续按钮，如图5-10所示。

图5-9　核对信息

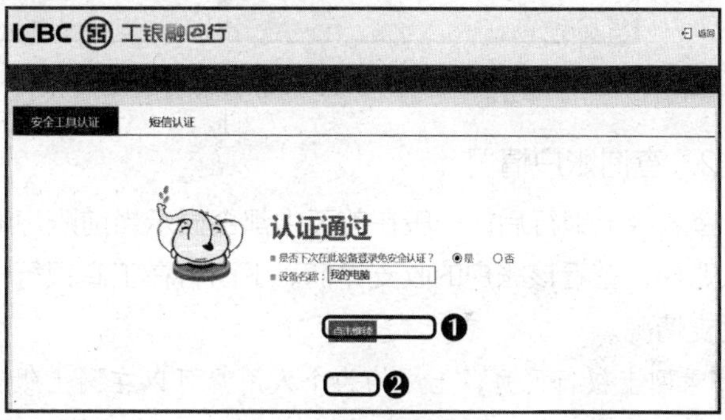

图5-10　认证通过

知识链接

U盾这个名称最早出现在2003年，工商银行推出的客户证书USBkey，是办理网上银行业务的高级别安全工具。它外形酷似U盘，安全性能如一面盾牌，意为U型的盾牌，简称“U盾”。U盾内置微型智能卡处理器，采用1024位非对称密钥算法对网上数据进行加密、解密和数字签名，确保网上交易的保密性、真实性、完整性和不可否认性。所以它为网上银行安全保驾护航，能够保护网上银行资金安全，规避黑客、假网站、木马病毒等各种风险。

随着信息化的发展，工商银行的U盾也经过数次换代，有不同的样式。由于U盾在网上银行中的巨大作用，其他银行也纷纷开发出适合自己银行的安全工具。有的原理与U盾类似，有的则是通过输入动态密码的方式来保证网上资金安全。

完成以上 10 步操作后，U 盾才算在当前计算机中“安家落户”成功，以后需要登录网上银行，将在输入用户名、密码、验证码等必要信息后直接打开网上银行个人银行网页，如图 5-11 所示。需要注意的是：这仅是工商银行个人网上银行要求的方法和步骤，不同的银行使用的安全设备不同，使用的安全措施不同，可能需要安装的插件和操作流程也会与此有所差异。但是也不必在意，只要根据网页提示进行操作就可以完成。用户也不用完全记忆这些操作的流程和步骤，着重在于方法的掌握，只要能登录自己所在银行的网上银行，就算达到了目的。

图 5-11　登录成功的工商银行个人网上银行

2. 查询账户情况

登录网上银行后，一般在首页中都会显示当前账户的余额，用户还可以进入账户，查看该账户的收支详情。下面将在工商银行中查看账户近一个月的收支情况。

查询账户情况

① 登录网上银行网页，上方均为个人用户可以在网上银行中进行的操作。单击“我的账户”超链接，打开个人账户网页，如图 5-12 所示。其中有当前账户的卡号、可用余额等，单击其后的 明细 按钮。

图 5-12　个人账户情况

② 打开明细查询网页，选择需要明细查询的时间段，选择“近一月”选项，单击 查询 按钮，将在当前网页的下方显示查询结果，如图 5-13 所示。

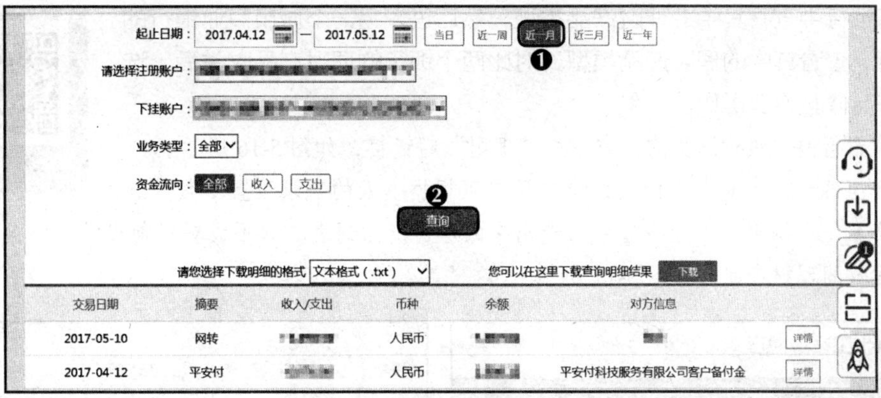

图 5-13　查询近一月详情

3. 转账

通过网上银行转账是网上银行使用较频繁的一项操作，它除了操作方便外，还具有手续费低廉的特点。下面继续在工商银行网上银行中向他人账户转账，体验网上银行的使用方法。

转账

① 在网上银行个人银行上方单击“转账汇款”超链接，打开转账页面，根据提示输入收款人的姓名、卡号、收款银行、汇款金额、收款的开户行网点等基本信息，单击 下一步 按钮，如图 5-14 所示。

② 打开汇款确认信息网页，此时，用户付款银行卡对应的手机将会收到短信验证码，输入手机上收到的验证码，单击 确认 按钮，如图 5-15 所示。

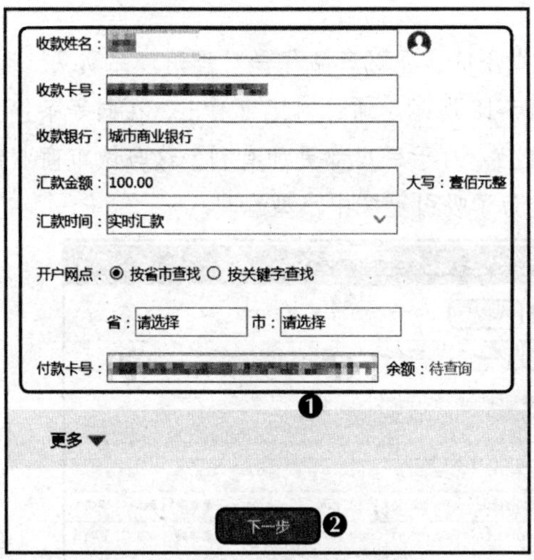

图 5-14　输入汇款信息

图 5-15　确认汇款

③ 打开汇款成功网页，提示汇款成功。

4. 购买理财产品

如果说前面讲解的网上银行功能只是解决了便利性这个问题，那网上银行在理财方面有什么特点呢？几乎所有的网上银行都开通了理财功能，用户可直接通过网上银行购买理财产品，提高理财收益，同时银行的理财产品相比基金公司可能收益相对较低，但也相对有保障。下面将在工商银行中查看其中的理财产品类型，然后进入另一个城市商业银行的网上银行，查看其中的理财产品类型，对比两个银行的理财产品收益后，选择一个产品体验购买操作。

购买理财产品

① 在工商银行网上银行网页的上方单击“理财”超链接，如图 5-16 所示。

② 打开对应的理财网页，在网页的上方用户可根据个人的需求设置参数筛选理财产品，在网页的下方将显示筛选出来的理财产品列表。如不设置任何参数，将在下方显示当前推荐的理财产品，如图 5-17 所示。

图 5-16　进入理财网页

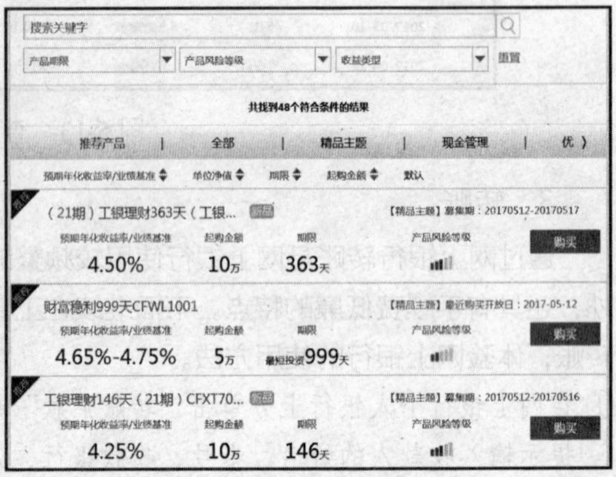

图 5-17　查看理财产品列表

③ 单击理财产品的名称，可打开该理财产品的具体介绍文档，通过该文档可对其进行详细了解。但作为一般的用户，通过产品列表，即可大致了解理财产品最关心的内容，如收益、投资时间、起购金额等。

④ 登录城市商业银行的网上银行，选择“投资理财”下的“理财产品”—“理财产品购买”选项，在网页下方显示所有的理财产品信息列表，如图 5-18 所示。通过对比可看出，在同等条件下，城市商业银行的理财产品不管是从时间还是收益上，对于用户都更加有利。这与城市商业银行等较小型银行的操作模式分不开的，同时这也是为了吸引更多中小型客户。

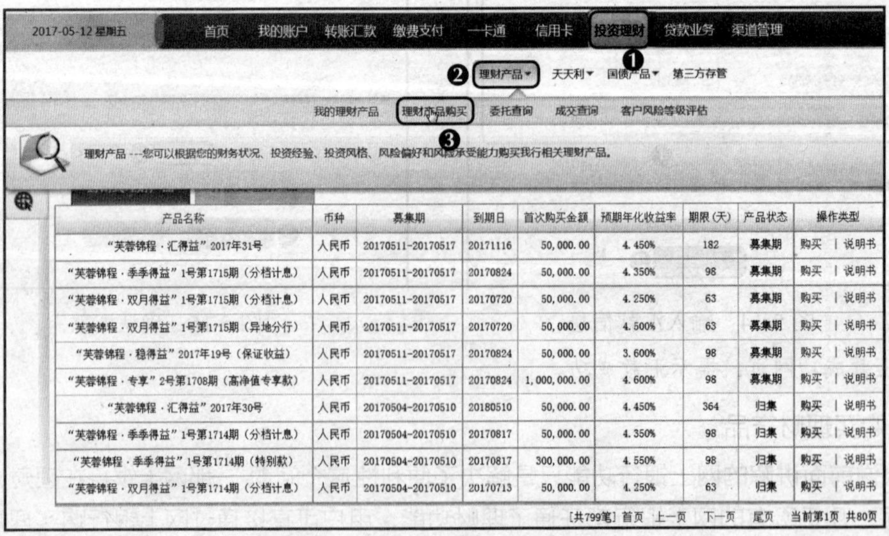

图 5-18　城市商业银行的理财产品

⑤ 单击理财产品后的“说明书”可打开说明书查看该理财产品的具体内容，单击“购买”超链接，将打开投资协议书，里面说明了理财产品可能面临的所有风险，确认可以承担这些风险 后选中下方的复选框，单击 同意 按钮，如图 5-19 所示。

⑥ 打开填写信息网页，其中显示当前购买的理财产品的基本情况，在下方的“客户操作信息”栏中选择购买理财产品的银行卡、购买理财产品的金额等基本信息后单击 下一步 按钮，如图 5-20 所示。

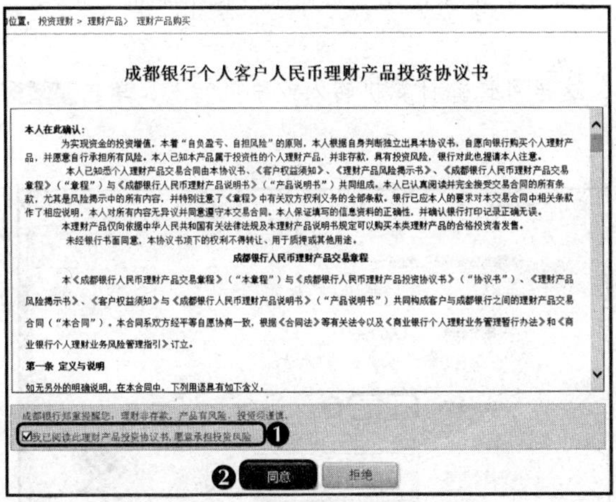

图 5-19 阅读投资协议书

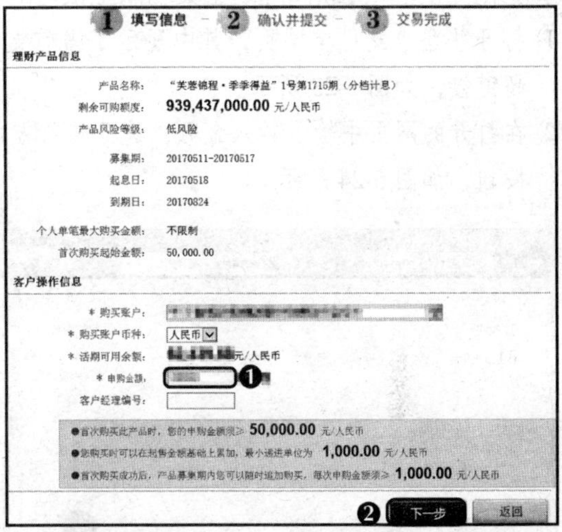

图 5-20 填写理财产品购买的基本信息

⑦ 打开“确认并提交”网页，其中显示了用户购买理财产品的所有信息，仔细核对其中的信息是否有误，确认无误后在下方输入交易密码，单击 确认 按钮，打开 PIN 码对话框，输入开通网上银行时设置的 PIN 码，单击 确定 按钮，如图 5-21 所示。

⑧ 打开交易完成页面，提示交易完成，完成理财产品的购买，如图 5-22 所示。

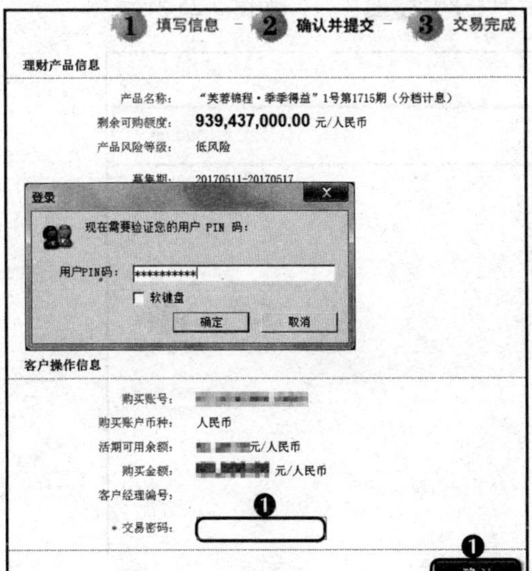

图 5-21 确认购买

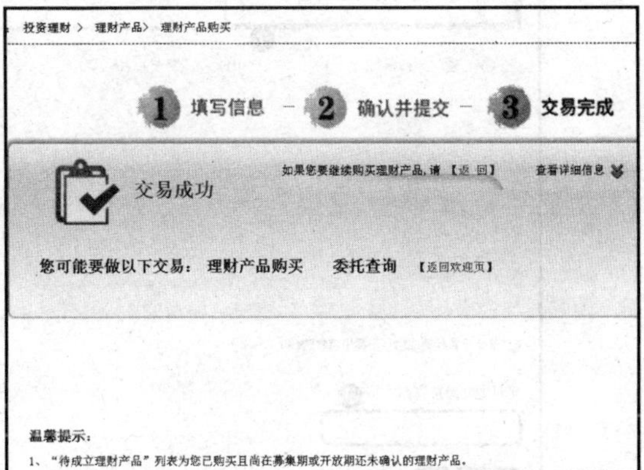

图 5-22 完成交易

5.2.2 余额宝理财体验

余额宝理财体验

余额宝作为最初掀起互联网理财风潮的产品类型，虽然经过多轮的市场整合、调整，余额宝已失去最初的狂热局面，但余额宝由于与支付宝有自由转入和转出功能，借用淘宝这一巨大平台，兼具理财功能，所以仍有比较大的客户群体。下面将体验余额宝中的一些常规操作，在操作的过程中，注意体会余额宝这一互联网理财工具与网上银行的使用差别。

① 打开并登录支付宝网页，其中显示了当前支付宝账户的余额，在“余额宝”栏中单击“转入”超链接，如图 5-23 所示。

② 在打开的网页中输入转入金额，选择转入方式，这里可选择计算机转入或手机转入，单击 下一步 按钮，如图 5-24 所示。

图 5-23 登录支付宝

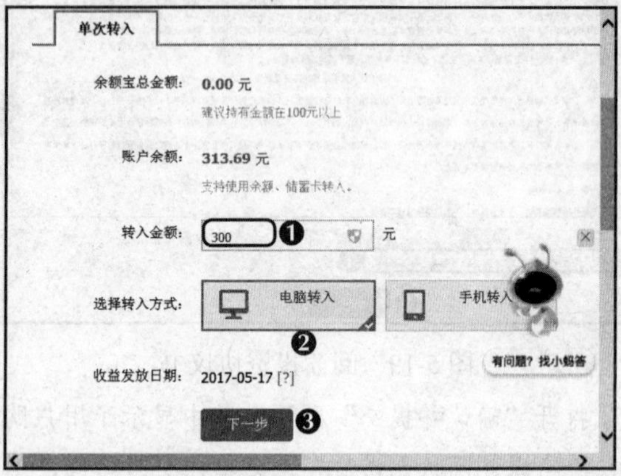

图 5-24 准备转入余额宝

③ 在打开网页中选择转账到余额宝的形式，如果是与支付宝绑定的银行卡，支付宝余额等都可以转账到余额宝，然后在下方输入支付宝支付密码后单击 确认付款 按钮，如图 5-25 所示。

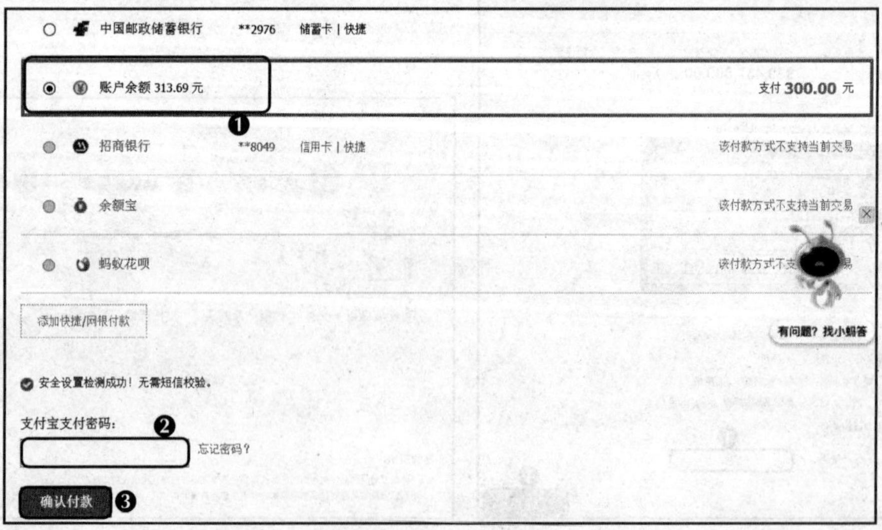

图 5-25 选择支付方式并确认支付

④ 返回支付宝首页，在“余额宝”栏中单击“管理”超链接，在打开的网页中可看到当前余额宝中的金额，在右侧可以查看当前余额宝的年化收益率、每万份收益，单击其下的超链接，还可查看其收益变化曲线。在网页的下方有“转入”“转出”和“收益”3个选项卡，单击这些选项卡可以查看相应的信息，如图5-26所示。

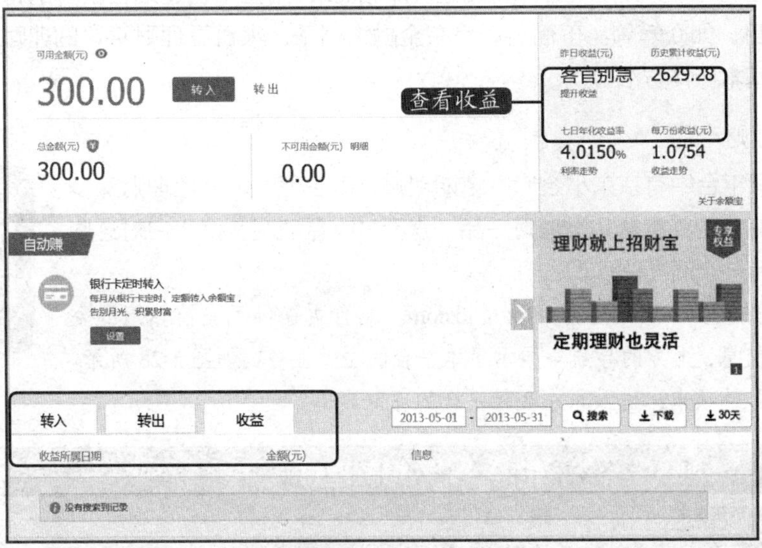

图 5-26　查看余额宝信息

⑤ 后期如需要将余额宝中的钱转出，可单击“转出”超链接，再次打开登录窗口，用手机支付宝扫码登录或输入用户名、密码登录后，打开“转出”界面，其中包含两种转出方式，一是转出至银行卡中，二是转出至支付宝余额中，如图5-27所示。选择一种方式，然后按提示输入转出金额等信息，完成转出操作。

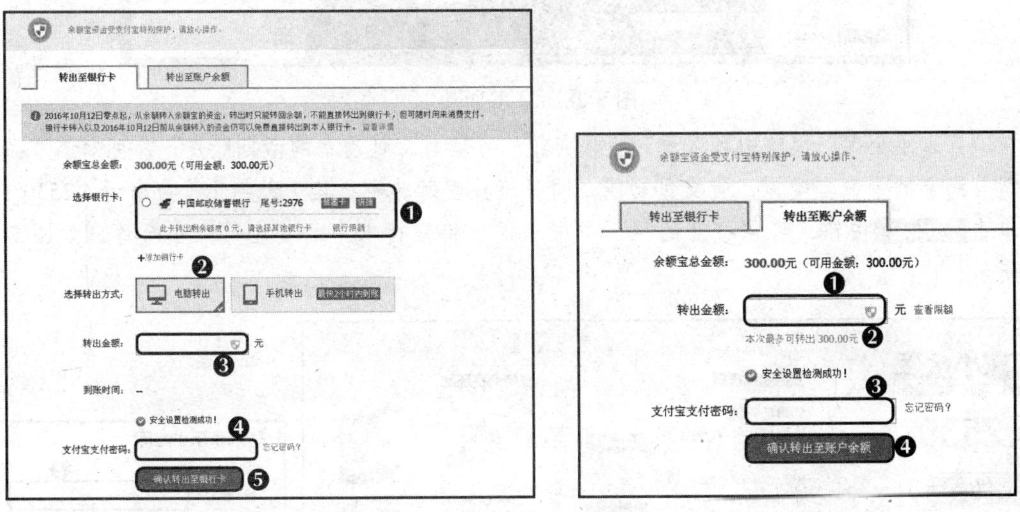

图 5-27　转出金额

通过余额宝的操作，可以发现整个余额宝的购买操作、资金转出操作与网上银行相比更加简洁。同时，在余额宝中可以查看近7天的收益，让用户对自己即将收入的资金了然于胸，从而判断是否购买该产品。

5.2.3 理财平台的产品体验

现在很多大型的网络公司都与金融公司有合作，大型网络公司提供人员流量，以及平台的公信度，金融公司提供专业的金融产品支持，强强联合形成新的金融理财模式。一般在理财产品平台都可以进行基本理财产品、保险、基金的购买，某些平台还结合自身的特点，开展了其他金融理财项目，如众筹等。下面将以京东金融为引子，来看看理财平台的理财产品类型，以及理财平台的基本操作方法等。

1. 查看理财产品

在京东金融平台中有京东小金库、定期理财、基金理财、特色理财等多种类型。下面将分别查看这几类理财产品，查看其收益情况，使用户对这些理财产品分类有一个清晰的认识。

查看理财产品

① 打开京东金融网页，其网址为 http://jr.jd.com。其首页提供了当前热门的金融理财产品信息，上方的导航条显示了本平台的主营业务，如图 5-28 所示。单击“理财”选项卡，进入京东金融平台的理财频道。

图 5-28 京东金融主页

② 在“京东小金库”板块中可以看到板块介绍“可理财、可消费的活期账户”，可知该产品类型与淘宝的余额宝类似，有支付功能，同时兼具理财功能。其 7 天年化收益率为 4.2530%，单击 立即转入 按钮，可在打开的网页中根据提示将银行卡中的资金转入小金库，如图 5-29 所示。

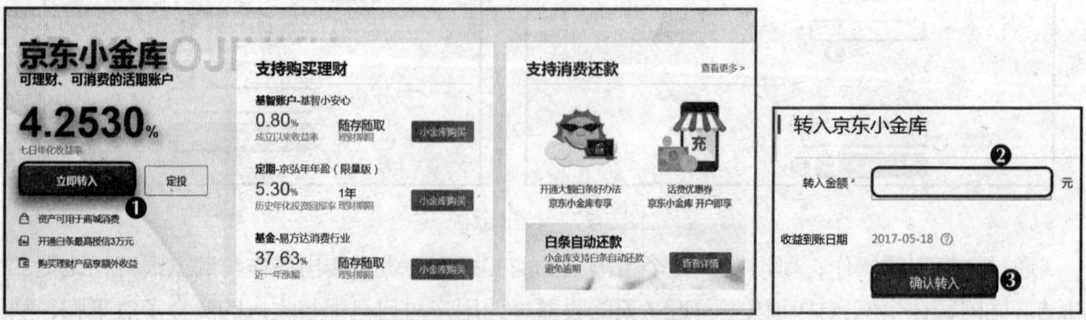

图 5-29 京东小金库

③ 在“京东小金库”下方为“定期理财”板块，其产品介绍为“简单－稳定－安全”，该板块是定期，也就是在规定期限内不能随意取出，与京东小金库的灵活存取是有一定差异的。该板块中列出了几个典型的热门理财项目，如图 5-30 所示。

图 5-30　“定期理财”板块

④ 单击右上角的“更多定期理财”超链接，可在打开的网页中查看所有的定期理财产品，如图 5-31 所示。这些理财产品，如用户通过查看对比后确定购买，可单击该项产品后的“立即抢购”超链接，然后按提示输入购买金额等关键信息以完成购买。

收益率	期限/锁定期	产品名称	起投金额	剩余可投金额	操作
4.80% 预期年化收益率	126天 理财金专享#到期自动承兑	京盛80号094	5,000元	438,000元	立即抢购
4.80% 预期年化收益率	126天 理财金专享#到期自动承兑	京盛80号085	5,000元	829,000元	立即抢购
5.20% 预期年化收益率	180天 长安保险承保	融汇宝035号008	1,000元	40,000元	立即抢购
5.80% 预期年化收益率	855天 到期自动承兑	京盛79号014	5,000元	487,000元	立即抢购
5.80% 预期年化收益率	855天 到期自动承兑	京盛79号034	5,000元	485,000元	立即抢购

图 5-31　所有定期理财产品

⑤ 往下查看“基金理财”板块，该板块的理财产品与股市、基金市场更加息息相关，相比而言更加适合有一定股市、基金知识储备的用户，以保证个人的收益，如图 5-32 所示。

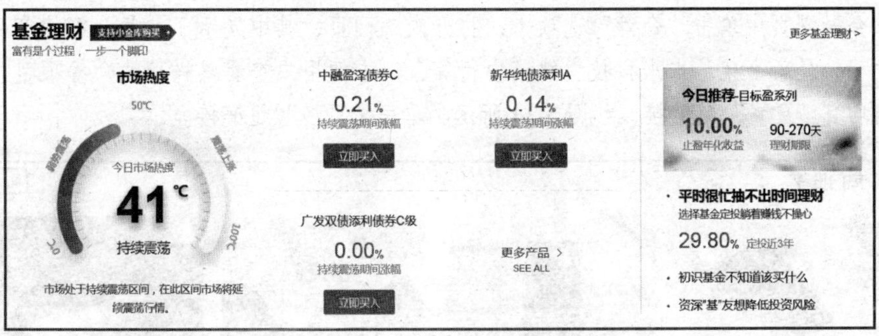

图 5-32　“基金理财”板块

⑥ 查看“特色理财”板块，其中列出了几类理财投资类型。选择一种类型，可进入查看其详情，如图 5-33 所示。

图 5-33 “特色理财”板块

知识链接

在京东金融平台中购买理财产品，除了将资金存入小金库外，购买其他理财产品需要进行身份证认证（一次认证，后期有效），同时要求用户进行风险承受能力测评，包含保守型、稳健型、积极型，每种类型的抗风险力不一样，用户相应的可购买的理财产品类型也不一样。

除了京东金融平台之外，由于理财产品的特殊性，不管是银行、理财平台还是专门的基金公司基本都会对客户进行测评，帮助他们找到适合自己的理财产品。

理财产品的预期收益率与风险是息息相关的。就以京东金融平台的几种产品类型来看，京东小金库类似于余额宝的操作模式，存取自由、操作灵活；与定期理财的收益相比京东小金库略高，风险性较低；基金理财预期收益相对更高，但风险也更高，适合有一定抗风险能力的用户；特色理财是京东推出的理财组合，其中有高达 22.5% 的预期收益，当然需要用户有更高的抗风险能力。

2. 众筹体验

众筹是用团购 + 预购的形式，向网友募集项目资金。众筹让小企业、艺术家或个人对公众展示创意，争取大家的关注和支持，进而获得所需要的资金援助。同时网友又可以相对更低的价格买到自己想到的产品。

众筹体验

京东依托自己庞大的购物平台，开展了众筹服务。下面将进入京东的众筹网页，查看众筹项目，选择一个项目并进行支持。

① 在京东金融网页中单击“众筹”选项卡，打开众筹网页，其中展示了一些众筹的产品类型，如热门推荐、最新上架、未来科技、健康出行等，以方便用户查看感兴趣的众筹项目，每一个类型右侧均有“更多”超链接，如图 5-34 所示。单击“更多”超链接。

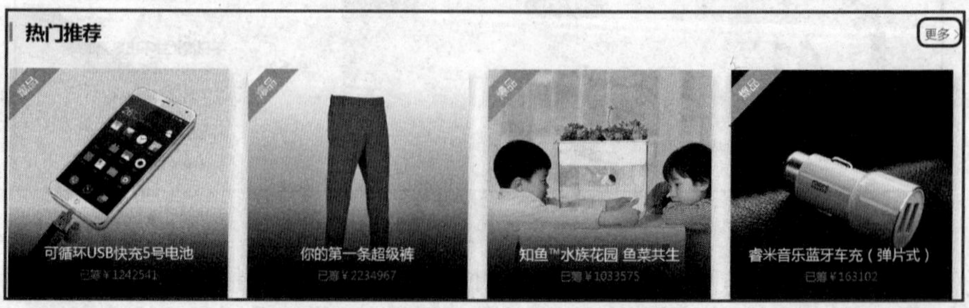

图 5-34 “热门推荐”产品展示类型

② 打开所有的众筹项目列表网页，在上面的分类栏中可选择不同的众筹产品类别，以缩小产品的显示范围，如图 5-35 所示。

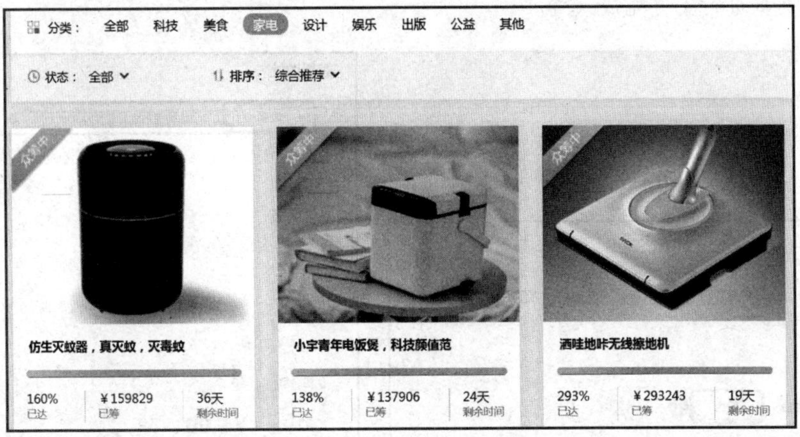

图 5-35　众筹产品分类显示

③ 选择任意一个产品图片，在打开的网页中将显示该产品的具体介绍，以及当前项目已筹到的资金情况，如图 5-36 所示。

图 5-36　产品介绍

④ 继续在网页中查看产品的详情介绍，如果对于该产品有兴趣，希望参与众筹，则在当前网页的右侧可选择众筹项目。一般有 1 ～ 5 元支持，最终是否得到产品由抽奖决定；另外还有比产品价值略低或更高的价格众筹，则可以在相应时间后得到一个产品或多个产品。选择一种众筹方式，单击对应的按钮，如图 5-37 所示。

图 5-37　参与众筹

⑤ 打开“确认回报内容”网页，让用户确认参加该项众筹，单击去结算按钮，如图 5-38 所示。

⑥ 在打开的网页中选择收货地址，再次确认支付信息后单击提交订单按钮，如图 5-39 所示。然后在打开的网页进行支付完成众筹。

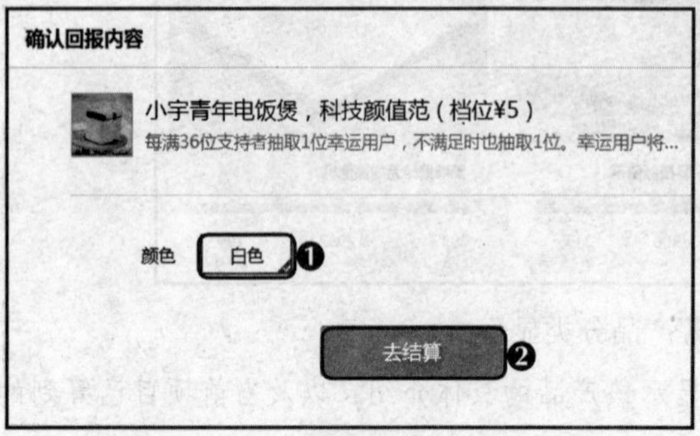

图 5-38　确认回报

图 5-39　提交订单

3．保险体验

保险也属于理财的一种类型，一般保险分为保障型保险（偏疾病型保险）、分红型保险（偏收益理财型）等。京东金融平台属于网络平台，用户可自助在该平台购买所需的保险。由于该平台是开放性平台，提供的保险多为一年期保险，且所需资金不高。下面将在京东金融平台中查看其中的保险情况，并尝试购买保险的操作。

保险体验

① 在京东金融网页中单击“保险”选项卡，打开保险网页，第一项为“保障型”板块，其中左侧有“健康”“旅行”“意外”“人寿”和“财产”等几种保险类型。板块右侧推荐了几种保险险种，可直接单击查看详情。这里单击左侧“健康”保险类型，如图 5-40 所示。

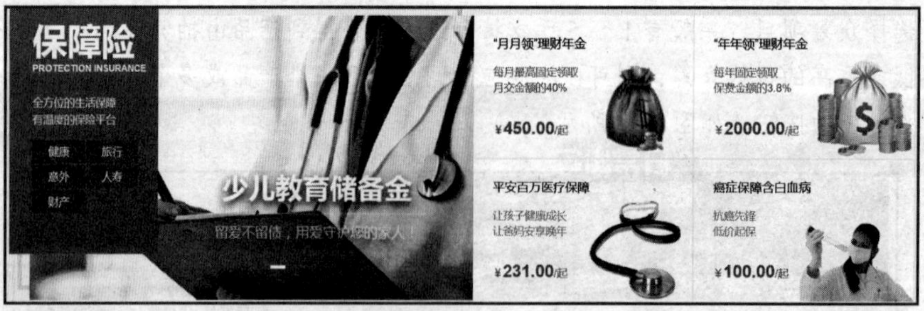

图 5-40　“保障型”板块

② 打开“健康”类保险列表，在上方还可选择保险的人群是婴幼儿、老年人或是成年人，然后在下方显示符合条件的保险。选择一个需要查看和购买的保险，单击其后的立即购买按钮，如图 5-41 所示。

③ 打开该保险的详情页，其中列出了保险的具体情况。了解之后如需购买，在网页右侧选择被保人的基本信息，单击立即购买按钮，如图 5-42 所示。

图 5-41 保险列表

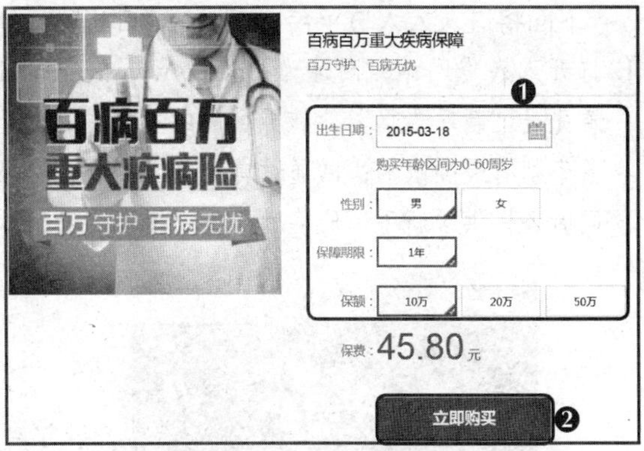

图 5-42 确认购买

④ 打开投保人信息和被保人信息网页，按要求填写相应信息，在下方单击提交投保单按钮，如图 5-43 所示。然后再根据提示支付保费，完成保险的购买。

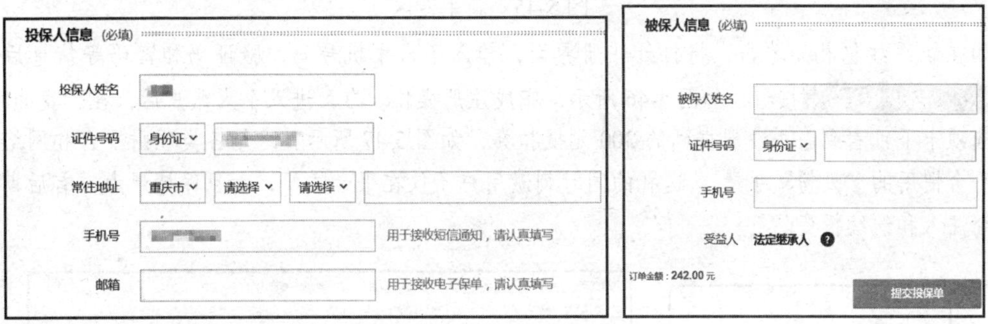

图 5-43 填写保单信息

⑤ 返回京东保险首页，在“保障型”板块下还有“车险”板块，在其中可以选择保险公司、汽车所在城市、汽车车牌号等基本信息，单击立即报价按钮，如图 5-44 所示。然后根据提示操作，获取相应保险公司的车险报价，以确认是否购买。

图 5-44 车险

5.2.4 网上借贷体验

P2P 作为一种网络贷款方式，因其收益明显高于一般理财产品，受到一些对于理财不太了解，却又希望高收益的用户的青睐，但 P2P 由于在一段时间内均不同程度出现过平台不正规，收益无保证的问题，所以在高收益的诱惑下用户还应注意本金的安全性及平台的可靠性。

下面将进入人人贷平台，查看其中的借贷项目、收益情况。

网上借贷体验

① 打开人人贷网站，网址为：https://www.renrendai.com。其中包含多个板块，首先是“新手专区”，该专区的收益很高，达到 9.6% 和 8.6%，但这两种收益率都有最高限额，以通过有竞争力的收益率来达到吸引用户注册的目的。同时还提供了新手注册奖励和首次投资奖励，如图 5-45 所示。

图 5-45　新手专区

② 如在新手红包礼处单击，将打开注册界面，输入个人手机号码、验证码和密码等信息后单击 注册领红包 按钮，如图 5-46 所示，完成注册操作。自动进入个人账户后，在“我的特权”选项卡下可看到新手注册得到的 300 元抵扣券，如图 5-47 所示。这是各类理财平台和网络其他平台惯用的“吸粉”手段，送礼的同时刺激用户不仅在平台注册，而且保持活力，有后期的资金注入和继续投资。

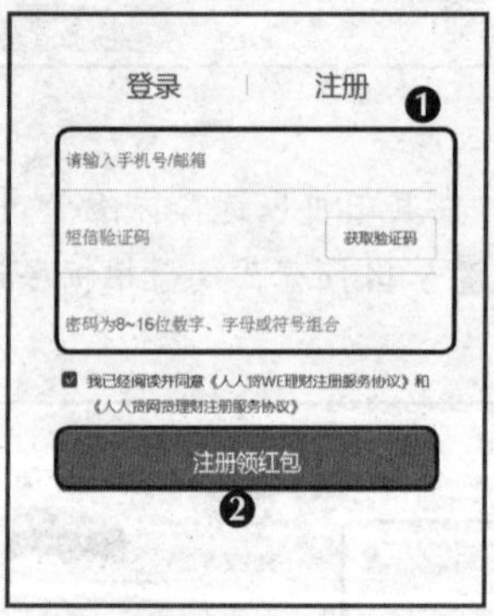

图 5-46　注册用户

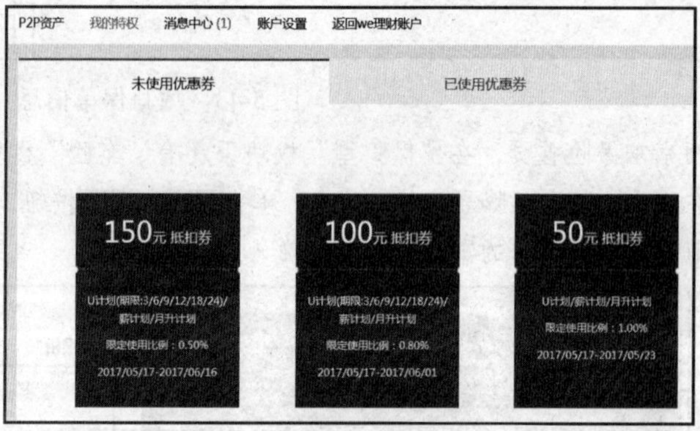

图 5-47　查看获取的优惠抵扣券

③ 选择新手专区的一项产品，单击 立即加入 按钮，展开该产品的基本情况。由于是高收益，所以有最高投资限额，输入用户投资的金额，单击 加入 按钮，如图 5-48 所示。

图 5-48　输入投资金额

④ 此时将提示用户需要进行实名认证，单击“实名认证”超链接，打开“账户信息”界面，如图 5-49 所示。按要求单击“实名认证”选项后的“立即认证”超链接，然后按提示输入姓名、身份证号码完成实名认证。由于理财的特殊性，所以不管在哪个平台均需要进行用户实名认证、手机号码绑定等操作。前期在操作余额宝、京东金融平台时，由于已在这些平台中进行过相应的认证，所以并未在步骤中体验，实际上要完成理财操作，都需要实名认证。

⑤ 再次申请购买新手理财产品，打开“确认加入”网页，用户确认投资金额，单击 确定 按钮，单击“充值”超链接，如图 5-50 所示。

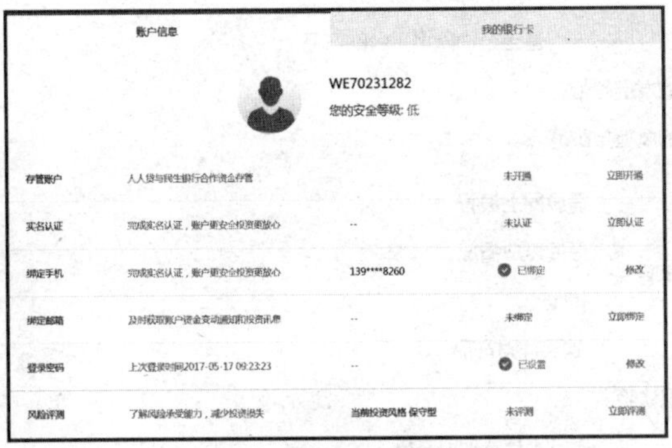

图 5-49　实名认证

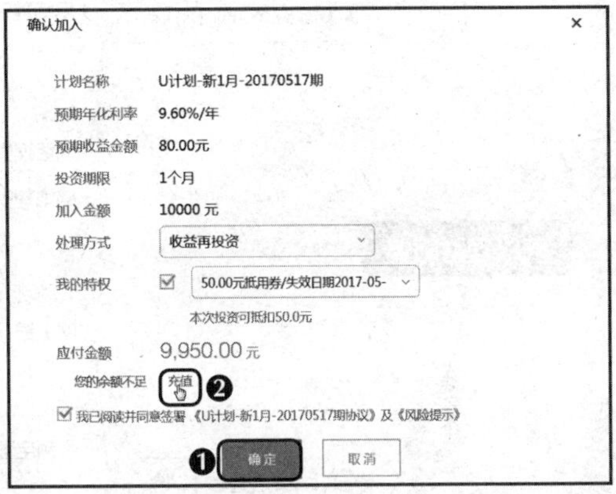

图 5-50　确认投资

⑥ 打开充值网页，其中列出了多个银行可供选择，选择一个银行后，输入充值金额单击 下一步 按钮，如图 5-51 所示。然后按提示要求充值，直至最终完成资金的投入，用户完成借贷。

⑦ 返回人人贷首页，可看到该 P2P 平台的其他投资产品收益等情况，如图 5-52 所示，P2P 平台的收益一般都在 5%~10%，购买产品的操作都比较人性化，重点在于产品的选择和甄别。

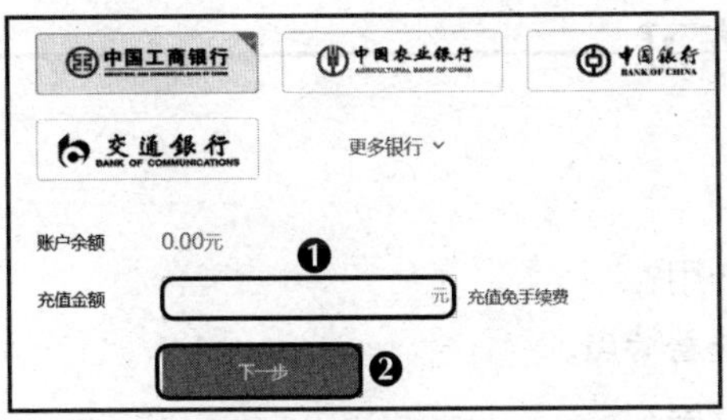

图 5-51　转入资金进行 P2P 投资

图 5-52　其他投资产品

知识链接

人人贷成立于 2010 年，是中国互联网金融领军企业，为个人搭建起可信赖的理财投资和信用借贷平台。2015 年 11 月，人人贷 WE 理财正式推出基金理财产品，针对不同理财用户的投资需求，人人贷目前有基金理财、U 计划、薪计划、投资散标和债权转让等 5 种理财产品。

本章小结

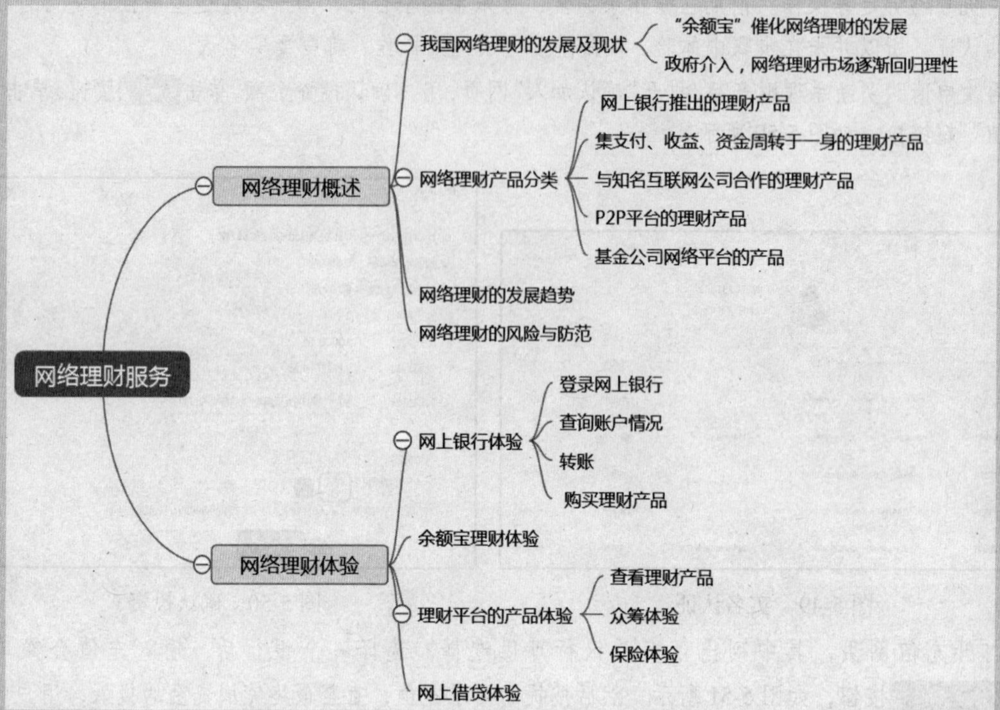

课后练习

一、简答题

（1）余额宝在网络理财的发展过程中产生了什么作用?

（2）简述网络理财产品的类型，以及这些类型的显著特点。

（3）在未来一段时间内，网络理财将往哪些方面发展?

（4）简述网络理财的风险类型。

（5）如何保证网络理财的安全性?

二、上机操作题

（1）根据个人拥有的网上银行情况，登录网上银行，看看网上银行可以进行哪些业务，并查询最近 3 个月的交易明细。

（2）打开腾讯理财通官方网站（其网址为：https://qian.qq.com）。看看该网站里有哪些理财产品，再对比文中讲解的“京东金融”平台，看看这些产品的异同点及各自优势。

（3）将一部分闲散资金转入余额宝，定期查看余额宝的收益情况。

06 第六章 网络创业

当电子商务的春风吹遍大江南北，看似悄无声息的互联网中其实正熙熙攘攘，热闹非凡。淘宝的店铺如雨后春笋般冒出，网络创业不再是新鲜事，网上店铺也是寻常人都可以做的事情，网络创业正在互联网这条高速路上飞奔。

本章将以目前最热的网上开店为例，讲解网络创业。网上开店可选择多个平台，其中淘宝因为开店门槛低，适合多种类型的电子商务初入者。本章以申请一个店铺开始，到装修店铺、策划推广商品，再到客服服务，让读者了解开店的基本流程和方法。

知识目标

- 了解网上开店的基本流程
- 掌握网店整体文案包装的策略和方法
- 了解网店推广的方式
- 掌握客服在不同阶段的服务方式和侧重点

技能目标

- 学会开一个店铺的基本方法
- 学会基本的推广商品与店铺的方法

素养目标

- 对时下流行的网店装修布局和效果有一定判断，厘清网店推广的方式，结合自身找到最合适的方式

6.1 网上开店

网上开店是发展较早，也是发展得最好的一种电子商务模式，在很多时候人们提到电子商务，可能首先想到的就是网上店铺。淘宝是网上开店的“大集市”，不管是个人还是电子商务公司，都可以通过淘宝开店。

6.1.1 网上开店流程

网上开店与线下实体店的开店流程比较类似，看似一个小小的店铺，却需要从店铺策划开始，从上架商品、装修店铺，再到售后服务，整个流程较长。不管用户选择哪个平台开设店铺，其流程基本类似。

1. 开店前期准备

开店前期准备主要是指根据对市场的分析，选择和确定适合自己网上销售的商品，并找好合适的供应商和物流公司。选择适合网上销售，且具有特色的物美价廉的商品是网上开店的基本前提。同时，还需提前准备在网上购物平台开店要求的相应资料。

2. 选择开店平台

不同类型的平台，对入驻商家的要求也不一致，此外，根据开店用户的实际情况，也面临自主创建网店和使用自助式网站开店的选择。一般来说，淘宝网对成本、资质等要求较低，适用于初涉电子商务的用户，用户只需使用有效证件进行注册和申请即可拥有自己的店铺。图6-1所示为淘宝店铺。而天猫商城、京东商城等B2C网站，则对商家入驻有一定要求，如较高数额的押金。

图6-1 淘宝店铺

3. 开设店铺并完成装修

申请成功后，即可开始店铺的装修和管理。装修和管理店铺是个烦琐的过程，包含内容非常多，如店铺名称设置、店铺招牌设置、图片管理、商品分类、商品导航、岗位管理和物流管理等。其中店铺名称的确定和商品类目的选择是该阶段比较重要的工作之一，好的名字可以给消费者留下好印象，且方便消费者记忆，而商品类目的选择则与店铺日后的经营成效息息相关。

4．进货

对于进货这一阶段而言，低价进货、控制成本非常重要。而要做好这一点，就要选择好的进货渠道，并与供应商建立良好的合作关系。

网上商品的进货渠道很多，阿里巴巴等很多批发网站都提供商品批发服务。此外，也可选择线下实体批发市场进货，或选择厂家直接进货等。货源的好坏、性价比和个性化等特点是一个店铺能否成功的关键因素。对于初涉淘宝等电子商务的人员，虽然第4步是进货，但在实际运作过程中，可能找到合适的货源才是第一步。由于淘宝的广泛性和包容性，进货渠道也是多元化的，不可拘泥于一个方面，网上也有很多自制手工产品的成功案例 。找到合适的、有竞争力的货源是开店的重要环节。

5．商品拍照

拿到商品以后，即可为商品拍摄好看的照片，如图6-2所示。由于消费者没办法直接接触和检查网上商店中的商品，因此通常顾虑较多，为了一定程度地打消这种顾虑，商家需要向其展示商品的实拍图片。网上商店中商品的实拍图一般都要求好看，但好看的前提保证是图片不失真，否则容易产生极大的售后问题。

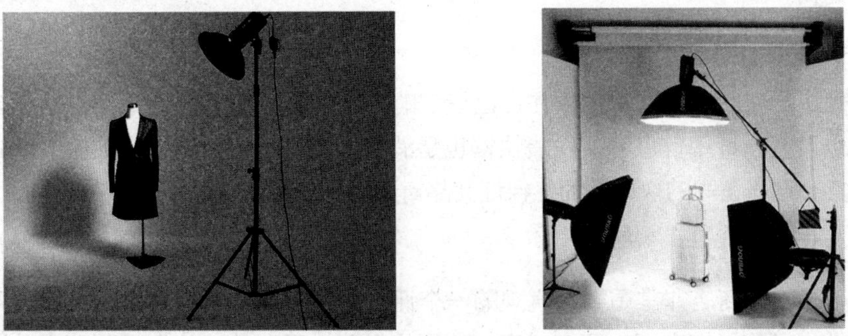

图6-2　商品的拍摄

6．上传商品

上传商品是指把商品的名称、产地、所在地、性质、外观、数量、交易方式和交易时限等信息填写到网站中。上传商品的过程也比较烦琐，如上传主图、选择二级类目、设置商品名称、设置商品属性、上传商品详情页和设置价格等。

该阶段的商品名称非常重要，关乎店铺的流量，要提前进行分析和确定，商品的主图和详情页也要提前在Photoshop中进行制作。

7．店铺营销和推广

店铺开设初期，人气会比较低，此时就需要适当地进行营销推广。网上商店营销和推广的方式与实体店不一样，网上商店的推广主要是通过网络渠道进行的，例如通过淘宝网自身推广平台进行推广，或通过其他自媒体平台推广。图6-3所示即为淘宝网自身提供的推广工具。

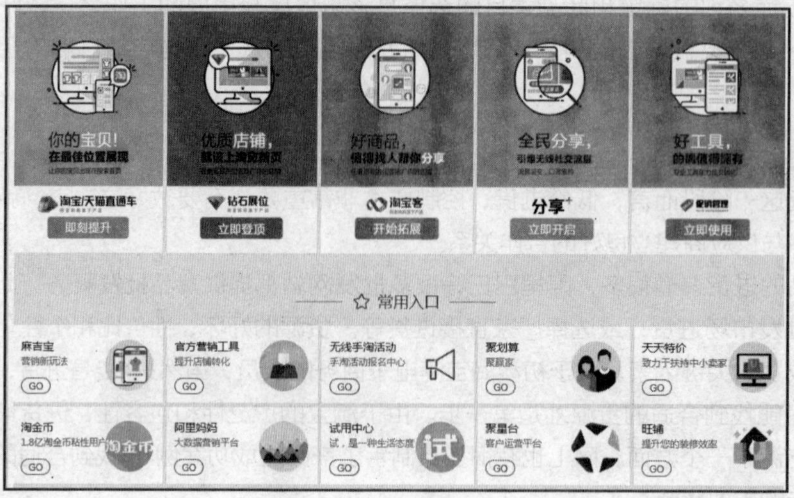

图6-3　淘宝网推广工具

8. 商品售中服务

通过网上商店进行消费的消费者，在消费过程中会与卖家进行一些必要的沟通，比如提出某些问题或要求，此时需要卖家能快速、妥善、及时地回复消费者并处理相关问题。需要注意的是，很多平台对消费者信息的保密要求非常严格，卖家严禁向第三人透露买家的相关信息，否则将给予处罚。

9. 发货

消费者确认购买商品后，卖家要在自己设定的时间内寄出货物，包括通过快递公司揽件、填写订单号以及更新订单信息等。发货快慢也是消费者在网上购物时非常关心的问题，因此卖家应尽快发货，选择正规的快递公司，保证商品寄送的速度和质量。

10. 处理评价和投诉

店铺信用是网上商店非常重要且直观的一个评价因素，在完成交易之后，淘宝网买卖双方都需对对方做出评价。淘宝网中买家对卖家的评价是可以更改的。如果遇到买家差评或投诉，需尽快联系买家解决问题。如果遇到恶意投诉，卖家也须向网站投诉，以减少损失。

11. 售后服务

售后服务也是商品价值的一种体现，好的售后服务不仅可以为商品增值，还能扩大商品影响力。售后服务包括技术支持、退换货服务等。好的售后服务可以留住更多的回头客，直接影响商品销量。

6.1.2 申请并设置淘宝店铺

想要店铺在网上安家，必须先申请一个店铺。在淘宝中申请店铺需要一些相应的资料，如身份证、银行卡和商品资料等，然后才开始具体的网上店铺申请和设置操作。

1. 申请淘宝店铺

申请淘宝店铺是网上创业开店的第一步，为了使整个交易过程更加有保障，在淘宝中申请店铺一般需要对支付宝和淘宝进行实名认证，待审核通过后才能创建自己的店铺。

申请淘宝店铺

① 登录淘宝网首页，将鼠标指针移动到网页上方“卖家中心”选项上，在打开的下拉列表中选择“免费开店”选项，如图 6-4 所示。

② 进入淘宝卖家中心的“免费开店”页面，在该页面中选择店铺类型，如单击[个人开店]按钮，如图 6-5 所示。

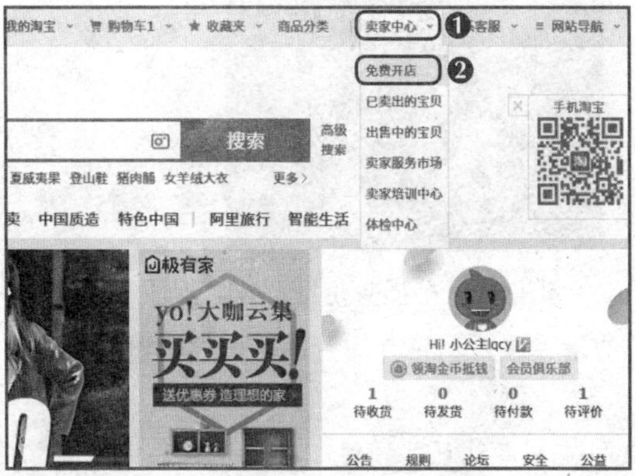

图 6-4　免费开店

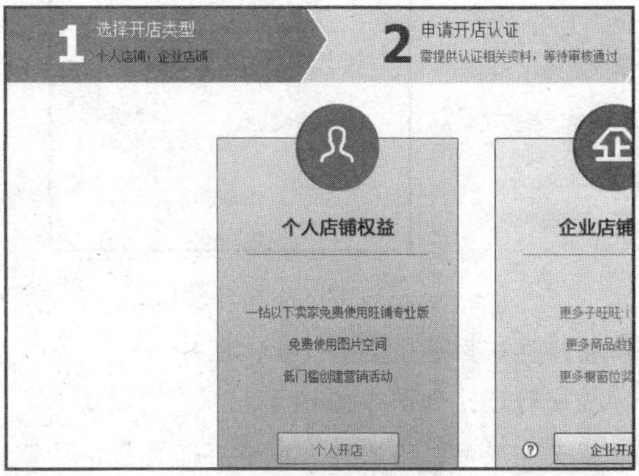

图 6-5　个人开店

③ 打开“开店条件检测”页面，在该页面中可查看未通过认证的选项，单击“支付宝认证”后的“立即认证”超链接，如图 6-6 所示。

④ 打开“支付宝身份校验”页面，在该页面中可上传身份证照片，也可使用手机扫描右侧二维码，通过手机进行验证，如图 6-7 所示。

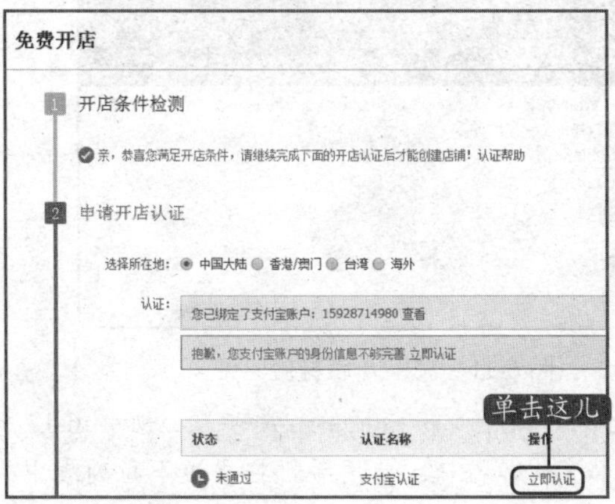

图 6-6　支付宝实名认证

图 6-7　实名认证方式

⑤ 使用手机支付宝 App 扫描二维码进行验证，在手机上打开“身份校验”页面，单击[拍二代身份证]按钮，如图 6-8 所示。

⑥ 在打开的页面中将直接进行身份证的拍摄，将身份证放置在手机镜头之下，单击屏幕即可拍摄，如图 6-9 所示。

图 6-8　补充校验

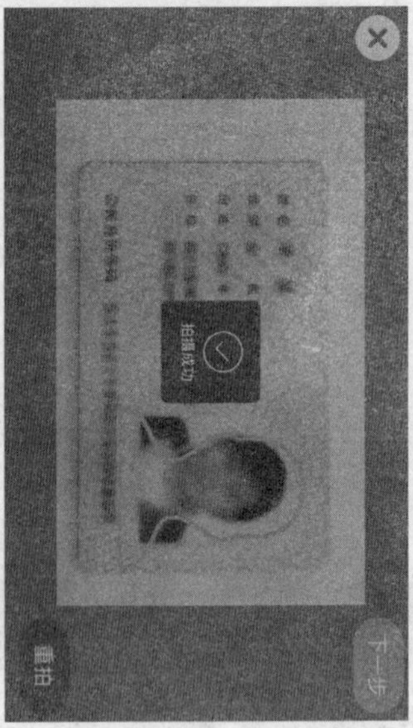

图 6-9　拍摄身份证

⑦ 拍摄完成后单击[下一步]按钮，在打开的页面中可以查看拍摄后的证件图片，单击[确认并提交]按钮提交验证，如图 6-10 所示。

⑧ 提交完成后，再次进入申请店铺页面，可查看支付宝实名认证已通过。在“开店条件检测”页面单击“淘宝开店认证”后的“立即验证”超链接，在打开的页面中单击[立即认证]按钮，进行淘宝开店的身份验证，如图 6-11 所示。

图 6-10　提交验证

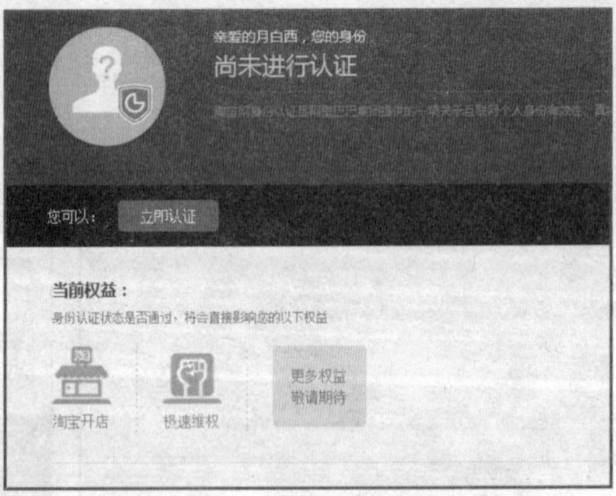

图 6-11　淘宝开店身份验证

⑨ 进入“淘宝身份认证资料”页面，在该页面中介绍了身份验证的相关步骤，如图 6-12 所示。淘宝身份认证需要使用阿里钱盾，单击[扫码安装]按钮，使用手机扫描该下拉列表中的二维码。

⑩ 在手机中打开阿里钱盾的下载安装页面，安装完成后打开阿里钱盾，使用阿里钱盾扫描提示的二维码，在打开的页面中点击[开始验证]按钮进行验证，如图 6-13 所示，并根据系统提示进一步操作。

图 6-12　身份证认证流程

图 6-13　使用阿里钱盾验证

⑪ 人脸验证完成后，进入“拍摄照片”页面，按照系统提示和要求对身份证进行拍摄，拍摄完成后系统将显示所拍摄照片，单击提交按钮提交申请。

⑫ 提交完成后，在打开的页面中将提示开店申请已提交，等待审核。淘宝开店审核的时间一般为48小时，审核通过后即可进入店铺。

⑬ 审核通过后，进入淘宝卖家中心即可查看认证结果，单击创建店铺按钮，进入卖家中心后台，如图 6-14 所示。

⑭ 第一次进入卖家中心后台，淘宝网将打开“签署开店协议”对话框，单击同意按钮，同意开店协议后即可在后台进行开店操作，如图 6-15 所示。

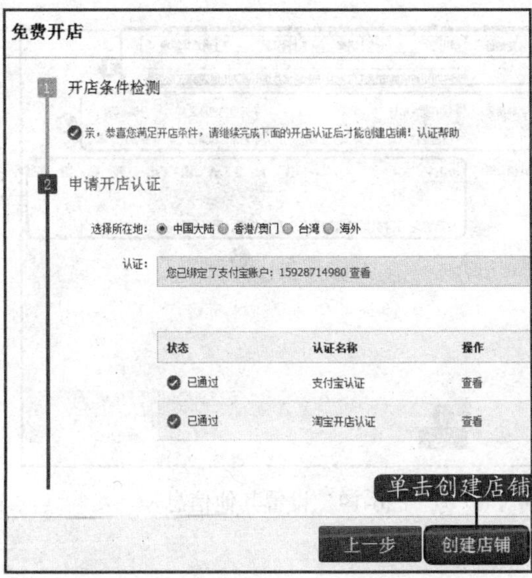

图 6-14　查看认证结果

图 6-15　签署开店协议

2. 设置淘宝店铺

有了淘宝店铺，但此时店铺并没有名称、店标等基本内容。这些内容又是他人识别店铺的主要因素。下面将为新开设的淘宝店铺进行基本设置。

设置淘宝店铺

① 进入淘宝卖家中心，在“店铺管理”栏中单击⌄按钮，展开“店铺管理”栏的全部内容，然后单击“店铺基本设置”超链接，如图 6-16 所示。

② 进入店铺基本设置页面，在“店铺名称”文本框中输入店铺名称，单击“店铺标志”栏的上传图标按钮，如图 6-17 所示。

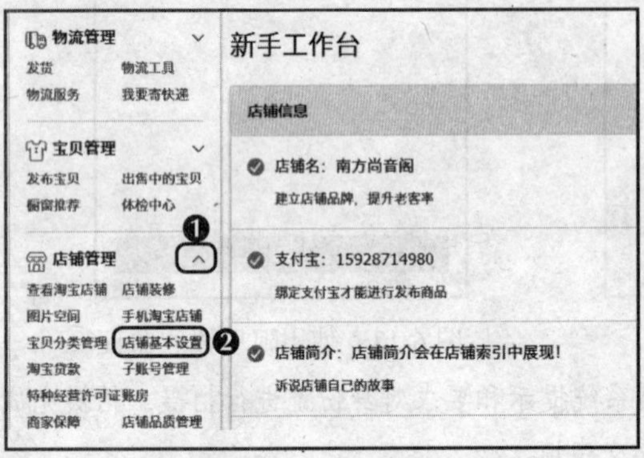

图 6-16　进入卖家中心

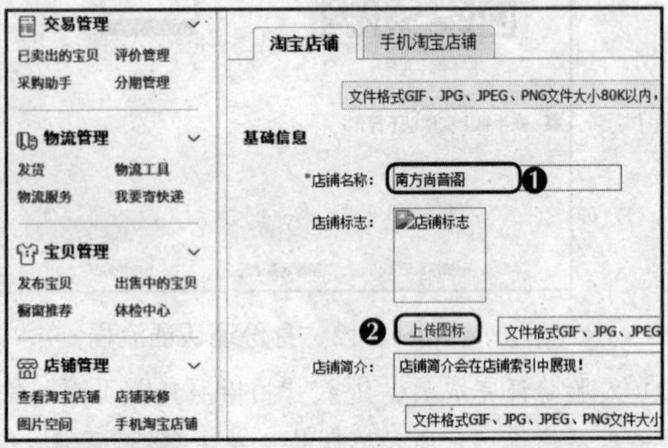

图 6-17　设置店铺名称

③ 打开“打开”对话框，在其中选择店标图片，然后单击打开(O)按钮。

④ 返回店铺设置页面，即可看到店标已成功上传到页面中，如图 6-18 所示。

⑤ 在“店铺简介”文本框中输入店铺简介，店铺简介会在店铺搜索中展现，因此应该填写具有实际意义的内容，使他人能对本店的经营项目一目了然。

⑥ 在“经营地址”栏中单击下拉按钮▾，设置店铺经营地址，在“主要货源”栏中设置货源，在“店铺介绍”栏中填写店铺简介，然后单击保存按钮，如图 6-19 所示。

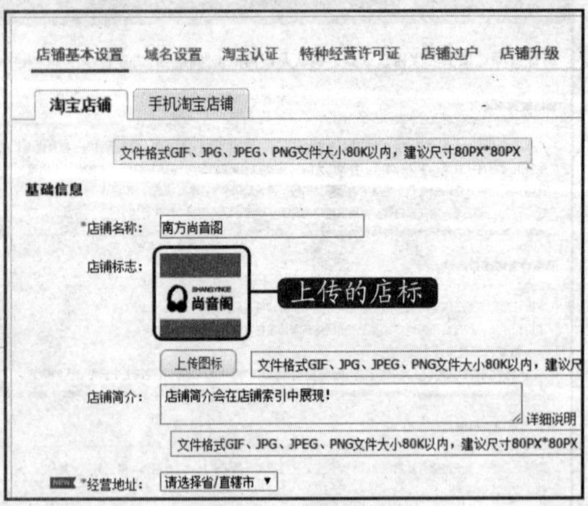

图6-18　上传店标

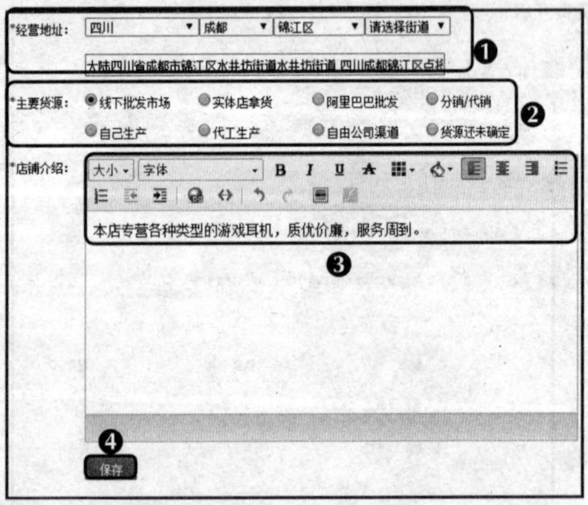

图6-19　设置其他信息

6.1.3　商品发布

发布商品是指将商品信息上传至网上商店中。完成商品的发布之后，还可根据实际情况对商品信息进行修改。在网上店铺发布商品之前需要做一些准备工作，如了解商品信息，准备商品图片等。下面在淘宝网中发布一款帆布鞋。

商品发布

① 在淘宝网首页单击“卖家中心”超链接，登录并进入卖家中心。在“卖家中心”首页的“宝贝管理”栏中单击“发布宝贝”超链接，如图 6-20 所示。

② 进入商品发布页面，在左侧列表框中选择商品类目，如“女鞋”，在右侧打开的列表选择商品的二级类目，如“帆布鞋”，再在右侧打开的列表中选择商品的品牌，单击 我已阅读以下规则，现在发布宝贝 按钮，如图 6-21 所示。

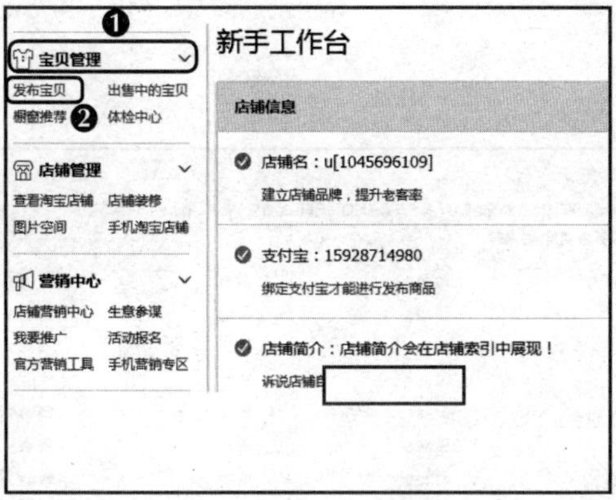

图 6-20　准备发布宝贝

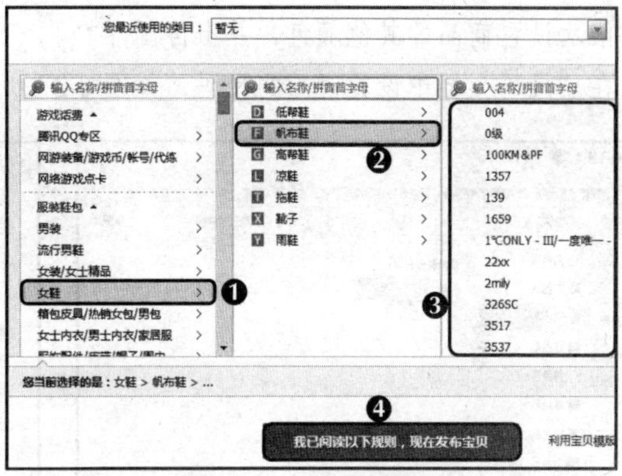

图 6-21　选择商品类别

③ 在打开的页面中继续填写商品的标题、卖点和属性等信息，如图 6-22 所示。

④ 滑动鼠标滚轮，上传商品图片。单击“宝贝主图”的图片框，打开“图片空间”对话框，单击“上传新图片”选项卡，单击 点击上传 按钮，如图 6-23 所示。

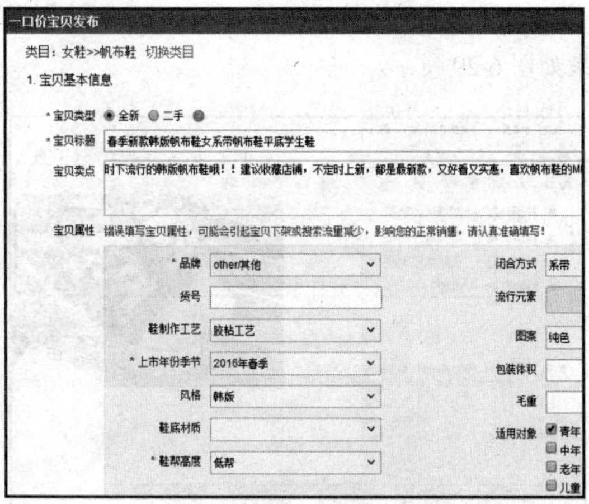

图 6-22　填写商品详细信息

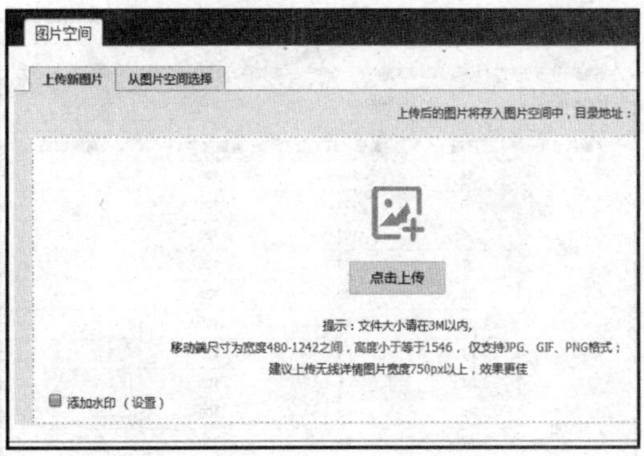

图 6-23　准备上传商品图片

⑤ 打开“打开”对话框，在其中选择需要上传的商品图片，再单击 打开(O) 按钮。

⑥ 按照该方法，依次上传其他商品主图，效果如图 6-24 所示。

⑦ 在“手机端宝贝图片”栏中单击选中“上传新图片”单选项，上传手机端商品主图，如图 6-25 所示。手机端即淘宝的手机端，由于手机淘宝的展示风格和效果与计算机版有一定差异，所以用户可根据需要选择图片。

图 6-24　选择计算机端图片

图 6-25　选择手机端图片

⑧ 在“宝贝规格”的“颜色分类”栏中单击选中文本框前的复选框，在下方的下拉列表中选择商品颜色，如图 6-26 所示。

⑨ 单击文本框后的 上传图片 按钮，在打开的“图片空间”文本框中设置当前颜色的商品图片，然后依次设置商品的其他颜色，并上传图片。

⑩ 在“尺码”栏中设置商品的尺码，如图 6-27 所示。

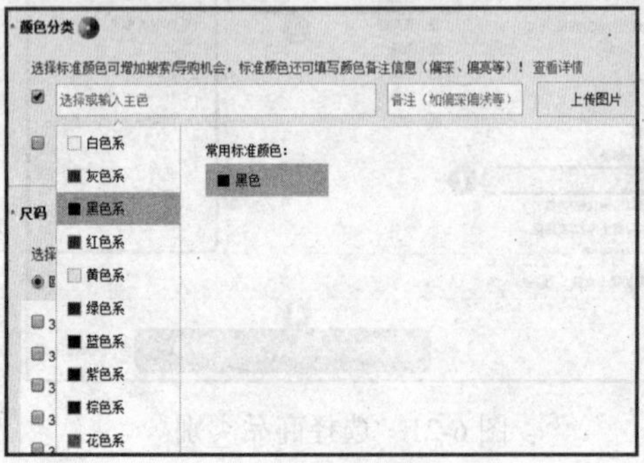

图 6-26　选择商品颜色

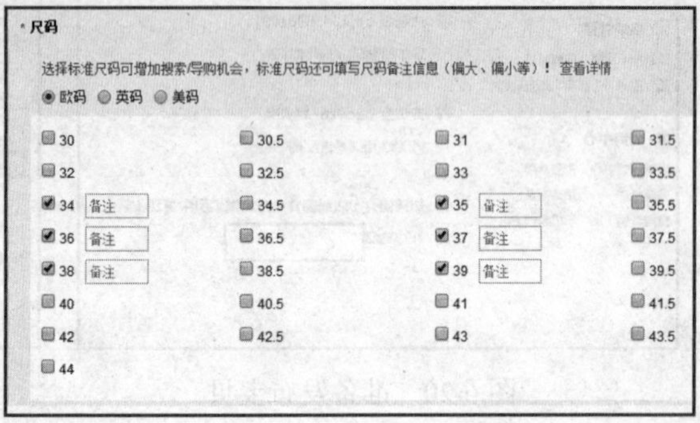

图 6-27　设置商品尺码

⑪ 在“宝贝销售规格”栏中输入商品的价格和数量，如图 6-28 所示。如果商品价格一样，可直接在“批量填充”栏中输入统一的价格和数量，单击 确定 按钮。

⑫ 在“电脑端描述”栏中设置商品详情描述，这里单击“添加图片”按钮，在打开的“图片空间”对话框中选择并上传商品详情描述的图片，效果如图 6-29 所示。

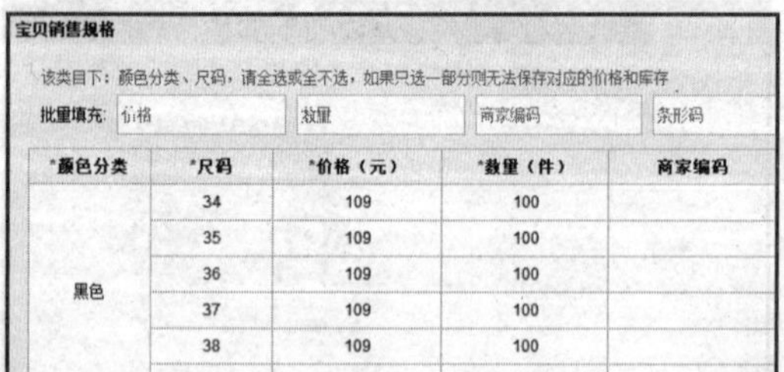
宝贝销售规格

该类目下：颜色分类、尺码，请全选或全不选，如果只选一部分则无法保存对应的价格和库存

批量填充：价格　数量　商家编码　条形码

*颜色分类	*尺码	*价格（元）	*数量（件）	商家编码
黑色	34	109	100	
	35	109	100	
	36	109	100	
	37	109	100	
	38	109	100	
	39	109	100	
深蓝色	34	109	100	
	35	109	100	
	36	109	100	
	37	109	100	
	38	109	100	
	39	109	100	

图 6-28　设置商品价格和数量

图 6-29　设置商品详情描述

⑬ 在“宝贝物流服务”栏中设置商品的物流方式，然后依次设置“售后保障信息”和“宝贝其他信息”，如图 6-30 所示。

⑭ 设置完成后单击 发布 按钮，即可发布商品，查看到该商品在淘宝中的显示效果，如图 6-31 所示。

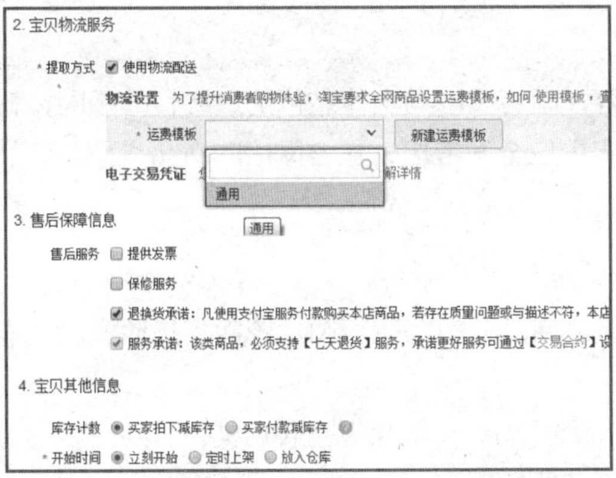

图 6-30　设置其他信息

图 6-31　发布商品

知识链接

上面讲解的发布商品的方法是淘宝自带的发布功能，发布的商品不同，设置的内容可能也会有差异，比如鞋有尺码这一选项，而水杯可能没有。对电子商务用户而言，不管什么类型的商品，按提示内容逐一进行设置即可。

除了手动一一上传商品外，还可以通过一些专用工具。如淘宝助理就是一款功能十分强大的淘宝商品管理软件，它可以快速完成很多商品管理操作，除了上传商品以外，还可批量编辑商品、编辑交易、下载订单和管理订单等，如图 6-32 所示。

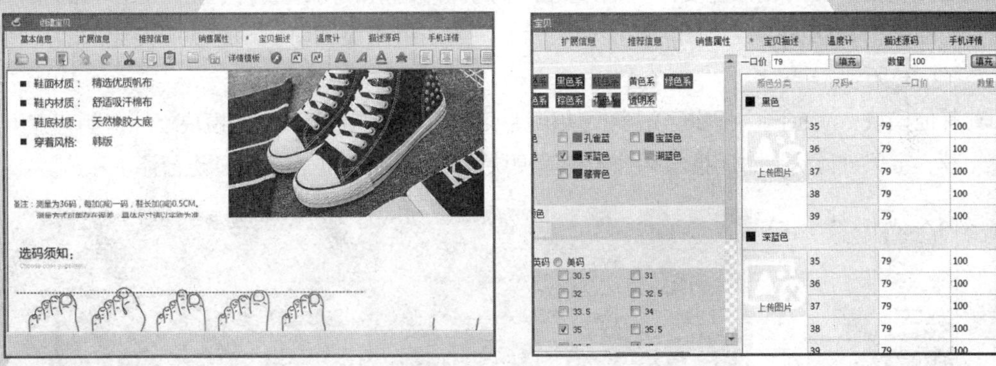

图 6-32　淘宝助理

6.2　网店装修及文案制作

开设网店、发布商品仅是网上店铺的初步操作，在电子商务领域竞争激烈的今天，这些初步设置远不能适应发展潮流。网店的装修，有品质的装修，网店全方位的方案策划与制作都是决定网店成败的因素之一。

6.2.1 网店装修

网店装修，包括人们进入网店看到的一切内容，网店装修与实体装修的最终目的相同，就是给用户舒适的购物体验。在进行网店装修时，店主应全面考虑，包含网店的商品类型、商品定位等，力求商品与店铺完美统一。

1. 认识网店装修的内容

淘宝店铺中可装修的内容一般包括店标、导航、商品分类导航、图片轮播、其他模块及详情页描述等，下面分别进行介绍。

- **店标**：店标就是店铺招牌，位于店铺页面的最上方，一般用以宣传店铺，包括商店的名称，也可放置少量文案和商品图片，如图6-33所示。

图6-33 店标

- **导航**：导航一般位于店标下方，主要用于对店铺的商品进行大致的分类，如服装店导航的“新品”“上装”“下装”等。导航可以帮助买家快速跳转到专门的分类页面。
- **商品分类导航**：商品分类导航是对商品进行细分的导航，主要用于方便买家精确找到所需的商品。当商品经营类目较丰富时，可以设置商品分类导航，如图6-34所示。
- **图片轮播**：图片轮播主要用于播放店铺中的商品图片，可以放置热销商品、新品和打折商品等。在店铺中添加图片轮播模块后，进入店铺主页即可自动放映所设置的图片，如图6-35所示。
- **其他模块**：淘宝网中提供了很多模块供商家选择，除了上面介绍的模块之外，还有宝贝推荐、宝贝排行榜、本店搜索和公告栏等模块，商家可以根据实际需要进行添加和删除。

图6-34 商品分类导航

图6-35 图片轮播

- **详情页描述**：用于展示商品的详细内容，这里是描述商品的主要地方，所以详情页设计与装修效果直接决定商品最终是否成交。商品详情页描述虽然多为图片和文字的结合，但随着淘宝电商的发展，整个描述页的设计也越来越美观。

2. 应用店铺模板

了解了店铺可装修的内容后，该从哪些方面入手装修呢？淘宝本身也提供了一些装修工具，通过它们可快速完成店铺的装修操作，如店铺模板就是淘宝提供的店铺快速装修工具。

通过淘宝网首页的卖家中心，进入卖家中心后台管理系统，在左侧“店铺管理”栏中单击“店铺装修”超链接，即可打开卖家中心的店铺装修页面。淘宝网为卖家提供了多种店铺模板类型，如果对默认模板不满意，可自行选择所需模板。其方法为：在店铺装修页面顶部单击“模板管理”选项卡，在打开的页面中即可查看已使用模板和可使用模板，选择已使用的模板，打开“模板详情”对话框，在该对话框中可查看模板预览效果和配色方案，单击 应用 按钮应用模板即可，如图6-36所示。

图6-36　选择模板

3. 选择店铺风格

店铺的颜色风格是店铺的主要基调，一般需与店铺所经营商品的属性相适应。在淘宝网中，主要可通过配色、页头和页面等对店铺风格进行设置。下面将在淘宝对这3部分进行设置。

选择店铺风格

① 设置配色。配色是指对店铺模板的颜色进行设置，选择不同的模板类型，其配色方案也不一样。打开店铺装修页面，在左侧导航栏中选择“配色”选项，在打开的面板中选择所需的选项，如图 6-37 所示。

图6-37　更改配色

② 设置页头。页头是指店铺店标两侧的区域，在设置了常规店标后，页头区域的颜色依然为默认颜色。为了使页头效果与店铺装修效果相适应，可为页头设置合适的颜色或图案。在店铺装修页面左侧导航栏中选择“页头”选项，在打开的面板中单击“页头背景色”色块■，打开“调色器”对话框，在其中选择所需的颜色或直接输入颜色的RGB值，单击 确定 按钮即可，如图6-38所示。

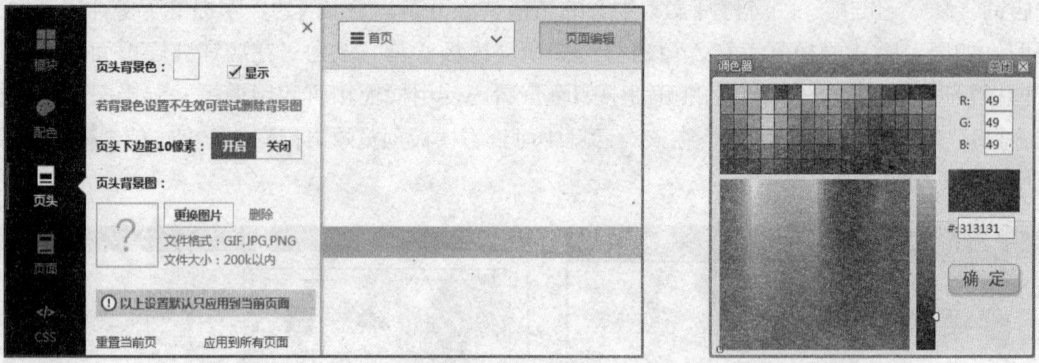

图6-38　设置页头颜色

操作指导

在店铺装修页面左侧导航栏中选择“页头”选项，在打开的面板中单击 更换图片 按钮，打开“打开”对话框，在其中选择需要设置为页头背景的图片，单击 打开(O) 按钮将图片添加到页头背景中。此时“页头”面板中将打开“背景显示”栏和“背景对齐”栏，在其中可对页头背景的显示和对齐效果进行设置。如图6-39所示。

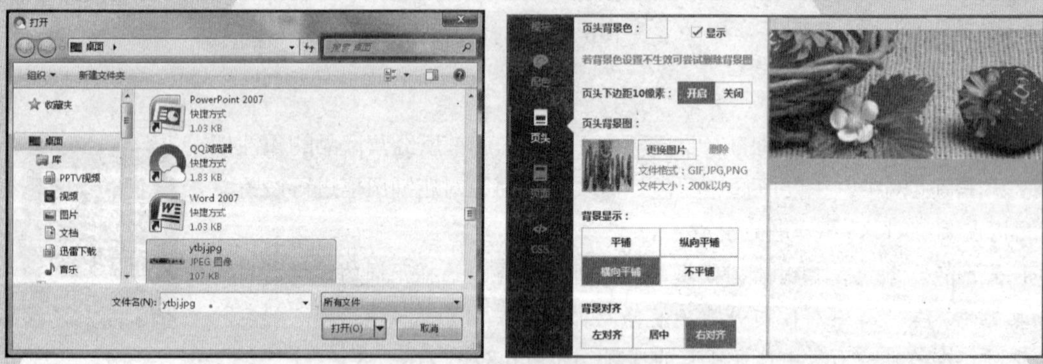

图 6-39　设置页头图案效果

③ 页面。页面是指页头正下方的页面背景区域。页面的设置方法与页头一样，可设置为颜色，也可设置为图案。一般来说，页面与页头效果应该保持一致，即页头设置了颜色效果，页面最好也是相同或相似的颜色效果；页头为图案效果，则页面最好是相同或相似的颜色或图案效果。图6-40所示即为页面与页头相统一的店铺效果。

图6-40　页面与页头相统一的店铺效果

4. 设置分类导航按钮

为了让客户更清晰地知道本店的商品内容，一般需要对商品进行分类，以方便客户快速查看需要的商品类型和商品款式等。下面将为店铺设置一个分类导航按钮。

设置分类导航按钮

① 进入卖家中心，单击“店铺管理”栏中的“宝贝分类管理”超链接，进入宝贝分类管理页面，在页面上方单击 ＋添加手工分类 按钮，新建一个商品分类，在其中输入分类名称。按照该方法依次新建其他商品的分类，如图 6-41 所示。

② 单击“挂耳式耳机”分类下的 添加子分类 按钮，在文本框中输入子分类名称，如图 6-42 所示。

图 6-41　创建分类

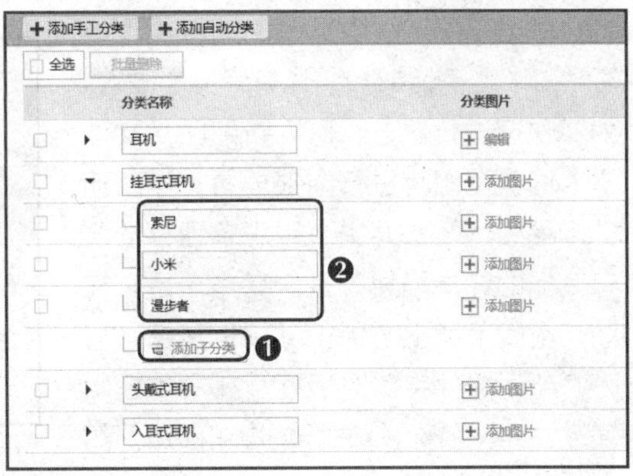

图 6-42　创建子分类

③ 单击“耳机”分类后的“添加图片”按钮＋，在打开的对话框中单击选中“插入图片空间图片”单选项，在打开的对话框中选择对应的图片，如图 6-43 所示。

④ 按照该方法依次添加其他分类导航的图片，设置完成后单击页面右上角的 保存更改 按钮，返回店铺装修页面即可预览设置后的分类导航效果，如图 6-44 所示。

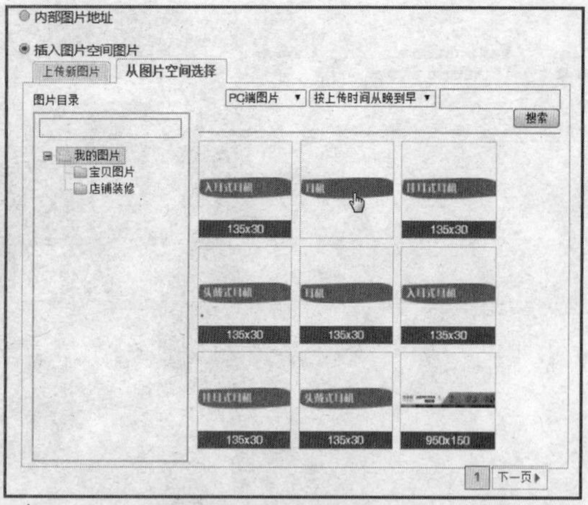

图 6-43 选择图片

图 6-44 创建的分类导航效果

操作指导

装修店铺、上传宝贝图片等会使用大量的图片素材，一般不从本地计算机上直接上传这些图片。因为在进行电子商务过程中，往往需要多人协同完成一项工作，如果原始图片存于某个人的计算机中，将不利于协同办公。所以很多电子商务平台都会为卖家提供免费的图片存储空间，比如淘宝网为卖家免费提供 20GB 的图片空间。进行装修或发布宝贝前，卖家可将需要使用的图片上传到图片空间，当需要使用时直接从中选择。

登录淘宝卖家中心，在左侧的列表框的“店铺管理”栏中单击“图片空间”超链接，进入图片空间，在页面上方单击上传图片按钮，打开“上传图片”对话框，在“通用”栏中单击点击上传按钮。打开“打开”对话框，在其中选择需要上传的图片，单击打开(O)按钮，开始打开并上传图片。

由于在淘宝网中上传的图片类型很多，有用于店铺装修的，还有商品的图片。为了快速进行区分，可以新建图片文件夹对同类型图片进行单独放置，如新建“商品描述”文件夹，用于单独存放所有商品的详情描述图片。其方法是：在图片空间页面上方单击新建文件夹按钮，打开“新建文件夹”对话框，在文本框中输入文件夹名称，单击确定按钮即可。图 6-45 所示为上传到图片空间中的图片，以及创建的文件夹。

图 6-45 图片空间

5. 添加图片轮播模块

常规轮播模块的设置方法比较简单，在设置轮播图片之前，需要首先将图片上传至图片空间。下面将图片设置为轮播模块。

① 将制作的图片轮播模块的图片上传到图片空间。在“店铺管理”的图片轮播模块上单击编辑按钮，打开“图片轮播”对话框，单击“图片地址”栏后的按钮。在打开的列表框中选择轮播图片，也可在图片空间复制图片地址，粘贴到“图片地址”文本框，如图6-46所示。

② 单击添加按钮，继续添加其他轮播图片，如图6-47所示。

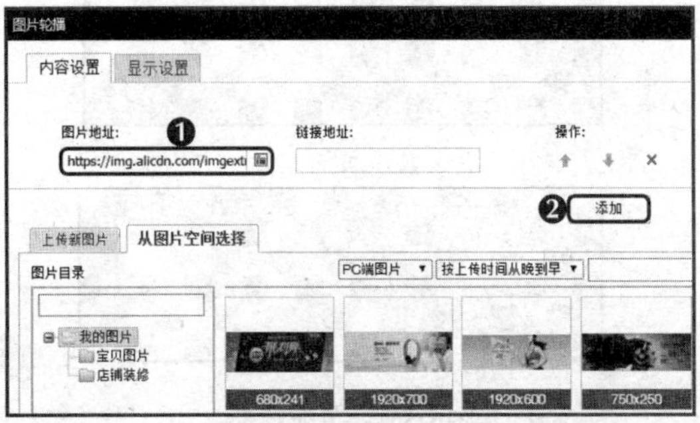

图6-46　选择图片

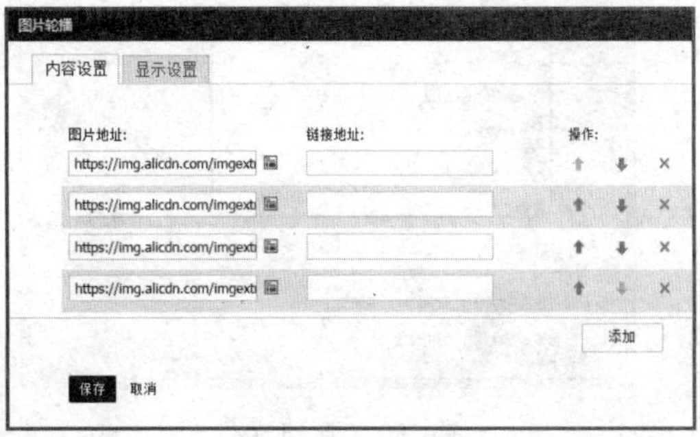

图6-47　添加其他图片

③ 单击“显示设置”选项卡，单击选中“不显示”单选项，在“切换效果”下拉列表中选择“渐变滚动”选项，然后单击保存按钮，如图6-48所示。

④ 单击设置完成后返回店铺装修页面，即可预览图片轮播效果，如图6-49所示。

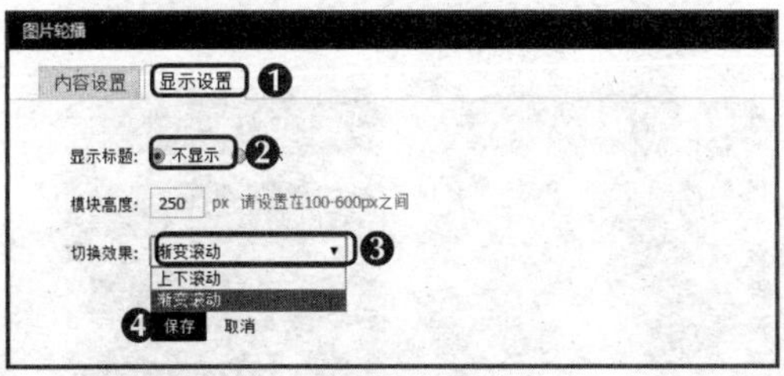

图6-48　设置轮播切换效果

图6-49　查看图片轮播效果

6. PS在店铺装修中的使用

PS是Photoshop软件的简称，它在店铺装修中的作用非常大。不管是拍摄的商品照片，还是店铺装修部件的制作与美化都需要使用这个软件，它可以对图片进行调色、布局设计、文字添加和污点处理等各种美化。

前面在上传店标、上传商品图片和上传分类导航图片时，这些图片来自哪里？基本都是用Photoshop软件进行处理后的，日常找到的图片多为素材，都需进行二次加工。如今电子商务迅速发展且竞争激烈，很少看到有图片未经处理就直接放在店铺中的。所以Photoshop的作用相当大。

PS在店铺装修中的使用

下面将通过在Photoshop中制作前面上传的分类导航图片，体验Photoshop的使用。

① 在Photoshop CC中新建大小为150像素×200像素，分辨率为72像素，名为“分类导航”，

背景内容透明的文件，然后单击 确定 按钮，如图 6-50 所示。

② 选择钢笔工具，在画布中绘制不规则矩形路径。首先单击鼠标左键确定锚点的位置，然后依次绘制其他锚点，并拖动鼠标调整锚点，调整成如图 6-51 所示的效果。

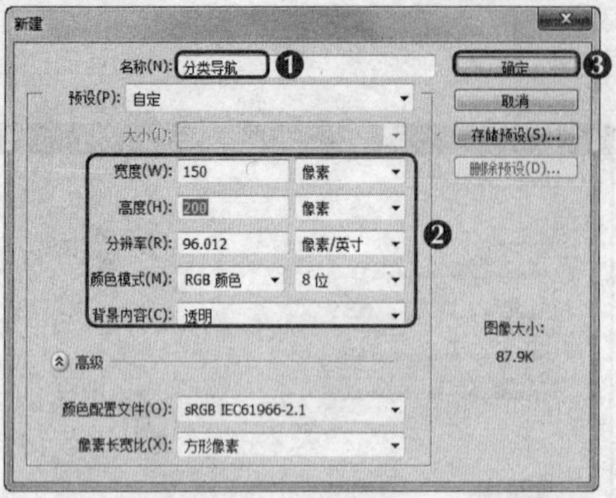

图6-50　新建文件

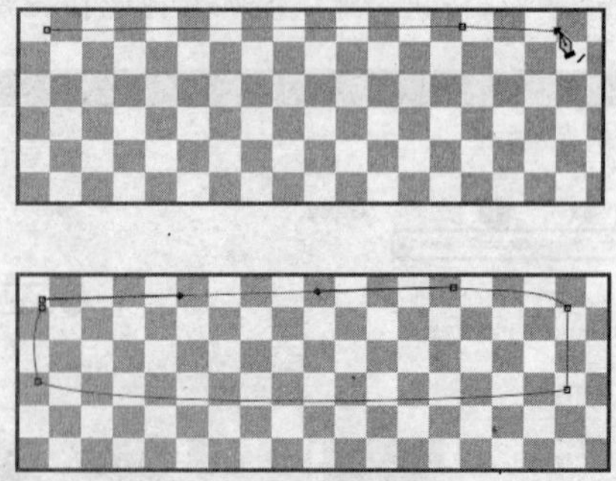

图6-51　完成绘制

③ 将前景色设置为“#4ca1e2”，使其颜色与店标保持一致，然后在路径上单击鼠标右键，在弹出的快捷菜单中选择“填充路径”命令，打开“填充路径”对话框，在“使用”下拉列表中选择“前景色”选项，单击 确定 按钮，如图 6-52 所示。

④ 选择横排文字工具，输入文本“挂耳式耳机”，设置文本格式为“方正粗倩简体、11 点、白色”，并调整文本的位置。选择不规则矩形形状，按“Ctrl+J”组合键复制图层，制作其他分类按钮，效果如图 6-53 所示。

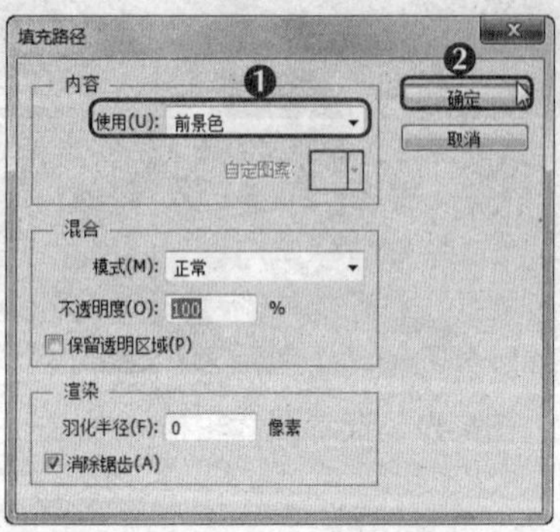

图6-52　输入和设置文字

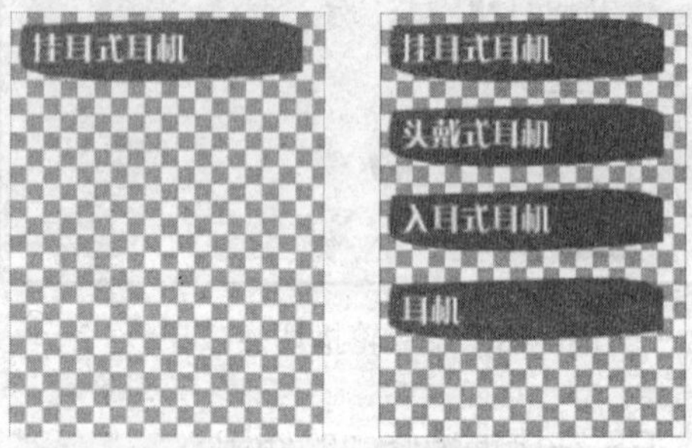

图6-53　填充路径

⑤ 选择切片工具，对图片进行切片，切片效果如图 6-54 所示。

⑥ 选择【文件】/【存储为 Web 所用格式】菜单命令，打开“存储为 Web 所用格式”对话框，在“预设”栏中将图片格式设置为 PNG，单击 存储... 按钮，打开“将优化结果存储为”对话框，设置切片文件的保存位置，完成文件的制作。

图6-54　图片切片

知识链接

分类导航作为店铺的一个装修部件，在制作时要注意一些相应的制作和设置规范。

- 自定义制作的分类导航，其颜色、风格等应该与店铺的整体装修风格相适应。
- 商品分类图片宽度不宜超过160像素，否则当显示器分辨率小于或等于1 024像素 × 768像素时，容易造成店铺首页宝贝分类栏右侧的商品列表下移。
- 在商品分类中，还可以添加子分类。为了方便操作，建议先完成子分类的创建，再将商品转入到相关分类下。

操作指导

PS在网站装修和美化中还经常用于制作商品详情页，最初淘宝上的店铺商品详情页都是直接在文本框中输入文字，然后插入图片。但后来，一般的商品详情页都是直接在PS中将图片和文字内容规划好，然后将这些内容按屏幕的尺寸进行切片，再逐个插入。这样可以首先在PS软件中整体设计和查看整个详情页的效果，使最终商品展示效果更加令人满意。

6.2.2 文案的策划与写作

文案体现在网上商店的各个方面，如品牌文案、商品文案、主图文案、商品详情页文案和推广文案等。好的文案可以有力地宣传店铺或品牌，提高品牌形象，增加消费者对品牌的好感和信任度。

1. 文案的策划

满足消费者的需求是营销的基本目的，当消费者不了解商品时，就需要通过文案对商品进行介绍。在进行文案写作之前，首先需要对文案进行策划。一般来说，策划网店文案时，可以主要从以下5个方面着手。

- **分解商品属性：**分解商品属性即明确商品功能，突出商品优点。要策划出好的文案，必须充分了解商品那些有文案价值的属性。比如某户外帐篷的特点是安全牢固、便于安装，那么“安全牢固、便于安装”就是该户外帐篷较有文案价值的属性。在文案中突出这一点，可吸引不会搭建帐篷或懒于搭建帐篷的消费者。
- **明确顾客群：**准确定位目标人群是文案策划的基础。由于职业、收入、性格、年龄、生活习惯和兴趣爱好等不同，消费者的消费习惯也不一样。因此，需要对消费者的消费行为进行具体分析，了解消费的原因和目的，才能更贴切地针对产品的属性写出具有较强针对性的文案。例如调查发现一部分年轻的手机用户对手机摄像头的像素要求比较高，则公司在推出这类手机时就可以在时尚、外形和摄像头像素的文案上做文章。
- **分析利益点：**消费者在选择某个商品时，会考虑该商品的多个方面属性，如实用性、便利性、操作感和安全性等。为了让消费者可以在层层考量中选择我们的产品，就需要直白地将利益点分析给消费者。分析利益点也是强调商品优点的一种手段，清楚地告诉消费者这个利益点可以带给他什么，比长篇累赘地描述商品功能更有效果。

- **定位使用场景**：定位使用场景是指给消费者指明商品的使用场合。很多时候，商品不仅仅具有通用功能，在某些特殊时候或场景中使用时，可能会有意料之外的效果。所以在文案策划时，可以对这些特殊场景突出介绍，这样不仅可以增加商品的隐性价值，还可以使消费者对商品产生非常实惠贴心的感觉。比如某上班族衬衫的抗皱性比较好，那么在文案中则可以描述"精选舒适抗皱面料，不怕挤公交和地铁"这样的场景。
- **明确"竞争对手"**：商品的竞争对手并不仅是指经营同类商品的经营者，还可以是环境、习俗、职业和场合等。比如太阳能电器对于电力稳定充足的地区而言，其稳定性不如电力电器，因此竞争对手不是其他电器，而是"电"。策划太阳能电器的文案时，就需要突出"不依赖电力、随时可用"这个特性。

2. 文案的写作

对网上商品而言，文案的写作一定要搭配好看的图片，若是改进了商品，还需要对文案实时进行更改。下面对网上商品的常用文案写作方法进行介绍。

（1）主图文案

主图文案是网上商品的主要文案之一，一般都字数精练，一目了然。好的主图文案一般需要做到三点：目标明确、紧抓需求、精练表达。

- **目标明确**：明确主图的目的。一般来说，主图的目的都是吸引消费者深入查看、点击或收藏，如图7-7所示。
- **紧抓需求**：明确消费者希望从主图文案中得到的信息，消费者希望知道什么，主图文案中就要包含什么，如价格、品质和活动等。
- **精炼表达**：精确地表达消费者希望了解的信息，消费者在网上商店选择商品时，通常最先看到的都是主图，如果主图文案过多，消费者难以抓住重点，提取自己所需的信息，会直接放弃阅读转而查看下一个商品。因此主图文案一定要精练，让消费者可以快速直白地初步了解商品，如图6-55所示。

图6-55 主图文案

（2）详情页文案

商品详情页文案与商品成交率息息相关，我们在出售商品时，不仅要吸引顾客查看商品，还需要促成消费者的购买行为。详情页文案即是促成消费者购买的有效手段。

与主图文案一样，在制作详情页文案时，首先应明确制作该文案的目的。详情页文案的目的主要包括以下几种。

- **引发消费者兴趣**：引发兴趣是吸引消费者关注的第一个环节，一般可通过品牌介绍、焦点图、目标客户场景设计、产品总体图、购买理由和使用体验等方面进行考虑。图6-56所示为产品总体图及相关文案。
- **激发消费者需求**：激发消费者需求是引发消费者兴趣的进一步延伸，当消费者在是否购买之间摇摆不定时，通过激发他的潜在需求，就可以巩固他的购买行为。简而言之，激发消费者需求就是给他一个购买的理由，如图6-57所示。

图 6-56　产品总体图

图 6-57　激发消费者购买行为

- **获得消费者信任**：消费者购买商品的过程，事实上就是对该商品的信任展示过程，只有获得消费者的信任，才能更顺利的卖出商品。商品的细节、用途、参数展示和好评展示等都是获取消费者信任的有效手段，如图6-58所示。
- **打消消费者顾虑**：打消消费者顾虑是获取消费者信任的一种延伸，向消费者传递出购买行为没有后顾之忧的信息，同时也能进一步奠定消费者的购买欲望。商家保证、商品证书、商品价值展示和售后服务等都可以用以打消消费者的顾虑，如图6-59所示。
- **激发消费者购买**：通过优惠、促销活动进一步激发消费者的购买欲望，传达出物超所值的信息，甚至可以诱导消费者购买，帮助他们作出购买决定，如图6-60所示。

图 6-58　商品参数

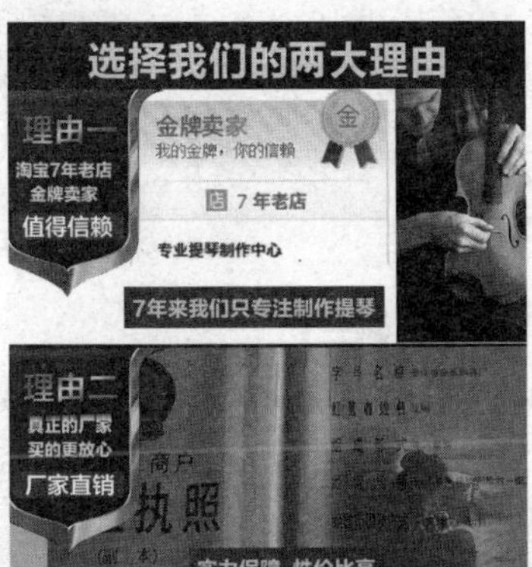

图 6-59　店铺信誉和商品证书

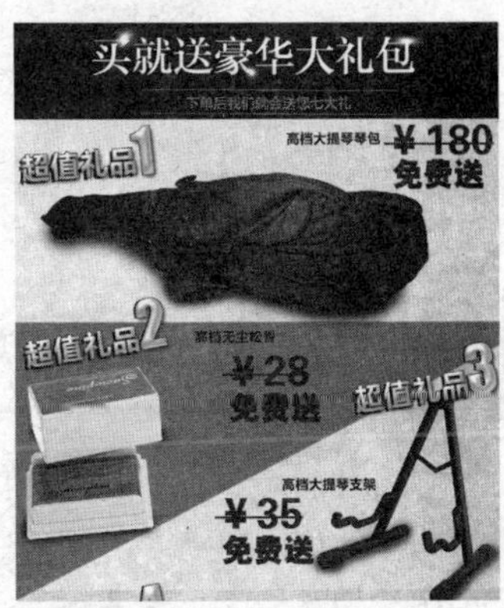

图 6-60　优惠活动

案例解读

店铺装修成就大生意

韦一满是淘宝大学讲师、淘宝优秀店铺设计师，独立研发并教授了《商品图片处理美化教程》《店铺装修的功能和使用》等多门淘宝大学课程，为成千上万的淘宝卖家设计了店铺装修方案，在网店装修这个行业中是名副其实的皇冠级金牌卖家。

然而刚开始经营淘宝的时候，韦一满却并没有这么“志得意满”。

韦一满最初决定成为淘宝卖家的时候，选择了服装行业，因为姐姐在做批发生意，自己刚好可以搭个顺风车。韦一满的店铺名称叫“格格坞”，负责网店装修的是她自己，她的老公杨格则负责网页技术。店铺虽然开始经营了，但生意却很不景气，加上夫妻二人平时也有工作要做，无法投入太多精力到店铺中，这种现状难免让人有点泄气。

不过一次偶然的机缘巧合，让“格格坞”终于迎来了柳暗花明。

韦一满的店铺装修都是自己操刀设计的，花了很多功夫，店铺形象在同行业中显得非常独特别致，就是这份独特，将一个淘宝卖家带到了韦一满面前。这个卖家非常欣赏韦一满的店铺装修，想委托她为自己的店铺进行设计，结果经由韦一满设计的这家店铺，短短一个多月就从2心升到了2钻。这让韦一满意识到网店设计对网店人气拉动所起到的巨大作用，同时这个巨大的商机，也让韦一满下决心将“格格坞”转型为网店装修设计。

韦一满搜索了当时在淘宝网做网店装修设计的卖家，发现只有寥寥几人。最先委托她装修店铺的那位卖家也给她介绍了不少生意。“格格坞”的生意慢慢做起来了，但很快韦一满又面临了新问题。韦一满的店铺装修是定制设计，做了一段时间后发现要按照客户的要求不停修改方案，不仅非常耗时，并且价格也比较贵，为了能够及时交出设计方案，她经常通宵加班，但依然无法很好地满足客户的需求。韦一满在认真考虑之后，决定对“格格坞”进行二次转型，将定制设计转变成以成品设计为主。

直接提供成品设计让客户可以自己选择喜欢的方案，不仅价格降低了，所耗时间也更少了。两年后，“格格坞”从同行中脱颖而出，成了淘宝名副其实的皇冠级卖家。韦一满说，“设计是一个需要靠脑力吃饭的行业，设计不仅需要敏锐的思路，最重要的就是要有创造力”。现在的“格格坞”拥有了自己的设计室，创办了公司，不仅线上装修设计声名远播，线下设计也做得红红火火。

总结

店铺装修是网店的“门面”，在店铺装修上落后于其他店铺，在到店访问的顾客数量上将占不到什么优势。淘宝的买家千千万万，竞争十分激烈，任何方面的不足都可能导致店铺的落后。

6.3 网店运营与推广

店铺流量即店铺的访问量，而店铺访问量直接关系着店铺的销量。在淘宝网店多如牛毛的今天，要想取得好的销量，必须对店铺进行运营与推广，不能指望仅靠好的产品就能口口相传，“杀”出一条血路，适当的推广对于如今的电子商务已是一个必要选项。

6.3.1 网店推广的方式介绍

网店推广的途径非常多，主要可分为站内推广和站外推广两大类别。站内推广是指在淘宝本身进行推广，从而带来流量，这也是目前主要的推广方式以及流量的来源渠道，如站内搜索、直通车、智钻和聚划算等。站外推广是指在淘宝网以外的其他互联网上获取的流量，如在淘宝论坛、微博和微信等进行推广。

1. 站内搜索

站内搜索是指通过当前网站的搜索引擎搜索本网站中的内容，对于淘宝卖家而言，站内搜索是非常重要的一个流量来源，这是因为淘宝用户在通过淘宝购买商品时，大多数时候都是通过关键词搜索寻找商品的。图6-61所示即为通过选词助手查找出来的耳机类目的关键词搜索数据，从该表中可知，耳机、运动耳机和游戏耳机都是用户的热门搜索词。

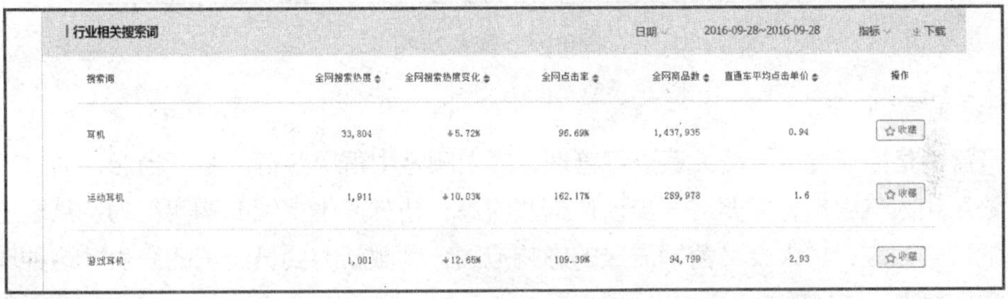

搜索词	全网搜索热度	全网搜索热度变化	全网点击率	全网商品数	直通车平均点击单价	操作
耳机	33,804	↓5.72%	96.69%	1,437,935	0.94	收藏
运动耳机	1,911	↓10.03%	162.17%	289,978	1.6	收藏
游戏耳机	1,001	↓12.65%	109.39%	94,799	2.93	收藏

图6-61　站内搜索数据

2. 付费推广

付费推广是一种比较有效的推广方式，可以帮助卖家获取更多有效流量，淘宝网内部的付费推广模式主要有直通车、智钻、淘宝客和达人等。其中直通车是一种特定类目下店铺爆款常用的推广方式，智钻是一种广泛获取店铺流量的推广方式，淘宝客和达人则是卖家支付佣金，由专门人员提供推广服务的推广方式。直通车和智钻并不是任何店铺都可以申请的，必须是店铺达到淘宝网指定的最低标准才可开通，如直通车的开通标准为信用等级≥2心，店铺动态评分各项≥4.4分。淘宝客和达人作为一种主动的人为推广方式，一般在申请推广时，也会根据店铺的综合能力来决定是否接受推广。图6-62所示即为淘宝直通车和智钻推广页面。

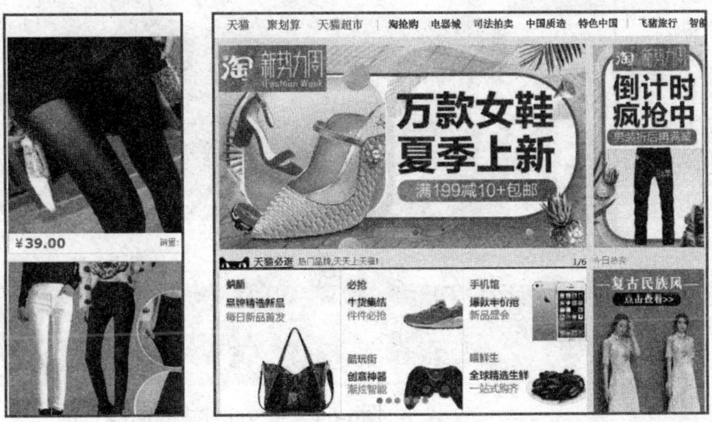

图 6-62　淘宝直通车和智钻推广页面

3. 参与活动

除了通过站内搜索和推广来获取流量外，使用淘宝网提供的一些营销活动进行推广，也是常见流量的来源之一，如聚划算、淘金币和天天特价等，如图6-63所示。如果店铺满足活动参与条件，则可通过淘宝的活动入口申请参与，申请通过后，即可在活动区域获得展示机会，被买家浏览。

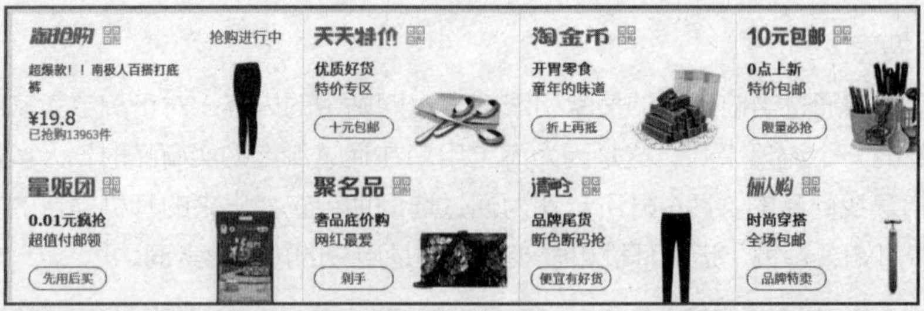

图6-63 参与活动

4. 会员营销

会员营销是指通过对会员关系进行管理，从老顾客中再次获得流量。当店铺通过其他方式带来了流量和人气之后，需要进一步留住这些流量，让其产生持续的购买行为，甚至还可以通过会员的广告效应，扩大会员营销流量的影响范围，刺激新的会员流量的产生，这种现象是所有淘宝卖家都希望达成的。

会员营销流量一般是店铺内最稳定的流量，通常转化率都比较高，可以快速带来销量，对店铺非常有利，因此网店经营者应该重视会员关系管理，尽量巩固和提升会员营销流量。

5. 其他推广

站内推广是卖家主要的流量渠道，除此之外，一些站外平台也可以为店铺带来流量，如折800、返利网、美丽说和蘑菇街等。这些站外平台经常会通过策划活动的方式对商品进行营销，网店卖家也可申请参与这些网站的活动，对自己的商品进行推广。图6-64所示即为折800网站的商品页面，单击具体的商品页面即可跳转到对应的商品地址中查看商品详情。

通过贴吧、论坛、微博和微信等自营销手段也可推广商品并获取流量，除此之外，交换友情链接、通过在其他网站投放广告等方式也可为店铺带来流量。获取流量的方式非常多，卖家需根据自己的实际情况进行选择。

图6-64 折800网站的商品页面

6.3.2 常见店内促销活动

网店促销活动一般都是以给消费者提供优惠的形式来刺激消费者购买，常见的促销方式包括包邮、特价、赠送赠品、赠送优惠券、抢购和会员积分等。

1. 包邮

包邮是一种刺激消费者一次性购买大量商品的促销形式，以淘宝网中某些零食店为例，当买家在店铺里购买总价格超过××元的商品时，即可享受包邮服务，这个包邮的价格设置不可过高，这样买家为了免除邮费，通常会选择足量商品。图6-65所示即为包邮促销形式。需要注意的是，该方法只针对利润较少的商品，如果商品利润足够，则可以采用直接免邮的方式进行促销，这样可以留住更多的买家。

图 6-65　包邮促销形式

2. 特价

特价是指在节假日、店庆和购物活动等时间段，定时或定量为部分商品推出的特价优惠。策划特价促销活动时，一般需要体现出价格的前后对比，活动时间以及商品数量等，让买家可以清楚地看到优惠，进而促进店铺的销量。图6-66所示即为特价产品的活动宣传图。

3. 赠品

赠品是指买家在店铺消费时可获得掌柜赠送的小礼品，赠送小礼品是淘宝网店经营者常用的一种方式，其目的是维护客户间关系，赢得买家好感。除此之外，也可采用达到一定消费额度就赠送某商品的方式。赠品的方式多种多样，不仅可以带给买家福利，卖家还可以借此推销新品。图6-67所示即为赠送礼品的促销形式。

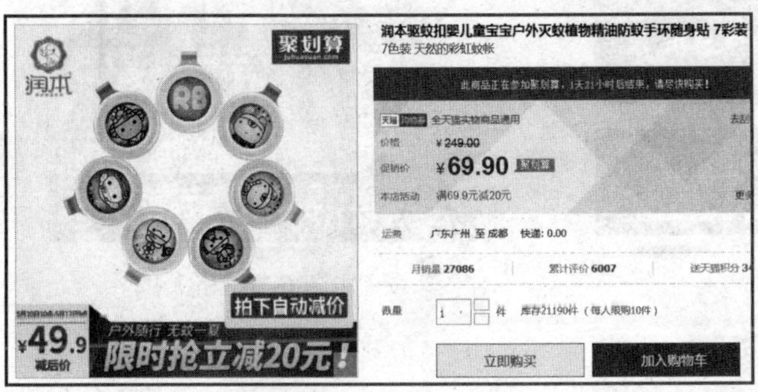

图6-66　特价商品

图6-67　赠品

4．优惠券

赠送优惠券是一种可以激励买家再次购物的促销形式，优惠券的种类很多，如抵价券、折扣券和现金券等。优惠券中一般需标注消费额度，即消费到指定额度后可使用该优惠券，同时在优惠券下方还可以将优惠券的使用条件、使用时间和使用规则等进行介绍。优惠券必须清楚显示在店铺中，或明确指示优惠券的领取地址，让到店消费的消费者可以轻松看到优惠券信息，这样才能发挥更好的效果。图6-68所示即为某商品的优惠券。

图6-68　优惠券

5．会员制

淘宝的会员关系管理系统为卖家提供了会员管理的功能，通过该功能可为新老买家设置会员等级和会员优惠等，如图6-69所示。某些卖家也可将买家的消费额转化为消费积分，当积分累计到一定数量时，即可换购或抵价商品，刺激买家进行重复消费。在设计会员积分制时，需要注明积分规则，如时间范围、兑换规则和兑换方式等。

6．抢购

抢购是一种可以刺激消费者购物行为的有效方式，现在很多网店都会不定期推出商品秒杀活动，提供固定数量的商品，在指定时间开启通道供用户抢购，如“1 元秒杀”“10 元秒杀”“前 3 分钟半价”等，如图 6-70 所示。抢购由于优惠巨大，不仅会吸引老客户，还可以吸引未使用过该商品的新客户，引起消费者的广泛关注，既推广了品牌，又带来了更多潜在的消费者。

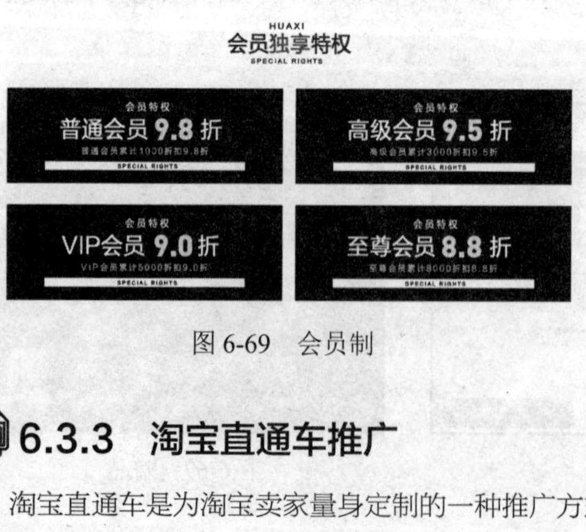

图 6-69　会员制

图 6-70　抢购

6.3.3　淘宝直通车推广

淘宝直通车是为淘宝卖家量身定制的一种推广方式，直通车按点击付费，可以精准推广商品，是淘宝网卖家进行宣传与推广的主要手段，不仅可以提高商品的曝光率，还能有效增加店铺的流量，吸引更多买家。

1. 了解淘宝直通车

淘宝直通车的推广形式是卖家通过设置推广关键词来展示商品获得流量，淘宝网通过直通车流量的点击数进行收费。当买家单击展示位的商品进入店铺后，将产生一次店铺流量，当买家通过该次点击继续查看店铺其他商品时，即可产生多次店铺跳转流量，从而形成以点带面的关联效应。此外直通车可以多维度、全方位提供各类报表以及信息咨询，从而可快速、便捷地进行批量操作。卖家可以根据实际需要，按时间段和按地域来控制推广费用，提高目标消费者的定位准确程度，同时降低了推广成本，提高店铺的整体曝光度和流量，最终达成提高销售额的目的。直通车推广的过程如下。

- 卖家为需要推广的宝贝设置相应竞价词、出价和推广标题，淘宝直通车根据卖家的设置将其推荐到目标客户的搜索页面。
- 当买家在淘宝网中输入类似商品名进行搜索时，或按照商品分类进行搜索时，就会在直通车的位置看到相关的直通车商品展示效果。
- 当买家在直通车推广位置单击展示的商品图片进入商品出售页时，系统会根据推广时设定的关键词或类目进行扣费，即展示免费，点击计费。

2. 制定直通车推广方案

根据店铺的实际情况和推广需求，淘宝卖家可以选择适合自己的直通车推广方式，在直通车页面中新建和设置推广计划。下面将在淘宝网中介绍制定直通车推广方案的方法。

① 登录淘宝卖家中心，在“营销中心”栏中单击“我要推广”超链接，打开淘宝推广页面，在其中选择“淘宝/天猫直通车”选项，如图 6-71 所示，进入直通车推广页面。

② 如果是第一次进行直通车推广的买家，将首先打开“淘宝直通车软件服务协议”页面，同意服务条款后才可进行推广。进入直通车推广页面后，单击 +新建推广计划 按钮，如图 6-72 所示。

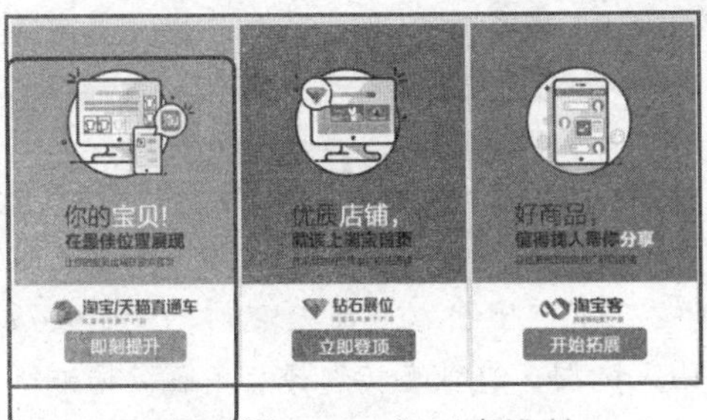

图 6-71 打开直通车

图 6-72 新建直通车推广计划

③ 打开“新建标准推广计划”页面，在“推广计划名称”文本框中输入计划的名称，单击 提交 按钮，完成推广计划的新建，如图 6-73 所示。

④ 在打开的页面中将提示“已成功创建推广计划”信息，然后在“您还可以”栏中单击“宝贝推广”超链接，如图 6-74 所示。

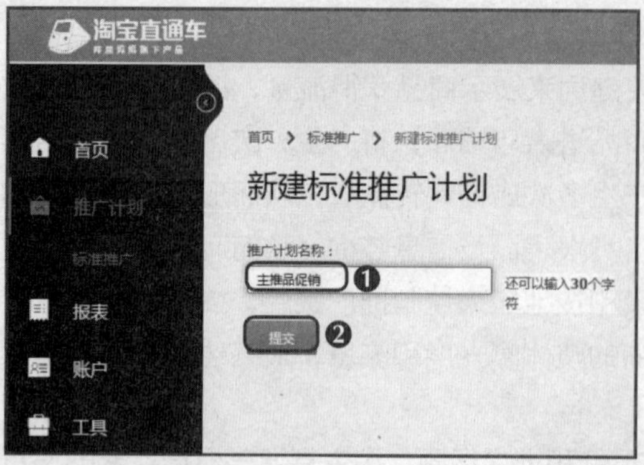

图 6-73　完成新建

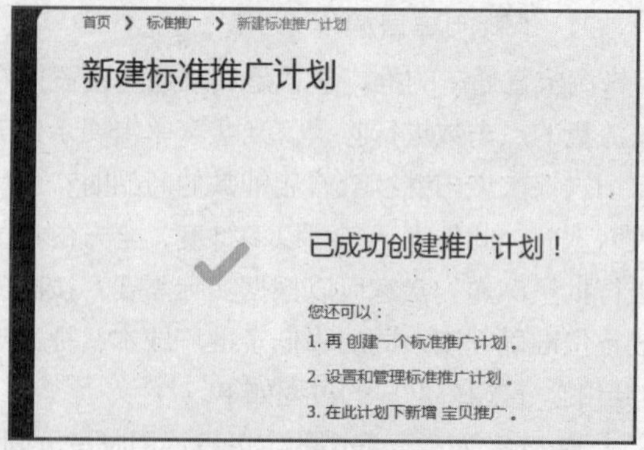

图 6-74　进行宝贝推广

⑤ 打开“选择宝贝”页面，系统将自动显示店铺中发布的宝贝，并按照“优选宝贝”“优选流量”“优选转化”对商品进行展示，如图 6-75 所示。将鼠标指针移动到所选商品的“操作”栏上，单击“推广”超级链接。

⑥ 打开“添加创意”页面，单击选中 宝贝模板 单选项，在右侧的“选择创意图片”栏中选择需要显示的图片，在“标题”文本框中输入需要显示的标题，完成后单击 下一步 按钮，如图 6-76 所示。

图 6-75　选择宝贝

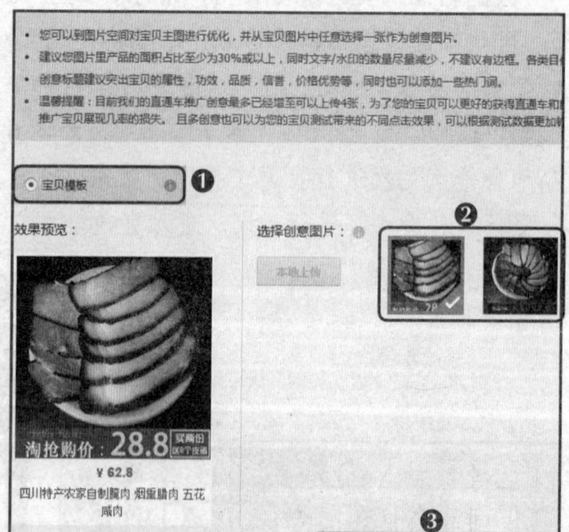

图 6-76　选择创意图并添加标题

⑦ 打开“设置关键词和出价”页面，在“搜索关键词”文本框中输入商品关键词，如图 6-77 所示。在搜索关键词时，其下拉列表中会显示相关的关键词，也可直接选择相关关键词进行搜索。

⑧ 搜索完成，在下方列表框中将显示类似关键词的数据信息，包括相关性、展现指数、市场平均出价、竞争指数、点击率和点击转化率等，单击需要设置为关键词的选项，将其添加到左侧的列表框中，如图 6-78 所示。

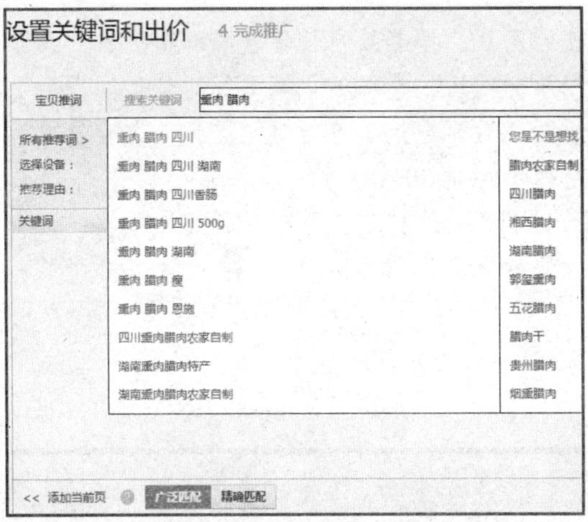

图6-77　输入商品关键词

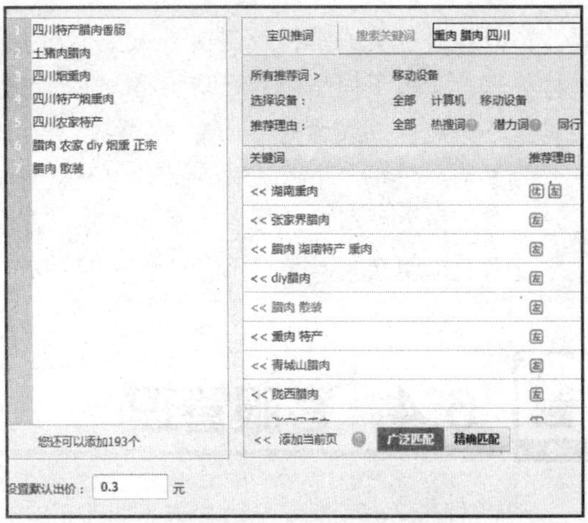

图6-78　添加关键词

⑨ 在“设置关键词和出价”页面中，还可以对展示设备、推荐理由等进行设置，设置完成后在“设置默认出价”文本框中输入出价金额，然后单击完成按钮即可，如图 6-79 所示。

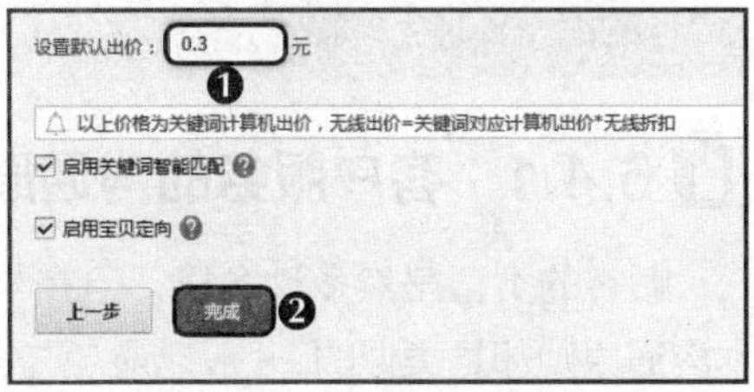

图6-79　设置默认出价的金额

案例解读

玩转直通车，快速打造淘宝爆款

众所周知，直通车是淘宝为卖家提供的一款付费推广工具，可以给店铺带来大量的展示机会和流量。几乎所有的淘宝卖家都知道直通车，但是，却并不是所有的淘宝卖家都会玩直通车。梦宇最开始就是一个不会玩直通车的卖家。

店铺想要发展，必须要获得流量，淘宝卖家梦宇深信这一点，等到店铺信用等级一达到标准，就迫不及待地加入了直通车推广的队伍中。刚开始玩直通车的时候，梦宇没有什么经验，全靠自己摸索，推广费用每天无底洞一样地投进去，但是却没有达到理想的推广效果，梦宇非常苦恼。

难道其他卖家的直通车推广效果都是靠前期不断投入资金砸出来的吗？梦宇不相信，这种耗费大量成本的方法，并不是所有卖家都可以接受的，肯定是自己玩直通车的方法出了问题。梦宇花了两天时间，仔细查看了直通车中的数据，发现每项数据都非常值得分析。直通车完全依靠数据“说话”，自己之前主观草率的行为显然错了。

仔细研究了直通车的玩法后，梦宇及时改变了投入方式。既然直通车靠数据“说话”，那自己也应该用数据对商品“从头到脚”进行重新优化。梦宇设置了直通车的每日消费限额，先通过直通车数据选好了具有爆款潜力的商品，从该商品的标题着手，将两个比较热门的标题分别通过直通车进行投放测试，选择出点击率更高的标题。然后又制作了不同的直通车图片，同样通过直通车投放测试，选择了点击率更高的图片。接着梦宇收集了同类型产品的价格信息，算出不同档次的平均价格，通过直通车投放测试后，选择转化率更好的价格。最后制作不同展示效果的商品详情页，经由直通车投放测试后，选择了停留时间更长、咨询量更多的方案。短短半个月，该商品的自然流量点击量就增加了30%。

商品优化成功后，借着直通车这股“东风”，梦宇顺利地打造出了自己店铺的爆款，又通过爆款带动店铺其他产品的销量，店铺销售额很快就有了飞速的提升。

6.4 客服管理

客户服务作为销售过程中必不可少的一个环节，是网店利润的直接转化因素之一，不管是线下实体店还是网上商店，都对客服的质量要求非常严格。客服的质量好坏直接影响着消费者的消费体验和消费行为，与商店的营销业绩和长远发展息息相关。

6.4.1 客户服务的沟通原则

顾客的类型虽然多种多样，但在与不同类型的买家进行沟通的过程中，需要遵循的一些基本沟通原则却是类似的，一般以避免与买家发生冲突、不消极对待交易对象和过程为最基本准则。下面针对客服人员应该掌握的基本沟通原则进行介绍。

1. 提供礼貌热情的服务

服务行业都遵循着一个共识“顾客是上帝”。“微笑服务”不仅是实体店的客服礼仪，在网店中也同样重要，一个优秀的网店客服必须能让顾客在交流过程中感受到良好的礼仪和热情的态度。

- **礼貌用语：**对于网店客服而言，礼貌的用语不仅是指语言上的温和、亲切和礼貌，还必须将热情的服务态度也展现出来。对主动咨询的买家，不宜采用“你要买什么”“什么事”等冷硬的用语，善用“您好”“请”等常见礼貌用语，可以拉近与买家的距离，使买家感到亲切，更容易与买家建立起和谐友好的氛围，优化购买过程。
- **善用表情和图片：**表情和图片是聊天中非常常见的一个因素，非常利于活跃气氛、表达情绪，在交流过程中使用笑脸、玫瑰、害羞和飞吻等表情，可以适当地调节气氛，让买卖双方的沟通变得更轻松愉快。

2. 换位思考

换位思考是指客服在与买家的沟通交流中，应该设身处地站在买家的立场上来考虑问题，将买家当作自己的朋友，思考和理解买家的实际需求。不要将自己摆在“我是卖家”的位置上，提出不适合买家的建议。

与买家交流时，客服人员可能会遇到各种问题，如不愿意自己查看商品描述而直接进行咨询，遇到一点点操作上的问题就迫不及待地进行咨询，或者并没有购买行为却重复咨询商品信息等。不管遇到什么咨询问题，客服人员都应该抱以耐心宽容的态度，不对买家的问题提出质疑和偏见，再简单的问题也需认真解答，表现自己非常乐意随时提供咨询服务的态度。

3. 技巧性地应对各种类型的买家

不同类型的买家，购买方式和交流方式都不一样，客服人员要善于从买家的语言中推测其消费心理，根据其消费特点，选择最合适的方式，从而促成交易的完成。

从心理学的角度出发，顾客购买商品的心理需求主要可以分为求实、求美、求名、求速、求廉、求同、求新和求安 8 个方面。客服在与买家交流时，要根据买家的心理分析来调整自己的沟通和营销方式，以便最大化满足顾客的需求并售出商品。如求美的买家，在介绍商品时，可以突出介绍商品的外观；对于求同的买家，可以用商品的热销程度来说明购买人数很多，值得信任。

4. 尊重与信任买家

一个合格的客服必须懂得基本的交谈礼仪，尊重买家是对客服的基本要求之一，在与买家沟通时，耐心等待客户，如果买家话未说完，不要急于去打断对方。对于买家的问题，要及时准确地进行回答，表现出对买家的充分尊重和信任，使买家产生好感，这样买家会更加愿意接纳卖家的意见，更容易被说服。

5. 聆听买家的问题和需求

作为一名客服人员，一定要善于聆听买家的问题和要求。聆听是沟通的基本条件之一。在与买家交流时，要通过聆听分析买家的心理，寻找与买家沟通中的关键词，抓住买家想表达的主旨，从而快速作出正确的反应，给出使买家满意的答复。同时，聆听也可以让对方感觉卖家对话题很关注、很重视，觉得卖家值得信任。为了更加了解买家，在聆听的过程中，也可以查看买家的信用评价及发布的帖子，通过这些来了解买家的性格特征，从而准确抓住买家的购物心理，有针对性地做出反应并提供服务。

6. 理性对待买家的问题

客流量多的网店，客服每天都要与各种各样的买家打交道。由于买家的性格、兴趣和素质等存在差异，导致有些沟通非常轻松，而有些沟通则显得烦琐，不管遇到什么买家，客服都应保持理性，快速合理地解决问题。

- **善于控制自己的情绪：**当遇到挑剔、咄咄逼人等比较难缠的买家时，客服人员首先要保持理性与冷静，善于控制自己的情绪，切忌与买家争执，以和平的途径来解决问题。
- **积累交流技巧：**一个优秀的客服人员，应该提前了解面对不同买家时的交流方法，多积累各种处理技巧，模拟面对不同买家时的处理方式，提高自己的承受能力和应变能力。
- **不要草率做出决定：**如果买家在交流的过程中情绪比较激动，不要草率采取强硬的态度和手段来加剧彼此的矛盾，客服人员只有始终保持心平气和地进行沟通，才有可能解除误会或者挽回错误。

7. 接受对方的观点

在进行交易的过程中，如果与买家存在不同的看法，可以委婉的进行解释和建议，尝试改变买家的想法，不能强势地将自己的建议强加给买家。当买家对商品的理解有误时，要温和地讲解，传达正确的观点。当买家对商品有不好的看法与感受时，客服依然要尊重买家的观点，尊重买家的想法，心平气和地解释。如果买家依然不接受，就要选择其他的途径进行解决。如果意见发生分歧，不要刻意地去和买家发生激烈的争论，谨言慎行，不恶语伤人、勇于承认错误并努力弥补买家的损失等。

6.4.2 售前服务

网店客服的售前服务主要是一种引导性的服务，当买家对产品抱有疑虑时，即需要客服人员提供售前服务。从买家进店到付款的整个过程都属于售前服务的范畴，包括客户咨询、客服应答、了解和解决问题、达成订单、确定订单并引导买家付款、引导买家收藏店铺和感谢买家光顾等内容。在售前沟通的过程中，作为网店的客服人员，主要需要掌握的客服知识通常为商品的详细信息、产品推荐、与不同类型的买家沟通等。

1. 介绍商品

一名专业的网店客服，必须具有基本的专业性，即必须掌握商品的专业性知识和周边知识，了解同类产品的信息和网店促销方案。

- **商品专业知识**：商品的专业知识主要包括产品质量、产品性能、产品寿命、产品安全性、产品尺寸规格和产品使用注意事项等内容。
- **商品周边知识**：商品的周边知识主要是指与产品相关的其他信息，如与同类产品进行分辨的方式、产品的附加值和附加信息等。这类信息有利于提高商品的价值，使买家更加认可商品。
- **同类商品信息**：同类商品是指市场上性质相同、外观相似的商品。由于市场同质化现象十分严重，买家会面临很多相同的选择，但是质量是顾客选择的最稳定的因素，因此客服人员需要明白自己的劣势，突出自己的优势，以质量比较、货源比价和价格比较等方式稳固买家。
- **促销方案**：网上商店通常会推出很多促销方案，客服人员需要熟悉自己店内的各种促销方案，了解每种促销方案所针对的顾客群体，再根据买家的类型有针对性地进行推荐。

2. 商品推荐

当客服了解了产品信息后，就可游刃有余地对产品进行推荐。对于网上商店而言，商品推荐包括商品本身的推荐和商品搭配推荐两个主要方面。

- **商品推荐**：商品的推荐需要因人而异，客户的需求、使用对象和性格特点等不同，推荐的方式和类型就不一样。比如买家购买自用商品，则实用性、美观性和适用性等就是首要推荐点，如果买家购买商品是为了赠送他人，则产品的包装、产品的品牌、实用性和美观性等都需要同时考虑。
- **搭配推荐**：商品的搭配主要包括色彩搭配、风格搭配和效果搭配等，在推荐搭配时，可以店内模特、流行元素等进行举例。

3. 与不同的买家沟通

一般来说，常见的买家主要有以下 8 种类型。

- **便利型**：这类买家的网上购物行为多以省时、快捷和方便为主要原因，特别是没有充足的时间逛街购物的人群，更愿意选择网上购物平台满足自己的需求，同时他们也是网络消费的一大群体。这部分消费者一般对网上购物的流程比较熟悉，且购物行为比较果断、快速，目的性较强。与这类买家交谈时，卖家只需提供优质的商品和良好的服务态度，注意倾听他们的需求并尽可能提供帮助即可得到认可。

- **求廉型**：这类买家大都喜欢价格便宜的商品，同时对质量的要求也不低，他们在购物时比较喜欢讨价还价。在应对他们时，首先应该以亲切热情的用语表达自己的态度，在语言上委婉地提示他已经争取到了足够低廉的价格。若买家不依不饶，一定要求店家降低价格，可在不造成自己损失的前提下，适当迎合顾客的心理，如略微降低价格或赠送其他赠品等，促进交易的成功。
- **随和型**：这类买家一般性格较为开朗，容易相处，与他们交谈时要保留足够的亲和力和诚意，他们一般很好打交道，只要站在他们的角度尽可能地满足他们的需求，即可促成交易。
- **犹豫不决型**：这类买家一般会在店铺浏览很长时间，花较长的时间选购商品，并且在客服人员的详细解说下，仍然犹豫不决，迟迟不会下单。与这类买家交谈时，耐心非常重要，就算买家一再询问重复，或者已经解释多遍的问题，也要耐心详细地进行说明，做到有理有据，用事实说服买家进行购买。
- **心直口快型**：这类买家下单比较果断，看好了想要购买的商品后就会立刻下单，对于不喜欢的则直接拒绝。在与这类买家交谈时，尽量快速而准确地回复买家的问题，表现出自己的专业，尽量用语亲切，以买家的立场来进行说服，这样可增加交易的成交率。
- **沉稳型**：这类买家较为精明，做决定时一般会仔细考量，缜密应对。他们个性沉稳不急不躁。要说服这类买家，需要迎合他们的思路来进行沟通，让他们自己说服自己进行购买。
- **慢性子型**：这类买家一般会花上较多的时间来查看商品，可能会同时查看很多商品，并重复进行查看和比较。与他们沟通时，一定要有耐心，并详细回答他们提出的问题。
- **挑剔型**：这类买家很多都会对网上购物持不信任和怀疑的态度，认为商品的描述都言过其实，并会针对商品提出各种各样的刁钻问题。与这类买家沟通时，首先要仔细说明商品的详细情况，消除他们的不信任，积极解决他们提出的各种问题，适当给予一些优惠和赠品等，促成其购买行为。

6.4.3 售中服务

售中服务是指商品交易过程中为买家提供的服务，主要集中在顾客付款到订单签收这个阶段，包括订单处理、装配打包、物流配送和订单跟踪等内容。

- **订单处理**：订单处理主要是指对订单进行修改，如修改价格、修改买家的地址和联系方式等。
- **装配打包**：商品在寄出之前，需要对其进行打包。如果买家提出了特殊的包装要求，也要根据实际情况予以满足。
- **物流配送**：物流配送是指联系物流公司进行揽件并开始配送，注意物流信息要填写正确和完整。
- **订单跟踪**：订单跟踪是指随时跟踪订单的情况，并告知买家。

6.4.4 售后服务

售后服务是指买家在签收商品之后，客户针对商品的使用、维护等进行的服务，售后服务的质量是店铺服务质量中很重要的一个方面，好的售后服务不仅可以提高店铺的动态评分，还能吸引更多新顾客，留住更多老顾客。网店售后服务所包含的内容非常多，商品使用解答、商品维护解答、退换货处理和中差评处理等都属于售后服务的范畴，其中退换货处理和中差评处理是问题比较集中的两个方面。此外，完善的售后服务还包括主动询问买家的使用情况，根据买家反馈及时调整信息、引导买家好评、进行好评回复和引导买家收藏店铺等。

1. 售后客服注意事项

售后服务是交易过程中的重点环节之一，好的售后服务会给顾客带来非常好的购物体验，因此客服在处理售后问题时要特别注意。

- **态度端正**：热情、耐心、礼貌和尊重是客服人员应该具备的最基本的素质，这一点在售后服务中也体现得非常明显。客服人员要耐心温和地处理各种售后问题，满足客户的合理要求。
- **回应买家的投诉与抱怨**：买家收到商品后，如果对商品的质量、性能或服务不满意，会有各种各样的投诉与抱怨，此时，客服人员要积极面对买家的投诉或抱怨，不能回避问题或消极处理。
- **避免与买家发生争执**：少部分买家如果对商品不满意，态度会十分恶劣，客服在遇到这类买家时，一定要避免与其发生争执，防止事态恶化，应该尽快提出实际可行的解决方法，安抚买家并解决问题。
- **留住回头客**：当买家在使用了商品并有比较积极的反应时，客服要抓住机会，将其发展为老客户。
- **引导买家的好评和收藏**：好评和店铺收藏对于店铺的发展非常重要，一个优秀的客服人员应该善于引导买家的好评和收藏。

2. 如何对待买家的中评和差评

当店铺的信用和规模不断扩大之后，成交量也会随之增加，随之而来的中差评也可能会不断增加。中评和差评对店铺的影响非常大，因此客服人员需要对中差评进行处理。

买家投诉是一种经常可能会遇到的问题，在应对买家投诉时，客服应该在遵循一定准则的基础上对投诉进行处理。

- **及时道歉**：当买家所投诉内容属实时，客服首先应该主动道歉，表达出卖家诚恳的态度。若是买家投诉不属实，客服应该委婉温和地详细解释，解除误解。
- **耐心倾听**：当买家抱怨发泄时，客服要耐心倾听，态度良好，理解买家的抱怨，认真对待和判断买家的问题。
- **及时处理**：当买家在进行投诉时，一般都想尽快解决问题，因此客服在处理投诉时要迅速及时，切忌拖延。
- **提出完善的解决方案**：买家在进行投诉时，基本都是想解决问题、挽回损失，客服应该针对买家这种心理迅速提出让客户满意的解决方案，如更换商品、退货和赠送赠品等。

知识链接

好评率是网店非常重要的一个因素，会对买家的购买行为产生直接影响。下面对一些常见的避免中差评的方法进行介绍。

- **做好售前、售中的商品介绍：** 在进行商品介绍时，注意主动对一些重要问题和细节问题进行提醒，如商品尺码、颜色偏差等，并说明原因。
- **质量把关：** 质量是买家购买商品的首要因素，因此质量问题一定不能忽视。进货时要注意进行甄选和对比，发货前也要仔细检查商品是否破损或存在缺陷。
- **包装：** 包装也是商品的卖点之一，好的包装可以让买家感觉更超值，卖家可以在包装上做一点小创新，博取买家的好感。
- **完善的售后：** 售后是避免和挽回中差评的一个关键，完善的售后服务甚至能弥补商品质量上的细小缺陷。
- **热情的服务：** 服务质量很大程度上决定着买家对整个店铺的评价，如果买家对店铺的印象好，中差评的概率就会更低。
- **正确面对买家评价：** 收到买家的中差评后，应该诚恳地面对评价，虚心接受买家的批评，表达自己立即更改的态度，从而说服买家更改评论。

本章小结

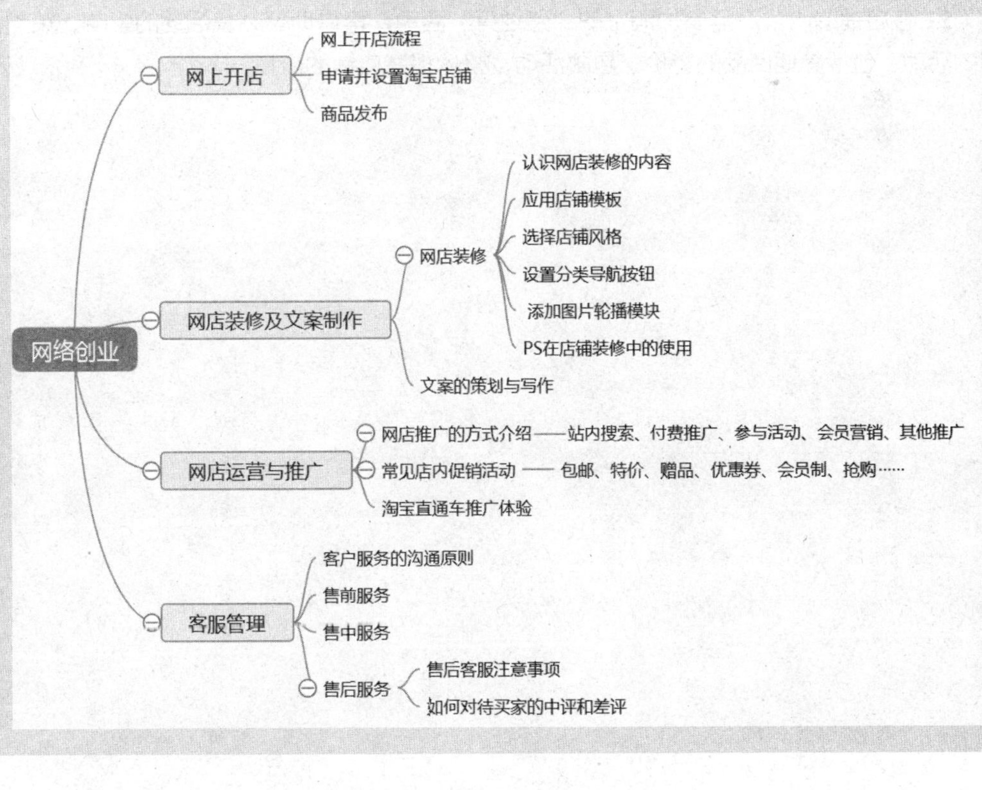

课后练习

一、简答题

（1）网上开店的流程有哪些？

（2）网店装修的内容有哪些？它们有什么特点？

（3）网店文案的整体策划应注意哪些方面？

（4）网店商品的详情页在文案制作上应该注意些什么？

（5）简述网店推广的方式。

（6）网店常用的促销活动有哪些？

（7）服务客户时，其沟通原则有哪些？

（8）当售后人员遇到淘宝买家未经沟通直接给予差评时，该怎么应对？

二、上机操作题

（1）在淘宝申请一个个人店铺，然后进行店铺模板选择和店铺风格设置，完成淘宝店铺的基本设置操作。

（2）用 Photoshop 软件处理一张商品图片，然后发布商品。

（3）为店铺添加分类导航按钮和图片轮播模板。

（4）参照“三只松鼠旗舰店”的装修风格、布局方式（配色可根据当前店铺的商品类型和风格再修改，如是售卖棉麻制品，在配色上可选择以白色和蓝色为主；如是售卖食品，可以橙色为主等），整体打造自己的店铺。

（5）将店铺的一款产品参加淘宝的“聚划算”活动，再借助聚划算活动的影响，策划淘宝店铺的活动，包括其他商品的特价、包邮活动，整体提高店铺的流量。

07 第七章 跨境电子商务

据《中国电子商务研究中心》，2015 年我国跨境电商整体交易规模为 5.5 万亿元左右，2016 年整体交易规模达到 6.5 万亿元左右，预计未来几年跨境电商将继续保持平稳快速发展。为什么跨境电商能有如此迅猛的发展势头？跨境电商有效降低了产品价格，使消费者拥有了更大的选择自由，不再受地域限制。

本章将讲解跨境电子商务的应用知识，让用户对跨境电子商务的业务范畴、运营模式和操作流程有细致的认识。

知识目标

掌握跨境电子商务的发展历程和趋势
掌握跨境电子商务的特点和商业模式
了解跨境电子商务的主流平台及其优势
了解跨境电子商务的操作流程
了解跨境物流和跨境支付

技能目标

学会分析对比跨境电子商务平台的优劣
完成跨境电子商务平台入驻

素养目标

能够高度概括总结跨境电子商务的相关知识
对开展跨境电子商务的操作流程有具体认识

7.1 跨境电子商务基础

随着经济与互联网的快速发展，为了实现不同国家之间的商贸合作，跨境电子商务运应而生。它构建了开放、立体的多边经贸合作模式，扩宽了企业进入国际市场的途径，同时，消费者还能通过该模式轻易地获取其他国家的商品。

7.1.1 什么是跨境电子商务

跨境电子商务是指分属不同国家的交易主体，通过电子商务平台展示、洽谈，进行支付结算，并通过跨境物流送达商品、完成交易的一种国际商业活动。跨境电子商务主要由跨境电子商务平台、跨境物流公司和跨境支付平台3部分组成，跨境电子商务平台用于进行商品信息的展示、提供在线购物功能，如速卖通、亚马逊和易贝等；跨境物流公司用于运输和送达跨境包裹，主要有中国邮政、DHL和UPS等；跨境支付平台则用于完成交易双方的支付活动。

按照进出口贸易分类，包括进口跨境电子商务和出口跨境电子商务，意指产品外销和产品购进。时下的"海淘"风即是典型的跨境电商零售进口商业活动，用户多为通过手机端购买境外商品。随着人民生活水平的提高，进口跨境电子商务潮也越来越热，本章也将以进口跨境电子商务为基础讲解跨境电子商务的相关知识。

按交易模式区分，跨境电子商务主要分为跨境零售与跨境B2B两种模式。

跨境零售包括B2C（Business to Customer）和C2C（Customer to Customer）两种模式，跨境B2C一般以网络零售业为主，指不同关境的企业直接面向消费者开展在线销售产品和服务，通过电商平台达成交易、支付结算，并通过跨境物流送达商品、完成交易的国际商业活动。跨境C2C是指不同关境的个人卖家与个人买家通过第三方电商平台实现的在线交易活动。跨境B2B则是不同关境的企业与企业之间通过电商平台进行的在线交易活动。

7.1.2 跨境电子商务与传统外贸电子商务的区别

传统外贸电子商务主要是由一国的进出口商通过另一国的进出口商，进出口大批量货物，然后通过境内流通企业经过多级分销，跨越多个流通渠道才能到达有需求的企业或消费者手中，跨境电子商务与传统外贸电子商务环节对比如图7-1所示。与跨境电子商务相比，传统外贸电子商务具有进出口环节多、时间长和成本高等缺点，下面对两者的具体区别加以介绍。

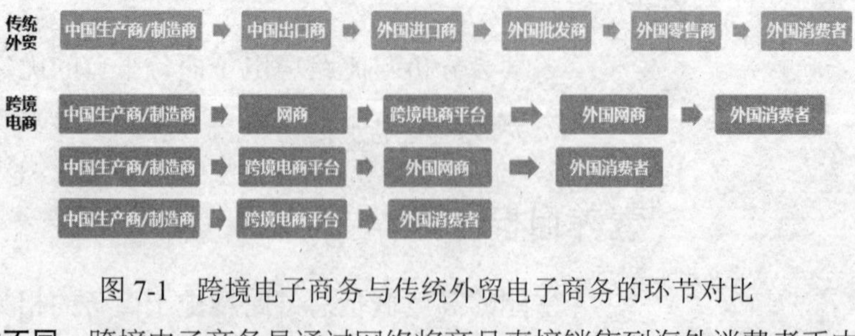

图7-1 跨境电子商务与传统外贸电子商务的环节对比

- **主体不同**：跨境电子商务是通过网络将商品直接销售到海外消费者手中，其主体是商品；传统外贸电子商务则是通过电子商务手段推广宣传企业或商品，从网络寻找外商求购信息，其主体是信息。

- **环节不同**：跨境电子商务基于互联网与其独特的模式，大大减少了交易环节和交易成本；而外贸电子商务的进出口环节没有变化。
- **交易方式不同**：跨境电子商务的商业活动基本都是在线上直接完成；外贸电子商务则都是在线下完成。
- **模式不同**：跨境电子商务的模式并不局限于某一种，既有 B2B 跨境电子商务，又有 B2C、C2C 等跨境电子商务；而外贸电子商务基本都是 B2B 模式。

7.1.3 跨境电子商务的发展历程简析

从 1999 年开始，以阿里巴巴 B2B、中国制造网等为代表的 B2B 网站诞生，这些网站主要提供信息发布和促成交易服务，建立买卖双方的桥梁，实现了对外出口贸易的互联网化。随后，在不断探索改进中，跨境电子商务完成了从信息服务到线上交易、全产业链服务的跨境产业转型，期间主要经历了 3 个发展阶段。图 7-2 所示为跨境电子商务的发展简略示意图。

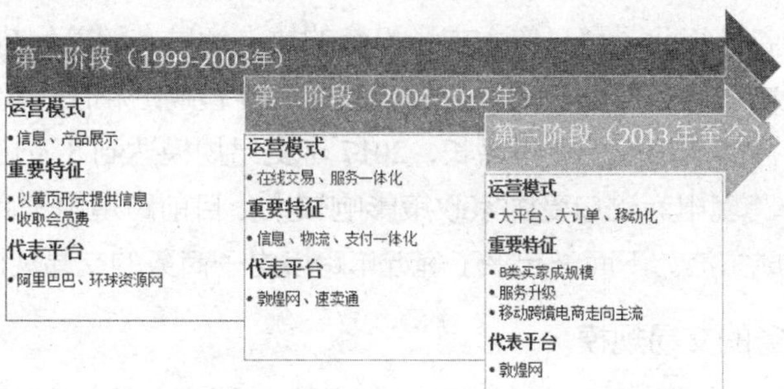

图 7-2 跨境电子商务发展历程示意图

1. 第一阶段

1999—2003 年是跨境电子商务发展的第一阶段。其中阿里巴巴国际站、环球资源网是典型的代表平台，主要商业模式是网上展示、线下交易的外贸信息服务模式。此时，跨境电子商务第三方平台主要的功能是为企业信息以及产品提供网络展示平台，并不涉及物流和任何支付环节，咨询后企业转为线下沟通与交易。此时跨境电子商务的盈利模式主要通过向进行产品信息展示的企业收取会员费。随着行业的发展，逐渐衍生出竞价推广、咨询服务等为供应商提供“一条龙”的信息流增值服务。

这种模式虽然通过互联网解决了中国贸易信息面向世界买家的难题，但是对各个行业的服务不够专业深入，物流和在线支付交易的问题没有得到解决，对于外贸电商产业链的整合仅完成信息流整合环节。

2. 第二阶段

2004—2012 年是跨境电子商务发展的第二阶段。随着行业的深入发展，2004 年，以敦煌网为代表的 B2B 企业诞生，开始向交易平台的方向转变，并以收取交易佣金作为主要的盈利模式，同时还通过平台上营销推广、支付服务和物流服务等获得增值收益。此时，跨境电子商务平台开始摆脱纯信息黄页的展示行为，将线下交易、支付和物流等流程实现电子化，逐步实现在线交易平台。

相比第一阶段，跨境电子商务第二阶段更能体现电子商务的本质，借助电子商务平台，通过服务、资源整合，有效打通上下游供应链，包括 B2B（平台对企业小额交易）平台模式，以及 B2C（平台对用户）平台模式两种模式。

3. 第三阶段

2013 年是跨境电子商务的重要转型年，跨境电子商务步入第三阶段，迎来跨境电子商务的“大时代”，平台承载能力更强，实现全产业链服务在线化。具有以下几个重要特征，大型工厂上线、B 类买家成规模、中大额订单比例提升、大型服务商加入和移动用户量爆发。与此同时，用户群体由“草根”创业向工厂、外贸公司转变，且具有极强的生产设计管理能力。平台销售产品由网商、二手货源向一手货源产品转变。另外，跨境电子商务第三阶段的主要平台模式也由 C2C、B2C 向 B2B、M2B 模式转变，批发商买家的中大额交易成为平台的主要订单。

7.1.4 跨境电子商务的交易规模与出口分布

近年来中国电子商务行业一直是资本市场投资的热点领域，随着优势政策出台及行业产业链的逐渐完善，跨境电子商务蒸蒸日上。与起步阶段的步履蹒跚相比，跨境电子商务进入平稳发展期，跨境电子商务的交易规模逐年增长，2017 年交易规模达到 8 万亿元，占我国进出口贸易总额的 23%。由于跨境电商进口受国家政策影响较大，目前跨境电子商务以出口为主，B2B 跨境电子商务模式渐成主流。下面一起来了解近年跨境电子商务的交易规模与出口分布。

1. 跨境电子商务的交易规模

中国电子商务研究中心发布的《2015—2016 年中国出口跨境电子商务发展报告》显示，2015 年，中国跨境电商交易规模 5.4 万亿元，同比增长 28.6%。其中，出口跨境电商交易规模为 4.5 万亿元，同比增长 26%。跨境电子商务进入第三阶段后，我国跨境电子商务行业快速发展，2013 年交易规模达到 3.1 万亿元，增长率 31%，占进出口贸易总额的 12%。随着跨境电子商务利好政策的先后出台、行业参与者的积极推动及行业产业链的逐渐完善，2013 年 10 月，我国跨境电子商务城市试点开始在全国有条件的 地方全面铺展，2014—2017 年跨境电子商务交易规模保持平稳快速发展，预计在 2018 年跨境电子商务交易规模将超过 9 万亿元，在 2020 年达到 12 万亿元左右。图 7-3 所示为 2010—2017 年中国进出口贸易及跨境电子商务的交易规模。

图 7-3 2010—2017 年中国进出口贸易及跨境电子商务的交易规模

图 7-4 所示为“艾瑞咨询”统计的 2010—2017 年中国跨境电子商务进出口占比，其中，2010 年中国跨境电子商务中出口占比达到 93.5%，进口占比为 6.5%，至 2017 年，跨境电子商务中出口占比达到 83.8%，进口占比为 16.2%。从分析数据中可看出，目前我国跨境电子商务以出口为主，占进出口交易规模的 90% 左右，进口则处于起步阶段。而随着国内市场对海外商品需求的高涨，从 2011 年开始，跨境电商进口的份额占比不断提升，但由于跨境电商进口受国家政策影响较大，所以跨境电商进口份额占比将会保持相对平稳缓慢的提升，预计到 2020 年占比达到 25% 左右。

图 7-4 2010—2017 年中国跨境电子商务交易规模进出口结构

目前，我国跨境电子商务仍然是“B2B 是主体，B2C 是补充”的格局。2010 年中国跨境电子商务交易规模 B2B 交易占比为 93.9%，B2C 占比仅为 2.3%，至 2017 年，B2B 交易占比为 88.9%，B2C 占比则提升至 11.1%，B2B 交易占据绝对优势。由于 B2B 交易量极大，且订单较为稳定，所以未来跨境电子商务交易中 B2B 交易仍然是主流。但随着跨境贸易主体越来越小，跨境交易订单趋向于碎片化和小额化，未来 B2C 交易占比也会出现一定的提升，预计 2018—2020 年 B2C 交易占比将提升至 25%~30%。图 7-5 所示为 2010—2017 年中国跨境电子商务交易规模 B2B 与 B2C 结构。

图 7-5 2010—2017 年中国跨境电子商务交易规模 B2B 与 B2C 结构

知识链接

出口 B2C 电商起步于最初的中小卖家，通过 eBay、亚马逊向国外消费者销售具有低价优势的"中国制造"产品，凭借中国制造红利和初期低流量成本，在跨境电子商务市场中一路高歌。2008 年金融危机爆发，行业面临需求不振、成本提升的双重危机并遭遇第一次洗牌，经营效率高、用户体验好的企业顺利度过危机，开始探索差异化的产品策略。

2. 跨境电子商务的出口分布

目前跨境电子商务出口主要面向美国、欧美、东盟和日本等发达国家的中低端客户群，欧美等发达国家的消费者正逐渐呈现出对商品的需求从最初的物美价廉向品质延伸。而近年来随着新兴市场国家电子商务的发展，人们对电商观念改变以及当地商品供应的不足等给企业带来机遇，包括俄罗斯、巴西、以色列和阿根廷等国家和地区的电子商务发展迅猛， 给中国卖家带来了更大的用户规模。因此俄罗斯、巴西、阿根廷和以色列等新兴市场呈高速增长趋势。图 7-6 所示为目前中国出口跨境电子商务主要目的国的交易占比。

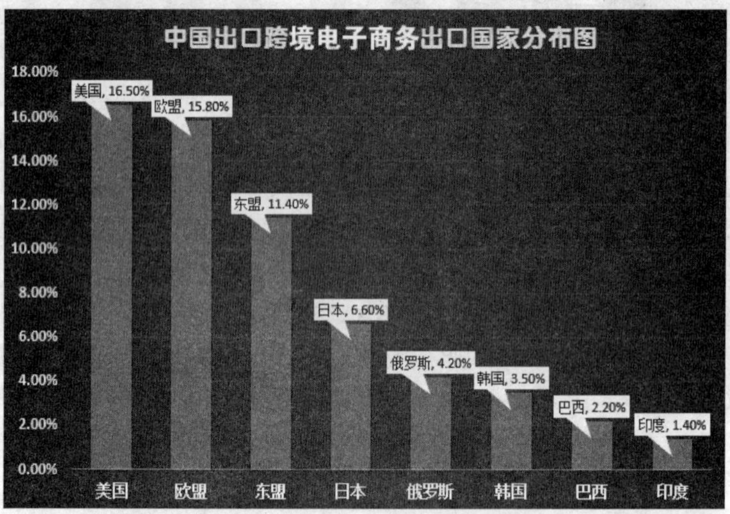

图 7-6 中国出口跨境电子商务主要目的国交易占比

中国电子商务研究中心监测数据显示，2015 年，中国出口跨境电子商务卖家主要集中在广东、浙江、江苏、福建 、上海、北京、湖北和山东等地，其中， 广东、浙江和江苏占据前 3 位，同时，中西部地区正在快速发展，出口跨境电商向中西部转移是未来趋势。

广东庞大的经济基础、高度集中的生产制造基地、丰富的外贸人才储备成为出口跨境电商卖家的集聚地，品类丰富及完善的产业链是显著特征。长三角拥有发达的轻工业基础，以销售服饰、鞋帽和家居类领先，同时产业集群效应在长三角表现突出。图 7-7 所示为现阶段中国出口跨境电子商务卖家地域分布图。

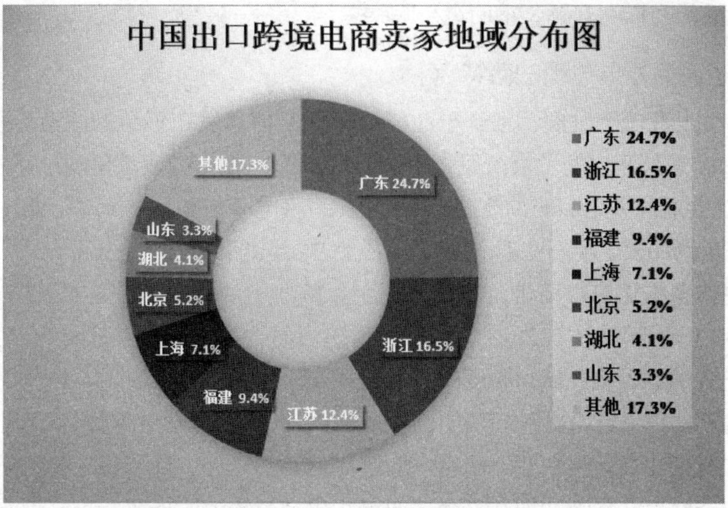

图 7-7　中国出口跨境电子商务卖家分布

中国出口跨境电子商务品类以成本优势强、 标准化程度高的 3C 电子、服饰和户外用品等为主，其交易占比接近 50%。相对于传统的出口贸易，出口跨境电商产品品类更加丰富、出口地区更加分散，以标准品为主的出口产品结构符合跨境电商的发展特征，标准品因其品类的统一性而天然地适合利用互联网进行推广和销售。据中国电子商务研究中心的研究表明，中国出口跨境电商卖家品类分布如图 7-8 所示。

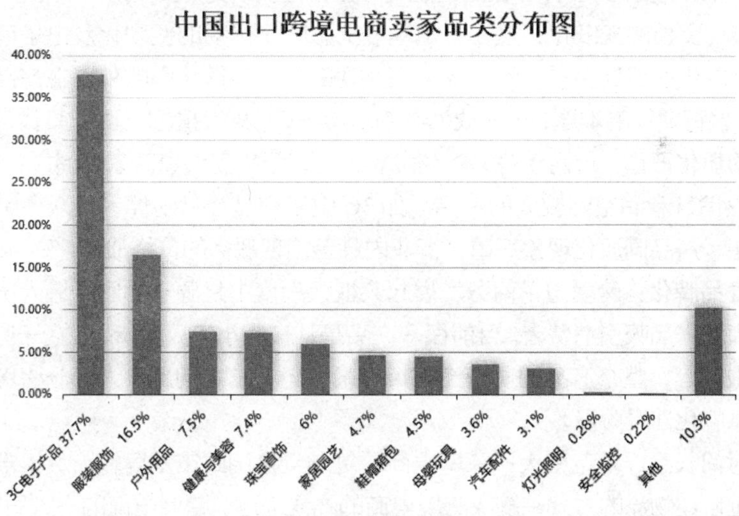

图 7-8　中国出口跨境电商卖家品类分布

7.1.5　跨境电子商务发展特点与趋势

通过对历年跨境电子商务交易规模 B2B 与 B2C 交易占比结构的分析，跨境电商以 B2B 业务为主，B2C 跨境模式逐渐兴起且有扩大的趋势。同时国家政策对跨境电商的扶持力度大幅提高，体现出其作为发展催化剂的重要作用，这为跨境电商未来的发展提供了必要的内生动力。那么，跨境电商未来发展趋势表现在哪些地方，而在发展过程中体现出哪些重要特点，以及未来跨境电子商务将会面临什么样的问题。下面进行归纳总结，逐一解答。

1. 跨境电子商务发展体现的新特点

跨境电商经过十多年的发展，整个行业经历了早期信息发布平台的探索阶段、交易平台运营阶段及近期 B2C 兴起及快速发展阶段，每个阶段的跨境电商行业都呈现出不同的特点。近两年来，随着整个社会对跨境电商的关注度不断提高、跨境电商各参与主体对行业发展的共同推动，整个跨境电商行业也开始出现一些新的特点，具体主要包括以下 3 个方面。

- **参与主体多样化与规模化**：2012 年以前，跨境电商的参与者主要以小微的草根企业、个体商户及网商为主；2013 年以来，传统贸易中的主流参与者如外贸企业、工厂和品牌商家开始进入该领域，并逐渐走向规模化运作 。
- **完善的产业链**：针对影响跨境电商发展的营销、通关商检、物流和支付等环节的问题，跨境电商企业及服务企业不断向产业链其他环节延伸，整合多方资源提供一体化服务，新的服务商也在不断涌现，整个产业链和生态系统的服务链条越来越清晰和完善。
- **运营品牌化**：早期跨境电商借助中国制造大国的优势，以销售物美价廉的产品及 OEM 代工为主。近两年来，大量企业开始考虑走品牌化运营之路，特别是一些较大的企业开始考虑规模化，建立自己的平台，把品牌引向海外市场，通过品牌来提升自身在跨境电商中的价值。

2. 跨境电子商务发展面临的问题

跨境电商中不同的交易模式，存在的问题有一定的差异，按一般贸易方式进出口的大额交易，目前尚未完全实现贸易的无纸化，这在一定程度上影响了贸易的便利化及电子商务在贸易中的应用。从小额碎片化的贸易来看，除了受到未实现的贸易无纸化影响外，在产品、物流和通关等方面也存在一些行业性的难题，这些成为制约跨境电商发展的重要因素。具体问题表现如下。

- **产品同质化严重**：近两年跨境电商发展迅速，吸引了大量商家的涌入，行业竞争加剧。一些热销且利润空间较大的产品，如 3C 电子产品及其附件等，众多跨境电商公司都在销售，产品同质化现象严重，行业内甚至出现恶劣的价格战。
- **未建立品牌化**：跨境电子商务发展起来很大程度上是源于中国制造大国的优势，以价格低廉的产品吸引消费者。目前很多产品是从一些小工厂出货，包括一些 3C 电子产品、服装服饰等，整个产品的质量控制相对来说还有一定问题，大部分跨境电商企业还未步入品牌化建设阶段。
- **物流时间长且浮动范围大**：跨境电商较复杂且各国政策差异较大，很难像国内电商一样通过自建物流的方式来解决跨境电商的物流问题。跨境电商的物流周期是非常长的，到美国和欧洲一般要 7 ～ 15 天， 到南美、巴西、俄罗斯更长，需要 25 ～ 35 天。除了物流时间长之外，物流还存在时效投递不稳定的问题，收货时间波动很大，有时一周可收到，有时则更长时间才能收到。
- **通关结汇难**：随着跨境贸易逐渐向小批量碎片化发展，除了 B2C 以外，小额贸易 B2B 企业同样面临通关的问题。由于小额 B2B 和 B2C 跨境贸易电子商务与一般出口贸易存在差异，在出口过程中存在难以快速通关、规范结汇和享受退税等问题。虽然目前国家针对跨境电商零售出口提出可“清单核放、汇总申报”的通关模式，但该政策仅针对 B2C 企业，大量从事小额 B2B 的外贸中小企业仍存在通关困难的问题。在进口过程中，存在以非法进口渠道逃避海关监管，以及进口商品品质难以鉴别，消费者权益得不到保障等问题。

- **跨境电商人才缺失：**跨境电子商务贸易在快速发展的同时，逐渐暴露出综合型外贸人才缺口严重等问题。跨境电商人才缺失的原因主要有两个：一是语种限制，目前做跨境电商的人才主要还是来自外贸行业，但英语专业居多，一些小语种电商人才缺乏。事实上，像巴西、印度、俄罗斯等国家，跨境电商具有很大的发展潜力，也是跨境电商企业关注的重点；二是能力要求高，从事跨境电商业务的人才，除了知晓相关语种，还要了解国外的市场、交易方式和消费习惯等，此外，还要了解各大平台的交易规则和交易特征。基于这两个特点，符合跨境电商要求的人才很少，跨境电商人才缺乏已经成为业内常态。

3. 跨境电子商务未来发展的整体趋势

随着跨境电子商务的快速发展，资本市场遵循“优胜劣汰”，跨境电商面临机遇与挑战，目前跨境电商存在的问题，跨境电商行业将进行改善与调整，交易产品向多品类延伸，交易对象向多区域拓展。未来发展的整体趋势表现为以下 5 点。

（1）销售市场多元化

从销售目标市场看，以美国、欧洲为代表的成熟市场，由于跨境网购观念普及、消费习惯成熟、整体商业文明规范程度较高、物流配套设施完善等优势，在未来仍是跨境电商零售出口产业的主要目标市场，销售额持续保持平稳增长。与此同时，近年来，俄罗斯、巴西等新兴市场地区的网购习惯不断养成，提供了较大的跨境电子商务需求空间。未来随着这些市场的局限性不断被突破，如互联网技术普及和基础设施完善，以及跨境支付、物流和海外仓储等方面的逐步优化和完善，政策不断开放，来自新兴市场的需求将进一步打开我国出口电商的空间。在未来几年，全球跨境电商 B2C 市场仍将不断壮大，亚太市场将以其领先的市场规模和强劲的增长成为最重要的市场区域。在中东欧、拉丁美洲、中东和非洲等地区，电子商务的渗透率依然较低，有望在未来获得较大突破。

知识链接

大量企业正在拓展东南亚市场，其中，印度尼西亚是东南亚人口最多的国家，全球人口排名位居第四，具有巨大的消费潜力。目前，eBay、亚马逊等电商平台巨头都开始进入印度尼西亚市场。

（2）产品品类多元化

目前我国出口跨境电商的产品中 3C 产品占比较大。而服装鞋帽以及户外用品、家居园艺以及汽配等毛利率相对较高的品类需求和交易量占比不断提升。从销售产品品类看，跨境电商企业销售的产品品类从服装服饰、3C 电子、计算机及配件、家居园艺、珠宝、汽车配件、食品药品等便捷运输产品向家居、汽车等大型产品扩展。eBay 数据显示，eBay 平台上增速最快的 3 大品类依次为：家居园艺、汽配和时尚，且 71% 的大卖家计划扩充现有产品品类，64% 的大卖家计划延伸到其他产品线。不断拓展销售品类成为跨境电商企业业务扩张的重要手段，品类的不断拓展，不仅使得“中国产品”和全球消费者的日常生活联系得更加紧密，而且也有助于跨境电商企业抓住最具消费力的全球跨境网购群体。

（3）产业品牌化

2015 年是中国跨境电商品牌元年，不仅各大电商平台开始盯上有限的品牌资源，中小电商也在激烈的价格战中意识到品牌的重要性。在传统服装、食品等行业，面对强势的欧美同类品牌，中国跨境电商打造品牌之路将会异常艰辛。新兴市场国家创牌相对容易，跨境电商的发展已到关键转折点。

（4）B2B 与 B2C 协同发展

B2B 作为全球贸易的主流，在未来仍然会是中国企业开拓海外市场的最重要模式；而 B2C 作为拉近与消费者距离的有效手段，对中国企业打响品牌，也将具有非常重要的作用。B2B 和 B2C 作为两种既相区别又有联系的业务模式，互补远远大于竞争，两者都能成为开拓海外市场的利器。

随着物流、金融和互联网等国际贸易基础设施的改善和新技术的出现，国际贸易的形态也在不断演化。显著的变化之一是产品从工厂到消费者的道路越来越多元化，跨境电商 B2C 这种业务模式逐渐受到企业重视，近两年出现了爆发式增长。究其原因，主要是因为跨境电商 B2C 具有如下明显的优势。

- **利润空间大**：相较于传统跨境模式，B2C 模式可以跳过传统贸易的所有中间环节，打造从工厂到产品的最短路径，从而赚取高额利润。
- **有利于树立品牌形象**：有利于国内不再满足做代工的工贸型企业和中国品牌利用跨境电商试水“走出去”战略，熟悉和适应海外市场，将中国制造、设计的产品带向全球，开辟新的战线。
- **把握市场需求**：直接面对终端消费者，有利于更好地把握市场需求，为客户提供个性化的定制服务。
- **市场广阔**：与传统产品和市场单一的大额贸易相比，小额的 B2C 贸易更为灵活，产品销售不受地域限制，可以面向全球 200 多个国家和地区，可以有效地降低单一市场竞争压力，市场空间巨大。随着物流、互联网技术的发展及利好政策的陆续发布，阻碍跨境电商 B2C 发展的一些因素正在削减，B2C 在整体市场中的份额占比将进一步提升。但 B2B 作为全球贸易的主流，未来仍然会是中国企业开拓海外市场的最重要模式，B2B 和 B2C 将会协同发展。

（5）移动端强势进入

移动技术的进步使线上与线下商务之间的界限逐渐模糊，以互联、无缝和多屏为核心的“全渠道”购物方式将快速发展。从 B2C 方面看，移动购物使消费者能够随时、随地、随心购物，极大地拉动了市场需求，增加了跨境零售出口电商企业的机会；从 B2B 方面看，全球贸易小额、碎片化发展的趋势明显，移动可以让跨国交易无缝完成，卖家随时随地做生意，白天卖家可以在仓库或工厂用手机上传产品图片，实现立时销售，晚上卖家可以回复询盘、接收订单。基于移动端做媒介，买卖双方沟通变得非常便捷。

移动跨境电商的发展情况跟各国的互联网发展情况相关。对于欧美之类的发达市场，互联网发展进程完备，跨境电商从 PC 到移动端的发展有很大的存量空间。在一些新兴市场，整个电商的发展水平可能略微滞后，如俄罗斯、东南亚和非洲，大量用户不需要进入 PC 端跨境电商市场，而是直接进入移动跨境电商市场，这是未来移动跨境电商发展的巨大的增量市场。

知识链接

跨境电商企业移动端发展迅速。截至 2014 年上半年，敦煌网移动端的访问量占到全平台访问量的 42%，敦煌网移动端订单数同比增长 215%。兰亭集势在移动端采用多 App 发展战略，2014 年 Q2 移动订单数量占订单总量的 28.2%，比 2013 年同期高 11.4 个百分点。未来移动端和 PC 端两个平台将深度融合，组合式采购。

案例解读

2016 年中国跨境电商大事件

1. 京东“联姻”Wish 加速布局欧美电商市场

1 月 18 日，据悉，京东 2015 年对快速发展的旧金山电商创业公司 Wish 投资了 4 500 万至 5 500 万美元。这笔投资是 Wish 去年总额 5 亿美元的一轮融资的一部分。这笔投资对 Wish 的估值达到 35 亿美元。京东借力 Wish 的移动电商领先优势和全球化通道，增强国际市场竞争力和全球化战略布局。而 Wish 与京东携手，将获得京东供应链的有力支持，弥补了长期困扰自己的跨境物流短板。

2. 中钢网黑蜘蛛合攻跨境电商拟融 3 亿打前锋

1 月 23 日，中钢网与黑蜘蛛电商签约，双方将在跨境电商领域合作；据透露，2016 年目标融资 3 亿元。此次合作意味着中钢网在钢铁跨境电商方面迈出了一大步，在这方面有着丰富运作经验的黑蜘蛛，将会成为中钢网在跨境电商方面最好的助力。

3. 傲基电商新三板募资 1 亿元

2 月 16 日，傲基电商正式在新三板公开发行股票 277.78 万股，募集资金 1 亿元，由 1 名在册股东和 8 名新增投资者参与认购。公告显示，傲基电商本次公开发行股票 277.78 万股，发行价格为每股 36 元。

4. 卓尔集团宣布入股兰亭集势

3 月 17 日，卓尔集团宣布入股跨境电子商务公司兰亭集势，成为兰亭集势的第一大股东。根据公告，卓尔集团于 2016 年 3 月 17 日与兰亭集势签订《股份购买协议》，公司拟通过定向增发方式购买兰亭集势股份 42 500 000 股普通股，占兰亭集势稀释后总股本的 30%，交易对价总额为 7 650 万美元，约合人民币 4.97 亿元。

5. 有棵树挂牌新三板

4 月 7 日，跨境电商企业深圳有棵树科技股份有限公司于昨天正式在新三板挂牌，股票代码 836586，成为目前新三板上唯一一家同时覆盖进口和出口的跨境电商。有棵树集团旗下业务有 4 个板块：出口业务，以海豚供应链为品牌的跨境进口 B 端业务，无人机及机器人配件板块以及品牌为维康氏的跨境进口 C 端板块。

6. 速卖通三道新政加速卖家大换血转型 B2C

4月12日，速卖通官方宣布速卖通平台全面实施产品商标化，有部分类目将不允许无商标产品存在，这部分类目商家在6月30日之后将不能发布无商标的产品。到8月15日后，不允许无商标产品存在类目下的店铺，经营大类若无在线商品，速卖通将统一全额退还商家该经营大类2016年的技术服务年费，与此同时，该店铺也不再拥有该经营大类的经营权。

速卖通正加速打造“国际版淘宝”，向“国际版天猫”转型，不断提升招商门槛。速卖通在B2C转型期间，在不断清退并不优质的卖家的同时，也从同为阿里系的天猫获取了一系列优质的品牌资源来替代离去的小商家。从C2C快速转型为B2C过程中，速卖通的GMV势必会受影响。而改变海外买家眼中速卖通的固有形象，是速卖通转型B2C的一个挑战。

7. 敦煌网发起发制品卖家考核

5月24日，据悉，敦煌网将于2016年7月起每月对发制品行业一级类目全部卖家进行考核，不达标者将遭清退处理。据透露，达到以下任何一个标准，敦煌网将对卖家实施清退处理：一、个人卖家月GMV为0或者企业卖家连续两个月GMV为0；二、卖家责任纠纷率高于30%；三、卖家责任退款率高于15%。

8. 中国在欧最大跨境产业园落户波兰

6月20日，中国在欧洲最大跨境电商产业园落户波兰。该产业园位于华沙机场旁，占地4 300平方米，是跨境电子商务国际平台大龙网欧洲布局的重要组成部分。随着波兰跨境电商产业园的正式启动，大龙网覆盖整个欧洲的本土化服务网络正式搭建完成。

7.1.6 跨境电子商务商业模式

跨境电子商务商业模式可以分别按照交易主体、服务类型以及平台运营方加以分类，了解跨境电子商务的商业模式，有助于加深对跨境电子商务行业的理解。

1. 按交易主体分类

按照交易主体的不同，可以将跨境电子商务分为B2B跨境电子商务、B2C跨境电子商务和C2C跨境电子商务。

（1）B2B跨境电子商务

B2B跨境电子商务是指分属不同关境的企业对企业，通过电子商务平台达成交易、进行支付结算，并通过跨境物流送达商品、完成交易的一种国际商业活动。敦煌网、阿里巴巴国际站和环境资源网等都是十分具有代表性的B2B跨境电子商务。

B2B跨境电子商务平台主要有两种模式，一种是“交易佣金 + 服务费”模式，另一种是“会员制 + 推广服务”模式。第一种模式采取免费注册、免费商品信息展示，只收取交易额佣金。采取单一佣金率模式，按照平台类目分别设定固定佣金比例来收取佣金，并实施“阶梯佣金”政策，当单笔订单数额满足一定数额时，即按照统一的标准进行收费。其次，平台还为商家提供了一系列的服务，如开店、运营和营销推广等，平台从中收取一定的服务费。第二种模式主要为商家提供贸易平台和资讯收发等信息服务，通过收取会员付费和服务费的方式进行运营，针对目标企业的不同，提供不同的资讯服务。

知识链接

随着国家政策的扶持与跨境电商的持续发展，2016 年是跨境电商大热的一年，以跨境出口为方向的 B2B 电子商务模式更是其中的重点，所占的比例接近 90%。B2B 电子商务的发展策略是通过推动制造型企业上线，促进外贸综合服务企业和现代物流企业转型，从生产端和销售端共同发力，使国内品牌商与全球零售商、批发商对接，完成贸易活动。

（2）B2C 跨境电子商务

B2C 跨境电子商务是指分属不同关境的企业直接面向消费个人开展在线销售产品和服务，通过电子商务平台达成交易、进行支付结算，并通过跨境物流送达商品、完成交易的一种国际商业活动。速卖通、亚马逊、eBay、Wish、兰亭集势和敦煌等都是十分具有代表性的 B2C 跨境电子商务平台。

B2C 跨境电子商务的模式主要包括“保税进口 + 海外直邮”模式、“直营 + 招商”模式和“直营”模式 3 种。

- **“保税进口 + 海外直邮”模式：**“保税进口 + 海外直邮”模式最典型的代表是亚马逊、天猫和 1 号店，亚马逊平台中的卖家类型有专业卖家和个人卖家，专业卖家每月收取 39.99 美元费用，个人卖家按照每笔 0.99 美元的佣金进行收取。其次，亚马逊还收取一定比例的交易费，根据卖家所售商品的不同，收取的费用也不同。亚马逊在各地保税物流中心建立了自己的跨境物流仓储，在全球范围内拥有自己的物流配送系统，这是它与天猫、1 号店的最大区别。
- **“直营 + 招商”模式：**“直营 + 招商”模式发挥了企业的最大内在优势，通过招商的方式来弥补自身的不足，如苏宁。苏宁在综合分析自身情况，充分发挥自身的供应链、资金链优势的同时，还通过全球招商来弥补国际商用资源的不足。
- **“直营”：**“直营”模式是跨境电子商务企业直接参与到采购、物流和仓储等海外商品的交易流程，拥有自己的物流监控和支付系统。典型的“直营”模式如聚美优品，它通过整合全球供应链，直接参与到整个买卖流程，并独辟了“海淘”自营模式。2014 年，聚美优品在河南保税物流区建设了自己的自理仓，大大降低了商品运输时间，并让物流信息能够被全程跟踪。

（3）C2C 跨境电子商务

C2C 跨境电子商务是指分属不同关境的个人卖方对个人买方开展在线产品销售和服务，由个人卖家通过第三方电子商务平台发布产品和服务信息，由买家进行筛选并最终通过电子商务平台进行交易、支付结算和跨境物流配送等一系列国际商业活动。典型的 C2C 跨境电子商务有淘宝全球购、淘世界和洋码头扫货神器等。

2. 按服务类型分类

按平台服务类型划分，跨境电子商务平台分为信息服务平台和在线交易平台。

（1）信息服务平台

信息服务平台主要是为境内外会员商户提供网络营销平台，传递供应商或采购商等商家的商品或服务信息，促成双方完成交易。代表企业有阿里巴巴国际站、环球资源网和中国制造网。

（2）在线交易平台

在线交易平台不仅提供企业、产品和服务等多方面信息展示，还可以通过平台线上完成搜索、咨询、对比、下单、支付、物流和评价等全购物链环节。在线交易平台模式正在逐渐成为跨境电商中的主流模式。代表企业有敦煌网、速卖通、帝科思（Dealextreme，DX）、米兰网及大龙网等。

3. 按平台运营方分类

按平台运营方划分，跨境电子商务平台分为第三方开放平台、在线交易平台以及外贸电商代运营服务商模式。

（1）第三方开放平台

第三方平台提供统一的销售平台， 平台一方是作为卖家的国内外贸企业，另一方是作为海外买家的消费者。作为提供方，为外贸企业自主交易提供信息流、资金流和物流服务的中间平台，它们不参与物流、 支付等中间交易环节，平台以收取商家佣金以及增值服务佣金作为主要盈利模式。代表企业有速卖通、敦煌网、环球资源和阿里巴巴国际站等。

（2）在线交易平台

自营型电商在线上搭建平台，平台方整合供应商资源通过较低的进价采购商品，然后以较高的售价出售商品，自营型平台主要以商品差价作为盈利模式。这类企业自己联系国内外贸企业作为供货商，即平台直接从外贸企业采购商品， 买断货源，然后通过自建的 B2C 平台，将产品销往海外，电商平台企业本身是独立的销售商。代表企业有兰亭集势、米兰网、大龙网、炽昂科技和 FocalPrice 等。

（3）外贸电商代运营服务商模式

外贸电商代运营服务商模式是服务提供商不直接或间接参与任何电子商务的买卖过程， 而是为从事跨境外贸电商的中小企业提供不同的服务模块，如“市场研究模块”“营销商务平台建设模块”“海外营销解决方案模块”等。这些企业以电子商务服务商身份帮助外贸企业建设独立的电子商务网站平台，并能提供全方位的电子商务解决方案，使其直接把商品销售给国外零售商或消费者。服务提供商能够提供一站式电子商务解决方案，并能帮助外贸企业建立定制的个性化电子商务平台，盈利模式是赚取企业支付的服务费用。代表企业有四海商舟（Bi-zArk）和锐意企创（Enterprising & Creative）等。

7.1.7 跨境电子商务平台介绍

目前我国跨境电商平台企业已超过 5 000 家，境内通过各类平台开展跨境电子商务的企业已超过 20 万家。在众多跨境电商平台中，速卖通（AliTxpress）、亚马逊（Amazon）、eBay（易贝）和敦煌网（DHgate）这 4 家典型的跨境电子商务平台的市场份额占到 80%，其他市场占有额和知名度较高的平台还有兰亭集势、环球资源和焦点科技（中国制造网）等。其中，速卖通包括 B2B 和 B2C 业务，敦煌网、环球资源和中国制造网主营 B2B 业务，而兰亭集势主营 B2C 业务。下面对这些典型的跨境电子商务平台进行介绍。

1. 速卖通（seller.aliexpress.com）

速卖通全称为全球速卖通（AliTxpress），是阿里巴巴旗下面向全球市场打造的在线交易平台，可以简单的理解为国际版“淘宝”，是针对国外中小企业的一个平台。在速卖通平台上，卖家可以将宝贝信息编辑成在线信息发布到海外，被广大消费者查看并购买，然后通过国际快递进行货物运输，完成交易。速卖通于2010年4月正式上线，目前已经发展成为覆盖220多个国家和地区的全球最大的跨境交易平台之一，其每天的海外买家流量已经超过5 000万。在美国等成熟市场上，虽然无论是品牌形象还是流量，都无法和亚马逊、eBay平台相抗衡，但是在俄罗斯、巴西、以色列、西班牙、乌克兰和加拿大等新兴市场是非常重要和受欢迎的购物平台。

速卖通和其他竞争对手相比，具有明显优势包括平台交易手续费率低，有丰富的商品资源，其淘代销的功能使卖家可方便地将商品一键卖向全球。速卖通还专门为卖家提供一站式商品翻译、上架、支付和物流等服务，另外，凭借全球知名度和联盟站点，以及Google线上推广等渠道为平台引入更多优质的流量。

值得一提的是，对于没有进行过跨境电商培训的跨境电商新卖家而言，速卖通的一个优势在于它的友好程度，后台界面是全中文，简单易上手，与客服的沟通也没有语言和文化上的差异，可以找他们咨询和解决一些简单的问题。同时，还可以通过阿里巴巴提供的在线社区和线下的跨境电商培训课程，掌握后台操作的技巧和了解平台最新的政策。

2. 亚马逊（www.amazon.com）

亚马逊公司（Amazon），是美国最大的一家网络电子商务公司，位于华盛顿州的西雅图，是网络上最早开始经营电子商务的公司之一。亚马逊成立于1995年，一开始只经营网络的书籍销售业务，现在则涉及了范围相当广的其他产品。

亚马逊平台非常适合中国的工厂或是在供应链方面有优势的品牌商，是一个非常优质的B2C平台，消费者主要为发达国家的中产优质客户，对价格并不敏感，产品利润率有保证。如果是有过给外国知名品牌代工经验的实力厂商，有建立对产品品质把控的标准，亚马逊全球开店绝对是不可错过的销售渠道，倘若还自有品牌和专利，还可以在平台上进行商标备案，防止被其他卖家跟卖和侵权。不过亚马逊是有一定门槛的，不但开店手续复杂，而且上手相对困难，同时还要防止账号关联等问题，如果一不小心触犯了它的规则，轻则会被警告，重则直接封店。店铺被封后，同一套资料在亚马逊平台上是不能再次申请新店铺的，必须换一套全新的资料。尤其是2016年下半年以来，亚马逊对于中国卖家的审核力度不断加强，没有进行过跨境电商培训的新卖家不管是注册还是运营，都会遇到比以往更大的阻力。

案例解读

亚马逊中国

亚马逊中国（www.amazon.cn）是亚马逊在中国的网站。亚马逊中国为消费者提供图书、音乐、影视、手机数码、家电、家居和玩具等32大类、上千万种产品，通过“送货上门”服务以及“货到付款”等多种方式，为中国消费者提供便利、快捷的网购体验。

亚马逊中国拥有业界最大最先进的运营网络之一，目前有15个运营中心，分别位于北京（2个）、苏州（2个）、广州（2个）、成都（2个）、武汉、沈阳、西安、厦门、上海、天津、哈尔滨、南宁，总运营面积超过70万平方米。其主要负责厂商收货、仓储、库存管理、订单发货、调拨发货、客户退货、返厂和商品质量安全等。同时，亚马逊中国还拥有自己的配送队伍和客服中心，为消费者提供便捷的配送及售后服务。

通过亚马逊中国的不懈努力和消费者的大力支持，亚马逊中国每年都保持了高速增长，用户数量也大幅增加。在未来的发展中，亚马逊中国将进一步丰富产品种类，加强用户体验，力争以最丰富的选品、最具竞争力的价格和最优质的客户体验成为中国消费者的首选网上商城。

2014年8月20日，亚马逊宣布，将在上海自贸区设立国际贸易总部，通过“跨境通”平台实现美国货物直邮中国。这意味着“海淘族”不用再绕道国外借助第三方物流，可以直接在美国或欧洲等境外亚马逊网站上购物，商品一律同款同价，并用人民币结算。

2014年10月29日，亚马逊中国宣布，即日起开通海外六大站点直邮中国的服务，消费者可享受到来自亚马逊美国、德国、西班牙、法国、英国和意大利在内的共计8 000多万种国际选品。在“双十一”之前，亚马逊中国“海外购”服务也将开始试运营，全面拉开“海淘”攻势，开启国际品牌战略。

亚马逊海外直邮可以帮助消费者快速处理清关手续，并提供3种（标准、加快和特快）可选配送服务。而亚马逊美国站点大幅调降了直邮中国的国际运费并缩短了直邮配送时间，平均运送时间缩短为9～15天，最快三个工作日就可以送达消费者手上。

除了中文界面外，对于关税和售后服务，亚马逊中国也做出调整。亚马逊中国方面表示，在消费者下单购买海外购商品时，亚马逊中国将为消费者代收进口关税，如果关税实际金额与代收金额不符，亚马逊中国将把多收的金额退还至消费者的账户，少收部分则无须消费者补交，实行“多退少不补”。另外，消费者在“亚马逊海外购”商店所选购的产品均可享受中国本地售后服务支持。

亚马逊海外购商店首期上线的8万个产品主要来自亚马逊美国，包括BornFree、Christian Dior和Calvin Klein等知名品牌。

3. eBay（www.eBay.com）

eBay（易贝）是全美最大的在线商品交易平台，通俗地讲，就是海外的“淘宝”，与亚马逊一样，eBay在中国也有独立的网站，中国致力于为中国商家开辟海外网络直销渠道。eBay在全球拥有40多个站点和1.5亿以上的活跃用户，核心市场是美洲和欧洲地区，是大部分中国卖家最早接触到的跨境电商平台，它最初是一个拍卖网站，创办的初衷是让美国人把家中的闲置物品最大化地利用起来，放到网络上进行买卖。这种拍卖模式很容易吸引到流量，也让卖家比较容易出单，每一个卖家都可以对商品设置最低0.01美分的底价，让买家去竞相加价。因为创办时间早，国际知名度高，所以eBay上的卖家数量非常多，造就了eBay商品的琳琅满目。

eBay对入驻平台进行跨境交易的商家收取两笔费用，一笔是刊登费用，即用于产品上传展示的费用；一笔是成交费，即交易完成后，收取一定比例的佣金。物流方面，eBay联合第三方合作伙伴——中国邮政速递，为中国买家提供经济便捷的国际e邮宝货运服务，并逐渐向俄罗斯、巴西等新兴市场延伸。支付方面，则与Paypal紧密合作，提供健全的买家保障体系，同时推出卖家保护政策。

4．敦煌网（seller.dhgate.com）

敦煌网（DHgate）成立于 2004 年，是国内首个为中小企业提供 B2B 网上交易的网站，致力于帮助中国中小企业通过跨境电子商务平台走向全球市场，开辟更加安全、便捷和高效的国际贸易通道。

敦煌网是中小额 B2B 跨境电子商务的首个实验者，采用免费注册，收取交易成功后的佣金的方式盈利。敦煌网与其他 B2B 电子商务的盈利模式不同，它主要以在线贸易为核心，通过交易佣金收入为主的模式进行运营，卖家在敦煌网内进行注册、开店、发布和交易都是免费的；买家购买时也需要支付一定数量的佣金。

敦煌网的优势在于较早退出增值金融服务，根据自身交易平台的数据为敦煌网商户提供无需实物抵押、无需第三方担保的网络融资服务。另外，敦煌网在行业内率先退出 App 移动端应用，不仅解决了跨境沟通和时差问题，而且打通了订单交易的整个购物流程。

5．兰亭集势（www.lightinthebox.com）

兰亭集势成立于 2007 年，在海外买家中有一定知名度，以国内的婚纱、家装和 3C 产品为主。这些产品毛利相对来说比较低，虽然业务量多，但盈利较少，这是国内做普通产品的外贸 B2C 的大多数情况。其盈利主要来源于制造成本的低廉与价格差。基本商业模型是：跨境 B2C，使用 Google 推广，使用 Paypal 支付，使用 UPS 和 DHL 发货。其实质是通过自有电商平台，也通过在 eBay 和亚马逊等海外电商平台上开店的方式，将中国商品卖到海外市场，主要是北美和欧洲市场。

6．环球资源（www.globalsources.com）

环球资源成立于 1970 年，2000 年在美国纳斯达克股票市场公开上市，是外贸行业知名度比较高的 B2B 网站。环球资源致力于促进大中华地区的对外贸易，公司的核心业务是通过一系列英文媒体，包括环球资源网站、印刷及电子杂志、采购资讯报告、买家专场采购会、贸易展览会（Trade Show）等形式促进亚洲各国的出口贸易。

环球资源在国内网络不甚发达的年代，在国外做贸易杂志起家，因此为“中国制造”提供了更为直接、有效的推广方式，也为自己在国外积累了一定的口碑和知名度。由于长期经营贸易杂志，其商品定位等接近欧美客户的习惯和喜好。

7．中国制造网（cn.made-in-china.com）

中国制造网创建于 1998 年，是焦点科技股份有限公司旗下综合性第三方 B2B 电子商务服务平台。中国制造网致力于为国内中小企业构建交流渠道，帮助供应商和采购商建立联系、挖掘国内市场商业机会。中国制造网内贸站为买卖双方提供信息管理、展示、搜索、对比和询价等全流程服务，同时提供第三方认证、广告推广等高级服务。帮助供应商在互联网上展示企业形象和产品信息，帮助采购商精准、快速地找到诚信供应商。

8．Wish（seller.dhgate.com）

Wish 是一款基于移动端 App 的商业平台，于 2011 年成立于美国旧金山。成立之初 Wish 只负责向用户推送消息，不进行商品交易，在 2013 年才开始正式升级成购物平台，产品主要集中在客单价较低且时尚的类目，比如服装、饰品和礼品等，在美国市场拥有较高的人气，是购物 App 的典型代表，目前已经被越来越多的中国卖家所认知。与其他电子商务平台不同的是，Wish 平台并没有店铺的概念，买家更倾向于无目的地浏览，而不是关键字搜索，Wish 也会通过卖家的浏览和购买行为，判断买家的喜好和感兴趣的产品信息，并推送给买家。这种方式比较受欧美国家的喜爱，其超过 60% 的用户基本上都位于美国和加拿大。

知识链接

各类型跨境电子商务平台优劣势并存，外贸企业或个人需要根据商品和销售性质以及自身实力来选择适合自己的平台。选择跨境电商平台可从以下 4 个方面进行考量。

- **企业目标市场和商品定位**：外贸企业需要对目标市场定位，如欧美成熟市场、俄罗斯新兴市场等，而商品定位主要是产品品类、数量和特点等。
- **平台规模和影响力**：平台规模和影响力较大的跨境电商平台，拥有更丰富的资源和优质的流量，且具有丰富的运营经验。
- **平台宣传和推广能力**：跨境电商平台主要通过知名展览、引擎推广、广告投放和对外合作等方式宣传推广。平台宣传和推广力度大、能力强，才能吸引更多买家了解产品、进行采购。
- **平台优惠和收费**：跨境电商平台的优惠政策多、项目收费低，企业通过优惠可降低成本，获取更大的回报。

7.2 跨境电子商务交易流程

跨境电子商务虽然是不同关境主体进行买卖交易，但作为电子商务的一部分，同样具有电子商务的属性，首先买家通过跨境平台选择并购买商品，然后会进行价格等信息的交谈，最后涉及物流运输和支付等问题。与国内电子商务具有共同性，只是，跨境电子商务的交易将涉及更多环节，如海关、税收和跨国物流等。下面首先了解跨境电子商务的操作流程，然后进行平台卖家注册体验，最后介绍交易磋商和合同签订等相关知识，使读者对跨境电子商务的交易有充分认识和理解。

7.2.1 跨境电子商务操作流程

从跨境电商出口的流程看，生产商或制造商将生产的商品在跨境电商企业的平台上上线展示，在商品被选购下单并完成支付后，跨境电商企业将商品交付给物流企业进行投递，经过两次（出口国和进口国）海关通关商检后，最终送达消费者或企业手中。也有的跨境电商企业直接与第三方综合服务平台合作，让第三方综合服务平台代办物流、通关商检等一系列环节，从而完成整个跨境电商交易的过程。跨境电商进口的流程除了与出口流程的方向相反外，其他内容基本相同。跨境电子商务整体操作流程如图 7-9 所示。

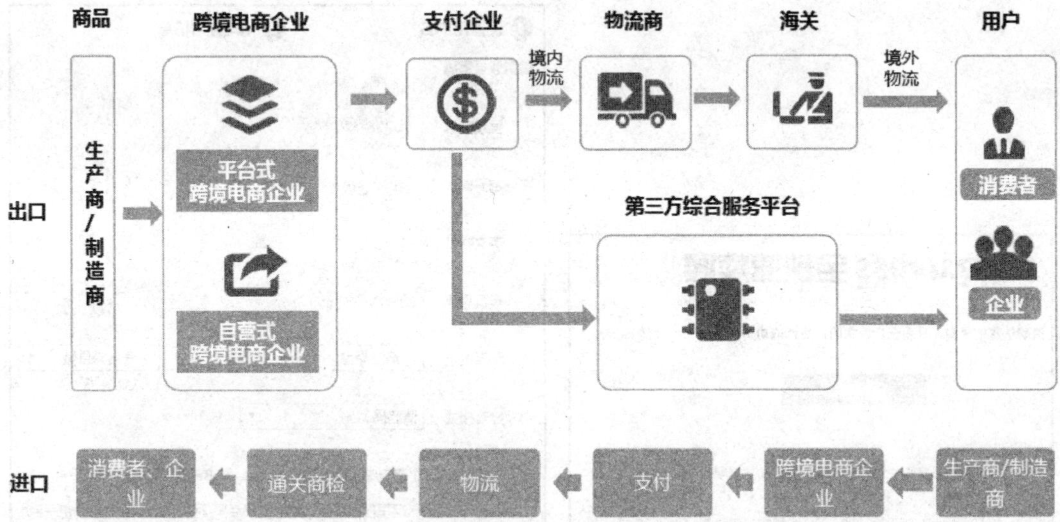

图 7-9 跨境电子商务操作流程

7.2.2 跨境电子商务平台卖家注册体验

跨境电子商务平台卖家注册与淘宝卖家注册或一般网站会员注册相似，只是在注册过程中要求提交更多的证件，并且平台的审核非常严格。不同跨境电商平台注册大致相同，注册的主体要求存在不同，如亚马逊允许企业或个人注册开店，而速卖通从 2016 年 4 月 1 日开始，新卖家在入驻时需要有企业身份，不再允许个人卖家入驻。下面在速卖通平台中注册卖家，了解跨境电子商务平台的注册流程和操作。

① 打开速卖通网站主页（seller.aliexpress.com），然后在右上角单击 立即入驻 按钮，如图 7-10 所示。

② 打开速卖通入驻页面，填写邮件地址，拖动滑块进行安全验证，然后单击 下一步 按钮，如图 7-11 所示。

图 7-10 开始注册

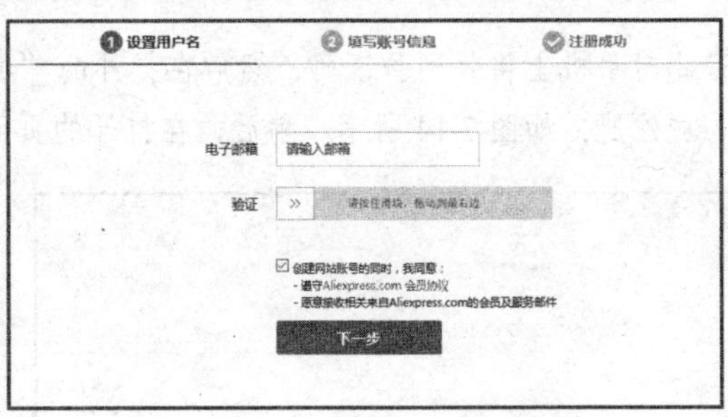

图 7-11 填写邮件地址

③ 打开注册邮箱，找到并打开平台发送的邮件，单击 完成注册 按钮，如图 7-12 所示。

④ 跳转到平台填写账号信息页面后，输入注册账号信息（此处需要一个英文名，不只填写名字，还要注意写上英文的姓氏），填写完成后，单击 确定 按钮，如图 7-13 所示。

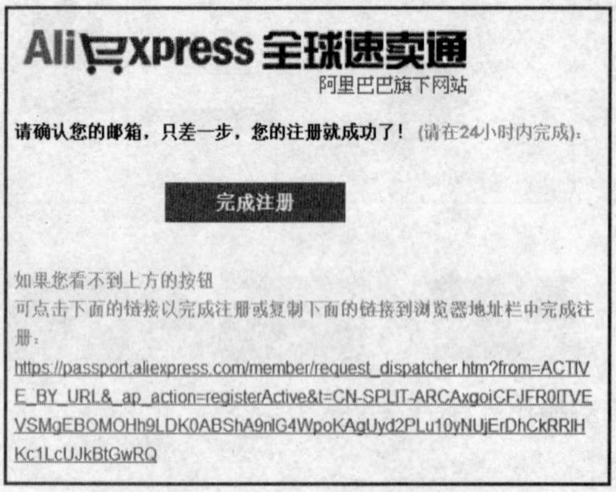

图 7-12　激活注册邮箱

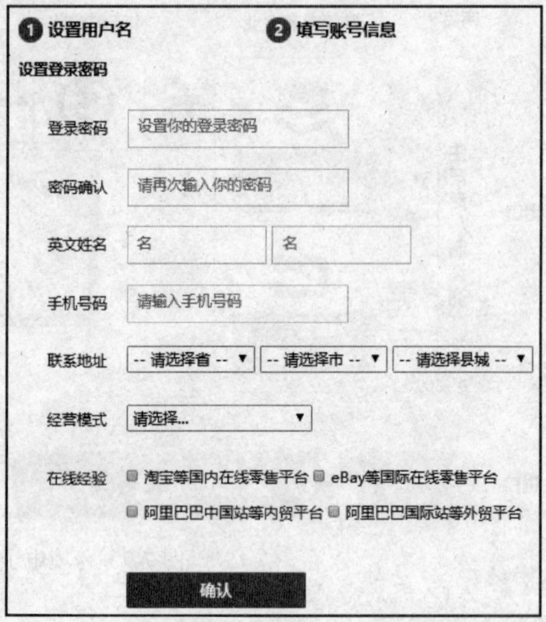

图 7-13　填写账号信息

案例解读

速卖通平台入驻新规

从 2016 年 4 月 1 日开始，新卖家在入驻时需要有企业身份，不再允许个人（包括个体工商户）卖家入驻。同时，类目准入也需要企业身份的账号才能申请；截至 2016 年 8 月 15 日，若之前以个人身份认证的卖家无法完成升级企业身份认证，卖家的在线商品将被下架并退还未提供服务期间的年费，同时，将不再拥有类目的经营权限。

从 2016 年 4 月开始，速卖通会分行业逐步对卖家售卖的商品设置品牌资质要求，卖家可通过关注平台公告获取详细信息。

⑤ 此时手机上将收到验证码，然后在打开的“填写校验码”页面中输入验证码，单击确认按钮完成注册，如图 7-14 所示。稍后，在打开的页面显示注册成功信息，如图 7-15 所示。

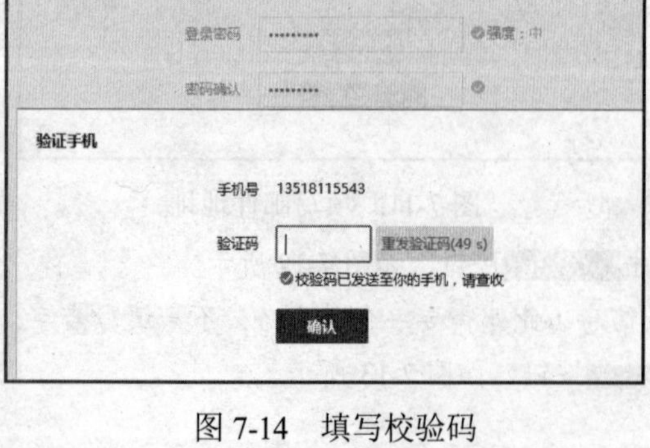

图 7-14　填写校验码

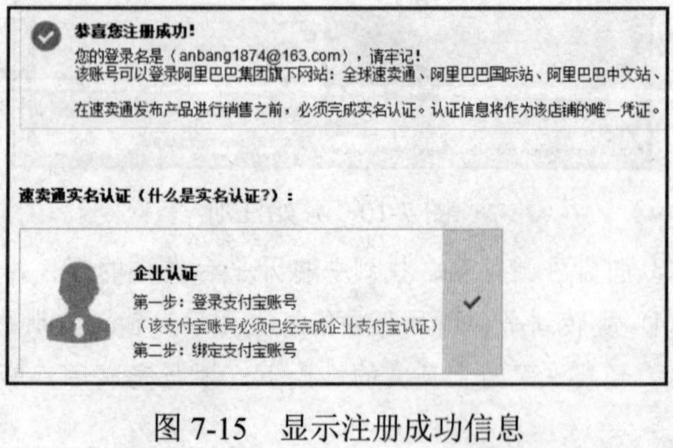

图 7-15　显示注册成功信息

⑥ 完成账号注册后，需要登录已经完成企业支付宝认证的支付宝账号，绑定企业支付宝账号。

⑦ 绑定完成后就到了认证的环节，需要严格根据要求上传企业完整资料。

知识链接

支付宝企业账户注册及企业账户认证流程如下。

（1）打开支付宝网站（www.alipay.com），执行“立即注册”操作。

（2）打开注册页面，选择“企业账户”选项，输入电子邮箱和验证码。

（3）打开注册邮箱，激活账号并继续注册。

（4）返回注册页面，填写账户信息（登录和支付密码）。

（5）申请公司类型的支付宝账户，提示需要进行支付宝实名认证。

（6）填写企业基本信息，包括企业名称、企业地址和经营范围等，并上传营业执照。

（7）填写对公银行账户信息。

（8）填写法人信息，上传法人证件图片（身份证证件）。

（9）法人信息、身份信息审核成功后，等待人工审核（审核营业执照和法人证件，时间为 2 天左右）。

（10）人工审核成功后，等待银行卡给公司的对公银行账户打款。

（11）打款后，填写确认金额，完成认证。

7.2.3 跨境电子商务交易磋商的途径

无可避免地，跨境电子商务也会面临卖家和买家的沟通、商谈，对产品质量、产品价格、运输方式和付款方式等进行确认和商谈。目前，跨境电子商务交易磋商的通信途径有以下 3 种方式。

1. 电子邮件

电子邮件是一种用电子手段提供信息交换的通信方式，是互联网应用最广的服务。目前，在跨境电子商务被广泛应用于业务联系，它的特点是不受地域和时间的限制，通信成本低，且易于操作，可随时进行邮件收发，并能下载图片、链接和各类格式文件（如 PDF）等。

知识链接

国外常用免费邮箱有以下 6 种：

- **美国：**@aol.com、@yahoo.com、@hotmail.com、@gmail.com。
- **英国：**@ntlworld.com、@freenet.co.uk、@btinternet.com。
- **澳大利亚：**@bigpond.net.au 、@westnet.com.au。
- **俄罗斯：**@yandex.ru 、@mail.ru 。
- **印度：**@vsnl.com。
- **南非：**@webmail.co.za。

2. 通信软件 Skype

Skype 是最受欢迎的网络电话之一，支持 PC 版和 Android 手机版，是目前从事跨境电商行业口头沟通的首选即时通信软件，其具备 IM 所需的功能，如视频聊天、多人语音会议、多人聊天、传送文件和文字聊天等功能。利用它可以与其他用户进行高清晰语音对话，也可以拨打国内国际电话，并且可以实现呼叫转移、短信发送等功能。

知识链接

从事跨境电商，除了使用即时通信工具，还可配备如下工具。

- **翻译工具**：如谷歌翻译、有道词典和 CNKI 翻译助手等。
- **图片处理工具**：如美图秀秀、Photoshop 等。
- **文本处理工具**：如解压压缩文件工具 WinRAR、PDF 文件阅读工具 Adobe Acrobat。
- **营销工具**：如谷歌趋势 Google Trends（可以查询关注网站来自任意地理位置的流量变化）、Alexa 工具条（Alexa 公司推出的一款 IE 浏览器插件，通过 Alexa 排名可以很清晰地看出自身的电子商务平台在同类网站中所占的市场份额）。
- **物流工具**：如 E 邮宝、Dhlink 等。

3. 电子传真

由于通信技术迅速发展，电子网络传真逐渐取代传真机成为新一代通信工具。电子传真是基于 PSTN（电话交换网）和互联网络的传真存储转发，也称电子传真。它整合了电话网、智能网和互联网技术，通过互联网将文件传送到传真服务器上，由服务器转换成传真机接收的通用图形格式后，再通过 PSTN 发送到全球各地的普通传真机上。

知识链接

虽然线上通信交流为跨境电商带来极大便利，但在实际应用中，开展跨境贸易也会使用线下沟通方式，如开展交流会、客户实地考察和小组出访等。在不同环境和条件下，可结合线上、线下方式进行通信商谈。

7.2.4 跨境电子商务的合同订立

沟通商谈并且买卖双方确认交易，此时签订买卖合同，交易即告成立，国际贸易合同明确规定了当事人各方的权利和义务，是联系双方的纽带，对双方具有相同的法律约束力，同时是处理贸易纠纷的依据。在电子商务中，合同须经当事人数字签名及第三方权威认证机构的认证，才能实现当事人的签字功能。现阶段，跨境电子商务的合同订立可通过电邮合同和传统的书面合同两种方式。

1. 电邮合同

所谓“电邮合同”，是指通过电子邮件传送文件实现合同订立，该方式日渐成为主流的合同订立方式。跨境电子商务电邮合同的主要方式与一般的电子商务活动合同的签订相同，即由买卖的一方通过 Word、Excel 等软件制作合同，发送至另一方，然后另一方接收合同文件并通过打印机将其打印出来，再签字盖章，最后通过扫描仪将签字盖章的合同文件扫描输出为图片格式，再将图片文件回传给第一方。这种合同订立的方式更加规范和安全。除了这种方式，有的企业将邮件正文文本作为合同文件，或通过发送附件将 Word 等文档作为合同文件。

2. 书面合同

合同根据制定内容不同可采用以下 3 种书面形式。

- **合同：**合同（Contract），是当事人或当事双方之间设立、变更和终止民事关系的协议。依法成立的合同，受法律保护。合同内容全面，对跨界电商买卖双方的权利和义务，以及发生纠纷后当事方需要承担的责任等，罗列出详细的条款。如果涉及贵重物品、交易额较大的贸易活动，就会采用合同形式。一般将由卖家指定的合同称作“销售合同”，而将由买家指定的合同称作“购货合同”。
- **协议：**协议或协议书（Agreement）在法律上与合同具有同等含义。如果买卖双方所进行的交易内容比较复杂，项目广泛，暂时只确定了一部分交易条件，那么双方可先签订一个“初步协议”，将商定的交易条件确定下来，其他有待商定的交易条件日后另行商谈。
- **确认书：**确认书（Confirmation）较正式合同简单，是买卖双方在通过交易磋商达成交易后，寄给双方加以确认的列明达成交易条件的书面证明。经买卖双方签署的确认书，具有法律效力，对买卖双方具有同等的约束力。与合同类似，确认书包括“销售确认书”和“购货确认书”。

7.2.5 跨境物流

交易成功后需要进行商品的物流运输，与国内物流运输不同的是，跨境物流需要跨越边境，将商品运输到海外国家。目前最常见的跨境物流方式主要有邮政包裹、国际快递、专线物流和海外仓储等。

1. 邮政包裹

基于邮政覆盖全球的特点，使用邮政进行跨境物流运输是最常见的一种方式。目前常用的邮政运输方式包括中国邮政小包、新加坡邮政小包，以及一些特殊情况下使用的邮政小包。

邮政包裹对运输的管理和要求较为严格，如果没有在指定日期内将货物投递给收件人，负责投递的运营商要按货物价格的 100% 赔付客户。邮政包裹运输，含电、粉末和液体的商品不能通关，并且需要挂号才能跟踪物流信息，运送的周期一般较长，通常需要 15~30 天。

2. 国际快递

国际快递主要是通过国际知名的四大快递公司，美国联邦快递（FedEx）、联合国包裹速递服务公司（UPS）、TNT 快递和敦豪航空货运公司（DHL）来进行国际快递业务的邮寄。具有速度快、服务好、丢包率低等特点，如使用 UPS 寄送到美国的包裹，最快 48 小时内可以到达，但价格较昂贵，一般只有在客户要求时才使用该方式发货，且费用一般由客户自己支付。

3. 专线物流

跨境专线物流一般是通过航空包舱方式运输到国外，再通过合作公司进行目的国的派送，具有送货时间基本固定、运输速度较快和运输费用较低的特点。

目前市面上最普通的专线物流产品是美国专线、欧美专线、澳洲专线和俄罗斯专线等。也有不少物流公司推出了中东专线、南美专线和南非专线等。整体来说，专线物流能够集中大批量货物发往某一特定国家或地区，通过规模效应降低成本，但具有一定的地域限制。

4. 海外仓储

海外仓储是指在其他国家建立海外仓库，货物从本国出口通过海运、货运和空运等形式储存到该国的仓库，当买家通过网上下单购买所需物品时，卖家可以第一时间做出快速响应，通过网络及时通知国外仓库进行货物的分拣、包装，并且从该国仓库运送到其他地区或国家，大大减少了物流的运输时间，保证货物安全、及时和快速到达买家手中。

海外仓储的费用由头程费用、仓储管理费和本地配送费用组成。头程费用是指货物从中国到海外仓库产生的运费；仓库管理费用是指货物存储在海外仓库和处理当地配送时产生的费用；本地配送费用是指在海外对客户商品进行配送产生的本地快递费用。这种模式下运输的成本相对较低，时间较快，是未来的主流运输方式。

7.2.6 跨境支付

跨境支付是跨境电商必不可少的环节，当买卖双方的交易顺利达成，货物通过跨境物流送达买方，确认产品合格后，最后需要进行款额支付。伴随着跨境 B2B 出口的增长，跨境支付开始多样化，支付方式较多，如普通银行电汇，或国际第三方平台支付。在国内，银联最早开展跨境支付业务，其他支付工具紧随其后陆续开展了跨境支付业务。

1. 跨境支付方式

跨境支付可以通过银行电汇、信用卡支付和第三方平台支付等方式进行。特别是第三方支付，随着跨境电商的发展，其需求日益增多。国际上最常用的第三方支付工具是易贝的贝宝(PayPal)、西联汇款等。

2015 年 1 月，国家外汇管理局正式发布了《国家外汇管理局关于开展支付机构跨境外汇支付业务试点的通知》和《支付机构跨境外汇支付业务试点指导意见》，开始在全国范围内开展部分支付机构跨境外汇支付业务试点，允许支付机构为跨境电商交易双方提供外汇资金收付及结售汇服务。跨境支付的发展不仅为国内第三方支付企业打开新的广阔市场空间，还帮助企业获取相对更高的中间利润。对于支付平台自身来说，还能在很大程度上增强其增值潜力。一方面有利于支付平台对跨境商户进行拓展并简化支付的结算流程；另一方面，境内买家无须再为个人结售汇等手续困扰，直接使用人民币购买境外商家的商品或服务。目前国内的跨境常用支付工具有支付宝、财付通、银联电子支付、快钱和汇付天下。

2. 常用跨境支付方式的优劣比较

跨境支付方式较多，不同收汇款方式存在差别，它们都有各自的优缺点、适用范围。下面列举银行电汇、PayPal、西联汇款这 3 种具有代表性的支付方式的费用、优缺点和适用范围。

(1)普通银行电汇

普通银行电汇的费用、优缺点和适用范围如下。

- **费用：**各自承担所在地的银行费用。买家银行会收取一笔手续费，由买家承担；卖家公司的银行有的也会收取一笔手续费，相应地由卖家承担。

- **优点**：收款迅速，几分钟到账；先付款后发货，保证商家利益不受损失。
- **缺点**：先付款后发货，客户容易产生不信任；客户群体小，限制了商家的交易量；支付数额比较大的，手续费高。
- **适用范围**：电汇是传统的 B2B 付款模式，适合大额的交易付款。

（2）PayPal

PayPal 的费用、优缺点和适用范围如下。

- **费用**：无开户费及使用费；每笔收取 0.3 美元银行系统占用费；提现每笔收取 35 美元。如果是跨境每笔收取 0.5% 的跨境费。
- **优点**：国际付款通道可以满足不同地区客户的付款需求；使用该工具既可以收款，也可以付款，买卖双方都可拥有该工具。美国 eBay 旗下，国际知名度较高，尤其受美国用户信赖。
- **缺点**：PayPal 买家利益大于 PayPal 用户卖家的利益，双方权利不平衡；电汇费用，每笔交易除手续费外还需要支付交易处理费；账户容易被冻结，商家利益受损失。
- **适用范围**：跨境电商零售行业，涵盖几十到几百美元的小额交易。

知识链接

通过 PayPal 付款人欲支付一笔金额给商家或者收款人时，可以分为以下 5 个步骤。

（1）准备一个电子邮件地址，登录开设 PayPal 账户，通过验证成为其用户，并提供信用卡或者相关银行卡资料，增加账户金额，将一定数额的款项从其开户时登记的账户（例如信用卡）转移至 PayPal 账户下。

（2）当付款人启动向收款人付款程序时，必须先进入 PayPal 账户，指定特定的汇出金额，并提供收款人的电子邮件账号给 PayPal。

（3）接着 PayPal 向商家或者收款人发出电子邮件，通知其有等待领取或转账的款项。

（4）如商家或者收款人也是 PayPal 用户，其决定接受后，付款人所指定之款项即转移至收款人。

（5）若商家或者收款人没有 PayPal 账户，收款人需依 PayPal 电子邮件内容指示连线站进入网页注册 PayPal 账户，收款人可以选择将取得的款项转换成支票寄到指定的处所、转入其个人的信用卡账户或者转入另一个银行账户。

总体而言，从形式上看，PayPal 目前提供的基本模式是一种"电子邮件支付"方式。从本质上看，PayPal 是一种基于其平台的虚拟银行账户的记账和转账系统。资金的转移是在付款人的银行账户、PayPal 账户以及收款人的账户之间进行。而电子邮件只是发挥传递信息和通知作用，其运转离不开银行账户、电子资金转账以及信用卡等传统支付工具。

（3）西联汇款

西联汇款的费用、优缺点和适用范围如下。

- **费用**：手续费由买家承担，需要买卖双方到当地银行实地操作。在卖家未领取钱款时，买家可以将支付的资金撤销。

- **优点：**手续费由买家承担，利于卖家，可先提钱再发货，安全性好，到账速度快。
- **缺点：**由于对买家来说风险极高，买家不易接受，买家和卖家需要去西联线下柜台操作，手续费较高。
- **适用范围：**1 万美元以下的小额支付。

知识链接

西联汇款是西联国际汇款公司的简称，是世界上领先的特快汇款公司，可以在全球大多数国家的西联代理所在地汇出和提款。中国邮政、光大银行、农业银行和中国邮政储蓄银行这 4 家银行是西联汇款业务的中国代理行。

本章小结

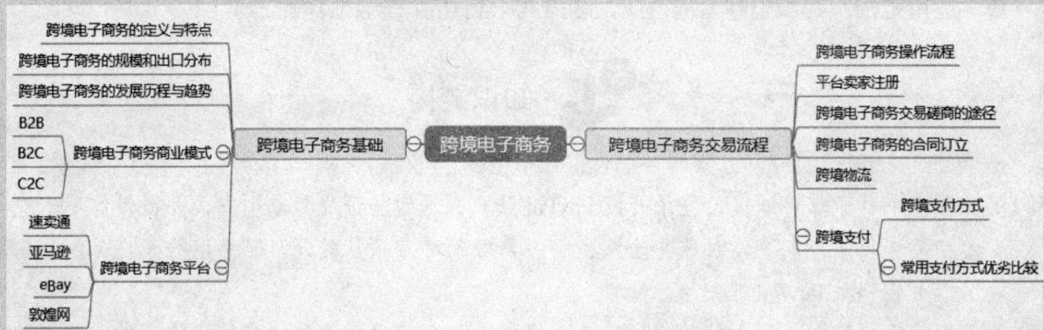

课后练习

一、简答题

（1）简述跨境电子商务在我国发展经历的几个阶段，其显著特点是什么。

（2）简述跨境电子商务的商业模式的分类和具体模式。

（3）列举出 3 个以上的主流跨境电子商务平台，并说说这些平台各自的优势。

（4）简述跨境电子商务的整体操作流程。

（5）简述跨境物流和跨境支付的方式有哪些。

二、上机操作题

（1）在亚马逊中找一件需要的商品并进行购买，了解跨境电子商务的买家操作流程。

（2）选择一个合适的跨境电商平台，注册卖家，掌握注册入驻商家的流程。

（3）选择一个跨境电商平台，写一个分析案例，分析平台商业模式、优势和缺点等。

08 第八章 移动电子商务

2011 年 1 月，一个“蓬头垢面”的团队在夜以继日的几个月时间的研究下开发出“微信”这一产品，领头人正是日后被誉为“微信之父”的张小龙。短短几年，微信已经渗透到人们生活的每个角落，甚至影响了人们的生活习惯。微信，堪称移动电子商务的“奇迹”。

本章将讲解移动电子商务的基础和应用知识，包含移动电子商务的概念、移动电子商务的特点和行业应用、手机购物体验、微商现状与发展、微商的成功法则和微商常用推广途径等。让每个用户对移动电子商务有深刻的认识。

知识目标

掌握移动电子商务的概念和特点及行业应用

认识什么是 LBS

掌握微商现状与发展

掌握微商成功的必备法则

技能目标

掌握手机购物流程

掌握微信、微博等平台进行微商推广的方法

素养目标

对移动电子商务的特点和应用有清晰的见解

对手机购物和微商有独到的判断和分析能力

具有品牌和产品营销推广的分析能力

8.1 移动电子商务基础

在无线通信技术的带动下，传统的以桌面互联网为主的有线电子商务逐渐发展为移动电子商务。电子商务在移动网络中的应用越来越广泛，并成为人们日常生活越来越重要的一种商务活动方式。

8.1.1 移动电子商务的概念

传统电子商务以 PC 机为主要操作界面，即有线电子商务。而移动电子商务则是使用手机、PDA 及平板电脑等无线终端进行的电子商务活动。它完美地结合了互联网、移动通信技术和其他信息处理技术，为企业和消费者提供便利的商务渠道，随时随地开展各种活动，如移动购物、移动支付、移动银行和移动办公等。

移动电子商务是在无线网络技术、移动通信技术和计算机应用技术的不断发展下逐渐兴起的，主要经历了 3 个阶段的发展历程。

1. 第一阶段的移动电子商务

第一阶段的移动电子商务访问技术主要是以短信为基础，这种技术的实时性较差，不能立即回复用户的查询请求。并且，由于短信信息长度的限制，用户的查询请求也不能得到完整的回复。因此，这一阶段的移动电子商务存在着严重的问题，这也使移动商务系统部门发出了升级和改造移动电子商务系统的需求。

2. 第二阶段的移动电子商务

第二阶段的移动电子商务主要基于无线应用协议（WAP），这种技术可以使移动终端通过浏览器访问 WAP 所支持的网页，以实现信息的查询，这种方式初步解决了第一阶段的移动电子商务的问题。但由于访问 WAP 所支持的网页的交互能力较弱，移动电子商务系统的灵活性和便捷性不足，不能很好地满足用户的需求。

3. 第三阶段的移动电子商务

第三阶段的移动电子商务是目前最新的移动电子商务，它充分结合了 WAP、移动 IP 技术、GPRS、第三代移动通信技术、数据库同步技术、移动定位系统技术（LBS）、基于 SOA 构架的 Web Service、智能移动终端和移动 VPN 技术相结合的第三代移动访问和处理技术，大大提高了移动电子商务系统的交互性和安全性，为用户提供了一种快速、安全的移动商务办公机制。

随着智能终端和移动互联网的快速发展，移动电子商务的发展越来越快，带来的便利性越来越突出。《北京商报》中有关移动电子商务的相关内容表明，2015 年移动电商成交额首次超过 PC 端，移动端将成为电子商务主要的交易渠道。

8.1.2 移动电子商务的特点

移动电子商务经过几次重要的发展阶段直至初具规模，究竟是什么样的魅力使移动电子商务对普通生活和商务应用带来如此广泛的影响，逐步改变着传统商务的消费和交易模式，使“可移动化”的交易、支付活动渗透到人们生活的方方面面的呢？

图 8-1 所示为“艾瑞咨询”移动网购设备发展与 PC 端购物和移动购物设备的体验区别研究数据，以小见大，可以看出，移动电子商务的繁荣兴盛离不开移动网络设备技术的发展，这也是移动电子商务与传统电子商务的显著区别。那么，相对于传统电子商务，移动电子商务具有哪些特点？下面将简要叙述移动电子商务的特点。

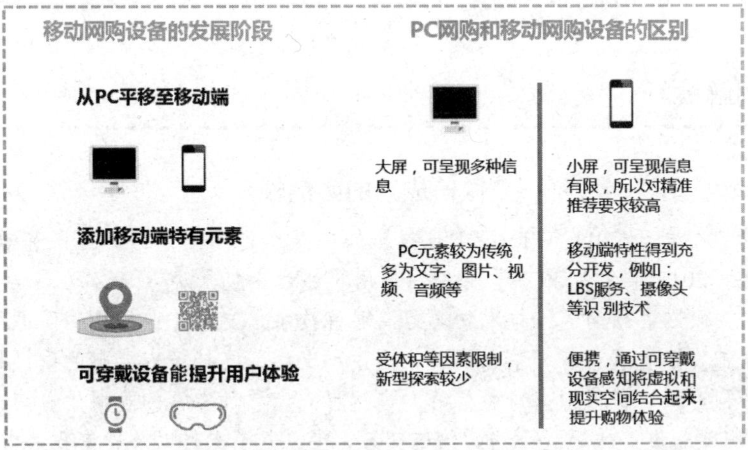

图 8-1　移动设备发展与 PC 端购物体验的区别（艾瑞咨询）

- **随时随地可开展**：移动电子商务由于采用移动终端进行商务活动，不受时间、地点等因素的影响，可以随时随地进行电子商务活动。且由于移动终端一般体积较小，便于携带，可以随着用户的移动而变化。
- **用户规模大**：《中国互联网络发展状况统计报告》显示，截至 2016 年 12 月，我国网民规模达 7.31 亿人次，手机网民规模达 6.95 亿人次，占比达 95.1%，增长率连续 3 年超过 10%。显然，从计算机和移动电话的普及程度来看，移动电话远远超过了计算机。而从消费用户群体来看，手机用户中基本包含了消费能力强的中高端用户，而传统的上网用户中以缺乏支付能力的年轻人为主。由此不难看出，以移动电话为载体的移动电子商务不论在用户规模上，还是在用户消费能力上，都优于传统的电子商务。
- **能较好确认用户身份**：对传统的电子商务而言，用户的消费信用问题是影响其发展的一大“瓶颈”，而移动电子商务在这方面显然拥有一定的优势。这是因为手机号码具有唯一性，手机 SIM 卡片上存储的用户信息可以确定一个用户的身份，而随着近几年手机实名制的推行和实施，这种身份确认将越来越容易。
- **定制化服务**：由于移动电话具有比 PC 机更高的可连通性与可定位性，因此移动商务的生产者可以更好地发挥主动性，为不同顾客提供定制化的服务。例如，开展依赖于包含大量活跃客户和潜在客户信息的数据库的个性化短信息服务活动，以及利用无线服务提供商提供的人口统计信息和基于移动用户当前位置的信息。商家可以通过具有个性化的短信息服务活动进行更有针对性的广告宣传，从而满足客户的需求。
- **易于推广使用**：移动通信所具有的灵活、便捷的特点，决定了移动电子商务更适合大众化的个人消费领域。例如：自动支付系统，包括自动售货机、停车场计时器等；半自动支付系统，包括商店的自助收银机、出租车计费器等；日常费用收缴系统，包括水、电和煤气等费用的收缴等；移动互联网接入支付系统，包括登录商家的 WAP 站点购物等。

- **更易于技术创新**：移动电子商务领域因涉及 IT、无线通信、无线接入和软件等技术，并且商务方式更具多元化、复杂化，因而在此领域内很容易产生新的技术。随着我国 4G 网络的的兴起与普及，这些新兴技术将转化成更好的产品或服务。所以移动电子商务领域将是下一个技术创新的高产地，如时下受到年轻群体喜爱的外卖订购 App 就是在订餐平台上发展而来的。

案例解读

微信成功的必然性

微信是腾讯公司于 2011 年 1 月 21 日推出的一款通过网络快速发送语音短信的 B2C 或 C2C 电子商务。2012 年 3 月 29 日，微信注册用户超过一亿人次。

微信融入互联网、移动通信技术和短距离通信技术，支持跨通信运营商、跨操作系统平台通过网络快速发送免费语音短信、视频、图片和文字，支持多人群聊的手机聊天软件，使人们可以在任何时间、任何地点与微信好友进行形式上更加丰富的类似于短信、彩信等方式的联系。实现随时随地、线上线下的购物与交易、在线电子支付以及微信软件本身完全免费，使用任何功能都不会收取费用，运用微信时产生的以上各种交易活动、商务活动、金融活动和相关的综合服务活动等，网络流量费由网络运营商收取。

2012 年，微信公众平台横空出世，正式向公众开放注册，很多推广人员立即嗅出它的价值，很多人气微博都转战微信公众平台，依靠自己微博、论坛和博客资源的推荐，快速拥有几百、几千，甚至几万的微信粉丝。而微信粉丝的属性有个天然的优势，就是绝大多数是手机用户，因为微信一般使用手机登录。微信公众平台似乎就是为广大企业在移动互联网推广而专门打造的，随着技术的进步与研发，其功能越来越齐全，截止到 2016 年第二季度，微信已经覆盖中国 94% 以上的智能手机，月活跃用户达到 8.06 亿人次，用户覆盖 200 多个国家、超过 20 种语言。此外，各品牌的微信公众账号总数已经超过 800 万个，移动应用对接数量超过 85 000 个，广告收入增至 36.79 亿元，微信支付用户人数则达到了 4 亿左右。

8.1.3 移动电子商务的发展现状与趋势

自 2004 年起，我国电子商务网站呈现了迅速上升的发展趋势，订单和交易金额不断增长，在这一情境下，移动电子商务逐渐兴起，并在人们的生活中被广泛运用，在近几年保持着高速发展的趋势。下面将进一步了解移动电子商务的发展现状和趋势。

1. 移动电子商务的发展现状

据艾瑞咨询统计，2015 年，中国移动端购物规模达 2.1 万亿元，同比增长 123.8%，占网购规模比重 55.5%。2016 年，中国移动网购占整体网络购物交易规模比重的 68.2%，比去年增长 22.8 个百分点。这些惊人的数据表明，移动终端将远远超过 PC 端成为网购市场主要的消费手段。至 2017 年，移动端购物交易额占比放缓增长速度，由于各大电商平台、品牌商陆续加大对移动端市场的投入，通过移动端进行消费的用户继续增多，预计未来一定时间内，移动电子商务市场仍将保持稳定增长，图 8-2 所示为 2012—2017 年网络购物 PC 端和移动端交易额占比的比较。

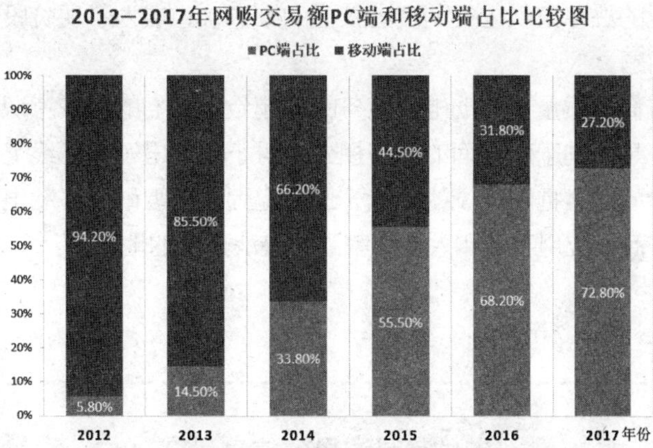

图 8-2　网络购物 PC 端和移动端占比的比较

从移动网络购物企业市场集中度来看，现阶段，手机淘宝、京东和唯品会等传统电商巨头在移动电商的优势依旧，头等企业在移动端整体网购交易规模中占比超过 80%，占据产业顶端，领先地位不可动摇；第二梯队企业相较淘宝和京东等的市场规模仍存在较大差距，其交易规模只达到百分之十几，它们主要以新的交易模式为突破口；而随着跨境、生鲜等垂直领域的火热化，仍有大量初创企业涌现，它们多从自媒体营销中寻找突破口，这其中以“易果生鲜”为代表的生鲜电商和以“土巴兔”为代表的家装电商崛起较迅速。总体而言，移动电商头等企业占有绝对优势，中等企业寻求内部变化，初创企业在新兴领域和新模式探索方面仍有一定发展机会。图 8-3 所示为 2016 年移动电子商务企业市场交易规模占比。

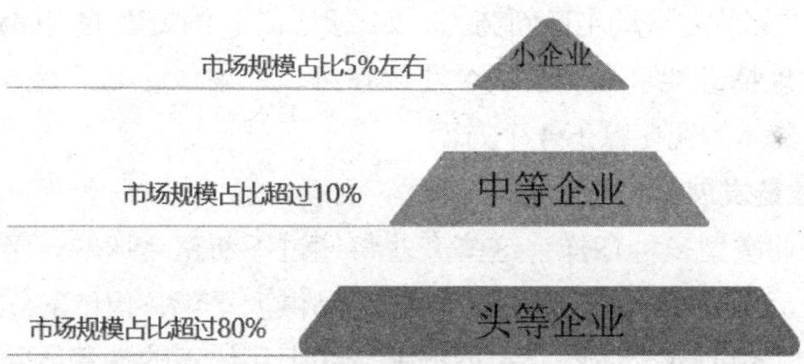

图 8-3　2016 年移动电商市场交易规模占比

纵然移动电子商务发展在现阶段已经如火如荼，但是仍然有些问题需要引起重视和攻克。具体表现在以下 3 个方面。

- **网络信号和稳定性**：移动电子商务的发展主要立足于移动电子设备和移动互联网，虽然目前 4G 网络已经普及，成为移动互联网的主流，但是网络速度和无线信号的稳定性依旧不能很好地满足用户的消费体验。另外，电子移动设备的屏幕大小、储存空间等问题也对移动电子商务的发展产生了一定影响。
- **用户隐私保护**：随着技术的发展，现阶段的网络安全问题得到一定缓解，用户的隐私问题却成为移动电子商务的一个弊端，这也是消费群体十分关注的问题，因为移动电子商务中，完成商业活动，往往需要定位用户具体位置或要求用户实名注册等，这个过程中就有可能泄露用户隐私。移动电子商务的独特性使这些问题变得尤为重要，如何利用相应的法律条款进行消费者权益的维护，也成为了现阶段移动电子商务发展面临的重要问题。

- **支付安全与商品质量**：移动电子商务的兴起致使人们的消费意识不断地转变，但有的消费观念还是倾向于面对面的消费模式，对于移动电子商务线上支付方式的安全性和物品的质量问题，抱着怀疑的态度，这一定程度上阻碍了移动电子商务的发展。这也是移动电子商务应用平台和入驻商家需要设法改善的地方。

案例解读

支付宝漏洞导致信息泄露

据中国电子商务投诉与维权公共服务平台（www.100ec.cn/zt/315），2013年3月27日晚，网友爆料支付宝出现重大漏洞，称使用谷歌、360可以搜索出大量的支付宝交易记录，包括付款账户、收款账户、姓名、日期，甚至邮箱和手机号等，并附上了Google搜索的截图和多个详情页的截图。该消息27日被大量转发后，引起广大消费者的关注，随后，支付宝官方于27日晚在微博中做了回应，并称此次有付款结果页面被收录可能是因为有极少量用户主动将自己付款结果页面分享到公共区域。当时支付宝官方的解释遭到广大网友质疑，并引发了热烈的议论。

2. 移动电子商务的发展趋势

移动电子商务发展过程中，老牌成熟企业成功转移至移动端，优势依旧，继续领跑，如"手机淘宝"；垂直领域崛起成为移动电商新势力，如"贝贝"。消费者的习惯和需求逐渐发生变化，用户希望能够随时随地精准地享受到各项个性化服务。未来移动电子商务将朝着更加智能化和全面化的方向发展，具体体现在以下4个方面。

（1）多元化产业链发展

移动电子商务产业类型多种多样，这些产业将通过不断整合形成一条完整的产业链，并向着多元化方向发展。另外，由于移动电子商务的商品供大于求，仅依靠线上单一渠道发展的增量空间十分限，因此，企业或个体商业主逐渐融合线上和线下的消费体验，未来线上线下融合是新零售时代的重要发展趋势。

（2）去中介化和社交化

去中介化历来受到商业主和消费者的关注，而随着自媒体的兴起和发展，恰好带来了中介化的契机。自媒体条件下的电子商务模式依托微博、QQ和微信等移动社交平台，通过粉丝效应分享传播从而吸引用户，在社交场景中激发消费者的购买欲望。如贝贝网开设"红人街频道"，融合社交、内容及直播等新型营销方式，并通过与粉丝的互动引导用户消费。另外，时下流行的微商行业即是通过自媒体形成了中介化模式，商户与消费者之间进行直接的沟通交流，直至达成交易。

（3）多元化与精准服务

随着大数据时代的到来，信息的价值日益凸显，移动电子商务在履行购物、交易支付等职能时，也为消费者提供了移动查询服务，而信息的查询也将向着多元化方向发展，移动电子商务平台不再局限于交易服务，同时提供给消费者天气、公交线路、游戏下载和电影场次等方面的信息，通过信息服务的加强或广告植入，促进消费，同时提升消费者对移动电子商务的认同感。另 一方面，随着生活水平的不断提高，用户更加注重商品品质，会直接选择符合自身特征的商品，在此基础上，移动电子商务基于商品特定品类和特定人群实现准消费。这其中，以贝贝网围绕母婴人群发展的“妈妈经济”为典型代表，基于特定人群，打造一站式购物入口。

（4）安全性能优化

移动电子商务的使用要求用户必须具备移动电子设备和移动互联网。移动设备小巧便捷，但是也十分容易遗失，一旦丢失，用户的信息安全和财产安全就会受到严重威胁，并且移动互联网中本身存在的安全问题，也给用户的信息安全造成了巨大的隐患。由于电子商务无法对信息进行直接保护，因此，移动电子商务研发者应充分意识到消费者在移动终端使用这一环节的安全问题。

案例解读

“妈妈经济”

“妈妈经济”是时下最新概念“她经济”的一个分支，实质是女性消费的新概念。它是2016年中国全面放开“二胎”政策时代背景下的产物，在移动购物普及、用户消费升级的当下，据艾瑞数据报告，2017年，母婴、美妆、女性服饰、家居的市场规模将分别达到3万亿、0.7万亿、3.2万亿、4.3万亿，那么“大母婴“市场的体量将从原本的3万亿扩张至超过10万亿。

贝贝网作为“妈妈经济”的倡导者，其背后的核心观点就是每个妈妈背后都是一个家庭，整个“妈妈经济”将满足家庭消费所有需求，包括给小孩买东西、给妈妈自己买东西、给家里买东西。就妈妈群体而言，由于该群体具有鲜明的消费偏好，社交偏好，生活偏好，因此，围绕这些偏好，产生了对应的社会消费需求，而当满足各种偏好需求的供给被激发，产业化、完整的经济供给关系就形成了。围绕妈妈人群购买力进行的业务拓展，成为“大母婴”市场新的经济助力增长点。

8.1.4　移动电子商务的分类及应用

移动电子商务的应用非常广泛，那么，该如何对其进行分类，以及移动电子商务在各行业中的具体应用又有哪些？对于这些，我们需要有清晰的认识，才能让抽象的移动电子商务变得立体和物化。

1．移动电子商务的分类

从应用的角度对移动电子商务进行分类，主要包括信息服务类、娱乐服务类、交易服务类和行业应用服务类等，分别介绍如下。

- **信息服务类：**移动电子商务信息服务主要指通过移动网络提供的信息服务，主要包括移动信息服务（新闻资讯、天气预报等）、移动电了邮件服务和基于位置的服务（如位置查询、定位）等内容。
- **交易服务类：**移动电子商务所涉及的交易服务类业务按照交易方向的不同，可以分为移动金融服务和移动购物服务。移动金融服务主要包括银行业务、移动支付业务和移动电子薪水等业务。移动购物服务主要包括移动零售业务、移动售票业务和移动拍卖等业务。

- **娱乐服务类：**娱乐服务类业务主要包括移动音乐、视频观看和下载、移动游戏等服务。
- **行业应用服务类：**主要是指面向各行业的专门移动应用系统，如安全生产监控服务、公共事业缴费服务等。

2. 移动电子商务的应用层次

移动电子商务的应用层次主要是通过商务层次来进行划分，主要包括核心交易层、包装服务层和交易支持层。图 8-4 所示为每层的关系与大致内容。

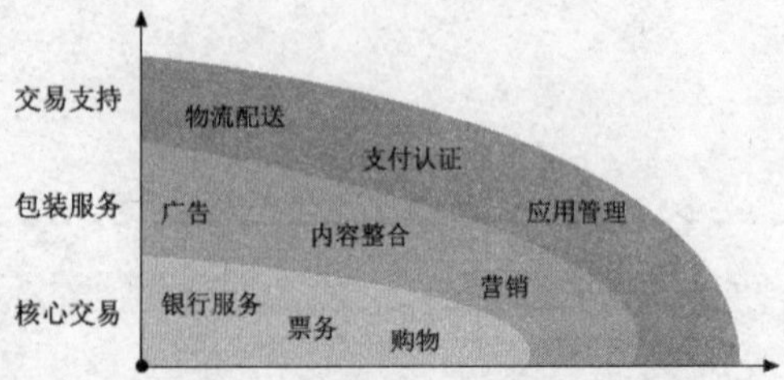

图 8-4 移动电子商务的应用层次

移动电子商务每层的含义与内容如下。

- **核心交易：**是指通过移动电子商务向用户提供的核心服务，如通过各类电子商务平台 App 进行购物，汽车、飞机票订购，手机网游和转账缴费等。
- **包装服务：**是指辅助核心交易的服务，主要包括广告、内容整合、营销和搜索服务等。
- **交易支持：**是指保证交易活动正常进行所提供的服务，如物流配送和支付认证等。

3. 移动电子商务在各行业中的应用

移动电子商务现已渗入到人们工作生活的方方面面，所涉及的领域非常广泛。下面主要从移动娱乐、移动办公、移动购物、移动金融、无线医疗和移动营销等方面进行介绍。

（1）移动娱乐

移动电子商务环境不再受空间和时间限制，只需通过手机等移动终端即可接入，娱乐方式变得更加简单方便。同时，娱乐种类也更丰富，如移动微信、移动 QQ 等以即时沟通为主的移动服务；移动微博、移动广播等以信息服务为主的移动服务；移动音乐、移动游戏和移动视频等为主的纯娱乐移动服务。这些娱乐服务可以直接在网站或应用商店中下载或共享，并且能够为移动运营商、内容提供商和服务商带来附加的收入，是影响范围最广的移动电子商务应用服务。

（2）移动办公

移动办公是通过手机、平板电脑等移动终端设备中的移动信息化软件，与企业的办公系统进行连接，将原本公司内部的局域网变为安全的广域网，摆脱传统办公时间和场所对工作的限制，实现随时随地移动办公的需求。如短信提醒服务、远程会议、信息浏览与查询和远程内部办公网络访问等。移动办公有效地解决了企业管理与沟通的问题，使企业整体运作更加协调。

（3）移动购物

随着移动电子商务的发展，传统电子商务商家纷纷进军移动市场，如淘宝、京东、当当网等大型电商平台开发的手机淘宝、手机京东和当当等购物App。用户下载并安装这些手机App后，即可直接在其中进行网上购物，如购买服装、鲜花预定、快餐订购等。其次，除了传统的商品类购物外，车票、机票、电影票和入场券等票务购物也逐渐兴起并成为移动购物的一大主要业务。移动购物改变了用户的传统购物方式，为用户提供了更加方便和快捷的服务。

（4）移动金融

移动金融包含的内容较多，如移动银行、移动支付和移动股票等，用户可以随时随地通过移动终端设备进行金融业务服务，如账户余额查询、转账付款、话费充值、水电气缴纳、股市行情查询和股票交易等。其次，还能获得实时财务信息并进行金融信息的查询和浏览，快速掌握金融市场动向。常见的移动金融应用有支付宝、中国建设银行、同花顺、中国工商银行和大智慧等。

（5）无线医疗

医疗一直是备受人们关注的领域，随着医疗技术与无线技术的进步，无线医疗技术开始逐步出现并融入全球医疗系统。通过无线医疗系统，可以实现以下功能。

- 实现不同医疗机构之间的信息共享，加快疾病诊断和治疗方案出台的速度。
- 方便远程监控病患，确保医疗机构及时了解患者的情况。

目前无线医疗主要是通过传感器和无线通信设备来进行病情监测和体征数据的提取，随着技术的发展和投入的增加，未来无线医疗将成为重要的移动电子商务应用领域。但要想真正应用这种技术还需要注意一些问题。

- **无线连接**：无线信号容易受到其他物体的阻碍，如高大建筑物，会使无线信号不稳定，信息接收出现一定障碍。其次，在没有无线信号覆盖的地方无法正常运行无线医疗系统。因此，要保证无线连接的稳定、高速，这样才能更好地使用无线医疗系统。
- **安全性**：网络的开放性特征容易使无线医疗系统中的病患数据及其他信息泄露或被破坏，一定要保证系统的所有硬件设备的访问安全、数据传输安全和数据存储安全，避免出现这类问题。
- **互操作性**：无线技术设备的种类繁多，怎样实现这些不同设置之间的互操作性，使无线医疗系统进一步得到发展是一个重要的问题。

（6）移动营销

电子商务业务向移动终端的转移带动了营销的移动化，通过移动营销可以更加快速、便利地进行信息传递与消费者互动，能够帮助企业更快抢占移动互联网市场，促进消费市场的线上线下整合。移动营销具有受众目标群体明确、信息传递及时和互动性强等特点，是目前非常流行的营销方式，如微博营销、微信营销等。

8.1.5 地理位置服务（LBS）概述

地理位置服务（Location Based Service，LBS）基于移动位置服务，是通过电信移动运营商的无线电通信网络（如GSM网、CDMA网）或外部定位方式（如GPS）获取移动终端用户的位置信息（地理坐标或大地坐标），在地理信息系统（Geographic Information System，GIS）平台的支持下，为用户提供相应服务的一种增值业务。

LBS的概念从美国发展起来，起源于以军事应用为目的所部署的全球定位系统（Global

Positioning System，GPS），随后在测绘和车辆跟踪定位等领域开始应用。当 GPS 民用化以后，产生了以定位为核心功能的大量应用，进入新世纪后，LBS 及其所涉及的技术在电子商务领域广泛应用、大放异彩。如今所说的 LBS 则是 LBS 与 Web 应用（如 SNS 社区网络服务）及相应商业、娱乐元素的结合（如导航 App、订餐 App），如图 8-5 所示，极大地推动了 LBS 的应用空间和使用价值。

图 8-5　LBS 应用模式

LBS 包括两层含义：一层是确定移动设备或用户所在的地理位置，另一层是提供与位置相关的各类信息服务。总结起来，是指与定位相关的各类服务系统，简称“定位服务”，主要由移动通信网络和计算机网络组合而成，通过网关实现两个网络的交互，即移动终端用户通过移动网络发送请求和定位，经过网关传递到 LBS 服务平台，然后服务平台根据用户请求和当前定位进行处理，并将结果通过网关传送回用户终端。例如用户通过移动终端打开定位系统，然后在用户当前位置设置的范围内（如 1 千米附近）寻找宾馆、影院、图书馆、加油站等的名称和地址。因此，实际上，LBS 就是借助互联网或无线网络，在固定用户或移动用户之间完成定位和服务功能。LBS 的移动终端包括移动电话、手提计算机和个人数字助理等。

知识链接

SNS(Social Network Site)，专指社交网络服务，包括了社交软件和社交网站。也指社交现有已成熟普及的信息载体，如短信 SMS 服务。社交网络服务是一个平台，建立人与人之间的社交网络或社交关系的连接。

案例解读

滴滴出行

近年来，流行的线上打车平台“滴滴出行”App 是 LBS 服务应用的典型代表。用户通过当前位置定位，向司机发布出行需求，司机确认接单后根据用户定位到指定位置接载用户，并将用户送至目标定位位置。

滴滴出行成立于 2012 年 7 月，于 2015 年 9 月由“滴滴打车”更名为“滴滴出行”，为涵盖出租车、快车、顺风车和代驾等多项业务的一站式出行平台。

滴滴出行 2013 年 4 月完成 B 轮融资，其中腾讯集团投资 1 500 万美元。2014 年 1 月，滴滴出行与微信达成战略合作，开启微信支付打车费。

2015 年，滴滴出行为了更好地为出行用户提供服务，将 App、微信公众号和 QQ 的在线客服后台统一接入 ImCC 系统，完成跨渠道、跨平台的在线客服管理。

2017 年 4 月，滴滴出行完成新一轮超过 55 亿美元的融资，此轮融资将用来支持滴滴全球化战略的推进和前沿技术领域的投资。

8.2 手机购物 App

移动电子商务中，手机是人们最常使用的移动终端设备，数据统计，2016 年，我国智能手机用户规模接近 7 亿，有手机购物体验的手机网民用户占比超过半数。通过手机可以方便地下载、安装并使用各种手机购物 App。手机购物 App 之所以受到广大用户的青睐，最大的特点在于其不受时间和地点限制，如消费者可利用类似上下班途中的碎片化时间轻松购物；其次因为商家节省了门市、摊位等费用，从而使用户购买的商品价格更低。

8.2.1 热门移动购物 App 平台简介

目前，移动购物 App 平台较多，其购物流程相似，但不同手机 App 购物平台，其售卖的产品类别不同，有的属于综合性，如手机淘宝，有的售卖二手产品，如闲鱼；或消费者定位不同，有的专营奢侈品，有的产品则走亲民路线。下面简略介绍目前常用的几款热门购物 App。

1. 手机淘宝

手机淘宝是淘宝网官方出品的手机应用软件，依托淘宝网强大的自身优势，能够为用户提供更加方便快捷的购物体验，方便用户随时随地进行搜索比价、宝贝浏览、移动购物、订单查询和宝贝管理等操作。目前，手机端淘宝与 PC 端相比，无线端的流量占比已经越来越大，改善了消费者商品浏览体验，商品检索更加简便，购物体验更加个性化，如收藏过的、加入购物车的、购买过宝贝的。当这些个性化比较集中的时候，在某个买家客户端将展示类似的宝贝。

2. 美团

美团手机 App 是美团团购网官方出品的手机应用软件，是国内成立较早、口碑较好和综合实力较强的大型团购软件，能够随时随地为用户提供各个城市的美食、酒店和娱乐等众多信息及电子兑换券。像美团这样的手机团购软件还有很多，如大众点评、百度糯米等。

3. 闲鱼

闲鱼也叫淘宝二手，是基于淘宝平台开发的用于闲置物品交易的 App 客户端。用户可以直接使用淘宝或支付宝账号登录闲鱼 App，然后根据需要自主上传二手闲置物品售卖，或进行在线交易或管理宝贝等操作。闲鱼 App 为用户提供了更加方便的闲置物品的处理方法，并且基于淘宝网强大的功能，能够最大限度保障用户的交易安全。

4. 蘑菇街

蘑菇街是一个专为时尚女性提供服装、鞋包、配饰和美妆等商品的电子商务平台，受到众多年轻女性的喜爱。蘑菇街最早为电商导购平台，2013 年下半年淘宝限制导购业务之后，转型为垂直电商。2016 年 6 月 15 日，美丽说、蘑菇街和淘世界合并，并宣布新集团为美丽联合集团，目前发展为集 B2C 和 C2C 模式为一身的女性时尚电商，社交、直播等新型营销方式成为其发展特色。

蘑菇街 App 就是基于美丽联合集团旗下，融合了蘑菇街、美丽说和淘世界的特色功能而打造的一款集购物、生活和玩乐于一体的社交购物应用。蘑菇街 App 平台对产品的展示清晰，而且重复的物品很少，有效地融合了现在女性的逛街特点，在产品分类上也比较清晰，具有明确的导航。

5. 唯品会

唯品会是一家专门做特卖的网站，主营业务是在线销售品牌折扣商品，与正规品牌合作，以低价折扣限时限量供应给消费者，在国内较早实行限时购买，目标群体是有基本收入的年龄在 20—35 岁的消费人群、白领人群和品牌爱好者。其包含的商品种类丰富，如服饰、鞋包、美妆、母婴和家居等。唯品会 App 是唯品会针对移动终端用户推出的一款移动购物软件。通过唯品会 App，用户不仅能够购买到正品行货，还能享受更多低价优惠和折扣，是追求物品质量最大化的保证。有的用户，特别是女性用户比较青睐唯品会。

6. 贝贝网

贝贝网是母婴行业的先行者和领头羊，于 2014 年成立，发展迅速。上线两年，2016 年 6 月，完成 D 轮融资，融资金额达 1 亿美元。贝贝网以品牌正品、独家折扣和限时抢购为特色，主要提供童装、童鞋、玩具和日用品等商品的特卖服务，拥有移动互联网行业多种资源，目前主要打造以“妈妈经济”为核心的家庭购物入口。

知识链接

现实中，除了丰富的购物 App 平台，涉及人们饮食起居各行业的手机 App 应用非常多，如用于交通出行入住的滴滴出行 App、去哪儿旅行 App；用于汽车导航的高德地图 App、百度地图 App 等。它们共同的特点在于实用性非常强。

案例解读

购物新贵——卷皮 App

卷皮是移动电子商务手机购物 App 中的一匹黑马，与“手机淘宝”等购物 App 前辈相比，卷皮起步较晚，于 2012 年 9 月正式上线，定位在品牌折扣商品，卷皮构建了“优质精选 + 折扣特卖 + 限时抢购”的创新商业模式，涵盖服饰、母婴、家居、零食和数码等泛生活类目平价商品。

卷皮除了开展优惠活动外，性价比也非常高，因此，在一定时间内积累了较好的口碑，亲民的价格受到很多务实的用户的青睐。相对于其他大型购物 App 平台，卷皮的商品类型和品牌较少，这也有利于用户更快捷地搜索查找需要购买的物品。但在购物过程中，出资卷皮平台的商品质量参差不齐，这可能也是众多购物 App 平台所面临的问题。随着平台影响力的扩大，卷皮积极的做出调整，越来越多的品牌也开始入驻进来。

8.2.2 手机淘宝体验

手机淘宝体验

用户通常根据购买需求来选择合适的购物平台，购物流程大同小异。众多的 App 购物平台中，应用最为广泛、使用人数最多的无疑是手机淘宝。手机淘宝与 PC 端的商品搜索、浏览和购买方式是相同的，只是手机端的操作体验不同。下面使用手机淘宝搜索商品，然后选择商品，并通过商品评价信息确认是否购买该商品，最后提交订单，支付费用购买商品。

1. 搜索并选择商品

通过手机淘宝购买商品，首先需要选择商品。下面在手机淘宝中搜索并选择一款“音响”商品。

① 在手机桌面点击“淘宝”App 图标，如图 8-6 所示。第一次打开手机淘宝，需要输入淘宝账号和密码，该账号和密码与 PC 端登录的账号和密码相同，以后点击“淘宝”App 图标，将直接进入手机淘宝首页，在手机淘宝首页单击商品类目链接，可根据板块浏览商品，查找商品。

② 点击页面上方的搜索框，在搜索框中输入购买商品的名称或关键字，如输入“音响”，根据关键字，手机淘宝自动打开下拉列表，显示相关商品列表。这里选择“音响迷你”选项，如图 8-7 所示。

③ 搜索出迷你音响，浏览商品，然后单击所需商品超链接，如图 8-8 所示，即可打开商品的具体售卖信息页面。

图 8-6 打开手机淘宝

图 8-7 搜索音响商品

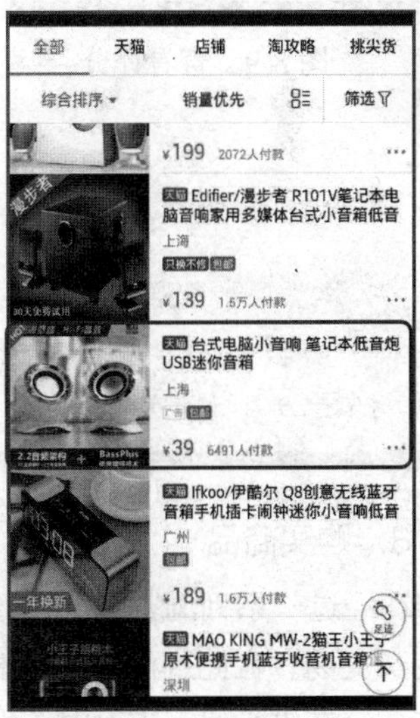

图 8-8 显示搜索结果

2. 查看商品评价

信用体系无论是在传统电子商务，还是移动电子商务领域中都具有重要作用，线上交易模式下，用户无法看到商品实体，无法体验商品性能等，因此用户一般需要通过平台评论信息来判断产品优劣、是否值得购买。手机购物也不例外，选择商品后，并不是立即进行购买，用户可查看商品的评价信息等，如商品描述是否属实、价格是否合适、产品质量如何和物流运输快慢等，再确认是否购买。下面查看选择的“音响”商品的评价信息。

① 在商品售卖信息页面下滑，在其店铺名称栏中查看“宝贝描述”“卖家服务”和“物流服务”的综合评分。手机淘宝评分体系最高分值为“5”，这里评分均达到“4.8”，评分很高，如图 8-9 所示。

② 在“宝贝评价”栏中选择评价分类选项，例如单击“质量不错”超链接，如图 8-10 所示。

③ 在打开页面选择“有图”评价选项，在显示的评价内容列表中查看购买此商品的用户对商品的评价信息，同时可单击其他买家上传的商品缩略图，查看商品外观，如图 8-11 所示。

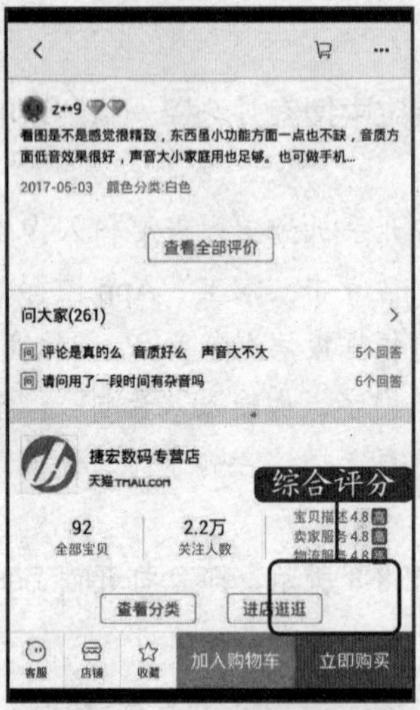

图 8-9　查看评分

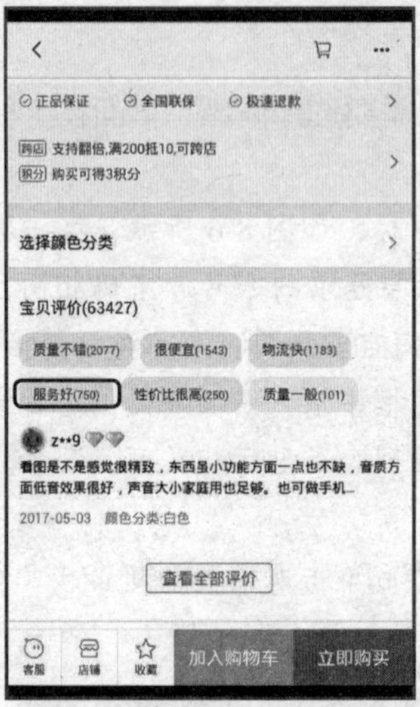

图 8-10　选择评价分类

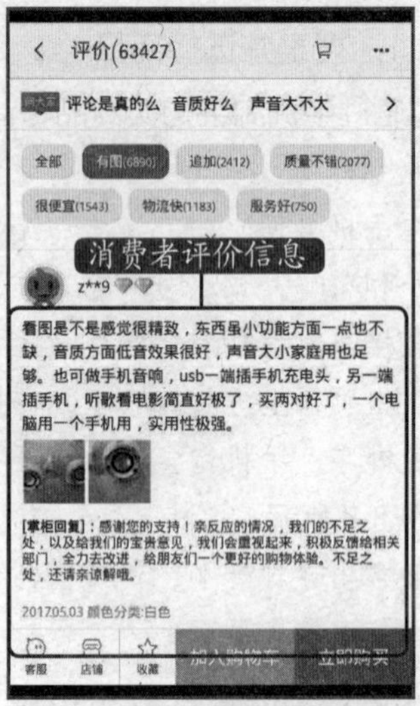

图 8-11　查看评价和商品图

操作指导

通过手机移动端进行线上交易，买家和商户沟通也是一个重要的环节，在商品售卖信息页底部单击按钮，可与售卖商品的商铺客户进行交谈，如询问商品质量、物流运输以及商谈价格是否可以优惠等。

3. 购买商品

在经过一系列浏览、比较，并确认购买商品后，接下来就可提交订单、支付货款，完成商品购买交易。在此过程中，将涉及商品购买参数，如数量、颜色等，收货地址的设置，以及货款支付。在进行线上支付时，为了保证支付安全，移动电子商务除了通过密码来完成支付外，有的平台还需要通过手机验证码完成支付。

① 在商品售卖信息页面底部单击 立即购买 按钮，在颜色分类中选择“白色”选项，默认购买数量为“1”个，然后单击 确定 按钮，如图 8-12 所示。

② 打开“确认订单”页，显示订单详情，如图 8-13 所示，顶部将显示用户已经添加的默认收货地址。也可单击地址区域打开“管理收货地址”页面，单击 添加新地址 按钮设置新地址。

③ 返回“确认订单”页面，确认订单内容后，单击 提交订单 按钮，此时打开“付款详情”对话框，默认使用支付宝余额付款，当支付宝中余额不足时，则自动以支付宝绑定的银行卡付款，确认付款金额后，点击 确认付款 按钮，如图 8-14 所示。

④ 在打开的“输入密码”对话框中输入支付密码，然后单击“付款”选项。

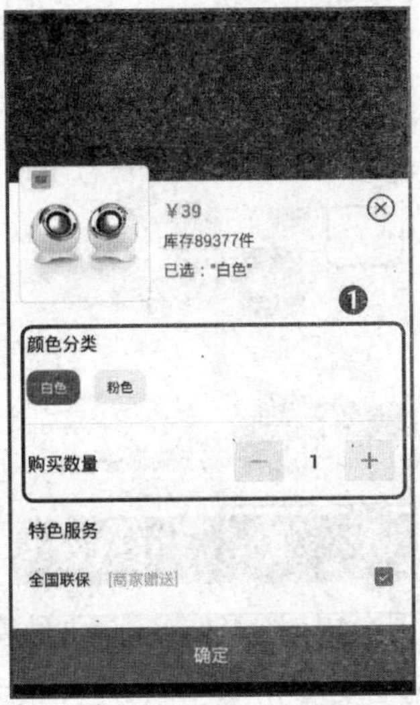

图 8-12　选择购买数量和颜色

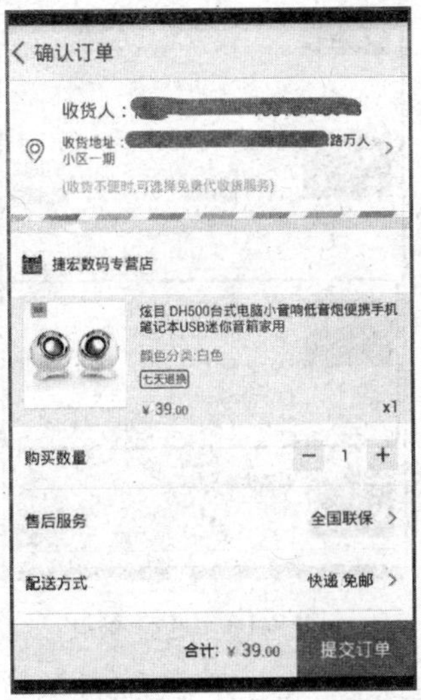

图 8-13　确认订单页

图 8-14　交易支付

8.2.3　手机订餐体验

时下手机订餐在青年一代流传甚广，使用率极高，朋友聚餐，家庭聚会都可选用这种方式。与传统的实地口头预定相比，用餐者不用到餐厅去即可完成预约，节省时间和路程。手机订餐不仅可以随时随地点餐、选择座位，还可方便地在平台上浏览查找到喜欢的美食，其预定方式也从餐厅订座，衍生出订购外卖。

手机订餐体验

目前手机订餐口碑好、影响力大的平台很多，但其预定流程和方法相似。下面在美团中分别体验订购外卖和餐厅订座的方法。

① 在手机桌面点击“美团”App 图标，登录美团账号后，保持手机无线网络的连接，软件基于 LBS（地理位置服务）系统自动完成对消费者的具体位置的精准定位，利于消费者随时随地浏览附近的餐点。在导航栏目中单击“外卖”超链接，如图 8-15 所示。

② 在打开的“外卖”主页上方显示导航分类，将页面向下滑，在特色订购区浏览，选择外卖商家，如图 8-16 所示。外卖商家项目栏中一般包含有与消费者的位置的距离、外卖起送价、配送费、开始配送时间，以及配送优惠等内容，在使用时，消费者需要注意该类信息。

③ 打开餐点页面，在导航栏中选择餐点外卖分类，如单击“买赠”超链接，在打开的“买赠”页浏览外卖，然后选择喜欢的外卖餐品，点击⊕按钮，选择购买份数，点击一次表示购买

一份，此时页面底部显示了外卖价格和送餐服务费，确认后单击去结算按钮，如图 8-17 所示。

④ 打开“提交订单”页面，添加送餐地址，选择送餐时间，然后单击提交订单按钮。然后在打开的页面使用银行卡、支付宝或微信等方式支付费用便可完成外卖订购，此时，消费者在定位位置等待送餐即可。

图 8-15 选择外卖

图 8-16 选择餐厅

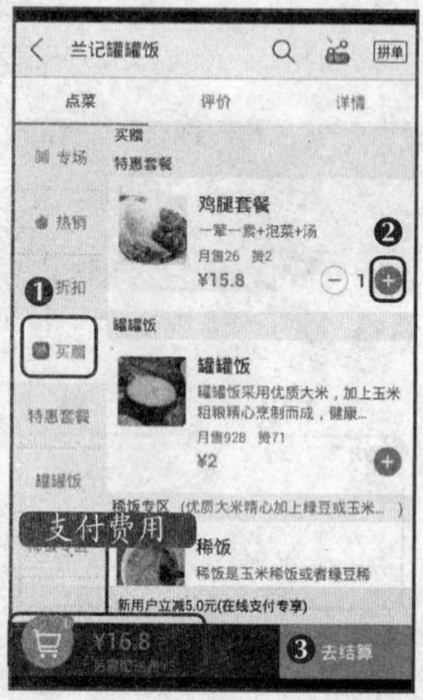

图 8-17 选择外卖套餐并结算

⑤ 在“美团”首页单击“美食”超链接，在打开页面的导航栏中点击美食分类选项，在打开的页面单击“智能排序”超链接，在打开的列表中选择“离我最近”选项。

⑥ 在打开的页面单击“餐厅”超链接，进入餐厅店铺页面，页面中显示了餐厅地址、电话、当前可订购的套餐及其价格，以及其他用餐的评价信息等内容，选择套餐选项，如图 8-18 所示。

⑦ 在打开的页面显示了套餐价格、套餐有效期和是否支持退款等售后服务，以及套餐内包含的餐品等信息，单击“立即抢购”超链接，如图 8-19 所示。

⑧ 同时，在打开的页面单击提交订单按钮，如图 8-20 所示。然后在打开的页面使用银行卡、支付宝或微信等方式支付费用完成订购，订购后，在套餐有效期内到餐厅用餐即可。

知识链接

通过体验，可发现手机淘宝和订餐 App 应用方法类似，同样经过浏览商品、选择商品、提交订单、设置地址以及交易支付等，延伸到手机订房、手机订票等都是如此。从事移动电子商务，搭建平台的成败关键在于定位客户群和用户操作体验，以及信用评价体系，评价内容对消费者起着参考的作用，这就要求商户的品牌和商品质量过硬，另外，操作简便、定位精准对平台口碑提升有特别大的帮助，而涉及交易支付，支付方式和支付安全很重要。

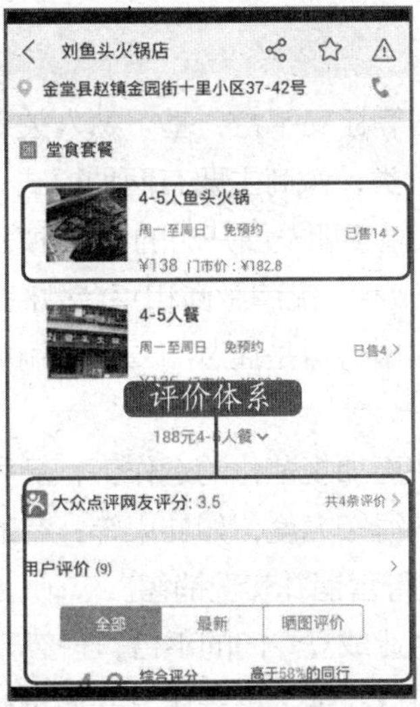

图 8-18 选择套餐

图 8-19 抢购套餐

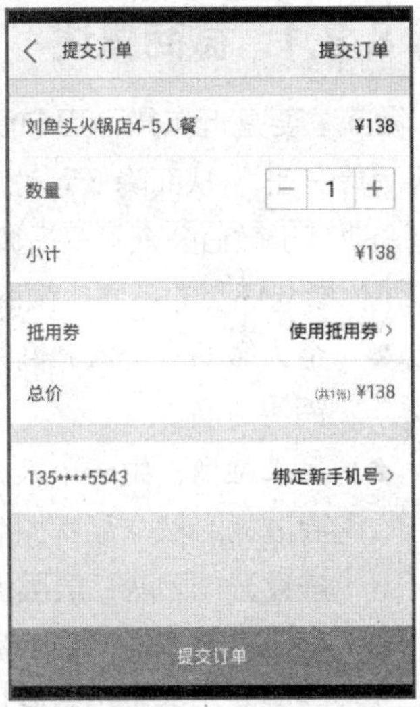

图 8-20 提交订单

案例解读

草根逆袭——“饿了么”外卖 App

之所以将“饿了么”外卖 App 称作“草根逆袭”，缘由“饿了么”外卖是由上海交通大学的学生团队于 2008 年 4 月在读期间创办“饿了么”网上餐厅，进而在 2009 年成立公司，创业初期由团队自己使用电动车送外卖。

“饿了么”主要通过加盟餐厅的后台管理系统和前台网站页面的年服务费、交易额提成、竞价排名费用来盈利。目前，饿了么网上订餐已经完成了 F 融资，在行业内与美团分庭抗礼。其创始人张旭豪回顾“饿了么”7 年创业过程中的经验，总结为 3 点：一、战略上从小处切入；二、小步迭代，不断满足客户需求；三、保持创业初心，适应市场的变化。

由于餐饮外卖这一行门槛低，颇受“草根”投资者们的关注，大学生创业典范“饿了么”外卖 App 成功之后，不少人也想通过这一模式开启创业路。实际上，“饿了么”可以作为成功的借鉴，但它有其独特性，总结归纳，要想在“订餐”业站稳脚跟并非易事，起步越晚，行业竞争越激烈，前期的宣传和优惠策略注定需要注入大量资金，注定了资金实力是重要的一环。资金主要来自自主投资和外部投资，要受到外部资金的青睐，平台需要具有自身特色和竞争力。

8.3 微商

微商是指企业或个人通过微信、微博等互联网社交平台进行商品线上交易活动，在近几年才逐渐兴起的与手机购物应用平台分庭抗礼的移动电子商务新群体。微商由于进入门槛低，且不必经过严格的注册，深受年轻群体的青睐。相比电商网络平台，微信这种基于社交群的新媒体给予微商更加有利的条件，使得人们可以将碎片化的时间都商业化。

8.3.1 微商概述

微商主要是近年微信用户激增催生的产物，它主要利用微信等社交平台，基于熟人关系建立起消费信任，从而降低营销成本，完成商品交易。从销售端分类，微商主要有两种模式：一种是企业基于微信公众号开设微商城的 B2C 模式；另一种是个人基于朋友圈开店的 C2C 模式。按照主体参与环节的不同，微商的商业模式可以分为 3 类：个人微商、品牌微商和平台微商。

- **个人微商**：个人微商是微商起步阶段的商业模式，其典型特点是通过朋友圈“刷屏”销售商品。
- **品牌微商**：由于个人微商屡次出现暴力刷屏的乱象，在更加规范化的运作下，品牌微商成为必然。品牌微商有的通过微商渠道发展起来，获得知名度，如韩束等；有的则成立分销团队，层层代理，最终通过微信等社交平台进行营销并实现销售。
- **平台微商**：与个人微商和品牌微商相比，平台微商是指企业成立专门的平台，连接厂商、品牌商和下游小微商户、个人。下游参与者通过平台可以实现手机开店，并通过社交分享实现对上游产品的分销。例如，微店、钱宝等。

微商产业关系示意图如图 8-21 所示，数据来源于“艾瑞咨询”。

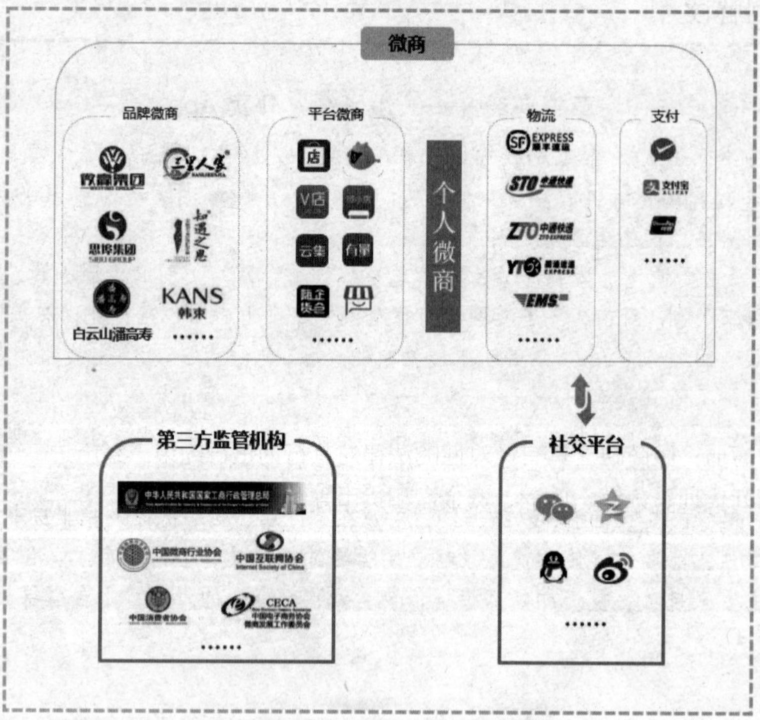

图 8-21　微商产业关系图（艾瑞咨询）

8.3.2 微商的现状与发展趋势

截至 2016 年年底，国内微信装载量达到 8 亿左右，同比增长 28%，公众平台汇聚超过 1 000 万公众账号、20 万第三方开发者，企业微信用户数达 3 100 万。为中小微企业以及政务民生的应用创新提供了良好的平台，而且史无前例地统一到一个客户端，形成一个非常庞大的商业市场。而据艾瑞咨询统计，2016 年中国微商行业市场交易规模为 3 287.7 亿元，预计 2019 年微商市场交易规模将接近 1 万亿元，如图 8-22 所示。数据来源于“艾瑞咨询”。

图 8-22　中国微商市场交易规模

目前，微商主要集中在美妆、药妆、大健康、服装服饰、母婴用品和农特产品等产品，其特点是规模小、产品精美，且发货容易。很多传统企业做微商，微商只是其中的一个环节，起到宣传推广的作用。但微商平台很简单，采用分销系统，是真正的品牌商和消费者的直接对接，中间是没有距离的。

正是由于微商进入门槛低，爆炸性的增长，所以也暴露出一些亟待解决的问题。

- **缺乏秩序**：目前，很多微商主要通过亲戚朋友介绍加入，这种家庭式、作坊式的流程，导致微商从业者大多并未经过正规培训，大部分的个体微商缺乏基本营销知识。暴力刷屏方式又往往会引起微信用户的极度反感，结果导致宣传效果不佳。
- **监管薄弱**：微商缺乏具有针对性的法律对其行为进行约束。经历过高仿品、代购；等级招商代理、分销、传销、资金盘和货币等，疯狂发展甚至泛滥；各种各样的模式，导致产品参差不齐，甚至形成欺骗行为。
- **不具备实体店**：微商通过发展代理盈利，处于最顶端的代理，尤其是具有大量下线的代理，本身并不通过售卖产品获得收益，而是通过售卖代理权来赚取利益。驱动下级代理进行产品推广和销售的是代理之间的层层差价，这样一级一级的差价，进一步加深了微商与用户之间的法律与道德风险。

虽然微商存在不少问题，特别是商户与消费者之间的信任问题，但是未来，微商的发展空间将进一步增大，同时朝着规范化和平台化方向发展，为了对微商进行更规范的管理，腾讯运营商成立了微商产业联盟。微商产业联盟旨在将品牌商聚集起来，建立统一的标准，规范统的标识。通过整合品牌，逐渐形成战略同盟。此外，微商产业联盟将推出中国微商诚信查验平台，提供防伪、查询服务，并进行官方认证，进行产品的监管，利用微商的传播速度和影响面来遏制不良现象。同时，搭建电商平台，使通过朋友圈刷屏的微商入驻平台，提供一手货源，结合线上建立信任机制、线下进行实体店体验的商业模式。

8.3.3 热门微商平台

因为淘宝商铺的成功及淘宝商铺的饱和状态，在微信等社交平台的刺激下，微商平台开店目前逐渐进入商户的视野，形成一种新的商业模式。手机开店平台提供了两种操作模式，一种是卖家自己联系供货商寻找货源，店铺的上新、维护等均需要商家自己操作，平台则提供相应的店铺素材、营销服务等。平台的盈利主要来源于商家或个人开店和店铺，运营的相关费用；卖家盈利则为商品销售的差价，这种微商模式比较适合线下拥有大量货源的企业或厂家。一种是企业直接提供分销平台，商家通过平台搭建“商铺”，售卖企业平台中的商品，充当“中介”角色从而赚取佣金。这种模式下类似淘宝代理，即商家没有实体商品，只承担商品展示信息服务。

1. 微店

微店（官网：www.weidian.com）为口袋购物旗下手机开店平台，是平台微商领先者，微店平台同时充当开店平台和交易平台。任何人通过手机号码即可开通自己的店铺，并通过一键分享到 SNS 平台宣传自己的店铺并促使成交。降低了开店的门槛和复杂手续，且开店不收任何费用，所有交易除信用卡不收取任何手续费。

微店分为卖家版和买家版。卖家版中，卖家通过微店开设移动店铺，形成店铺的二维码或链接，卖家将二维码和链接分享至微信群或朋友圈，消费者通过点击链接进入微店，浏览商品并下单购买。图 8-23 所示为微店卖家版注册与登录界面。

2. 有赞微小店

有赞微小店是一个面向普通个人的手机开店 App，用户只需使用手机号注册即可开店。有赞微小店主要针对个人卖家，分为两种模式，第一种是商家开店，有自己的货源，上架售卖。第二种是分销商品，微小店内提供了海量精选的分销商品，即使用户没有自己的货源渠道，也可以通过售卖分销商品，赚取佣金。有赞微小店可在各大手机应用市场免费下载，支持 iOS 和 Android 系统。图 8-24 所示为有赞微小店注册与登录界面。

图 8-23 微店

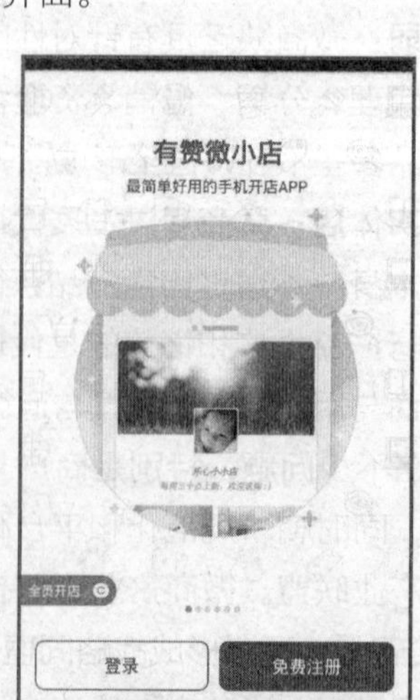

图 8-24 有赞微小店

3. 钱宝

钱宝网微商平台基于高频流量入口和资本，发展以微商为核心，“微商下乡”和“跨境电商”并行的模式，并依托优质微商全力构建小微企业的超级孵化器，打造社交化和移动电商为主体的交易平台的闭环。目前，钱宝网会员数已超过 1 亿，商家入驻超过 48 万。钱宝微商服务包含 3 部分：钱宝微商、钱宝网微商交易平台以及微商代运营。其中，代运营业务除给钱宝微商代运营之外， 也承接京东、天猫等第三方渠道的服务。

4. 微信店铺

微信店铺是企业开通微信公众号后，通过微信第三方平台的接口权限而获取的服务，即微信开店需要借助微信公众平台和微信第三方平台对接实现。相对而言，微信店铺更适合企业开店，目前基于微信店铺的 O2O 在上海、北京和重庆等经济发达城市已经成为不少企业的常态。

知识链接

微信第三方平台即为企业或机构提供微信二次开发、运营等相关解决方案的服务商。在移动网络活动中，微信与使用微信公众号的企业为两个相互联系的客体。但是微信公众号本身拥有的基础商业化功能并不能很好地满足企业做 SCRM、品牌展现与推广等服务需求。但是微信公开了相关接口，有相关开发能力的企业通过此接口进行微信二次开发，为拥有微信公众号的企业进行相关需求服务。

要想实现微信公众平台与微信第三方平台的对接，需进入微信公众号后台，在高级功能开启开发模式，填写第三方平台（如 HishopV 商城、微订点单系统等）提供的 URL 和 token，将公众号和第三方平台进行绑定。然后在微信公众平台后台找到第三方平台选项，点击进入，即可对微信店铺进行首页装修、商品上传、商品管理和商品样式等功能设置，进行店铺装修。URL 和 token 需要在第三方平台中填写微信公众号的账号和密码，自动配置微信公众号，此时在第三方平台中自动生成 URL 和 token。简单地理解，如果要对微信公众平台接口进行开发，URL 就是你的微信 php 代码所在地址，可以理解为网址；而 token 就是验证接口是否正确。

8.3.4 微商成功的几大法则

近年来，微商用户如雨后春笋迅速增长，成功者很多，失败者也不少。如何在竞争激烈的微商行业中立足，稳步前行呢？自身形象定位、产品定位和产品推广与营销是微商成功的必备法则。

1. 自身形象定位

个人形象的定位是非常重要的，需要根据自身特点和所销售的产品进行总结。如果是卖化妆品、护肤品，那么可以将自己定位成“护肤达人”；如果是做减肥产品，可以将自己定位成“瘦身导师”。但首先要具备这方面的专业知识。

定位不同，你所处的格局就不同，所面临的市场收益也会有很大区别。那么，做微商该如何为自身定位？如果只是利用零碎时间获取剩余价值，很可能限定在自己现有的生活圈，并且不会看到其实还有更多人需要你的产品，将剩余市场拱手想让。因此，不同的定位代表了不同的价值观。

2. 产品定位

产品定位实际上是打造自己的品牌。是做消费群体易于接受的亲民日用商品，还是针对女性的化妆品？是价格实惠的中低端产品，还是做价格昂贵的奢侈品？在选择产品时，可从以下5个方面考虑。

- **市场的前景：**市场的前景也就是产品的试用人群到底有多少，占市场总比例的份额有多大。
- **人群使用量：**所谓人群使用量，是指产品是否在消费者群体中不可或缺。
- **产品复够率：**复购率是指产品的使用周期是多久，如部分服装的复购率就很低，消费群体不可能时时刻刻购买衣服。
- **产品质量：**产品质量问题是微商发展的根本，如果质量不好，不仅影响自身形象，还会影响消费者的信任度。
- **产品价格：**价格的考虑主要根据朋友圈的消费群体的消费能力决定。如果朋友圈全部是高端人士，选择的产品可倾向于高档，反之，则需选择价格亲民的产品。

3. 产品推广与营销

如今，微商的产品推广与营销不是简单地将产品宣传出去。重点在于建立与消费者的信任机制，甚至包括产品售后，信息回馈。目前，微商产品推广与营销主要通过社交网络媒体（如微信朋友圈、微博等）实现，采用简单的刷屏方式推广产品信息，往往会产生适得其反的效果，让朋友圈或消费群体产生厌恶的心态。社交网络媒体只是一个展示的平台，真正的交流和互动就在社群里和线下活动，探讨用户的需求，提供意见和解决方案。因此，很多微商，会在自身使用产品的前提下，进行产品推广营销，这种“现身说法”的方式对消费者更有说服力，也更加能够取得消费者的信任。

8.3.5 微商常用营销推广途径

微商成功的制胜法宝是产品和品牌的营销推广，怎样将产品推广进市场是企业或个人商家每天都在考虑的问题。扩大了产品的影响力，充分吸引买家的关注，产品售卖成功的概率将大大提高。在自媒体兴盛一时的时代，能够供商家选择的推广途径非常多，比较典型的且受众度高的有微信推广、微博推广、直播平台和微视平台推广等方式。下面分别对这些推广方式进行简要叙述。

1. 微信

微信基于用户数量众多，影响的范围广泛，从而成为微商推广营销的重要途径。微信提供了朋友圈和微信公众平台等功能，用户通过“摇一摇”“搜索号码”“附近的人”和“扫二维码”等方式添加好友和关注微信公众平台，使用微信推广就是将推广内容分享给好友以及朋友圈。

（1）朋友圈分享推广

朋友圈分享推广在个人商家中较为流行，通过熟人关系，在朋友圈中分享推广广告，并通过点赞、评论等方式进行互动，依托社交关系链进行传播。这种推广方式需要掌握一定的技巧，如推广周期，不能频繁地向朋友圈分享推广内容，否则容易让微信好友产生厌烦的情绪，将商家屏蔽或"拉黑"；其次是在推广内容上下功夫，内容可以是小视频或图文并茂的文章形式，既能吸引好友浏览内容，又能打造自己的品牌，提升消费者与商家的信任关系。

另外，借助 LBS 定位服务功能，朋友圈本地推广可以精准定向周边 3 ～ 5 千米的微信用户，无论是新店开业、促销、新品上市和会员营销，朋友圈本地广告都能有效触达顾客，提高门店顾客到访，商户可以通过门店名称等加强附近地区用户对商家品牌的认知。虽然，朋友圈分享推广受到质疑，买家持怀疑态度，但目前对一些小商家来说仍然是有效的推广途径。

（2）使用微信公众平台推送消息

微信公众号是在微信 App 基础上衍生开发的平台，主要用于消息推送。在这里可以通过微信渠道将品牌推广给上亿的微信用户，减少宣传成本，提高品牌知名度，打造更具影响力的品牌形象。当消息推送出去时，每位关注的用户都能接收到，形成精准营销，既帮网站提供了好的内容，又能推广微信公众账号，吸引更多的粉丝关注。

由于微信公众平台是免费的，且门槛低，企业或个人都可注册使用。其账号类型主要分为服务号和订阅号，下面简要介绍服务号和订阅号的作用和适用人群，帮助用户根据实际情况选择注册微信公众号的账号类型。

- **服务号**：主要偏向于服务交互（功能类似 12315、114、银行，提供绑定信息，服务交互），每月可群发 4 条消息；适用人群包括媒体、企业、政府或其他组织。
- **订阅号**：主要偏向于为用户传达资讯（功能类似报纸杂志，为用户提供新闻信息或娱乐趣事），每天可群发 1 条消息；适用人群包括个人、媒体、企业、政府或其他组织。

基于微信公众平台与关注客户之间的的"强制连接"关系，如果商家不能给客户提供有价值的服务和信息，不懂得营销方法，随意发送广告，也很容易被客户取消关注。要达到好的效果，微信公众平台的营销和运营需要专业的团队运营和管理。

操作指导

下面简要介绍微信公众号的注册流程。

（1）打开微信公众平台官网（mp.weixin.qq.com），单击"立即注册"超链接。

（2）在打开的注册页面填写邮箱、密码和验证码等信息。

（3）登录注册邮箱，激活公众平台账号。

（4）激活公众平台账号后，返回注册页面，选择公众号类型和账号类型。

（5）填写身份证信息（企业平台要求提供营业执照等），然后使用手机微信扫描"运营者身份验证"栏中的二维码，进行身份验证，填入"短信验证码"。

（6）设置公众号账号名称和功能介绍内容（需要用简练准确的语言描述，它表明了公众号的定位，即用来做什么，有什么价值），完成微信公众号的注册。

案例解读

1 号店“我画你猜”营销活动

1 号店“我画你猜”微信营销活动，每天微信推送一个图画给用户，用户猜中后在微信上回复就可能中奖。

1 号店基于微信的互动属性，开展互动式的竞猜活动，借助奖品，进行粉丝的有效激励，最终达到品牌植入和粉丝增长的目的。在微信公共账号的群发消息中，设置发布图文形式的活动，具体活动为“玩我画你猜，赢惊喜大奖”。

活动分为 3 个步骤。

第一步，关注 1 号店官方微信。

第二步，接收 1 号店每天一幅画作。

第三步，猜出答案发送给 1 号店。回复最快且答对的粉丝，将获得 1 号店的独家礼品。

此类活动实现成本低，并且巧妙利用奖品吸引粉丝的关注，对粉丝进行物质上的刺激，进而刺激粉丝回复问答，通过互动来提高微信粉丝的活跃度，提升公共账号的粉丝质量。

（3）二维码推广营销

扫描微信二维码关注店铺是商家线上线下结合的一种常用推广营销方式。二维码推广营销方式在现实中随处可见，如买家购买商家商品时，可通过扫描商家微信二维码，关注商家平台，商家提供商品购买优惠政策或赠送奖品等，吸引买家关注商家，从而提高商家的关注度和影响力。同时，扫描二维码关注商家的方式也在线上展开，商家赠送关注了的买家虚拟物品或优惠券等。

案例解读

一群年轻人的支付平台创业

在某商业街坐落着一家知名面店，面店的特色饮食，吸引了很多消费者前来品尝。由于，人流量大，一个创业团队便在此处推广自己创建的在线支付平台，它们选择与面店商家合作，创业团队帮助面店招揽消费者，而在面店消费的顾客可通过扫描他们平台的微信二维码关注其平台，关注平台的消费者则可获得一些免费的小奖品。在短时间内，他们便吸引了众多的青年消费群体，推广出自己的支付品牌，从而实现与面店商家的互赢。

2. 微博

微博，即微型博客（MicroBlog）的简称，是一种通过关注机制分享简短实时信息的广播式的社交网络平台。用户可以通过 Web、WAP 等各种客户端组建个人社区，以 140 字以内的文字更新信息，并实现即时分享，个人或企业可通过微博平台扩大品牌影响力。常用的微博平台包括新浪微博、腾讯微博、网易微博和搜狐微博等，如按照参与操作微博的主题不同，则可细分为政府官方微博、企业微博、名人微博和个人微博等。

虽然微博作为社交网络平台老品牌，随着微信的出现，用户量有所影响，但其用户活跃度仍然有增无减。与微信方式相比，微信推广针对微信好友和关注用户发送信息，而微博更具广布性，每个网友都能查看到微博内容。下面简单介绍微博推广方式的特点。

- **用户更新快**：微博基于其社会化自传播特性，传播速度极快，特别是一些高热度话题微博，一经微博平台发布后，通过转发等方式迅速遍布微博世界的每个角落。如果，使名人参与传播，其传播速度和广泛性将数倍增长。因此，微博成为品牌话题营销和事件营销的绝佳载体。
- **发布便捷**：微博由于发布 140 字以内的内容信息，审查就变得相当简单，发布相当轻松，这也是传统推广方式所不具备的。
- **互动性强**：微博发布后，粉丝通过留言、私信等方式与企业互动，企业能与粉丝及时沟通，并获得反馈信息，从而提升企业平台的满意度。
- **信息披露**：微博是企业披露微商等移动电子商务政策法规等信息的重要平台，能够有效增加用户的信任。

3. 直播平台

随着手机直播的市场走俏，直播宣传推广方式进入大众视野。直播最大的特点是，直观性和即时互动性，代入感强，在青年群体中影响较广。手机直播不受地点和时间的约束，在用户沟通、宣传吸引客户等方面大展身手。尤其是网红代言直播，通过网红主播在直播中的推荐，或是人气主播直播，从直播平台中吸引用户。当然，直播平台由于受众面的局限性，针对的是观看手机直播的用户，目前的影响力无法与微信、微博等推广方式相比，但随着直播平台的规范化和渗透率扩大，其推广价值将大大提升。

4. 微视频平台

微视频平台是自媒体时代下的新鲜产物，指短视频手机 App 应用，如常用的微视 、秒拍和美拍等。2016 年，视频内容正经历着前所未有的增长，但到目前为止，视频内容的增长还未到达顶峰。根据有关数据统计，预计到 2017 年，将有 69% 的互联网流量都来源于视频消费，主要包括品牌介绍、品牌宣传、产品促销、增加用户触达、促进用户参与度和业务推广。

微视频平台为企业提供了一个充分展示品牌文化和特点的机会，可拍摄制作公司线下活动视频，节日员工采访视频等。根据微视频平台的特点，可基于短视频平台开展营销活动，如有奖视频创作大赛，鼓励网友原创并分享，与用户进行互动。

5. 其他常见平台

微商除了通过主流的微信、微博，以及媒体新势力直播平台和微视频平台进行营销推广，还可使用其他一些常见的途径进行推广。

- **问答平台**：常用问答平台有“百度知道”“360 问答”和“知乎”等。百度知道、360 问答一直被运用于网络推广，知乎相对出现时间较晚，但营销推广潜力十足。问答平台推广的优势在于问答类平台自身权重高，因此容易在搜索引擎中获得提前的排名。另一方面，通过问答推广吸引来的用户，精准度比较高，信息可信度更高，容易形成用户口碑。
- **论坛平台**：论坛（ forum ），可以简单埋解为发帖与回帖讨论的平台。商家借助论坛网络平台，通过文字、图片、视频和声音等发布企业产品和服务信息，建立自己的知名度和权威度，最终达到宣传商家品牌、加深其市场认知度的营销目的。虽然，论坛作为较早的推广平台，日渐式微，但一些资深论坛平台任占有一定地位，如百度贴吧，其本身具有高人气和百度搜索引擎的特殊性；豆瓣则是文艺爱好者的聚集地，有其独特的口碑和品牌价值。

知识链接

微商宣传推广不止通过移动端实现，往往需要结合 PC 端扩大宣传面。实际运用中，也不能局限于线上推广的方式，同时可使用传统的营销宣传手段进行推广，如传统广告形式、线下宣传活动等。

案例解读

华美食品“微立体式营销”

华美食品在临近中秋之际，用微信、微博和微视办了一场促销活动——华美“会说话的月饼”。华美“会说话的月饼”玩法。

1. 用户购买华美月饼，扫描二维码，进入华美微信服务号活动主页面。

2. 定制祝福：拍摄微视频短片，录制并上传祝福视频，复制微视祝福链接，输入华美月饼独有的祝福编码，提交。

3. 分享祝福到朋友圈，就有机会抽取华美食品提供的万元钻戒、iPhone 5s、名牌手表和华美月饼等丰厚奖品。而收到月饼礼物，同样扫描二维码即可查看祝福视频。

华美食品“会说话的月饼”活动，吸引了网络红人、微博大咖的参与，大力支持华美“会说话的月饼”微活动，使其传播更加广泛。凭借全新的推广模式和创意祝福方式，以及过硬的品质与服务，创造了一场前所未有的销售高峰。

8.3.6 微信公众平台运营体验

微信公众号最开始是给企业和商家做互动和沟通，后来逐渐发掘，成为商家重要的营销推广阵地，连接产品与用户的一个重要纽带。怎么运营好微信公众号，是商家需要重点考虑的。为了让推送的消息具有吸引力，内容的质量很关键，如今的媒体空前的繁盛，信息量巨大，用户面对大段的纯文本内容，是不会用过多的精力详细阅读的，甚至会直接忽略掉。因此，推送的消息一般使用图文搭配，并且其排版、字体和图片美化是否有特色都会产生影响。

除了精美的信息内容，微信公众平台讲究“细节决定成败”，可以通过精化公众号的头像、自动回复内容等，使关注用户产生深刻的第一印象，直观地看到公众平台的品牌信息、功能以及运营方向等，并增添趣味性，吸引更多的“粉丝”。另外，还可使用公众号的统计功能，查看新增关注用户、取消关注用户等，根据反馈内容，分析该阶段的推动方案是否有效，以便及时修订原有的推送方案，修订出其他的方案，如改变文章内容介绍的方向、删减文章的篇幅，使内容更符合热点信息等。下面使用个人类型的订阅号公众平台，体验微信公众平台的运营方法。

1. 设置微信号和头像

公众号其实也和我们个体的人一样，在别人遇到你，想关注你的时候，自我介绍是非常重要的。公众平台向用户推送信息后，头像往往带给用户直观的印象，头像风格明确（如使用自己的照片或使用品牌 Logo），微信号简单好记，利于微信用户搜索，首先即可拔得一筹，博人眼球。如做乐器品牌，头像可使用富有古典韵味的图片，或激情洋溢的青春图片等。

① 启动浏览器，在地址栏中输入网址“mp.weixin.qq.com”，按“Enter”键，在微信公众号登录界面中输入注册的邮箱账号和密码，登录微信公众号的后台，页面上方醒目位置显示了“新消息”“新增人数”和“总用户数”等用户关注提示信息，如图 8-25 所示。

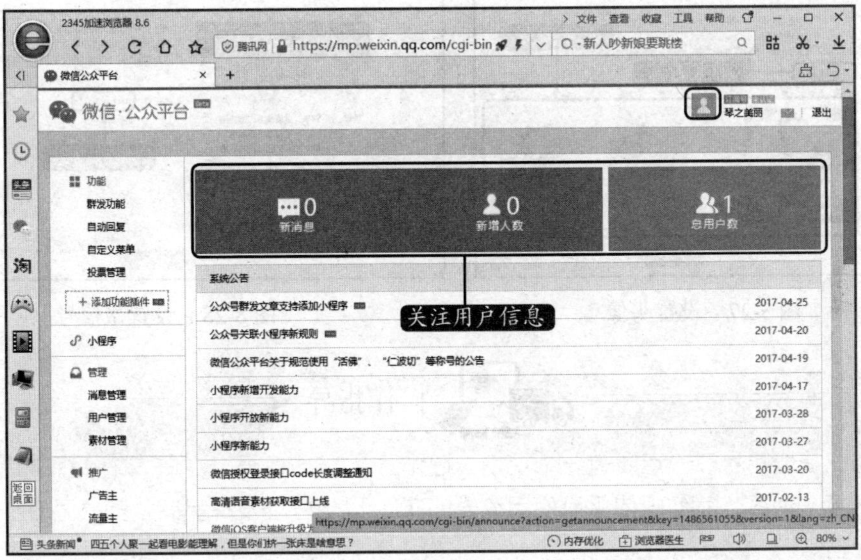

图 8-25　微信公众平台后台界面

② 单击右上角的头像图标，将打开“账号详情”设置页面，如图 8-26 所示。

图 8-26　“账号详情”设置页面

③ 单击“修改头像”超链接，在打开的“修改头像”对话框中单击 选择图片 按钮选择计算机中准

备好的图片上传作为头像，如图 8-27 所示。需要注意的是上传的图片大小不能超过 2M，支持 BMP、JPEG、JPG、GIF 和 PNG 图片格式。

④ 在“微信号”栏中单击“设置微信号”超链接，在打开对话框的“微信号”文本框中输入微信号（微信号仅可使用 6~20 个字母、数字、下划线和减号，且必须以字母开头。微信公众号的微信号是唯一的，可以用来精确地查找公众号，微信公众平台设置的微信号仅用于登录微信公众平台，不可登录手机微信），如图 8-28 所示。

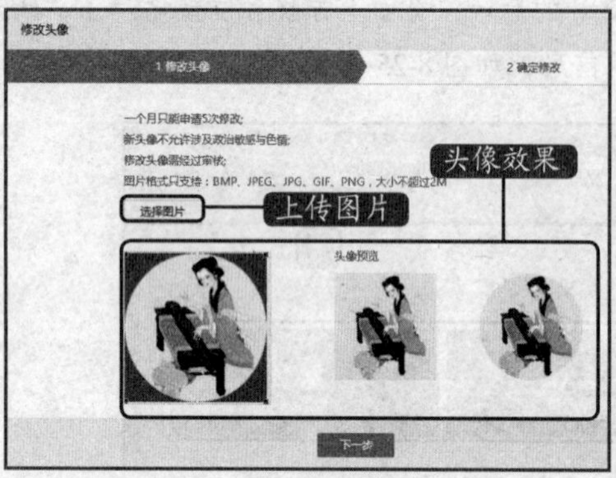

图 8-27　设置头像

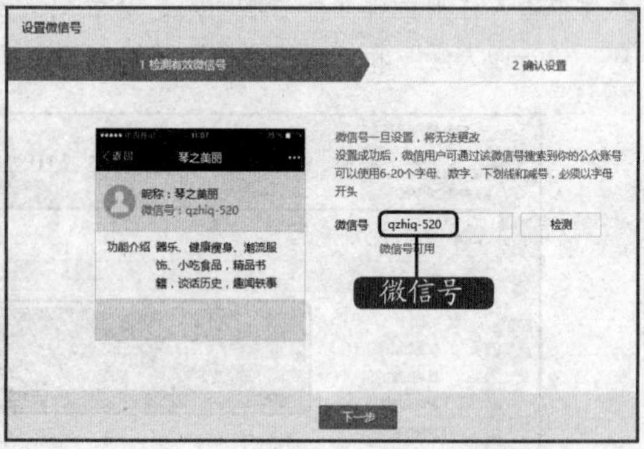

图 8-28　设置微信号

操作指导

前期在注册账号时一定要有一个规划，把账号 ID（微信号）当做一个品牌来运营，如同步在微博、博客、其他媒体平台使用统一的 ID，以更好地发挥品牌优势，同时也可以给微信“吸粉”。

一般关注公众号的方式为名字搜索、微信号搜索和二维码扫描。微信每天搜索公众号的人很多，如果能找到一个有搜索量的关键词，并且排名比较靠前，就有利于推广。将公众号推广出去，让微信用户添加公众号，也可主动将公众号名称、微信号或二维码在朋友圈中传播，或将二维码打印在纸张上，供受众扫描添加关注。

二维码图片的获取方法如下。

（1）在“账号详情”设置页面的“二维码”栏中单击“下载更多尺寸”超链接。

（2）在打开的对话框中列出了二维码的尺寸选项，根据需要进行选择，然后单击对应的下载链接。

（3）启动下载，设置保存位置。下载完成后，即可将二维码打印输出到纸张，或通过社交网络等途径进行分享传播。

2. 设置自动回复内容

在微信公众平台设置被添加自动回复后，粉丝在关注你的公众号时，会自动发送你设置的文字、图片、语音和视频内容给粉丝。自动回复内容可以理解为用户关注平台后，自动发送的欢迎语，也是留给用户的第一印象，因此，尽量直观简洁，讲究技巧性。在设置好自动回复内容后可根据需要“修改”或“删除”回复。下面在公众号中设置一条自动回复内容。

① 在公众号后台的“功能”面板中单击“自动回复”选项卡，在“自动回复”设置界面单击“被添加自动回复”选项卡，在下面的文本框中添加自动回复内容，然后单击 保存 按钮，如图 8-29 所示。

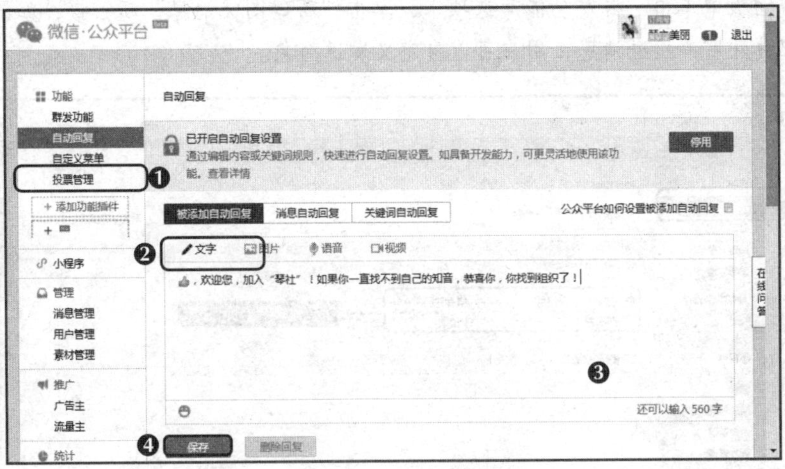

图 8-29　微信公众平台后台界面

知识链接

“自动回复”设置界面中还包括“消息自动回复”和“关键词自动回复”选项卡。“消息自动回复”是指粉丝给平台发送微信消息时，自动回复内容给粉丝；在“关键词自动回复”选项卡中可设置关键字，当订阅用户发送的消息内有设置的关键字（关键字不超过 30 字），即可把设置在此规则名中回复的内容自动发送给订阅用户。

② 当用户通过手机端关注微信公众号之后，后台直接发送设置的自动回复内容，如图 8-30 所示。

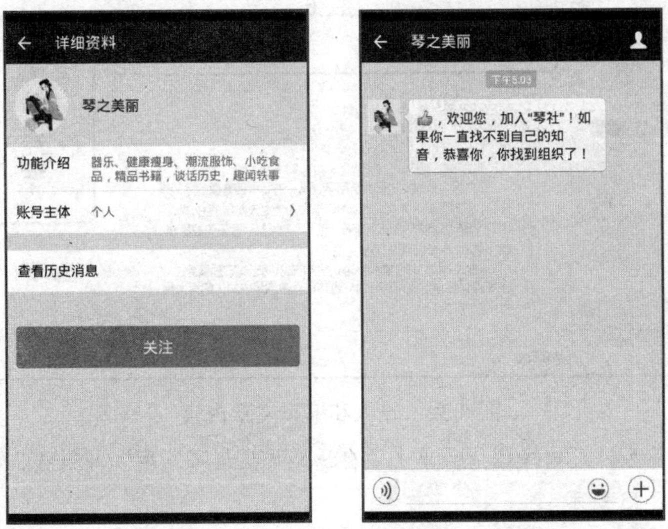

图 8-30　关注微信公众号后自动回复内容

3. 推送文章

当一切准备工作完成后，即可向用户推送信息，如通知内容、活动内容、新品上架内容、优惠折扣内容或其他话题等。

① 在“功能”面板中单击“群发功能”选项卡，单击“新建图文消息”超链接，如图 8-31 所示，默认向全部关注用户推送消息，用户可以自定义发送对象。

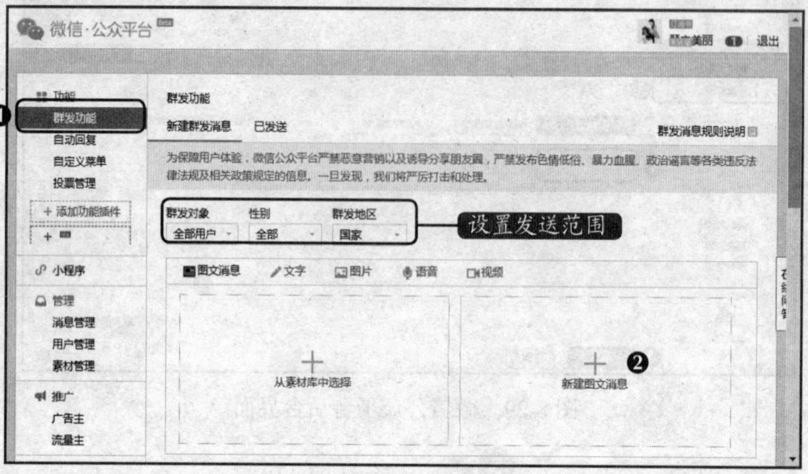

图 8-31　新建图文消息

② 打开“新建图文信息”页面，在标题栏和作者栏分别输入标题和作者名，在正文文本框中输入正文文本内容，如图 8-32 所示。上方的工具栏用于文本的格式和排版设置，使用时与 Word 软件编辑文档相同，右侧的“多媒体”面板则用于在文章中插入“图片”“视频”和“音频”等多媒体内容。

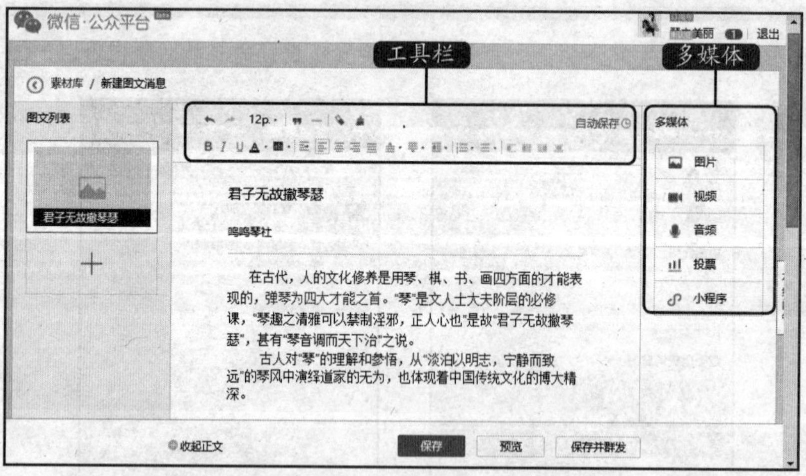

图 8-32　输入和编辑文章内容

③ 在正文中插入图片后，可选择图片，单击“自适应手机屏幕宽度”超链接，使图片适应用户的手机宽度，如图 8-33 所示。

④ 在编辑页面下方的“发布样式编辑”栏中，可使用中文中的图片或上传到图片库中的图片作为文章封面，如图 8-34 所示。

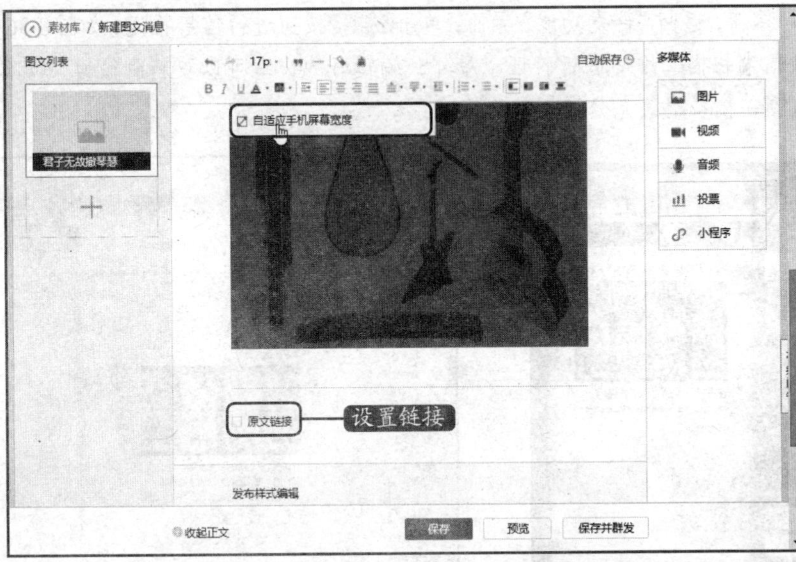

图 8-33　设置图片自适应用户手机屏幕宽度

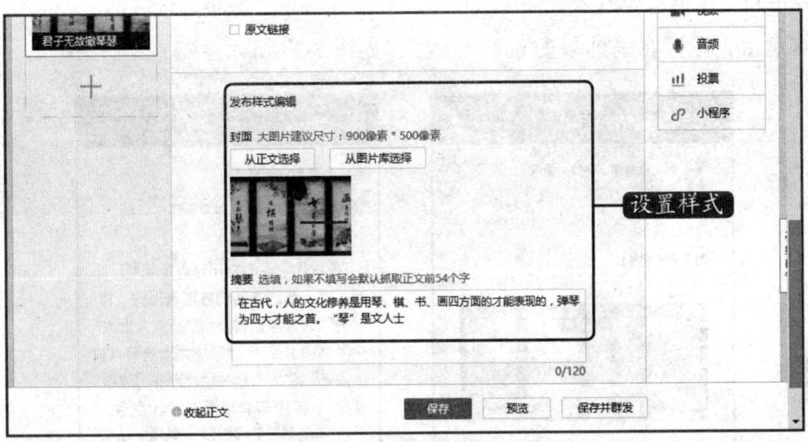

图 8-34　设置文章封面

操作指导

在文章末尾可以插入公众平台的二维码图片，用户可分享好的文章等，其他观看到文章的用户可扫描二维码关注平台。

另外，在编辑推送文章时，注重借助第三方工具编辑文章，如"易企秀"等 H5 网页制作工具，这些平台可在线制作精美的图文文章，并提供了丰富的模板和素材，方便用户直接修改使用。通过第三方平台制作的文章可直接分享到微信朋友圈等社交平台，也可在公众平台编辑文章页面的下方单击选中"原文链接"复选框，然后输入在线制作文章的网址，关注用户在接收文章页面单击超链接，可直接跳转到在线制作的文章页面，也可对自己的店铺网址进行链接。

⑤ 文章编辑之后，在底部单击"保存"按钮可保存文章，稍后推送，单击"预览"按钮，可预览发布效果，如图 8-35 所示。在页面中单击"分享到朋友圈"超链接还可将文章分享到微信朋友圈。

⑥ 单击 保存并群发 按钮，返回“群发功能”界面，单击 群发 按钮进行信息推送，如图 8-36 所示，此时，需要手机微信端扫描二维码进行验证。另外，编辑好的文章可以更新到微博、博客，或者其他自媒体，做到一稿多用，充分发挥其价值。

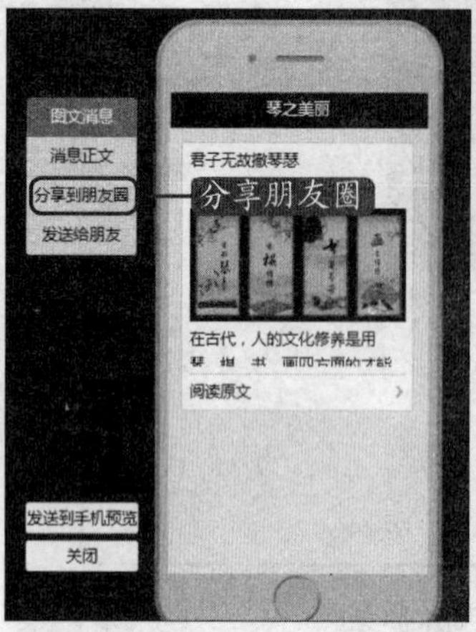

图 8-35　预览发布效果

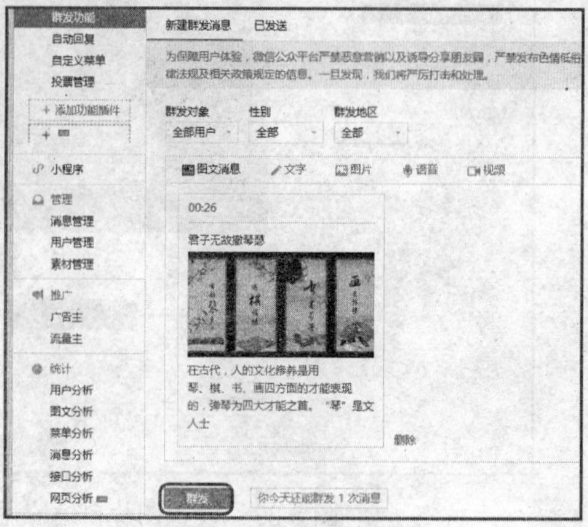

图 8-36　推送信息

⑦ 用户接收信息后，即可在手机端查看文章内容，如图 8-37 所示。

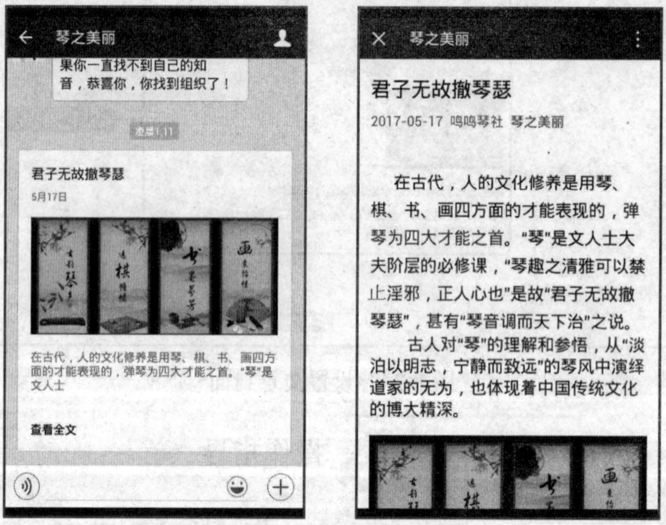

图 8-37　手机端查看文章效果

知识链接

公众号的推广不是一两天就能够达到好的效果的，重点在于坚持，坚持更新优质文章，牢牢抓住已有粉丝，避免关注用户的流失。

4. 设置平台菜单

设置公众号的菜单栏类似于在网站中设置导航，用于添加分类板块，容纳更多的内容，吸引用户查看，做出自己公众号的特色。

① 在“功能”面板中单击“自定义菜单”选项卡，在打开页面的“菜单名称”文本框中可输入菜单名称，单击菜单上方的 按钮，可添加下级子菜单，在“菜单内容”栏中单击选中 单选项，然后添加消息内容，表示用户单击菜单选项，将打开信息内容页面，可设置平台介绍菜单等，如图 8-38 所示。

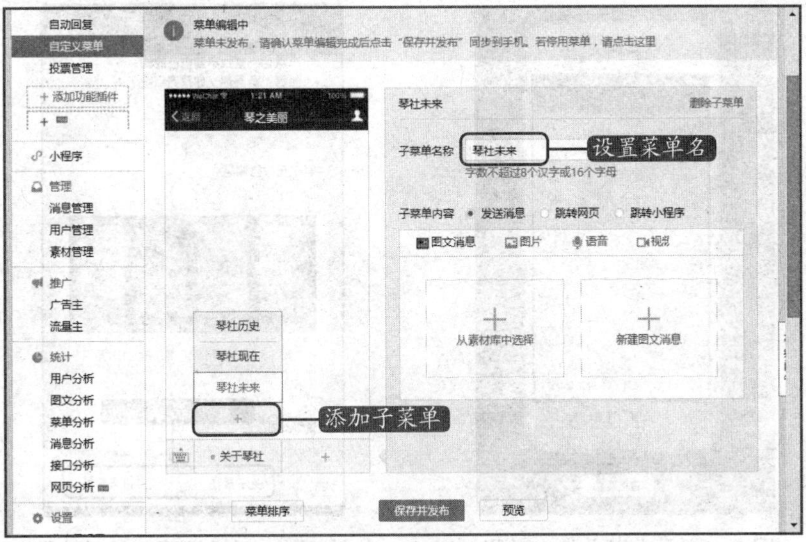

图 8-38　新建图文菜单

② 单击菜单右侧的 按钮，可添加同级菜单项，然后设置菜单名称，如果有自己的移动店铺，可在“菜单内容”栏中单击选中 单选项，然后在下方的“页面地址”文本框中输入店铺的网址，跳转网页的功能只有认证的微信公众账号才具备，个人类型的账号无法使用，如图 8-39 所示。

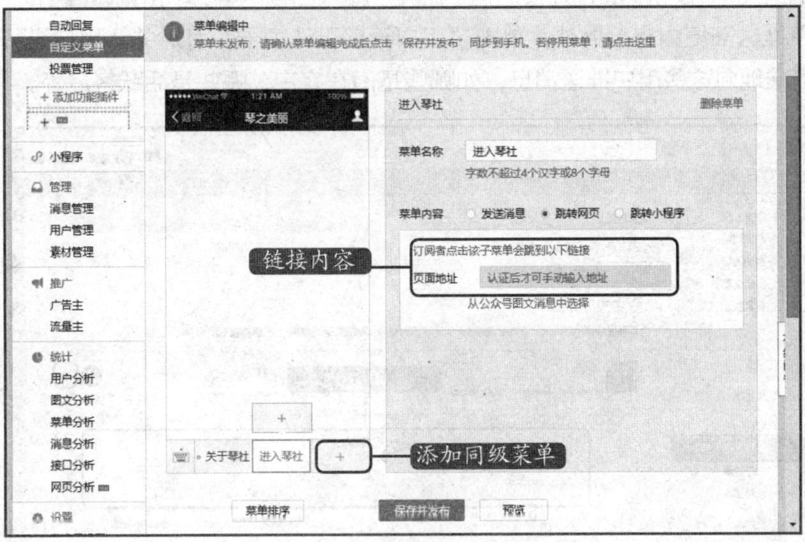

图 8-39　新建跳转网页菜单

③ 菜单内容设置完成后，单击菜单排序按钮可调整菜单项顺序，单击预览按钮，可预览菜单发布效果，如图 8-40 所示。

④ 单击保存并发布按钮，在用户手机端查看菜单效果，如图 8-41 所示。单击“关于琴社”超链接可展开该菜单项，单击“进入琴社”超链接则可进入设置的店铺。

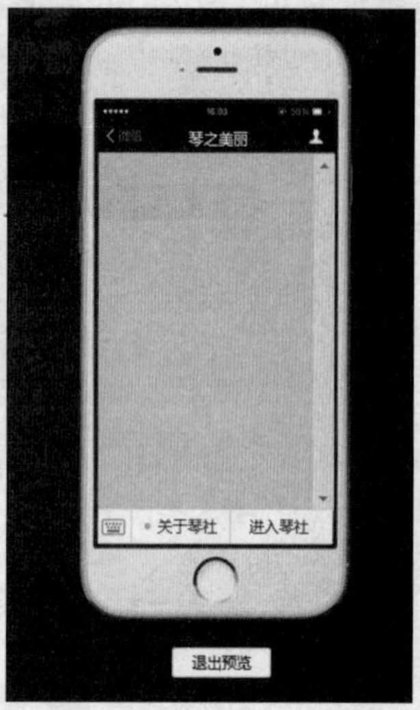

图 8-40　预览菜单发布效果

图 8-41　手机端菜单显示效果

5. 回复用户消息

有时关注微信公众号的用户，查看发布的文章后，会通过平台发送消息。此时，需要多与“粉丝”进行互动，而不是发布完文章后便不了了之，若不即时回答粉丝的问题，容易丢失关注用户。

在“功能”面板中单击“消息管理”选项卡，在打开的页面显示了发送了信息的用户，单击右侧的“快捷回复”按钮，打开会话框，在其中输入回复内容，单击发送(Enter)按钮，如图 8-42 所示，向用户推送回复内容。另外，单击“用户管理”选项卡，可对关注用户进行分类，然后根据分类来精准地向这些用户推送消息，如哪些是潜在客户，哪些是活跃客户等。

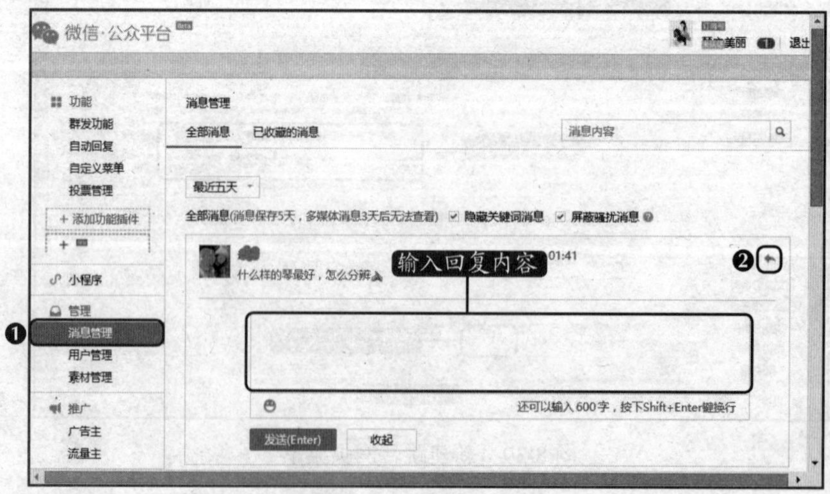

图 8-42　回复用户消息

6. 用户流量分析

微信公众号的后台提供了强大的统计功能，可查看粉丝人数的变化、当前公众平台粉丝的分布情况。通过用户详细的流量分析，可以评估第一段时间内的推广方案是否有效。

① 在“功能”面板中单击“用户分析”选项卡，在“用户分析”页面的“用户增长”选项卡内可查看昨日关键指数，包括“昨日新关注人数”“取消关键人数”和“累计关注人数”等数据，下方则可查看不同时间段的用户流量情况，如最近 15 天、最近 30 天等，如图 8-43 所示。

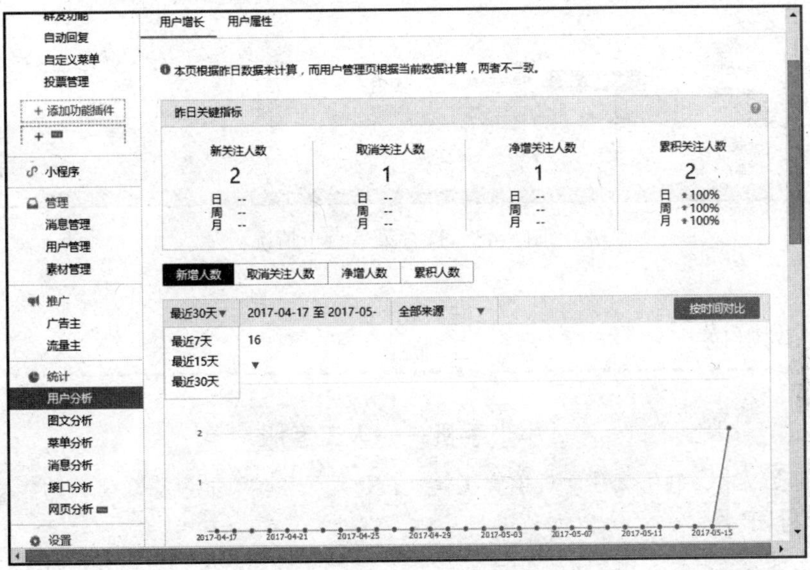

图 8-43　查看用户增长数据

② 单击“用户属性”选项卡，可查看用户性别分布和语言分布等信息，如图 8-44 所示。

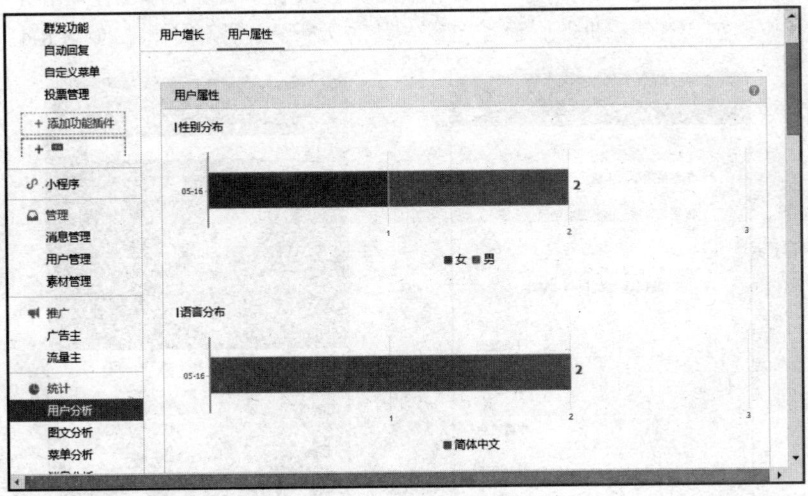

图 8-44　查看用户属性分布

③ 在“功能”面板中单击“菜单分析”选项卡，显示菜单点击情况，如图 8-45 所示。可分析出有多少用户查看过平台介绍，有多少用户进入了店铺等情况。

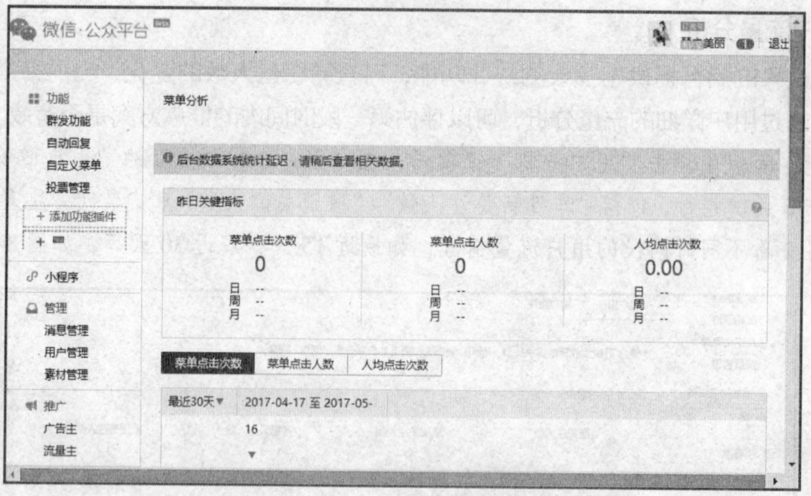

图 8-45　查看菜单点击情况

案例解读

小米手机——人工客服

小米问世以来，利用疯狂的饥饿营销模式，赚足了眼球，也获得了上佳的销售业绩，在移动端也积极开发。

小米手机公众号受到用户认可，一开始，微信账号后台采用客服人员进行人工回复，如图 8-46 所示。虽然，小米自己开发的微信后台可以自动抓取关键词回复，但小米微信的客服人员还是会进行一对一的回复，正是小米的这个特色，大大地提升了用户的品牌忠诚度。相较于线上店铺，对于类似小米这样的品牌微信用户来说，做客服显然比卖掉一两部手机更有价值。另外，在“热销手机”页面可在线支付购买新品、热销手机，如图 8-47 所示。

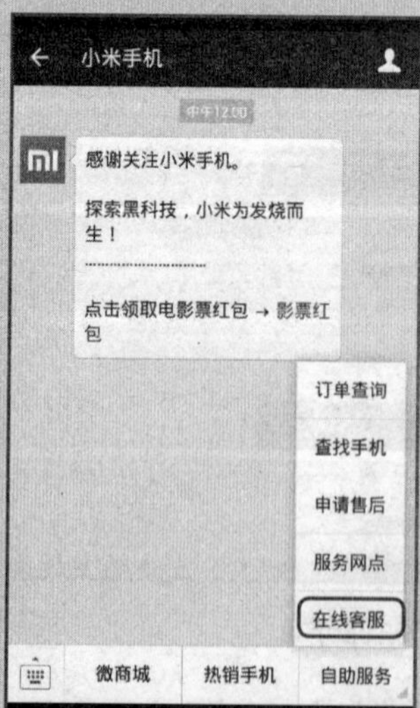

图 8-46　自助服务菜单

图 8-47　热销手机页面

知识链接

想要把产品做好，一个微信账号是不够的，可以多个微信账号进行配合操作，多方位的引流才能更好地运作。如配置一个服务号、一个订阅号、其他账号等同时在线操作、也可以和同行进行互推，或采集一些比较好的微信名单，和别的号一起互推。

微信平台上各个商家店铺可以定期做一些促销活动、积分活动等。在运营中需要先将品牌、产品推广出去，再适当地做活动；另外，微信平台的产品和店铺是一个相辅相成的整体，利用产品的知名度可以推广店铺，而利用店铺影响力可促销产品。总之，运营好微信平台，需要做好打“持久战"的准备，做到“用心、细心和决心”。

本章小结

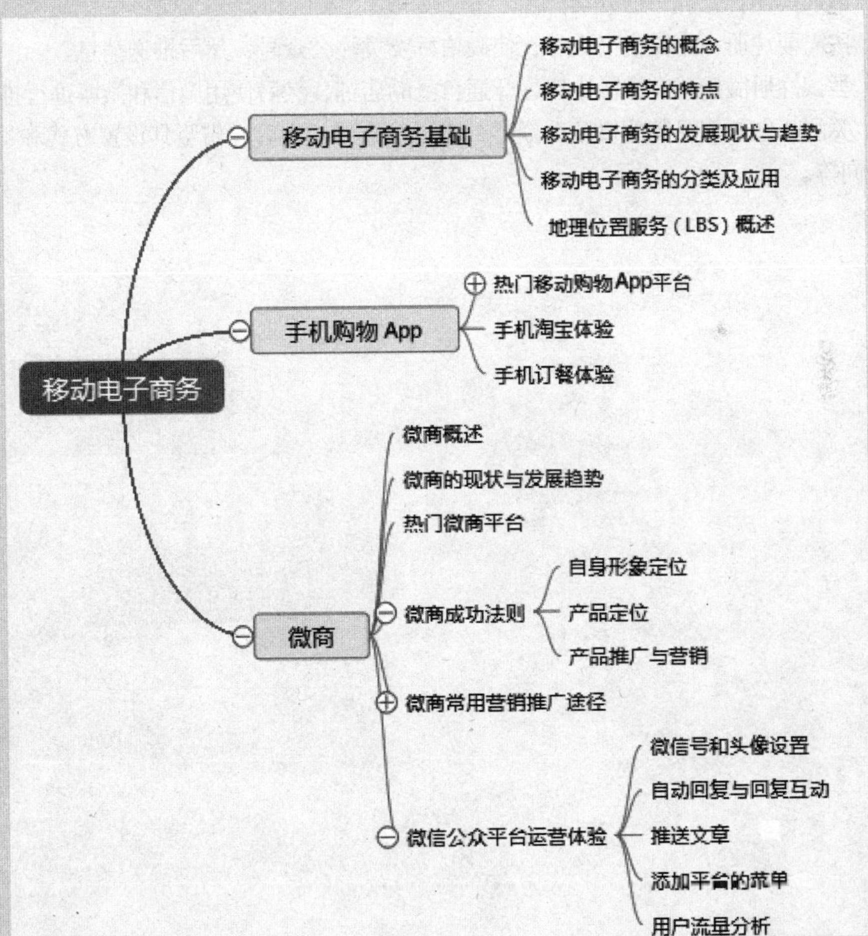

课后练习

一、简答题

（1）简述移动电子商务的概念。

（2）移动电子商务的特点有哪些？

（3）简述移动电子商务的分类和行业应用。

（4）如何理解 LBS（地理位置服务）？

（5）对比热门移动购物 App 平台，介绍平台应用方法及其特点。

（6）根据移动购物 App 平台能够联想到哪些手机应用？

（7）分析微商成功的几大法则。

（8）你能想到的微商推广途径有哪些？

二、上机操作题

（1）进入手机淘宝，按导航分类浏览商品，并查看其评价信息。

（2）进入美团，订购一份外卖。

（3）按需要注册一个微信公众号，使微信好友关注公众号，然后推送消息。

（4）尝试注册微店或有赞微小店，开通自己的店铺，然后使用微信和微博进行推广。

（5）关注一些知名品牌的微信公众号，查看公众号的内容，借鉴其设置方式和推送内容的技巧和方向等。